008in Foto: jg

W0409765

Weitere KulturSchock-Titel:

Afghanistan, Ägypten, Argentinien, Australien, Brasilien, VR China/Taiwan, Cuba, Ecuador, Finnland, Frankreich, Großbritannien, Indien, Irland/Nordirland, Italien, Japan, Jemen, Kambodscha, Kleine Golfstaaten/Oman, Laos, Marokko, Mexiko, Mumbai (Bombay), Pakistan, Peru, Polen, Portugal, Rumänien, Russland, Slowenien, Spanien, Thailand, Thailands Bergvölker und Seenomaden, Tuareg, Türkei, Ukraine, Ungarn, USA, Vietnam, Vorderer Orient

KulturSchock – Familienmanagement im Ausland

Bettina David
KulturSchock Indonesien

Tak kenal, maka tak sayang.
„Was man nicht kennt, kann man nicht lieben."
(indonesisches Sprichwort)

009in Foto: ak

Impressum

Bettina David
KulturSchock Indonesien

erschienen im
Reise Know-How Verlag Peter Rump GmbH
Osnabrücker Str. 79
33649 Bielefeld

© Peter Rump
1. Auflage 2010
Alle Rechte vorbehalten.

Gestaltung
Umschlag: Günter Pawlak (Layout), Klaus Werner (Realisierung)
Inhalt: Günter Pawlak (Layout), Anna Medvedev (Realisierung)
Karten: travel@media
Abbildungen: siehe Bildnachweis S. 7

Lektorat: Dhaara Petra Volkmann

Druck und Bindung: Wilhelm & Adam, Heusenstamm
ISBN 978-3-8317-1841-2
Printed in Germany

Dieses Buch ist erhältlich in jeder Buchhandlung Deutschlands, der Schweiz, Österreichs, Belgiens und der Niederlande.
Bitte informieren Sie Ihren Buchhändler über folgende Bezugsadressen:

Deutschland
Prolit GmbH, PF 9, D-35461 Fernwald (Annerod) sowie alle Barsortimente
Schweiz
AVA-buch 2000, Postfach, CH-8910 Affoltern
Österreich
Mohr Morawa Buchvertrieb GmbH, Sulzengasse 2, A-1230 Wien
Niederlande, Belgien
Willems Adventure, www.willemsadventure.nl

Wir freuen uns über Kritik, Kommentare und Verbesserungsvorschläge, gern per E-Mail.

Alle Informationen in diesem Buch sind von der Autorin mit größter Sorgfalt gesammelt und vom Lektorat des Verlages gewissenhaft bearbeitet und überprüft worden.

Da inhaltliche und sachliche Fehler nicht ausgeschlossen werden können, erklärt der Verlag, dass alle Angaben im Sinne der Produkthaftung ohne Garantie erfolgen und dass Verlag wie Autorin keinerlei Verantwortung und Haftung für inhaltliche und sachliche Fehler übernehmen.

Der Verlag sucht Autoren für weitere KulturSchock-Bände.

Bettina David

KulturSchock Indonesien

Inhalt

Bildnachweis

Die Kürzel an den Abbildungen stehen für folgende Personen, Firmen und Einrichtungen. Wir bedanken uns für ihre freundliche Abdruckgenehmigung.

bd Bettina David (die Autorin), inkl. Titelfoto
jg Jakob Goik
jh Jens Hoffmann
ak Amanda Kovacs
pr Peter Rump
ps Prio Adhi Setiawan

Vorwort

Indonesien ist mit über 230 Mio. Einwohnern die viertgrößte Nation der Welt und mit seinen mehr als 17.000 Inseln, davon rund 6000 bewohnte, der größte Inselstaat. Nach Indien und den USA ist Indonesien seit dem Sturz des Autokraten *Suharto* im Jahr 1998 die drittgrößte Demokratie weltweit. In keinem anderen Land leben so viele Muslime wie in Indonesien, das gleichzeitig ein Vielvölkerstaat ist, in dem alle Weltreligionen vertreten und offiziell anerkannt sind. Hinduistische Balinesen, animistische Papua-Stämme, muslimische Javaner und Malaien, christliche Batak und Toraja, sie alle machen das Indonesien von heute aus.

Indonesien lag schon immer im Spannungsfeld der großen Kulturen von Ost und West. Ostasiatische, indische, arabisch-muslimische und westliche Einflüsse, unterschiedliche Religionen, Volksgruppen und Kulturen prägen den Inselstaat. Die Kontraste zwischen archaischen Lebensbedingungen der Armen und der Bewohner entlegener Gebiete einerseits und der ultramodernen Hightechwelt der Reichen von Jakarta andererseits lassen einen schwindeln. Indonesien ist in seiner faszinierenden und mitunter verstörenden Vielfalt zweifellos eine enorme Herausforderung für jeden, der versucht, dieses Land und seine Menschen zu beschreiben, ohne sich in Klischees, Generalisierungen oder nur lokal gültigen Details zu verlieren. Der Tourist kennt meist nur Bali, der Geschäftsmann sieht nur Jakarta – beide Orte sind Teil des modernen Indonesiens, aber nur ein kleiner Ausschnitt, der keineswegs als repräsentativ für das ganze Land gelten kann.

Der aufmerksame Besucher wird in Kontakten mit Indonesiern schnell merken: Es gibt nicht *den* Indonesier und die Menschen unterscheiden sich nicht nur in ihrer ethnischen und religiösen Identität, sondern auch in ihrer sozialen Herkunft, ihrer gesellschaftlichen Stellung und nicht zuletzt – wie überall auf der Welt – in ihrem individuellen Temperament. Bei aller Unterschiedlichkeit gibt es aber bestimmte kulturelle Themen und Motive, auf die man im Umgang mit Indonesiern immer wieder stoßen wird. Neben einer kurzen Einführung in den geschichtlichen und religiösen Hintergrund sowie der Vorstellung einiger wichtiger Volksgruppen möchte ich mit diesem KulturSchock-Band ein Gefühl für diese Themen und Motive vermitteln, die das heutige Leben der Indonesier, ihr Denken und ihr Verhalten prägen. Die Kenntnis über kulturspezifische Wertvorstellungen und zwischenmenschliche Beziehungsmuster hilft in vielen Situationen, zunächst fremd oder gar unverständlich anmutende Reaktionen und Verhaltensweisen von Indonesiern besser zu verstehen. Der Kulturschock wird wohl trotzdem nicht ausbleiben – aber man ist eher in der Lage, das Geschehen nicht nur aus einer einzigen Perspektive heraus zu sehen und die eigene Sicht zu relativieren. Und es hilft vielleicht zu wissen, dass auch Indonesier mitunter den einen oder anderen Kulturschock erleben, wenn sie erstmals mit Indonesiern anderer ethnischer Herkunft in Kontakt treten.

Der vorliegende Band „KulturSchock Indonesien" möchte dem Leser bei seiner Begegnung mit Indonesiern zur Seite stehen, ihn neugierig machen auf Land und Leute und Verständnis wecken für die Andersartigkeit des Lebens und Denkens in Indonesien. Natürlich erlebt jeder Indonesien anders, die individuellen Erfahrungen sind unterschiedlich – jede Annäherung an ein fremdes Land und seine Menschen bleibt zwangsläufig einer subjektiven Sicht verbunden. Dennoch hoffe ich, dass Besucher Indonesiens, Indonesienkenner und nicht zuletzt auch Indonesier selbst Teile „ihres" Indonesiens in diesem Buch wiederfinden oder neu zu sehen lernen.

Bettina David

Exkurse zwischendurch

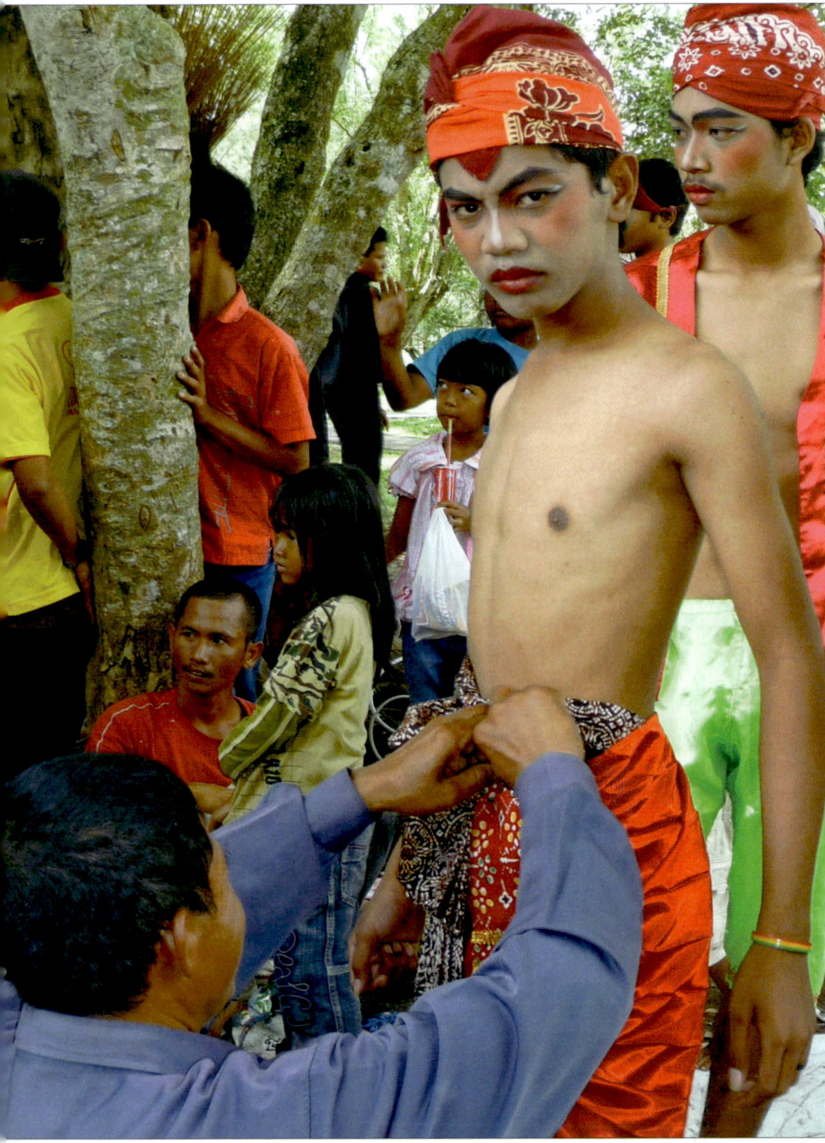

001in Foto: jh

EIN LAND, EIN VOLK, EINE SPRACHE

„Erstens: Wir, Söhne und Töchter Indonesiens,
bekennen uns zu einem Heimatland, dem indonesischen Land.
Zweitens: Wir, Söhne und Töchter Indonesiens,
bekennen uns zu einer Nation, der indonesischen Nation.
Drittens: Wir, Söhne und Töchter Indonesiens,
achten die uns vereinigende Sprache, die indonesische Sprache."
(*Sumpah Pemuda* - Schwur der Jugend vom 28. Oktober 1928)

Im Volkstheater - wie hier in Zentraljava - werden die Mythen und Legenden der Vergangenheit wieder zum Leben erweckt

Ein Volk, ein Land? Der historische Hintergrund

Junge Nationalisten verkündeten im geschichtsträchtigen Jugendschwur von 1928 programmatisch: *„Satu nusa, satu bangsa, satu bahasa"* („Ein Land, ein Volk, eine Sprache") – das sollte die zukünftige indonesische Identität ausmachen und die über 200 verschiedenen ethnischen Gruppen in einem unabhängigen Staat Indonesien auf einer territorialen Fläche vereinen, die damals das holländische Kolonialreich *Nederlands Oost-Indië* (Niederländisch Ostindien) ausmachte. Damit verband die Menschen des Archipels bei der Gründung der Republik Indonesien im Jahr 1945 vor allem die gemeinsame koloniale Erfahrung. Seine weitreichendste Ausdehnung erreichte das Kolonialreich allerdings erst Anfang des 20. Jh.: Regionen wie Südbali und Aceh wurden ihm zu einem Zeitpunkt einverleibt, als andere Teile des Archipels wie die Molukken und einige Gebiete auf Java bereits drei Jahrhunderte niederländische Kolonialherrschaft erduldet hatten. Erst die gewaltsame Einverleibung der höchst unterschiedlichen Völker in ein gemeinsames koloniales Herrschaftsgebiet schuf die Voraussetzungen dafür, dass unter den einheimischen Intellektuellen ein Bewusstsein einer völker- und sprachenübergreifenden Identität als Bewohner des malaiischen Archipels entstehen konnte. Vor dem 20. Jh. gab es keine Vorstellung von einem „Indonesien" oder einer „indonesischen" Identität. Es gab die niederländischen Herrscher, Indoeuropäer (Mischlinge), die „fremden Orientalen", d. h. die Chinesen und Araber, und dann all die einheimischen Völker, die sogenannten *pribumi:* Javaner, Sundanesen, Balinesen, Minangkabau, Batak, Betawi, Acehnesen, Malaien, Bugis, Ambonesen und und und ...

Von frühesten Zeiten an standen die Völker des malaiischen Archipels im Mittelpunkt zentraler Handelsrouten, die den Osten und Westen, China, Indien, Arabien und Europa miteinander verbanden. Im vorkolonialen, damals nur spärlich besiedelten Südostasien ging es den Herrschern nicht so sehr um die territoriale Ausdehnung, sondern vornehmlich um die Kontrolle der wichtigsten Handelswege und -stützpunkte. Denn das kaum bewohnte Hinterland war meist geprägt von Sumpflandschaften und nur schwer zugänglichem Urwald, machtpolitisch also eher uninteressant. Es ging um die Anzahl an Menschen, über die ein Machthaber verfügen konnte: Ernteabgaben, Steuerzahlungen für Handelsgüter und Frondienste machten die Herrschaft über neu unterworfene und oft auch zwangsumgesiedelte Untertanen wichtiger als genau abgesteckte geografische Grenzen eines Reiches. In sich geschlossene, genau begrenzte Staatsgebiete im modernen Sinn waren unbekannt: die Grenzen verliefen fließend und je weiter vom Herrschaftszentrum entfernt, desto weniger war von der Macht der Hauptstadt zu spüren. Wenn es außer dem Meer noch etwas im Überfluss gab, dann war es freies, noch unbewohntes und mithin noch unbeherrschtes Land - wer unzufrieden war, zog mit seinen Familienmitgliedern und Anhängern einfach weg.

Die vorkolonialen Reiche: Indischer und islamischer Einfluss (ab dem 4. Jh.)

Steininschriften auf Sanskrit in Südkalimantan aus dem 4. Jh. n. Chr. und in Westjava aus dem 5. Jh. zeugen vom **indischen Einfluss** auf die frühen hinduistischen Reiche Kutai und Tarumanagara. Die Herrscher dieser Reiche schmückten sich mit Ehrfurcht einflößenden Titeln aus dem Sanskrit, sie übernahmen das hinduistische Konzept vom **Gottkönigtum** und die buddhistische Vorstellung vom kosmischen Weltenherrscher.

Das große Seereich **Sriwijaya,** das sein Zentrum in der Nähe des heutigen Palembang in Südsumatra hatte und vom 7. bis 11. Jh. den Handelsverkehr zwischen der Straße von Malakka, der Javasee und dem Südchinesischen Meer dominierte, war für den hohen Standard seiner buddhistischen Gelehrsamkeit bekannt. In Zentraljava wurde unter der Shailendra-Dynastie in der Nähe des heutigen Yogyakarta um das Jahr 800 n. Chr. der Borobudur errichtet, eine der größten buddhistischen Tempelanlagen der Welt. Nur wenige Jahrzehnte später wurde unter der hinduistischen Sanjaya-Dynastie des ersten Mataram-Reiches der Hindu-Tempel Prambanan fertiggestellt, bevor sich das Machtzentrum nach Kediri und dann nach Singhasari in Ostjava verschob.

Das ostjavanische Reich **Majapahit** war im 14. Jh. die einflussreichste Macht in weiten Teilen des malaiisch-indonesischen Archipels, von der malaiischen Halbinsel über die Küstengebiete Borneos bis nach Ostindonesien. Unter dem Herrscher *Hayam Wuruk* und seinem legendären Minister *Gajah Mada* erlebte das Großreich eine Blütezeit, die in der indonesischen Geschichtsschreibung verklärt wurde zum „Beweis" für eine historische indonesische Einheit unter der Vorherrschaft Javas.

Großmächte wie Majapahit hatten andere Reiche meist nicht unterworfen und sie ihrem Herrschaftsgebiet einverleibt, sondern es ging vielmehr um Vasallenbeziehungen, Bündnisse und die so wichtigen **Tributzahlungen an die hegemoniale Macht.** Die einzelnen Reiche, ja oft sogar die Dörfer im Hinterland des Reichszentrums blieben meist relativ autonom, solange sie durch ihre Tributzahlungen, Ernteabgaben, Steuern auf Handelsgüter und Arbeitseinsätze dem Herrscher ihre Loyalität bezeugten.

Auch als sich ab dem 13. Jh. zunehmend der **Islam** im Archipel entlang der Handelsrouten verbreitete und das Sultanat von Malakka im 15. Jh. die

010in Foto: jg

Vorherrschaft übernahm, änderte sich an diesen Strukturen nur wenig. Die ehemaligen Gottkönige nannten sich nun Sultan, sie galten als der „Schatten Gottes" auf Erden und sahen sich als Allahs irdischer Stellvertreter. Statt Indien war nun die arabisch-muslimische Welt der ideologische und kulturelle Bezugspunkt, auf den sich die Sultane und lokalen Fürsten zur Legitimierung ihrer Autorität beriefen. Die malaiischen und nordjavanischen Sultanate, oft nicht mehr als Stadtstaaten, konkurrierten wie schon die vorislamischen Reiche miteinander und kämpften, in ständig wechselnden Allianzen miteinander verbündet, um die Vorherrschaft. Dabei ging es vor allem um die **Kontrolle des Handels und der Piraterie,** wobei die Grenze zwischen beiden damals fließend war.

Der rituell-symbolischen **Inszenierung von Macht und Autorität** kam eine wesentliche Bedeutung zu, sie war schon in den vorislamischen Reichen grundlegend für die Aufrechterhaltung und Legitimation der Herrschaft. Der zur Schau gestellte Reichtum lockte Anhänger an und demonstrierte Macht und Prestige. Angesichts der nur geringen tatsächlichen Macht vieler Rajas (lokale Fürsten) und Sultane kamen die hochtrabenden Ehrentitel und pompösen Hofzeremonien in ihrer prahlerischen Selbstherrlichkeit den westlichen Händlern und Kolonialherren oft grotesk vor. Doch Macht und Autorität beruhen bis heute in Südostasien mehr als bei uns auf persönlichem Charisma und symbolischem, demonstrativ öffentlich inszeniertem Prestige. Der Anthropologe *Clifford Geertz* sprach anhand eines balinesischen Beispiels gar vom **„Theaterstaat".** Auch heute noch zeichnen sich in Indonesien Herrschaft und ihre Legitimierung durch deutlich theatralische Elemente aus.

Unterwerfung unter die Kolonialmacht: Niederländisch Ostindien (ab dem 17. Jh.)

Im malaiischen Archipel waren anfangs vor allem die Molukken, auch bekannt als die „Gewürzinseln", für die Europäer von Interesse. Portugiesen, Spanier, Niederländer und Briten suchten ab dem 16. Jh. den Handel mit den wertvollen Gewürzen zu dominieren und hinterließen überall im Inselreich ihre Spuren. Zeitgleich breitete sich der Islam weiter in der Region aus. Die Europäer hatten anfangs nur relativ wenig Einfluss, sie konkurrierten mit den arabischen, indischen, chinesischen und einheimischen Händlern und waren über lange Zeit hinweg lediglich ein Global Player unter vielen.

Mit der Eroberung der westjavanischen Hafenstadt Jayakarta, dem heutigen Jakarta, durch die niederländische Handelsgesellschaft *VOC (Vereenigde Oostindische Compagnie)* begann 1619 die **folgenschwere Präsenz der Niederländer auf Java.** Umbenannt in Batavia, blieb die Stadt

Beeindruckendes Erbe aus der indisch beeinflussten Vergangenheit:
die Tempelanlage Borobudur in Zentraljava

bis zum Ende der Kolonialzeit der holländische Hauptstützpunkt im malaiischen Archipel. Auf Java geriet die *VOC* schnell in die innerjavanischen Machtkämpfe zwischen verfeindeten Herrscherhäusern und rebellierenden Prinzen. Auch in anderen Regionen des Archipels wurden die Niederländer in interne Auseinandersetzungen verwickelt. Einheimische Herrscher suchten durch eine Allianz mit den Holländern ihre Macht zu sichern, während diese geschickt die Feindschaften zwischen den zerstrittenen Fürstentümern ausnutzten und durch Bündnisse ihren Einflussbereich nach und nach ausdehnen konnten. Manch einheimischer Sultan kam nur durch das Eingreifen der *VOC* an die Macht und blieb auf ihren Schutz angewiesen.

Nach dem Bankrott der *VOC* im Jahr 1800 und einem kurzen englischen Intermezzo unter Sir *Thomas Stamford Raffles* übernahm der niederländische Staat ab 1816 die Kontrolle. Mit dem Sieg gegen den Prinzen *Diponegoro* im blutigen, fünfjährigen Javakrieg (1825–1830) begann eine **neue Phase der kolonialen Herrschaft.** Erstmals standen den niederländischen Kolonialherren keine ernst zu nehmenden Konkurrenten mehr gegenüber, Java war unterworfen und „befriedet". Unter dem Schutz der Niederländer konnten sich die einheimischen Sultane und Fürsten ihrer letztlich ohnmächtigen „Macht" so sicher sein wie nie zuvor. Jahrhunderte blutiger Bürgerkriege und endloser innerfamiliärer Machtkämpfe in den einheimischen Herrscherhäusern hatten zwangsweise ein Ende gefunden: Die Niederländer regelten die Thronfolge und gaben den lokalen Fürsten ein „Gehalt" für die Aufrechterhaltung ihres Hofstaates, durch den indirekt und recht effektiv die Bevölkerung beherrscht werden konnte. Für die Bauern änderte sich wenig: Sie waren schon in vorkolonialen Zeiten durch Steuereintreibungen und Zwangsarbeitsdienste von den einheimischen Herrschern rücksichtslos ausgebeutet worden, ihr Leben zählte weiterhin wenig.

Bis dahin war die Kontrolle Javas, der Hauptinsel „Niederländisch Ostindiens", ein Verlustunternehmen für die Niederländer gewesen. Das wollte man mit der Einführung des sogenannten **„cultuurstelsel" („Kultivierungssystem")** ändern, die Kolonie sollte sich endlich rentieren und den erhofften Gewinn bringen. Javanische Bauern wurden gezwungen, bestimmte Exportpflanzen für den niederländischen Markt anzubauen, Holland stieg zu einem der größten Anbieter von Indigo, Zucker und Kaffee auf. Der Reichtum, die rasante Entwicklung und Industrialisierung der Niederlande im 19. Jh. basierte zu großen Teilen auf den Agrarprodukten, die von den javanischen Bauern zwangsweise angebaut wurden. Sie wurden skrupellos ausgebeutet und mussten den Preis für den neuen Wohlstand der holländischen Bürger im fernen Europa zahlen. In den 1840er-Jahren kam es zu **verheerenden Hungersnöten** und Epidemie-Ausbrüchen, die Klagen über Korruption und Machtmissbrauch der Kolonialbeamten und ihrer einheimischen Angestellten häuften sich. In den 1860er-Jahren wurde das System aufgegeben, die unzähligen Berichte über Skandale und Missstände waren auch im holländischen Mutterland nicht mehr zu ignorieren, eine Weiterführung war politisch unhaltbar geworden.

Inzwischen war die Bevölkerung Javas im Laufe des 19. Jh. rapide angestiegen: von ca. 4 Mio. auf über 20 Mio. im Jahr 1890. Das stellte die Kolonialverwaltung zunehmend vor administrative Probleme. Die Niederländer begannen Schulen zu eröffnen, in denen ausgewählte Einheimische, oft Söhne aus aristokratischen Familien, für eine Tätigkeit in der kolonialen Verwaltung ausgebildet wurden. Auch die sozioökonomischen Bedingungen hatten sich grundlegend geändert. Auf Sumatra wurden weite Flächen Land für die **Plantagenwirtschaft** erschlossen, neben Zwangsarbeitsdiensten gab es vermehrt auch Lohnarbeit in Fabriken, privater Kapitalismus breitete sich im späten 19. Jh. auch in den Kolonialgebieten aus. Die Gesellschaft war in einem enormen Wandel begriffen, die Menschen waren auf der Suche nach Arbeit und besseren Lebensbedingungen so mobil wie nie zuvor.

Zu Beginn des 20. Jh. führten die Niederländer die sogenannte **„Ethische Politik"** ein. Das gesellschaftspolitische und intellektuelle Klima in Europa hatte sich gewandelt, die Kolonialregierungen sahen sich in die Rolle von „Erziehern" versetzt, die den „kindlichen" Eingeborenen Zivilisation, Bildung und Aufklärung bringen sollten. Vermehrt wurden Schulen eröffnet, deren Absolventen eine frühe einheimische intellektuelle Elite bildeten. Doch hinter den hehren Zielen stand zumeist die Einsicht, dass eine zeitgemäße, effektive und effiziente Verwaltung des geografisch und demografisch gewaltig angewachsenen Kolonialreiches nur mithilfe einer speziell dafür ausgebildeten einheimischen Beamtenschicht zu verwirklichen war. In den 1930er-Jahren waren 90 Prozent der kolonialen Beamten Einheimische. Allerdings konnte nicht verhindert werden, dass auch **westliche Ideen von Nationalismus, Demokratie, Freiheit,** Sozialismus und Kommunismus Einzug in die Köpfe der Schüler fanden: Die Idee von einer unabhängigen Nation nahm zusehends Gestalt an, der Stein war ins Rollen gebracht.

Im Jahr **1920 war erstmals die Rede von „Indonesien"** – es stand für ein gemeinsames Zukunftsprojekt, das ehemals verfeindete Völker im Namen einer neuen, modernen Identität als Nation vereinigen sollte. Es war ein Projekt der Jugend, die optimistisch und enthusiastisch nach vorne blickte. Demonstrativ ließ man die Vergangenheit hinter sich, die traditionellen aristokratischen Hierarchien und die mit ihnen verbundenen Ansprüche auf widerspruchslose Unterordnung wurden ebenso abgelehnt wie die niederländische Fremdherrschaft. *Kolonialisme* und *feudalisme* waren die Fesseln, von denen sich das noch zu verwirklichende Indonesien befreien sollte.

Während des Zweiten Weltkrieges übernahmen die Japaner von 1942 bis 1945 die Macht. Die **japanische Besatzungszeit** war von Brutalität, aber auch von einer militärischen Mobilisierung des Volkes gekennzeichnet, die den Einheimischen eindrucksvoll zeigte, dass Asiaten fähig zum Freiheitskampf und die Niederländer besiegbar waren. Zwei Tage nach der japanischen Kapitulation riefen *Sukarno* und *Mohammad Hatta* am 17. August 1945 die Unabhängigkeit Indonesiens aus. Doch die Niederländer kehrten zurück, es folgte ein erbitterter, blutiger Kampf um die Freiheit. Erst **1949 erkannte Holland die Unabhängigkeit Indonesiens an.** Bis heute ist im Alltag von der *Semangat '45,* der „begeisterten Tatkraft von '45", die Rede, wenn man mit einem unbeugsamen Enthusiasmus und Schwung sein Ziel verfolgt.

Der moderne Nationalstaat Indonesien

Unter dem **ersten Präsidenten Sukarno** war die Konsolidierung des jungen Staates die wichtigste Aufgabe. Die Einführung der **Pancasila („Fünf Säulen")** als ideologische Grundlage des Vielvölkerlandes ist ein Verdienst *Sukarnos.* Die fünf Säulen, die in die Präambel der Verfassung von 1945 aufgenommen wurden, sind der Glaube an den Einen Gott, Humanität, nationale Einheit, auf Konsensfindung basierende Demokratie und soziale Gerechtigkeit. Muslimische Gruppierungen hatten auch die Verpflichtung der muslimischen Bürger auf Einhaltung der Scharia durchgesetzt, doch aus ungeklärten Gründen war diese Klausel der sogenannten **Jakarta-Charter** *(Piagam Jakarta)* im endgültigen Verfassungstext dann nicht mehr enthalten. Heute ist dies wieder ein aktuelles Thema unter Indonesiens Muslimen: Islamische Parteien fordern eine Rückkehr zur ursprünglichen Jakarta-Charta und die Aufnahme der Scharia, die für alle Muslime verpflichtend sein soll, in die Verfassung.

Die islamistische Darul-Islam-Bewegung erkannte die quasi-säkulare Verfassung allerdings nicht an und erklärte Gebiete in Westjava und Südsulawesi zu „islamischen Staaten", die ganz auf der Scharia basieren sollten. Erst in den 1960er-Jahren gelang die endgültige Niederschlagung dieser separatistischen Revolten. Die Nachwirkungen sind allerdings noch heute zu spüren: Es ist wohl kein Zufall, dass gerade Westjava und Südsulawesi zu den Regionen zählen, in denen in den letzten Jahren lokale Scharia-Verordnungen eingeführt wurden.

Der Sozialist und Frauenheld *Sukarno* war ein **begnadeter Rhetoriker und Populist,** seine charismatischen, antiimperialistischen Reden begeisterten und mobilisierten das Volk und schufen so die Grundlage für ein indonesisches Nationalgefühl in allen Schichten der Gesellschaft. Allerdings zeigte *Sukarnos* Regierung unter der von ihm sogenannten **„Gelenkten Demokratie"** mehr und mehr selbstherrlich-autokratische Züge. Die populistisch manipulierte Bevölkerung sollte gleichgeschaltet werden, um eine harmonische Gemeinschaft zu bilden: Das war die Politik von *Nasakom,* des von *Sukarno* propagierten Zusammenschlusses von Nationalisten, Religiösen und Kommunisten. Mit ungefähr zwei Millionen Mitgliedern war die *PKI (Partai Komunis Indonesia)* damals die größte kommunistische Partei in einem nicht von Kommunisten regierten Land. Die wirtschaftliche Entwicklung des Landes geriet mehr und mehr aus dem Blickfeld, es kam zu Nahrungsmittelknappheiten und Hungersnöten. Eine geradezu halsbrecherisch anmutende Außenpolitik führte Indonesien in die Konfrontation mit Malaysia und ins internationale Abseits – bis hin zum Austritt aus der UNO im Jahr 1965.

Die Auseinandersetzungen zwischen Kommunisten und den Streitkräften, die seit dem Unabhängigkeitskampf eine zentrale politische und gesellschaftliche Kraft in Indonesien darstellen, gipfelten schließlich in einem **angeblichen Putschversuch** und dem Mord an sechs ranghöchsten Generälen am 30. September 1965. Bis heute sind die genauen Umstände ungeklärt. Aus dem sich anschließenden Machtkampf ging der bis dahin kaum bekannte General *Suharto* als Sieger hervor.

Der Staatsgründer Sukarno ist bis heute sehr beliebt

Unter seiner Führung setzte die Armee eine Jagd auf die nun zum Staatsfeind erklärte *PKI,* ihre vermeintlichen Anhänger und angeblichen Sympathisanten in Gang. In deren Folge verübten die Streitkräfte, aufgestachelte Muslime und jugendliche Killerkommandos beispiellose **Massaker am eigenen Volk,** oft an den eigenen Nachbarn. Besonders in Zentral- und Ostjava, Nordsumatra und Bali wütete der Blutrausch, ungefähr eine halbe Million Menschen sollen von Oktober 1965 bis Anfang 1966 umgebracht worden sein. Auf Bali nahm die entfesselte Gewalt besonders unfassbare Ausmaße an: Innerhalb weniger Monate wurden rund 80.000 Menschen ermordet, 5 Prozent der Bevölkerung – alles mit dem Segen der hinduistischen Hohepriester. Sie erklärten die barbarischen Massaker zu einem die Insel reinigenden Blutopfer für die Götter.

Die Täter von damals sind bis heute nicht vor Gericht gekommen, die überlebenden Opfer, über Jahrzehnte hinweg Inhaftierte und Familienangehörige von vermeintlichen „Kommunisten" werden auch heute noch gemieden und diskriminiert. Die Massaker finden in den Schulbüchern keine Erwähnung, viele Indonesier wissen nichts darüber und bringen das Jahr 1965 nur mit der Ermordung der Generäle durch die Kommunisten in Verbindung. Auch im Indonesien der *reformasi,* über 10 Jahre nach dem Sturz *Suhartos,* ist das Thema weitgehend ein Tabu.

Die „Neue Ordnung" unter General Suharto (1966–1998)

Die Massenmorde leiteten einen grundlegenden Wendepunkt in der modernen indonesischen Geschichte und Politik ein. Der entmachtete *Sukarno* trat 1967 offiziell zurück, wurde unter Hausarrest gestellt und starb 1970. Der populistischen Massenmobilisierung und den wirtschaftlich und politisch chaotischen Zuständen in den letzten Jahren unter *Sukarno* setzte General *Suharto*, ab 1968 auch formal der neue Präsident, mit dem Militär seine sogenannte „Neue Ordnung" *(Orde Baru, Orba)* entgegen. Mit eiserner Hand sorgte er für „Ordnung" und politische „Stabilität", Gegner wurden gezielt ausgeschaltet – der „lächelnde General" ging **brutal gegen Oppositionelle** und missliebige Minderheiten vor. Der Westen unterstützte ihn dabei tat- und finanzkräftig, war man doch froh, einen Verbündeten im Kampf gegen die Kommunisten gefunden zu haben.

Nur General *Suharto* und dem harten Durchgreifen des Militärs gegen die Kommunisten nach dem versuchten Putsch war der Propaganda zufolge die „Rettung" Indonesiens zu verdanken, die Auslöschung der Kommunisten wurde zum **Gründungsmythos** der „Neuen Ordnung". Medien und Indoktrinierungsprogramme wurden nicht müde, die Gefahr zu beschwören, die dem Staat angeblich seitens vermeintlicher Kommunisten

Javanische „Kolonialpolitik"

Die Entwicklungen in der rohstoffreichen Provinz Aceh sind exemplarisch für die von der „Neuen Ordnung" betriebene ***javanische „Kolonialpolitik".*** *Aceh war eine der ersten islamisierten Regionen in der Inselwelt, entsprechend tief verwurzelt ist der Islam in der lokalen Kultur – Aceh wird oft auch die „Veranda Mekkas" genannt.*

Der stolze Freiheitssinn der Acehnesen ist bekannt, sie wehrten sich jahrzehntelang erbittert gegen die Niederländer. Während der Herrschaft Suhartos setzten sie sich zur Wehr, als immer deutlicher wurde, dass die neuen javanischen Machthaber im fernen Jakarta nur die rücksichtslose Ausbeutung der Rohstoffe, nicht aber die Belange der lokalen Bevölkerung interessierten, die weiterhin arm blieb. Die separatistische Guerillagruppierung „GAM" („Gerakan Aceh Merdeka", „Bewegung Unabhängiges Aceh") und Regierungstruppen trugen seit Mitte der 1970er-Jahre einen blutigen Bürgerkrieg aus. Die indonesische Armee und vor allem die gefürchtete Spezialeinheit „Kopassus" gingen besonders in den 1990er-Jahren und Anfang des neuen Jahrtausends brutal gegen die Zivilbevölkerung vor. Vergewaltigungen und wahllose Hinrichtungen führten zeitweise zu einer von Willkür und Gesetzlosigkeit gekennzeichneten ***Schreckensherrschaft.*** *Erst im Jahr 2005 konnte in Helsinki ein Friedensabkommen zwischen der „GAM" und der indonesischen Regierung geschlossen werden. Der Provinz, die schon unter Sukarno und Suharto den Status einer „Besonderen Region" („Daerah Istimewa") mit gewissen eigenen Rechten innehatte, wurden weitreichende Autonomiezugeständnisse eingeräumt, zu der auch die Einführung der Scharia gehörte. Eine eigens gegründete Moralpolizei sorgt seitdem für die Einhaltung der islamischen Kleidervorschriften und hält Ausschau nach unverheirateten Liebespaaren – ihnen droht die öffentliche Auspeitschung.*

drohe. Die militärische Einflussnahme auf die Gesellschaft und das harte Vorgehen gegen alle Andersdenkenden wurden durch die angeblich ständig präsente „kommunistische Bedrohung" legitimiert.

Die Bevölkerung wurde systematisch entpolitisiert, konforme Mitläufer waren die Gewinner unter der autoritären Herrschaft *Suhartos*. Eine gewaltige, **zentralistisch gelenkte Bürokratisierung** durchzog alle politischen und gesellschaftlichen Gruppen und bildete die Basis für die bis in die Dörfer reichende Kontrolle des allmächtigen Staates der „Neuen Ordnung".

Suhartos Partei *Golkar* (*Golongan Karya,* „Funktionelle Gruppen", ein Zusammenschluss verschiedener gesellschaftlicher, administrativer und militärischer Gruppierungen) wurde zur einzigen herrschenden Partei und diente *Suharto* als Machtmittel zur Ausübung seines **militärisch gestützten, repressiven Führungsstils.** Die einzigen zwei anderen vom Regime zugelassenen Parteien waren die muslimische Partei *PPP* (*Partai Persatuan Pembangunan,* „Vereinigte Fortschrittspartei"), in der alle früheren muslimischen Parteien zusammengefasst waren, und die aus säkular-nationalistischen und christlichen Parteien hervorgegangene *PDI* (*Partai Demokrasi Indonesia,* „Demokratische Partei Indonesiens").

Bei Wahlen sorgte das Regime dafür, dass *Golkar* einen eindeutigen Sieg davontrug. Dennoch ließ es sich *Suharto* nicht nehmen, die Wahlen zum „Volksfest" oder „Demokratiefest" zu erklären und im Vorfeld gewaltige, musikalisch untermalte und farbenprächtige Parteiumzüge mit Werbegeschenken und Popkonzerten zu veranstalten. Auch heute, in Zeiten der *reformasi,* gehören karnevalesk anmutende Massenspektakel der einzelnen Parteien auf den Straßen des Inselreiches zu jedem Wahlkampf. Ein Großteil der dabei auftretenden „Parteianhänger" ist allerdings oft genug gekauft, sie verdienen sich etwas dazu, indem sie nacheinander für verschiedene Parteien auf die Straße gehen.

Für *Suharto* stand **die wirtschaftliche Entwicklung des Landes** im Vordergrund. Dank der „grünen Revolution" im Reisanbau war Ende der 1980er-Jahre die Selbstversorgung des Landes mit Reis möglich. Das Schul-

012in Foto: jg

und Gesundheitssystem, die Infrastruktur und die Industrie wurden ausgebaut, die allgemeinen Lebensbedingungen weiter Teile der Bevölkerung konnten deutlich verbessert werden, es entstand eine kleine, aber zunehmend einflussreiche muslimische Mittelschicht. Doch das stand in keinem Verhältnis zu dem Reichtum, den *Suhartos* Familie, Günstlinge aus der Armee und einzelne von *Suharto* protegierte chinesische Unternehmensbesitzer in geradezu obszönen Ausmaßen anhäuften. *Suhartos* Kinder und **Familienangehörige hatten das Monopol** auf zentrale Handelsgüter und Infrastrukturbereiche und herrschten über enorme Wirtschaftsimperien. Die vornehmlich auf Vetternwirtschaft basierenden politischen, ökonomischen und sozialen Strukturen waren von einem Sumpf an **Korruption** durchzogen: Investoren mussten mitunter über 30 Prozent der Investitionssumme für Schmiergelder zum Erhalt der notwendigen Genehmigungen ansetzen. Die First Lady *Ibu Tien* beispielsweise war im Volksmund als „Ms. 10 Prozent" bekannt. Kein wichtiges Projekt, kein größeres Geschäft kam im Inselreich zustande, ohne dass der Suharto-Klan seinen Anteil erhalten hätte. Die Kluft zwischen Arm und Reich und zwischen den Regionen vertiefte sich weiter. Mitte der 1990er-Jahre waren 70 Prozent des in Indonesien zirkulierenden Geldes in Jakarta konzentriert.

Als im Juli 1997 die **Asienkrise** ausbrach und Indonesien ganz besonders hart traf, ging auf einmal alles schneller, als es die meisten Beobachter für möglich gehalten hätten. *Suharto* war gerade erst zum siebten Mal wiedergewählt worden, als es nach der Erhöhung der Brennstoffpreise um 75 Prozent zu anhaltenden Studentenprotesten kam. Als dann im Mai 1998 vier Studenten erschossen wurden, geriet die Lage außer Kontrolle. In mehreren Städten Indonesiens brachen **gewaltsame Unruhen** aus, die vor allem die chinesische Minderheit traffen. In Jakarta kamen über tausend Menschen ums Leben, Chinesinnen wurden systematisch vergewaltigt. Das Regime des milde lächelnden Diktators brach wie ein Kartenhaus zusammen: Am 21. Mai 1998, nach über 30 Jahren Alleinherrschaft, **musste Suharto seinen Rücktritt verkünden.**

Noch heute umgibt *Sukarno,* gern *Bung Karno* („Kamerad *Karno*") genannt, das romantisierte Charisma von Patriotismus und revolutionärem Freiheitskampf. *Suharto* hingegen inszenierte sich gern als wohlwollender, milder, aber allmächtiger Patriarch: *Pak Harto* („Vater *Harto*") nennt ihn das Volk, er wird immer noch verehrt als *Bapak Pembangunan* – „Vater des Aufbaus".

Straßenszene in Jakarta

„Reformasi“: Indonesien nach Suharto (1998 bis heute)

Mit dem Sturz Präsident *Suhartos* im Mai 1998 begann eine neue Ära für Indonesien: *reformasi,* die Zeit grundlegender Reformen im politischen System des Landes. Die äußeren Umstände waren dabei mehr als ungünstig, denn die **Asienkrise** von 1997/98 hatte Indonesien besonders in Mitleidenschaft gezogen. Millionen Indonesier wurden in die Armut zurückgeworfen. Ausnehmend schmerzhaft war das für die neuen urbanen Mittelschichten, die von den vorangegangenen Boomjahren profitiert hatten und nun gravierende Einkommensverluste hinnehmen mussten.

Nach einer Dekade *reformasi* sieht die Bilanz im Großen und Ganzen positiv aus, auch wenn das Land noch vor großen, bisher ungelösten Aufgaben und neuen Herausforderungen steht. Die Entwicklung in Richtung **mehr Demokratie und Liberalisierung** wurde zielstrebig vorangetrieben: Indonesier wählten 1999, 2004 und 2009 ihr Parlament in Wahlen, die von internationalen Beobachtern als frei und fair eingeschätzt wurden. Nach einer Übergangsregierung unter *B. J. Habibie* zur Vorbereitung freier Wahlen wurde 1999 der liberale Muslimführer *Abdurrahman Wahid* (meist *Gus Dur* genannt) zum Präsidenten ernannt. Nach einem Amtsenthebungsverfahren aufgrund von Korruptionsvorwürfen folgte ihm mit *Megawati Sukarnoputri,* der Tochter des Staatsgründers *Sukarno,* erstmals eine Frau als Präsidentin. Sie führte unter anderem die unter *Suharto* abgeschaffte Unabhängigkeit der Justiz wieder ein. Auf regionale Autonomiebestrebungen wurde unter *Habibie, Gus Dur* und *Megawati* mit der Einführung einer umfassenden Dezentralisierung reagiert, die den Provinzen und Distrikten deutlich mehr Selbstverwaltungsrechte einräumt.

Mit den Anfang 2001 in Kraft getretenen Gesetzen zur regionalen Autonomie *(otonomi daerah)* erhielten die regionalen und lokalen Entscheidungsträger einen großen Zuwachs an Möglichkeiten, eigene Interessen umzusetzen. Damit wurde auf **Autonomie- und Abspaltungsbewegungen** reagiert, die neben den Provinzen Papua (zu Indonesien gehörender Teil der Insel Neuguinea), Ost-Timor und Aceh auch zunehmend andere Landesteile ergriffen. Nach *Suhartos* Abdankung konnten die Menschen erstmals offen ihren Unmut über die jahrzehntelange autoritäre Drangsalierung und wirtschaftliche Ausbeutung ihrer Heimatregionen durch das javanisch dominierte Regime im fernen Jakarta zum Ausdruck bringen. Lange Jahre gewaltsam unterdrückte Konflikte zwischen verschiedenen Volksgruppen brachen in einigen Regionen Indonesiens mit aller Vehemenz wieder auf, so in Ambon auf den Molukken, auf Kalimantan (zu Indonesien gehörender Teil Borneos), in Poso auf Sulawesi und nicht zuletzt in **Ost-Timor.** Dieses Gebiet war 1975 von Indonesien gewaltsam annek-

Indonesien heute – die wichtigsten Daten auf einen Blick

- *Offizieller Name: Republik Indonesien („Republik Indonesia“)*
- *Landfläche: 2,02 Mio. km² (ca. fünfmal so groß wie Deutschland)*
- *Hauptstadt: Jakarta mit ca. 10 Mio. Einwohnern, Großraum Jakarta „Jabodetabek“ (Jakarta-Bogor-Depok-Tangerang-Bekasi) ca. 23 Mio. Einwohner*
- *Bevölkerung: ungefähr 235 Mio. Menschen (Schätzung 2008)*
- *Durchschnittsalter: 27 Jahre*
- *Lebenserwartung: Männer 68 Jahre, Frauen 73 Jahre*
- *Kinder pro Frau: 2,3 Kinder*
- *Religionen: 88 % Muslime, 5 % Protestanten, 3 % Katholiken, 2 % Hinduisten*
- *Alphabetisierung: Männer über 15 Jahren: 94 %; Frauen über 15 Jahren: 86 %*
- *Internetnutzer: 13 Mio. (Schätzung 2007)*
- *Agrarprodukte: Reis, Kassave (auch Maniok genannt, eine tropische Wurzelknolle), Erdnüsse, Kautschuk, Palmöl, Zucker, Kakao, Tee, Kaffee, Tabak*
- *Natürliche Rohstoffe: Erdgas, Öl, Kohle, Zinn, Nickel, Kupfer, Holz, Bauxit, Gold*
- *Industrien: Erdöl, Erdgas, Textilien und Bekleidung, Möbel, Schuhe, Bergbau, Bindemittel, Holz, Kunstdünger, Nahrungsmittel, Tourismus*
- *Regierungsform: Präsidialrepublik; Präsident und Vizepräsident werden seit 2004 direkt vom Volk für fünf Jahre gewählt*
- *Verwaltung: Zentralregierung in Jakarta, 33 Provinzen, davon zwei „Daerah Istimewa“ („Provinzen mit Sonderstatus“: Yogyakarta und Aceh) und ein „Daerah Khusus Ibukota“ („Spezielle Hauptstadtregion“: Jakarta)*
  DPR („Dewan Perwakilan Rakyat“): Parlament mit 550 Abgeordneten
  DPD („Dewan Perwakilan Daerah“): Regionalversammlung, jede Provinz ist mit zwei Abgeordneten vertreten
  MPR („Majelis Perwakilan Rakyat“): Verfassungsgebende Volksversammlung, besteht aus Abgeordneten von DPR und DPD
  Seit 2002 Sonderautonomie für die Provinzen Aceh und Papua
- *Korruption: Indonesien laut Jahresbericht 2008 von „Transparency International“ mit Äthiopien, Honduras, Uganda, Lybien, Eritrea und Mosambik auf Rang 126 von 180*
  (Quelle: Auswärtiges Amt und CIA, The World Factbook)

tiert und im Jahr 2002 nach jahrzehntelangem blutigen Bürgerkrieg und massivsten Menschenrechtsverletzungen seitens des indonesischen Militärs in die Unabhängigkeit entlassen worden.

2004 wurde der ehemalige General *Susilo Bambang Yudhoyono* (allgemein *SBY* genannt) als erster Präsident direkt vom Volk gewählt. Kurz nach Amtsantritt setzte er eine eigenständige **Antikorruptionsbehörde** ein: ein erster, wichtiger Schritt in der Bekämpfung der den gesamten Staat auf allen Ebenen und bis in die hintersten Winkel durchziehenden *KKN – korupsi, kolusi, nepotisme* (Korruption, unlautere Absprachen und Vetternwirtschaft). 2009 wurde *Yudhoyono* für eine weitere Amtsperiode wiedergewählt.

Eine der dringlichsten Hauptaufgaben ist weiterhin die **Armutsbekämpfung.** Die Benzinpreiserhöhungen und die Verteuerung der Grundnahrungsmittel wie Reis trafen in den letzten Jahren gerade die Ärmsten der Armen am schlimmsten. Im März 2006 lebten nach Angaben des indonesischen Amtes für Statistik rund 18 Prozent der Bevölkerung von weniger als 17 US-Dollar im Monat. Die Kindersterblichkeit ist immer noch hoch, Mangelernährung weitverbreitet. Besonders in Ostindonesien kommt es immer wieder zu Hungersnöten. Die Arbeitslosigkeit ist ein großes Problem, wobei die Dunkelziffer aufgrund der weiten Verbreitung von minderbemittelten Hilfstätigkeiten im informellen Sektor hoch ist. Auch Universitätsabsolventen finden oft keine ihren Qualifikationen entsprechende Arbeit.

Die **Menschenrechtslage** zeigt sich deutlich positiver als während der „Neuen Ordnung". Doch die skrupellose Ermordung des Menschenrechtsaktivisten und Militärkritikers *Munir Said Thalib* im Jahr 2004 durch Vergiftung in einer Maschine der nationalen Fluggesellschaft *Garuda Indonesia* und die spätere Freisprechung der Angeklagten zeigten, dass auch hier noch viel zu tun bleibt.

Ungelöst sind weiterhin die gravierenden **Umweltprobleme,** für die nicht nur die Indonesier, sondern auch westliche Konzerne und nicht zuletzt unser alltägliches Konsumverhalten verantwortlich zu machen sind. Indonesien ist nach den USA und China der größte Produzent von Treibhausgasen. Die schwerwiegenden Folgen der ungebremsten Abholzung der tropischen Regenwälder, des weiterhin forciert vorangetriebenen Ausbaus der für das globale Ökosystem fatalen Palmölplantagen und der Umweltverschmutzung durch Verkehrssmog, Brandrodung und industrielle Abfälle sind Probleme, die längst die Zukunft von uns allen betreffen.

Die Bedrohung durch den **islamistischen Terrorismus** schien nach den Bombenanschlägen auf Bali 2002 und 2005 sowie den Anschlägen in Jakarta 2003 auf das Marriott-Hotel und auf die australische Botschaft 2004

013in Foto: ps

durch ein kluges Vorgehen der Regierung gegen die Terrororganisation *Jemaah Islamiyah* vorerst entschärft zu sein. Doch die Selbstmordanschläge im Juli 2009 auf zwei Luxushotels in Jakarta, eines davon wiederum das Marriott-Hotel, zeigten, dass weiterhin mit Anschlägen dieser Art gerechnet werden muss. Auch die langfristigen Folgen der schleichenden Islamisierung nicht nur des öffentlichen Lebens, sondern mehr und mehr auch der staatlichen Strukturen sind nur schwer abzuschätzen. Die regionalen Autonomiegesetze ermöglichten die Einführung von sogenannten lokalen **Scharia-Verordnungen** *(perda syariat),* die eine Dekade nach dem Sturz *Suhartos* bereits in 10 Prozent der indonesischen Distrikte gelten. Sie sollen für mehr „Moral" sorgen: Schleierpflicht für Schülerinnen und weibliche Staatsbedienstete, obligatorische Koranlesekompetenz für Heiratswillige, Alkohol- und Glücksspielverbot und ein Vorgehen gegen etwaige Prostituierte – da reicht mitunter der Besitz eines Lippenstiftes für eine Verhaftung aus. In den nationalen und internationalen Medien sowie in den Kreisen sozialer Aktivisten sorgten die Verordnungen für Entsetzen

Die bittere Armut vieler Menschen ist weiterhin ein großes Problem

und Protest, doch die lokale Bevölkerung scheint sich aus Angst, als unislamisch zu gelten, damit zu arrangieren oder in vielen Fällen die Verordnungen sogar zu befürworten. Denn das diffuse Gefühl, die Gesellschaft verkomme mehr und mehr zu einem außer Kontrolle geratenen Sündenpfuhl und müsse dringend „moralischer", d.h. „gottesfürchtiger" werden, ist weitverbreitet.

Angesichts der deutlich sichtbaren **Islamisierung des indonesischen Lebens** mag erstaunen, dass islamische Parteien bei den Wahlen bisher kaum größere Erfolge vorweisen konnten – sowohl 1999 als auch 2004 und 2009 erhielten sie deutlich weniger Stimmen als bei den Wahlen von 1955. Doch das liegt nicht so sehr an einer Ablehnung ihrer religiösen Ausrichtung, sondern wohl vor allem daran, dass längst auch säkular-nationalistische Parteien gekonnt die religiöse Sprache sprechen. Viele Scharia-Verordnungen wurden bezeichnenderweise in Distrikten erlassen, die von säkular-nationalistischen Parteien regiert werden.

Geschichtstabelle

- **6. Jh.:** westjavanisches Hindu-Reich Tarumanagara
- **7.–13. Jh.:** südsumatranisches buddhistisches Seereich Sriwijaya herrscht über große Teile des malaiischen Archipels
- **9. Jh.:** Errichtung des buddhistischen Tempels Borobudur und des hinduistischen Tempelkomplexes Pramabanan in Zentraljava
- **11.–13. Jh.:** ostjavanische Reiche von Kediri und Singhasari
- **13.–16. Jh.:** ostjavanisches Reich von Majapahit ist regionale Großmacht
- **13.–16. Jh.:** Islam verbreitet sich im malaiischen Archipel
- **1511:** Portugiesen erobern das Sultanat Malakka
- **16. Jh.:** Portugiesen übernehmen die Vorherrschaft über den Gewürzhandel auf den Molukken und in Ostindonesien, führen Christentum ein
- **1602:** Gründung der „Niederländischen Ostindien-Kompanie", *VOC*
- **1611:** Niederländer erobern Jayakarta und machen es unter dem Namen Batavia (heute Jakarta) zu ihrem Handelszentrum
- **1755:** Vertrag von Giyanti teilt das zentraljavanische Sultanat von Mataram in die bis heute bestehenden Fürstentümer von Surakarta und Yogyakarta
- **1800:** Bankrott der *VOC*, Gebiete unter niederländischer Herrschaft werden Teil des kolonialen „Niederländisch Ostindien"
- **1908:** Gründung der ersten einheimischen nationalistischen Organisation *Budi Utomo* („Erhabenes Streben") durch javanische Intellektuelle
- **1912:** Gründung der *Sarekat Islam* („Islamischer Bund") als erste einheimische Massenorganisation muslimischer Kaufleute

- **1920:** Gründung der kommunistischen Partei *PKH,* Vorläufer der späteren *PKI (Partai Komunis Indonesia)*
- **1942–1945:** japanische Besetzung
- **17.08.1945:** Unabhängigkeitserklärung durch *Sukarno* und *Mohammad Hatta*
- **1945–1950:** Unabhängigkeitskampf gegen die Niederländer
- **1948–1962:** Darul-Islam-Revolte in Westjava und Südsulawesi
- **1950:** In den christlich geprägten Südmolukken wird die Republik der Südmolukken *(Republik Maluku Selatan)* ausgerufen
- **1955:** Niederschlagung des Sezessionsversuches der Südmolukken durch die indonesische Armee; erste und bis 1999 letzte freie Parlamentswahlen
- **1957:** Beginn der „Gelenkten Demokratie" unter Präsident *Sukarno*
- **30.09.1965:** angeblicher Putschversuch der Kommunisten, Ermordung von sechs hohen Generälen
- **1965–1966:** General *Suharto* übernimmt die Macht, Ermordung von mehr als einer halben Million Menschen, Beginn der „Neuen Ordnung"
- **1978:** Pancasila-Kurse obligatorisch für Schüler, Studenten und Staatsbedienstete
- **1997–1998:** Asienkrise trifft Indonesien hart, es kommt zu Studentendemonstrationen und Gewalt gegen Chinesen
- **21.05.1998:** *Suharto* tritt zurück, *B. J. Habibie* übernimmt die Übergangsregierung
- **1999:** erste freie Wahlen seit 1955, Beginn der *reformasi*
- **1999–2001:** Präsidentschaft *Abdurrahman Wahid (Gus Dur)*
- **2001–2004:** Präsidentschaft *Megawati Sukarnoputri,* Tochter *Sukarnos*
- **26.12.2004:** Tsunami verwüstet weite Teile Acehs, bis zu 160.000 Menschen sterben
- **2002 und 2005:** Bombenanschläge islamistischer Extremisten auf Bali
- **2004–2009:** Präsidentschaft *Susilo Bambang Yudhoyono,* 2009 für eine weitere Amtsperiode wiedergewählt

„Bahasa Indonesia" – die indonesische Sprache

Im ganzen Archipel war Malaiisch, der Vorläufer des Indonesischen, schon vor der Kolonialzeit die Handels- und Verkehrssprache, eine sogenannte *lingua franca*. In den großen Handelsstädten an den Küsten der Inselwelt, von der malaiischen Halbinsel über Sumatra bis nach Kalimantan und Ostindonesien stellte **Malaiisch** oft die Hauptsprache dar. Viele dort seit Generationen ansässige Familien, besonders auch assimilierte Chinesen, sprachen es als Muttersprache. Zudem war es die Sprache, in der islamische Texte und Herrscherchroniken geschrieben und gelesen wurden. Malaiisch als Sprache des Islam gab dem Leben der unterschiedlichsten Volksgruppen eine gemeinsame weltanschauliche und politische Grundlage. Der Islam bereicherte die malaiische und andere lokale Sprachen zudem um viele arabische Lehnworte, so wie zuvor das Sanskrit bereits seine Spuren in den Sprachen und Literaturen des Archipels hinterlassen hatte. Später dann fanden Worte aus dem Niederländischen und heute aus dem Englischen Eingang in das moderne Indonesisch.

Die Niederländer als Geburtshelfer

Auch die im Kolonialreich lebenden Holländer hatten früh den Vorzug einer angeblich leicht anzueignenden *lingua franca* erkannt und verwendeten eine Art Schrumpf-Malaiisch, um mit ihren einheimischen Dienstboten und Konkubinen zu kommunizieren – ein paar schnell zu lernende Befehle und Satzfragmente reichten da meist aus. Ebenso kam Malaiisch beim Kontakt zwischen Kolonialherren und der lokalen Aristokratie sowie chinesischen und indonesischen Händlern zum Tragen.

Das Malaiische und die anderen lokalen Sprachen des Archipels wiesen allerdings eine verwirrende Fülle an Dialekten und Sprachstilen auf. Das Bemühen um eine Vereinheitlichung und **Standardisierung der indonesischen Sprachen** geht auf die Kolonialmacht zurück, die Ordnung und Übersichtlichkeit in die unüberschaubare sprachliche Vielfalt bringen wollte – nur so waren aus ihrer Sicht administrative Effizienz und Kontrolle über die kolonialen Untertanen möglich. Niederländische Linguisten machten sich also an die Arbeit, die Sprachen zu studieren, zu klassifizieren, zu ordnen. Es wurden Wörterbücher und Grammatiken erstellt und damit erste Standardisierungs- und Vereinheitlichungsprozesse in Gang gesetzt.

Die Niederländer erkoren den malaiischen Dialekt der höfischen Texte aus dem Umkreis der Sultanate von Riau und Johor zum „authentischen" Malaiisch und verbreiteten **das vermeintliche „Hochmalaiisch"** *(Melayu Tinggi)* gezielt als einheitliche Verkehrssprache für administrative Zwecke in den Schulen. Der 1908 gegründete Kolonialverlag *Balai Pustaka* förderte zudem die Schaffung einer neuen, repräsentativen Literatur in *Melayu Tinggi*.

Alle anderen Formen und Dialekte des Malaiischen wurden als Basar-Malaiisch oder **„Niederes Malaiisch“** *(Melayu Rendah)* diskreditiert. Unter *Melayu Rendah* fiel auch das Malaiisch, das die chinesischen Verlage verbreiteten. Die assimilierten Chinesen waren Pioniere der modernen malaiischen Sprache, sie zählten zu den ersten nicht-niederländischen Autoren und Verlegern, die ab der zweiten Hälfte des 19. Jh. Romane, Kurzgeschichten, Essays und Zeitungen nach westlichem Vorbild in der urbanen malaiischen Umgangssprache veröffentlichten. Wie fremd den Menschen hingegen das von den Niederländern verbreitete, angebliche „Hochmalaiisch“ war, zeigte sich beispielsweise darin, dass es von den Einheimischen oft als „Holländisch“ *(Bahasa Belanda)* bezeichnet wurde!

Die von der Kolonialregierung betriebene Sprachpolitik und die zunehmende Präsenz von Printmedien im urbanen Leben einer niederländisch gebildeten einheimischen Elite führten auch zu einer neuen **Selbstwahrnehmung der Kolonialisierten.** Die Presse verband die Menschen durch eine gemeinsam geteilte Sprache, in der ein Austausch über aktuelle Themen der Zeit und die Diskussion über neue Ideen möglich wurde – kurz: Eine neue kritische Öffentlichkeit war entstanden. Diese war eine wesentliche Voraussetzung für die Entstehung und Verbreitung des indonesischen **Nationalismus,** der sich der malaiischen Sprache bediente. Denn in ihrer von den Niederländern propagierten Form *(Melayu Tinggi)* stand sie für Modernität, Egalität und Offenheit für alles Neue – gerade weil sie, anders als die Lokalsprachen, nicht in die starren Strukturen traditioneller Hierarchien und Adat-Regeln eingebunden war. Für die Nationalisten war

014in Foto: jg

das Hochmalaiische, seit Mitte der 1920er-Jahre von ihnen als Indonesisch *(Bahasa Indonesia)* bezeichnet, das ideale Medium für die Propagierung einer neuen nationalen Identität. Das Nationalgefühl und Selbstverständnis des modernen Indonesiens sind ohne **das zur Nationalsprache erklärte Indonesisch** nicht denkbar: Im sogenannten „Schwur der Jugend" *(Sumpah Pemuda)* von 1928 bekannten sich junge nationalistische Aktivisten zum Indonesischen als Sprache für ein zukünftiges Indonesien.

Bahasa Indonesia heißt „Indonesisch", ebenso wie *orang Indonesia* auf Deutsch „Indonesier" heißt. Da wir auf Deutsch von Indonesiern nicht als

Die moderne indonesische Literatur

Der Kolonialverlag „Balai Pustaka" hatte spätestens ab den 1920er-Jahren seinen Hegemonieanspruch in Sachen Sprachstandards durchgesetzt. Besonders Autoren aus der Volksgruppe der Minangkabau aus Westsumatra waren Geburtshelfer für die moderne indonesische Literatur in dem von den Niederländern geförderten Hochmalaiisch. Romane wie „Sitti Noerbaja" (1922) von Marah Roesli sind bis heute Klassiker, die für eine ***kritische Auseinandersetzung mit restriktiven traditionellen Normen*** *(hier: Zwangsheirat) und ein neues nationales Bewusstsein stehen. Die moderne indonesische Literatur hat seit den Anfängen in den 1920er-Jahren den politischen und gesellschaftlichen Wandel des Landes begleitet. Unter Sukarno waren linke Ausrichtungen dominierend, vor allem die Vorstellung, dass „Literatur für das Volk" eine erzieherische Funktion ausübe und daher die sozialen Bedingungen realistisch darstellen solle. Unter Suhartos „Neuer Ordnung" war Schluss mit Sukarnos revolutionärem Populismus: Offene soziale Kritik und alles, was als vermeintlich „links" oder gar „kommunistisch" daherkam, waren tabu. Der große* ***indonesische Romancier Pramoedya Ananta Toer*** *wurde für seine einflussreiche Bumi-Manusia-Tetralogie, in der er den Weg Indonesiens von der späten Kolonialzeit bis in die Unabhängigkeit nachzeichnete, auf der Gefängnisinsel Buru in Haft gehalten und stand später unter Hausarrest, seine Werke blieben verboten. In seiner Kritik am niederländischen und einheimisch-aristokratischen Machtmissbrauch und der kolonialen Ausbeutung des Volkes erkannten sich die Machthaber der „Neuen Ordnung" anscheinend wieder.*

Im liberalen Klima nach dem Sturz Suhartos erfuhr auch die Literatur einen neuen Aufschwung. Besonders junge Autorinnen wie Ayu Utami

orang Indonesia („er ist ein *Orang Indonesia*") sprechen oder gar nur von *orang* („er ist ein *Orang*"), sollte auch die Unsitte vermieden werden, „Indonesisch" auf Deutsch als *Bahasa Indonesia* oder womöglich nur als *Bahasa* zu bezeichnen. Leider ist letzteres im englischen Sprachraum recht verbreitet, besonders auch unter Expats in Jakarta. Doch *Bahasa* heißt nur „Sprache" und die logisch folgende Frage wäre dann: *welche* Sprache denn? *Bahasa Jawa? Bahasa Bali?* Oder gar *Bahasa Jerman?*

Die indonesischsprachigen Massenmedien wie Fernsehen, Kino, Presse und Bücher haben eine moderne „indonesische" Kultur geschaffen, der

und Djenar Maesa Ayu haben mit ihren provozierenden Schilderungen weiblicher Sexualität Aufsehen erregt und einen Trend der sogenannten ***„sastra wangi" („duftende Literatur")*** *in Gang gesetzt. Über die literarischen Qualitäten dieser Werke, deren Autorinnen sich gerne als sexy Starlet inszenieren, lässt sich allerdings streiten. Gleiches gilt für einen ganz anderen Trend: Religiöse Ratgeberbücher aller Art finden eine große Leserschaft.* ***Religiöse Trivialliteratur („sastra Islami")*** *um Erweckungserlebnisse und vorbildlich fromme Protagonisten ist sehr beliebt und erlebte mit dem bisher nur auf Indonesisch vorliegenden Roman „Ayat-Ayat Cinta" („Liebesverse"), der auch als Film ein Blockbuster wurde, ihren ersten Höhepunkt.*

Bis heute ist das Indonesische eine Sprache, die von einer starken mündlichen Tradition geprägt ist. Literatur wurde bis vor Kurzem vor allem verbal überliefert und öffentlich vorgetragen: malaiische Pantun-Verse und Syair-Gedichte, javanische Macapat-Dichtung und andere lokale literarische Traditionen werden in der meist ***gesungenen Rezitation*** *lebendig. Moderne indonesische Dichter wie der 2009 verstorbene Rendra ziehen mit ihren dramatischen Gedichtsdeklamationen Tausende von Zuhörern an. Auch Buchvorstellungen und öffentliche Lesungen sind sehr beliebte Events – Indonesier sind bis heute keine großen Bücherleser, sondern bevorzugen die mündliche Inszenierung, die Literatur erst richtig lebendig und in der Gruppe erlebbar werden lässt.*

Vor allem in Jakarta, Yogyakarta und Bandung gibt es zudem eine vielfältige ***moderne Theater- und Künstlerszene.*** *Theatermacher wie Ratna Sarumpaet thematisieren in ihren Stücken immer wieder eindrücklich soziale Missstände und politischen Machtmissbrauch.*

016in Foto: jh

man sich heute selbst im isoliertesten Dorf kaum noch entziehen kann. Da Indonesisch im Gegensatz zu Lokalsprachen wie Javanisch, Sundanesisch oder Balinesisch **eine ausgesprochen „egalitäre" Sprache** ohne komplexe Höflichkeits- und Hierarchieebenen ist, können in ihr Dinge gesagt werden, die so in den Lokalsprachen nur schwer ausdrückbar

Ein Grundschüler auf dem Weg zur Schule

sind. Damit eröffnete Indonesisch neue Freiräume des Denkens und der Selbstimagination, die nötig waren für den Erfolg des indonesischen Nationalismus und des bis heute nicht abgeschlossenen Prozesses des *nation building*.

Die **Lokalsprachen** werden im familiären und privaten Umfeld weiter gesprochen, vermischen sich jedoch zunehmend mit dem Indonesischen, das das öffentliche Leben, die Medien und die in ihnen verbreitete Jugendkultur bestimmt. Aber auch heute noch ist für viele junge Indonesier Indonesisch eine zweite oder gar dritte **Fremdsprache:** Im westjavanischen Bandung wohnen z. B. viele Javaner, die zu Hause Javanisch sprechen, in der sundanesischen Nachbarschaft lernen die Kinder automatisch Sundanesisch und erst in der Schule kommt dann Indonesisch dazu.

Auch traditionelle Vorstellungen von „Wissen" haben sich durch das Indonesische als Sprache der Wissensvermittlung grundlegend verändert. In den alten Kulturen war der **Zugang zu Wissen** nur Eingeweihten und Auserwählten möglich, denn Wissen war im traditionellen Verständnis eher eine Geheimkunde, dogmatisch und in sich geschlossen, die man nur durch engen Kontakt zu einem *guru* (weisen Lehrmeister), *dukun* (traditionellen Heiler und Magier) oder *kyai* (islamischen Gelehrten) erfahren konnte. Oft war dazu das Erlernen einer alten oder fremden Sprache und Schrift, die praktisch als eine Art esoterischer Geheimcode fungierten, notwendig: Altjavanisch und Sanskrit für das Studium der balinesischen religiösen Schriften, Arabisch in den javanischen Islamschulen *(pesantren)* oder die Batak-Schrift, um magische Formeln lesen zu können. (Siehe auch das Kap. „Magie und Geisterglaube im modernen Alltag".)

Aus magischem, nur wenigen zugänglichem Wissen ist pragmatisches, zumindest theoretisch allen Schülern und Studenten offenstehendes Wissen geworden. Dessen Vermittlung basiert nicht mehr auf der Autorität einer exklusiven Guru-Schüler-Beziehung, sondern wird auf bürokratischem Wege unpersönlich an alle Schüler weitergeleitet. Und die Erlangung von Wissen ist nicht mehr etwas, das relativ spät im Leben zu einer wichtigen Beschäftigung angehender weiser alter Frauen und Männer wird, sondern etwas, das von klein auf als Vorbereitung für das weitere Leben gedacht ist. All die Schulkinder in ihren adretten Schuluniformen, die zu bestimmten Tageszeiten die Straßen und Gassen Indonesiens in Scharen bevölkern, künden bei allen gravierenden Mängeln des Schulsystems doch auch vom **Erfolg der indonesischen Sprache.** Welche lokale Sprache sie auch zu Hause sprechen mögen, die Schulbildung auf Indonesisch eröffnet ihnen den Zugang zum ethnische Grenzen überschreitenden, modernen Indonesien. (Siehe auch das Kap. „Das verlorene Paradies? Kindsein in Indonesien".)

Sprachliche Vielfalt und Anpassungsfähigkeit – gestern wie heute

In Weiterführung der kolonialen Bemühungen um Fixierung und Standardisierung ist die Regierung seit *Suhartos* „Neuer Ordnung" darum bemüht, den mündlichen und regionalen „Wildwuchs" des Indonesischen weiter zu bändigen und in eine „korrekte" Form zu bringen. Propagiert wird das unter dem Slogan *bahasa yang baik dan benar* – **„gute und richtige Sprache"**, wobei mit „gut" auch „moralisch gut" und mit „richtig" auch „wahr" gemeint ist. Doch jenseits der Bürokratensprache voll inhaltsleerer Floskeln ist das heutige Indonesisch so lebendig und vielfältig wie einst das Malaiische. Und auch die Beziehung zu den Lokalsprachen ist weiterhin dynamisch: Indonesier bereichern das Indonesische ständig durch Worte aus ihren jeweiligen lokalen Muttersprachen. Vor allem differenzierte Gefühle und Sinnlichkeit auszudrücken, gelingt unter **Rückgriff auf den sprachlichen Reichtum der Lokalsprachen** oft besser als auf Indonesisch, das von vielen in seiner hochsprachlichen Form als auffallend kalt und gefühllos – eben eine Beamtensprache – empfunden wird. Fromme Muslime wiederum übernehmen bestimmte Wörter aus dem Arabischen, um ihre Verbindung zur globalen muslimischen Gemeinschaft zum Ausdruck zu bringen. Auch Englisch wird häufig in indonesische Sätze „gestreut", vermittelt es doch moderne Würze und einen kräftigen Schuss

015in Foto: jh

cooler Weltläufigkeit, mit dem man sich ganz besonders gerne schmückt. Und die Jugendlichen zeigen eine faszinierende Kreativität darin, immer wieder neue Worte, Abkürzungen und Wendungen zu kreieren, um ihrem eigenen Lebensgefühl Ausdruck zu verschaffen. Ihr Slang nennt sich *Bahasa Gaul,* was so viel bedeutet wie „Trendsprache“, aber *gaul* – „trendy“ – heißt ursprünglich „sozialen Umgang pflegen“. *Gaul* alias „trendy“ zu sein, drückt also immer auch aus, über vielfältige Kontakte zu verfügen, sich gewandt in verschiedenen Welten zu bewegen und stets auf dem neuesten Stand zu sein.

Was das konkret heißt, bekommt man in so manchem Satz bei mündlichen Gesprächen zu hören: Indonesische, sundanesische (oder javanische, balinesische, minangsche ...), englische, arabische und Slangwörter werden hier frisch-fröhlich miteinander kombiniert. Den Sprachpuristen ist das natürlich ein Dorn im Auge, aber das war ihren kolonialen Vorgängern vor über hundert Jahren auch schon das lebendige, im alltäglichen Austausch zwischen den Völkern gewachsene Malaiisch. **Indonesisch ist heute so vielfältig wie die Menschen, die es sprechen,** es nimmt wie sie stets neue Einflüsse auf, stellt Beziehungen zu anderen Sprachen her und verändert sich dadurch, ohne je seine typische malaiisch-indonesische Flexibilität und Anpassungsfähigkeit zu verlieren.

Mit der korrekten englischen Orthografie
hat man zum Teil noch so seine Probleme

002in Foto: ak

EINHEIT IN DER VIELFALT – DER VIELVÖLKERSTAAT ZWISCHEN IDEAL UND REALITÄT

Lain padang lain belalang
Lain lubuk lain ikannya
„Anderes Feld, andere Heuschrecken.
Andere Wasser, andere Fische."
(indonesisches Sprichwort)

Kinder der Seenomaden („orang laut") auf einer Insel vor Sulawesi

Multiethnisches Indonesien

Bei uns gibt es die miesepetrigen Deutschen, die kühlen Nordeuropäer und die lebenslustigen, temperamentvollen Südländer, von knauserigen Schwaben, derb-herzlichen Bayern und distanziert-hochnäsigen Hamburgern ganz zu schweigen. Auch Indonesien hat in dieser Hinsicht einiges zu bieten: ängstlich-überhöfliche Javaner, grobschlächtige Batak, tanzende Balinesen, rachsüchtige Bugis, geschäftstüchtige Chinesen und noch viele, viele skurrile Volksvertreter mehr. Mit seinen **über 200 verschiedenen Ethnien und Sprachen** ist Indonesien ein Vielvölkerstaat par excellence. „Multikulti" ist seit Jahrhunderten gelebter Alltag und Grundlage des indonesischen Nationalismus: *Bhinneka Tunggal Ika,* üblicherweise frei übersetzt als „Einheit in der Vielfalt", so lautet vielversprechend das Staatsmotto. Es wurde dem altjavanischen Gedicht „Kakawin Sutasoma" von *Mpu Tantular* aus dem 14. Jh. entnommen. *Mpu Tantular* war Hofdichter im javanischen Großreich Majapahit, in dem miteinander konkurrierende shiva-hinduistische und buddhistische Strömungen das religiöse Leben bestimmten. Vollständig lautet die Verszeile:

Mangka ng jinatwa kalawan siwatwa tunggal
Bhinneka tunggal ika tan hana dharma mangwa

„Denn die Wahrheit des Buddha und die Wahrheit des Shiva sind eins
Getrennt sind sie und doch eins, es gibt keine entzweite Wahrheit."

Im alltäglichen Leben stolpert man jedoch des Öfteren über ungewohnte Verhaltens- und Ausdrucksweisen. Indonesier verweisen hier gerne auf **adat:** Das ist im engeren Sinne **das überlieferte Gewohnheitsrecht,** im weiteren Sinne beinhaltet es aber alles von regionaler Tracht, das alltägliche Leben regelnden Normen und Vorschriften, lokalen Ritualen und Bräuchen im Zusammenhang mit Schwangerschaft, Geburt, Erwachsenwerden, Heirat und Tod bis hin zu religiösen Praktiken und traditionellen Formen von Autorität und Herrschaft. *Adat* wird zumeist als Synonym für „Tradition", „traditionelle Rituale" oder „traditionelle Kultur" gebraucht, so ist die Rede von *pakaian adat* „Adat-Kleidung", meist im Sinne von „traditioneller Festtagskleidung" und von *rumah adat* „Adat-Häusern", d. h. „Häuser in der traditionellen Architektur" der jeweiligen Ethnien.

Adat-Haus der Toraja auf Sulawesi

Aufgrund der mündlichen Überlieferungsweise weist das *adat* eine schier unüberschaubare Vielfalt an Erscheinungsformen auf, oft unterscheidet es sich schon von Dorf zu Dorf beträchtlich. Auch wenn das *adat* den Menschen als Teil der „ursprünglichen", „authentischen" Kultur gilt, ist es doch im Laufe der Jahrhunderte stark von den unterschiedlichsten Prägungen geformt worden. Je nach Region ist der islamische oder christ-

017in Foto: ak

liche Einfluss zu einem festen Bestandteil des lokalen *adat* geworden. Unterschiedliche **Details in der Religionsausübung,** z. B. wie man einzelne Feiertage begeht oder welche Bräuche die Totenbestattung kennzeichnen, werden mit dem jeweiligen lokalen *adat* erklärt und sind sich damit dann auch der allgemeinen Anerkennung sicher. „Bei uns macht man das auf diese Art, bei euch auf jene Art – dies ist eben unser *adat* und das ist euer *adat.*" Das bietet Stoff für interessante Gespräche und Vergleiche und ist kein Problem, solange nicht grundsätzliche religiöse Überzeugungen oder staatliche Prinzipien verletzt werden.

Als Gegengewicht zu nationalen und globalen Orientierungen ist der Bezug auf das *adat* eine wichtige **Quelle zur Bestätigung lokaler Identität.** Die Beschäftigung mit den praktischen Details und philosophisch-theologischen Hintergründen des eigenen *adat* ist für viele Menschen von großer Bedeutung, so mancher ältere Mann findet hier seine Berufung und bringt es zu lokalem Expertenstatus.

Fremde Lebensweisen und unterschiedliche kulturell bevorzugte Temperamente im zwischenmenschlichen Umgang sind mit ein Grund für die Entstehung von **stereotypen Klischees,** die im günstigsten Fall liebevoll-ironisch gemeint sind, aber allzu oft auch Träger von deutlich negativen Vorurteilen werden können. Das betrifft besonders Indonesier chinesischer Abstammung: Sie gelten als Schlitzaugen *(mata sipit),* die reich und arrogant sein sollen. Sie bleiben angeblich lieber unter sich und sollen der Meinung sein, mit Geld ließe sich alles kaufen. Nicht-chinesische Indonesier wiederum meinen oft, dass ethnische Chinesen auf sie verachtend herabblicken und sie für faul, unzuverlässig, undiszipliniert, zurückgeblieben und dumm halten würden. Den indonesischen Papua-Stämmen wiederum schlägt von anderen Indonesiern (sprich: Javanern, Sumatranern, Balinesen, Menschen aus Sulawesi und Kalimantan) eine mitunter unverhohlen rassistische Haltung entgegen: Aufgrund ihres „unindonesischen" Aussehens (dunklere Hautfarbe, krauses Haar, melanesische Gesichtszüge) werden sie als Fremde gesehen, die als beschämend primitiv, ungebildet und unzivilisiert gelten. Lediglich ihre Kunst (z. B. die berühmten Schnitzereien der Asmat) scheint zu etwas „nützlich" zu sein, da sie sich immerhin gut verkaufen lässt.

Ob man in den indonesischen Vorurteilen die einzelnen Menschen, die einem begegnen, wirklich wiedererkennen mag oder nicht, ein **Blick hinter die Kulissen** auf die jeweiligen kulturellen und gesellschaftlichen Hintergründe lohnt sich, eröffnet er doch ein differenzierteres Verständnis für so manche vermeintlich „typischen" Eigenarten.

Eine kleine Auswahl aus den größeren Ethnien Indonesiens wird im Folgenden kurz vorgestellt, um einen ersten Eindruck von der faszinierenden kulturellen und religiösen Vielfalt des Inselreiches zu vermitteln. Die Menschen, die einem hier begegnen, sind eben nicht nur Indonesier, sondern immer gleichzeitig auch noch Javaner oder Minang oder Sundanesen oder Bugis oder Batak oder Ambonesen oder ...

Javaner

Die Javaner gelten selbst für asiatische Verhältnisse als besonders sanft und extrem konfliktscheu, sie sind auch unter anderen indonesischen Ethnien als undurchsichtige „Dauerlächler" berüchtigt. Sie machen ungefähr 45 Prozent der Bevölkerung aus und sind somit die **größte ethnische Gruppe** in Indonesien. Ihre Heimat ist Zentral- und Ostjava – in Westjava leben die **Sundanesen,** mit rund 15 Prozent die zweitgrößte Ethnie Indonesiens, deren Kultur zwar von ihren javanischen Nachbarn mitgeprägt ist, sich aber doch deutlich von ihnen unterscheidet. So sind sie spürbar egalitärer ausgerichtet als die Javaner, deren **hochkultiviertes Feingefühl für hierarchische Strukturen und respektvolle Etikette** in ganz Indonesien berühmt-berüchtigt ist. In Ostjava leben zudem auch viele Maduresen, deren Einfluss in der lokalen ostjavanischen Kultur seine Spuren hinterlassen hat: In Ostjava ist man weitaus „gröber" und „direkter" im alltäglichen Umgang als im javanischen Kernland der Fürstentümer Yogyakarta und Surakarta (auch Solo genannt), dessen kulturelle und sprachliche Standards den idealisierten Maßstab für das setzen, was als *halus* „verfeinert, subtil, höflich" und damit als „echt javanisch" gilt.

Auf Java, seit der niederländischen Kolonialzeit die **„Hauptinsel" des Inselreiches,** leben über 60 Prozent der indonesischen Bevölkerung – sie bewohnen damit lediglich 7 Prozent der Landfläche Indonesiens. Allerdings gibt es einen regen Zustrom aus anderen Regionen, denn die urbanen Ballungszentren Jakarta, Bandung und Surabaya versprechen bessere Bildungs-, Arbeits- und Aufstiegschancen als andere Landesteile. Javanische Normen und Werte üben folglich einen großen Einfluss auf das moderne Indonesien aus, sie prägen die politische Kultur und das öffentliche Leben. Unter *Suharto* wurden politische und administrative Schlüsselpositionen im ganzen Inselreich mit Javanern besetzt. Im Rahmen des Transmigrationsprogramms wurden javanische Bauern vom überbevölkerten Java auf andere Inseln wie Kalimantan, Südsumatra und nach Ostindonesien umgesiedelt. (Siehe dazu auch den Exkurs „Papua".) Unter der nichtjavanischen Bevölkerung riefen diese Vorgänge verständlicherweise starke Ressentiments gegen die **„Javanisierung"** Indonesiens und die allgegenwärtige Dominanz der Javaner in Politik und Gesellschaft hervor.

Die **javanische Sprache** ist im modernen Indonesien zwar „nur" eine von vielen anderen Regionalsprachen, sie zählt aber mit über 70 Mio. Sprechern zu den meistgenutzten Sprachen Südostasiens. Zudem kann sie auf eine lange und reiche literarische Tradition zurückblicken, die bis in das 9. Jh. n. Chr. reicht. Auch heute übt diese große Kultursprache weiterhin Einfluss auf die Entwicklung des modernen Indonesisch aus und bereichert den Wortschatz der Nationalsprache nicht nur mit prestige- und ehrfurchteinflößenden Begriffen für Politik, Verwaltung und das öffentliche Leben, sondern auch mit seinem Reichtum an Wörtern und Idiomen, die präzise und differenziert Emotionen und alltägliche Details bezeichnen.

Wie wichtig Javanern die Anerkennung von hierarchischen Beziehungen und sozialem Status ist, macht die javanische Sprache auf eindrucksvolle Weise deutlich: Sie zählt zusammen mit Balinesisch und Sundanesisch zu den Sprachen, die über verschiedene **Höflichkeitsregister** verfügen. Je nachdem, wer zu wem spricht und wie die Gesprächspartner in der sozialen Hierarchie zueinander stehen, werden ganz unterschiedliche Worte verwendet. Niedrigergestellte wenden sich mit höflichen Worten und Respektsfloskeln, dem sogenannten *krama,* an den Höhergestellten, der im niedrigeren Register *ngoko* antwortet, in seinem Sprechen und seiner Wortwahl also auf Respektsbekundungen verzichtet. So lautet die Frage „Wohin gehst du?", wenn sie von einem Kind zu einem Erwachsenen gesprochen wird, *„Badhe tindak pundi?",* während ein Erwachsener ein

018in Foto: bd

Kind fragt *„Arep ngendi?"*. Zudem gibt es noch die besonderen Respekt ausdrückenden Worte des Registers *krama inggil,* „hohes *krama"*, – Worte, die man nur für andere Personen, nie aber für sich selbst verwenden darf: „Essen" z. B. heißt auf *ngoko,* der „respektlosen" Sprachebene, in der man auch denkt und mit guten, gleichgestellten Freunden spricht, *mangan;* im höflichen *krama* sagt man *nedha* und wenn man sich formgewandt auf das Essen hochgestellter oder geachteter Personen bezieht, heißt es *dhahar.* Jede sprachliche Äußerung, und sei sie noch so geringfügig, erfordert also auf Javanisch die explizite Anerkennung der hierarchischen Beziehung, die die beiden Gesprächspartner verbindet.

Das hört sich kompliziert an und in der Tat klagen viele ältere Javaner, ebenso wie Balinesen und Sundanesen, dass die Jugend von heute mehr und mehr das höfliche Sprechen verlerne. Junge Menschen verwenden oft lieber Indonesisch als Javanisch, wenn sie mit älteren Menschen sprechen, **aus Angst, auf Javanisch Fehler zu machen,** die nicht nur sprachlich falsch, sondern auch peinlich respektlos und damit beleidigend sein könnten. Auf Indonesisch, einer weitaus egalitäreren Sprache, fühlen sie sich sicherer. Andererseits entwickeln sich auch im Indonesischen zunehmend unterschiedliche Höflichkeitsregister ähnlich der Struktur des Javanischen, Sundanesischen und Balinesischen: Das offizielle **Standardindonesisch** wird von immer mehr Menschen als steif und stilisiert wahrgenommen, angebracht im Kontext von offiziellen Reden, nicht aber im lockeren Alltag und in intimeren Situationen – da ist das umgangssprachliche Indonesisch, das stark vom Jugendslang beeinflusst wird, das richtige, als angemessen empfundene Sprachregister. So wie das javanische höfliche *krama* frei von all der bodenständigen Lebendigkeit und derben Direktheit ist, die *ngoko* auszeichnet, so wird auch das Standardindonesisch immer mehr zu einer Sprache der Bürokratie.

Die Javaner blicken auf eine glanzvolle, aber stets auch von Gewalt und blutigen Bürgerkriegen durchzogene Geschichte zurück. Die Reiche von Mataram in Zentraljava, Kediri und Singhasari in Ostjava, das Großreich Majapahit und später das zweite Reich von Mataram, aus dem die bis heute bestehenden Sultanate und Fürstentümer von Surakarta (Solo) und Yogyakarta hervorgingen, sie stehen heute zumeist für eine **idealisierte Vergangenheit früherer Macht.** Aus dem Schattenspiel *wayang kulit* ist die

Brautpaar in zentraljavanischer höfischer Tracht – Brautpaare sind „Königin und König für einen Tag"

utopische Vorstellung von einem Land bekannt, das *gemah ripah loh jinawi, tata tentrem kerta raharja* ist: „friedlich, blühend, fruchtbar, geordnet, ruhig, sicher und glücklich". Sind Makro- und Mikrokosmos im Einklang, ist der Herrscher gerecht, dann erblühe auch das Reich in Wohlstand und Frieden. Doch die Wirklichkeit sah meist ganz anders aus: Ausbeutung der

Ratu Kidul – die Königin des Südlichen Meeres

Der Glaube an Ratu Kidul, die „Königin des Südlichen Meeres", ist auf Java, besonders an der Südküste und in der Region um die Fürstentümer Yogyakarta und Surakarta, bis heute sehr lebendig. Ratu Kidul, auch „Nyi Rara Kidul" oder „Nyai Loro Kidul" genannt, gilt als ***die Herrscherin über Javas Geisterwelt.*** *Dem Volksglauben nach bewohnt sie mit ihren „himmlischen Heerscharen" einen prächtigen Unterwasserpalast in den Tiefen des Indischen Ozeans. Über ihren Ursprung gibt es verschiedene Überlieferungen, in den meisten Versionen wird sie als ehemalige Prinzessin aus dem westjavanischen Reich Pajajaran dargestellt, die sich einer Heirat entzog und als Asketin magische Kräfte ansammelte. Andere Mythen sprechen von einer vorausgehenden Lepra-Erkrankung. Besser bekannt ist sie allerdings als die* ***mystische Gemahlin der zentraljavanischen Herrscher.*** *Der Legende nach erschien Ratu Kidul dem in tiefer Meditation versunkenen Prinzen Panembahan Senopati (reg. 1586–1601) in Parangkusumo, einem Fischerdorf südlich von Yogyakarta. Sie führte den angehenden Gründer des muslimischen Reiches von Mataram, der sogleich in Liebe zu ihr entbrannt war, in ihren glanzvollen Palast am Meeresgrund und bat ihn, ihr irdischer Gemahl zu werden. Im Gegenzug versprach sie ihm und all seinen Nachfolgern ihren mächtigen Schutz und den Beistand der ihr untergebenen Geisterheerscharen.*

Die Herrscher Zentraljavas beziehen die ***Legitimation ihrer königlichen Macht*** *seitdem auch aus der mystischen ehelichen Verbindung mit Ratu Kidul. Welch hoher Stellenwert dieser Beziehung beigemessen wird, zeigt das Labuhan-Ritual am Strand von Parangkusumo, bei dem der Sultan zu jedem Jahrestag seiner Thronbesteigung der Meereskönigin Opfergaben darbietet und sich und seinem Reich damit weiterhin ihren wohlwollenden Schutz sichert.*

Ein ganz besonderes Geschenk Ratu Kiduls an die Herrscher Zentraljavas ist ***der sakrale Tanz „Bedhaya",*** *den sie als Beweis ihrer Liebe zu Senopatis Enkel, Sultan Agung (reg. 1613–1645), choreografiert haben soll. Zum Jahrestag der Thronbesteigung wird dieser Tanz im Palast von neun*

Bauern und Machtkämpfe in den Fürstengeschlechtern bestimmten das Geschehen. Auch die Beziehungen zwischen frommen Islamgelehrten und der königlichen Autorität waren immer wieder problematisch. *Amangkurat I.*, Sohn des legendären, bis heute verehrten Sultan *Agung*, richtete im 17. Jh. das größte Blutbad der javanischen Geschichte unter is-

Jungfrauen getanzt, die identisch wie die königliche Braut gekleidet sind. In dem sanften, meditativen Fluss der synchronen Bewegungen, die auf höchst abstrakte Weise von Sehnsucht und sexueller Vereinigung erzählen, soll sich Ratu Kidul, nur für den Sultan sichtbar, zeitweise unter die Tänzerinnen mischen oder in eine der Tänzerinnen hinabfahren.

Bis heute pilgern Menschen aus allen sozialen Schichten zu den Fischerdörfern Parangtritis und Parangkusumo, um dort in (laut javanischem Kalender) magischen Nächten zu fasten und zu meditieren. Neben rein spirituellen Beweggründen kommen viele auch, um Ratu Kiduls Beistand zur Erfüllung ganz irdisch-materieller Wünsche zu erlangen: geschäftlichen Erfolg, Bestehen von Hochschulprüfungen, Hinweise auf die „richtigen" Zahlen für Lotteriespiele und dergleichen mehr. Viele erhoffen sich auch eine persönliche Begegnung mit der „Königin des Südlichen Meeres".

Allerdings ***kann Ratu Kidul auch gefährlich werden.*** *So wird davor gewarnt, am Strand grüne Kleidung zu tragen, da dies ihre Farbe sei und sie diese Menschen - bevorzugt junge Männer - zu sich in ihr unterirdisches Reich entführe. (An der stürmischen javanischen Südküste mit den gefährlichen Strömungen werden immer wieder Fischer und unvorsichtige Touristen vom Meer verschlungen.) Das Hotel Samudra Beach im westjavanischen Küstenort Pelabuhan Ratu („Hafen der Königin") hat Zimmer 308 für Ratu Kidul reserviert, hier werden ihr regelmäßig Opfergaben gebracht. Mit spezieller Hotelerlaubnis ist es manchen Gästen erlaubt, in diesem ganz in Grün eingerichteten Raum zu meditieren oder Opfergaben darzubringen.*

Das Erdbeben von Yogyakarta und der Tsunami von Pangandaran im Jahr 2006 wurden von der lokalen Bevölkerung als göttliche Strafe interpretiert. Viele sahen in den Naturkatastrophen ein Zeichen für ***Ratu Kiduls Zorn*** *angesichts der zunehmenden „Islamisierung" Javas, in deren Zuge der Islam von mit Ratu Kidul verbundenen Ritualen und anderen „abergläubischen" Praktiken „gereinigt" werden müsse. Orthodoxere Muslime hingegen interpretierten den Tsunami und das Beben als Strafe Gottes für die angeblich zunehmende Morallosigkeit der indonesischen Gesellschaft.*

lamischen Führern an: Über fünftausend Religionsgelehrte wurden mitsamt ihren Familien auf dem Vorplatz des *kraton,* wie die javanischen Paläste genannt werden, ermordet.

Vielen orthodoxeren Muslimen war die „Zusammenarbeit" der Herrscher nicht nur mit den vorislamischen Geistermächten wie *Ratu Kidul,* sondern auch mit den niederländischen Kolonialherren stets ein Dorn im Auge. **Die Niederländer** ließen sich von den einheimischen Herrschern als die „älteren Brüder" verehren, denen die Sultane und Fürsten ihren glanzvollen Hofstaat verdankten und deren Thronfolge ganz von den Kolonialherren abhängig war. Diese förderten bewusst pompöse Hofzeremonien und alles, was die Ehrfurcht der Bevölkerung vor den lokalen Herrschern verstärkte – so gehorchte das Volk den Sultanen und lokalen Regenten, die wiederum den Niederländern folgten.

Im 19. Jh. gab es an den politisch machtlosen und zwangsbefriedeten Kraton-Höfen eine **Renaissance der klassischen javanischen Kultur:** Literatur, Musik und Tanz erlebten unter der Kolonialherrschaft eine Blütezeit. Die Niederländer förderten diese Künste und eine Rückbesinnung auf das hindu-buddhistische Erbe Javas, das für sie das „authentische" Java darstellte. Sie veröffentlichten altjavanische Dichtungen, die auf Bali überlebt hatten, auf Java hingegen teilweise schon in Vergessenheit geraten waren. Damit erschlossen sie der javanischen **Aristokratie, den priyayi,** einen Zugang zur vorislamischen Vergangenheit Javas, der von diesen begeistert aufgenommen wurde. Bei vielen *priyayi,* die in regem Austausch mit interessierten Niederländern standen, waren auch **Freimaurerei und Theosophie** sehr beliebt, denn diese propagierten eine Einheit von der als zeitlos verklärten asiatischen Spiritualität und der so bewunderten westlichen Modernität. Während die *santri,* die orthodoxen Muslime, die meist Händler und Kaufleute waren, Gamelan-Musik und Schattenspiel als „unislamisch" verabscheuten, orientierten sich die von den Niederländern abhängigen *priyayi* mehr und mehr an der westlichen Moderne und dem idealisierenden Blick, mit dem der Westen auf die vorislamische und synkretistische Kultur Javas blickte.

„Adiluhung" – die edlen höfischen Künste

Gamelan-Musik, die höfischen Tänze und das Schattenspiel *wayang kulit* gehören zu den Künsten, die als **Inbegriff der javanischen Hochkultur,** als *adiluhung* „erhaben, edel, sublim" gelten. In den weihevoll-getragenen Klängen der Gamelan-Musik und den höchst verfeinerten, durch sanft-subtile Bewegungen charakterisierten klassischen Hoftänzen haben die javanischen Ideale vom harmonischen Zusammenspiel anmutiger Ästhetik,

019in Foto: bd

stilisierter Eleganz und emotionaler Kontrolle einen beeindruckenden Ausdruck gefunden.

Die Gamelan-Ensembles mit ihren unterschiedlichen Gongs, Metallophonen, Trommeln und Xylophonen sind Teil der klassischen Musikkultur Javas und Balis. Bis heute hört man **Gamelan-Musik** bei Feierlichkeiten wie Hochzeiten und Einweihungen sowie als Begleitung von Tänzen und Schattenspiel. Den alten Gamelan-Instrumenten in den Fürstenhöfen *(kraton)* von Yogyakarta und Solo wird gar magische Kraft zugesprochen, ihnen werden regelmäßig Opfergaben dargebracht. In einem vollständigen Orchester können bis zu 40 Musiker spielen – üblicherweise sind das Männer, während Frauen in Stücken mit Gesangspart als Sängerinnen *(pesindhen)* mitwirken. Gamelan-Musik webt einen faszinierend fließenden, pulsierenden, gleichsam glitzernden Klangteppich, bei dem es keine dominierenden Soloinstrumente gibt, sondern alle Instrumente auf ihre je eigene Weise zur **vielstimmigen Gesamtharmonie** beitragen. Sie verkörpert damit auch die indonesischen Ideale vom harmonischen gesellschaftlichen Miteinander und macht diese auf musikalische Weise sinnlich-emotional erfahrbar.

Konzentrierte Anmut: javanische Tänzerin

Die schönen Künste dienen nicht nur der Unterhaltung, sondern auch der ethischen und philosophischen Unterweisung. So wird der **dalang, der Schattenspieler,** oft als Symbol für Gott verstanden, der das Leben der Schattenspielfiguren in seinen Händen hält, sie sprechen, handeln und sterben lässt. Das diesseitige Leben ist aus dieser Sicht vergleichbar mit der Welt der Schatten, der *dalang* selbst bleibt unsichtbar, Ursprung und Ziel der Figuren – unseres Lebens – liegen jenseits der Leinwand, jenseits der sichtbaren Welt. Auf den *dalang* als den mächtigen, aber unsichtbaren Führer und Lenker im Hintergrund wird auch oft im politischen Diskurs angespielt: Welcher *dalang* lenkt aus dem Verborgenen heraus das Geschehen, wer ist der eigentliche Stratege und Anstifter hinter den allzu offensichtlichen Tätern?

Der indische Einfluss auf *wayang kulit* und die höfischen Tanz- und Theaterformen Javas ist unverkennbar. Die hinduistischen Epen **Ramayana** und **Mahabharata** wurden von Hofschriftstellern kunstvoll ins Alt- und Neujavanische adaptiert. Die Liebesgeschichte vom Prinzen *Rama* und seiner *Sinta* und der kosmische Kampf zwischen den guten Pandawa-Brüdern und den mit ihnen verfeindeten Kaurawa sind nicht nur Teil der klassischen javanischen Dichtung, sie haben auch Eingang in die volkstümliche Überlieferung gefunden. Sie stellen die Geschichten für Tänze und Wayang-Episoden, ihre Helden sind für viele Menschen Vorbilder und helfen bei der ethischen Orientierung in schwierigen Lebenssituationen. Die Popularität der Hindu-Epen, die auch nach der Islamisierung fester Bestandteil der javanischen Kultur und Weltsicht blieben, zeigt eindrucksvoll die integrative Kraft des oft gerühmten **javanischen Synkretismus,** der es verstand, die unterschiedlichsten kulturellen und religiösen Einflüsse auf kreative Weise mit dem Eigenen zu verbinden. Der edle *Arjuna* aus dem „Mahabharata" gilt bis heute als Inbegriff des „Traumprinzen", so manche noch nicht verheiratete Frau verweist darauf, dass sie noch auf der Suche nach ihrem *Arjuna* sei.

Gerade die im **Schattenspiel** dargestellten Charaktere des „Mahabharata" sind hochkomplex und bieten Stoff für lange philosophische Diskussionen, denn auch die auf den ersten Blick „bösen" Kaurawa haben durchaus ihre Gründe für ihr Verhalten. Und die edlen Pandawa-Helden, Verkörperung javanischer Ideale, sind nicht frei von Schwächen und Macken – die aufzuzeigen und schonungslos dem Spott preiszugeben, ist Aufgabe der vom Publikum geliebten *panakawan,* der „Diener". Die *panakawan* kommen in den indischen Überlieferungen nicht vor, sie sind javanischen Ursprungs und bilden mit ihrer derben Bodenständigkeit und ihren grotesk unförmigen Körpern einen denkbar großen Gegensatz zu ihren vergeistigten Herren. Die *panakawan* haben ihren Hauptauftritt in einer mit-

Fasten als mystisch-asketische Praxis

Im javanischen Volksglauben spielt das Fasten eine große Rolle. Es ist fester Bestandteil mystischer Traditionen, in denen es mithilfe asketischer Praktiken („tirakat" oder „laku tapa") um die gezielte Förderung und ***Entfaltung spiritueller und seelischer Kräfte*** *(„kekuatan batin") geht. Gefastet wird zum Beispiel an Montagen und Donnerstagen („puasa senin-kemis") - ein Brauch, der zwar ursprünglich auf den Propheten Mohammed zurückgeht, aber als inzwischen tief verwurzelte „javanische" Tradition auch von javanischen Christen gepflegt wird. Viele Rituale verlangen vorheriges Fasten, Schüler und Studenten fasten oft vor Prüfungen, Händler vor einem Vertragsabschluss, die Braut sollte zur körperlichen und seelischen Reinigung vor der Hochzeitszeremonie gefastet haben, Mütter fasten stellvertretend für das Wohl ihrer Kinder, mystisch interessierte Männer fasten, um ihr spirituelles Potenzial zu entwickeln, „dukun" (spirituelle Heiler) und „dalang" fasten, um ihr magisches Potenzial zu erhalten. Gefastet wird wie im Ramadan* ***von Sonnenaufgang bis Sonnenuntergang.*** *Fastenvariationen sind z. B. das „puasa mutih", das „weiße Fasten", bei dem man nur Wasser und weißen Reis zu sich nimmt. Das oft so materiell-diesseitige Anliegen, dem durch das Fasten etwas nachgeholfen werden soll, mag den Westler mitunter verwundern, für viele Javaner besteht da jedoch kein Widerspruch. Denn wer starke innere Kräfte angesammelt hat, der wird auch im äußeren Leben erfolgreich sein: Denn die spirituelle Macht beeinflusst - davon geht man positiv denkend zumindest aus - auch das materielle Leben maßgeblich.*

Gläubige ***Muslime*** *nicht nur auf Java fasten zudem an bestimmten Tagen des islamischen Kalenders, an denen die Enthaltsamkeit zwar nicht obligatorisch wie im Ramadan ist, aber doch als „empfehlenswert" gilt: „puasa sunnah". Damit ist zumeist die Hoffnung auf „Pluspunkte" beim Jüngsten Gericht verbunden, auch kleinere Sünden können durch das Fasten schon im Diesseits gesühnt werden.*

Dieses Fasten außerhalb des Ramadan ist übrigens eine sehr persönliche Angelegenheit - man macht das für sich und hängt es nicht an die große Glocke, das heißt die Mitmenschen erfahren davon oft nur durch Zufall.

ternächtlichen Episode, dem sogenannten *goro-goro:* Hier begeistern sie mit ihren Witzen, ihren Provokationen und Slapsticks das Publikum. Mit ihrer Stimme kann der *dalang* zudem auf aktuelle politische, **gesellschaftliche und lokale Themen** Bezug nehmen. Die *panakawan* sagen in einer Mischung aus mutiger Respektlosigkeit und trottelhafter Naivität, was Sache ist – *panakawans* Mund tut Wahrheit kund. Sie reden in der direkten Sprache des Volkes, nicht im stilisierten Alt- oder Hochjavanisch, sie stehen für das einfache Volk und seine verborgene Macht. Denn der kugelrunde, missgebildete, androgyne, laut furzende *Semar,* der beliebteste *panakawan,* ist in Wirklichkeit eine Inkarnation des höchsten Gottes. Ohne seine treue Begleitung wären die edlen Helden *Yudhistira, Bima* und *Arjuna* letztlich machtlos – eine deutliche Warnung an alle Herrscher und eine bemerkenswerte Relativierung aller hierarchischer Strukturen, die die javanische Gesellschaft so deutlich prägen.

Im Gegensatz zum kürzeren balinesischen Schattenspiel dauert javanisches *wayang kulit* üblicherweise eine ganze Nacht, von ca. 9 Uhr abends bis zum nächsten Tagesanbruch. Auch heute noch wird es zu rituellen Zwecken, bei Hochzeiten, Dankesfeiern und offiziellen Einweihungen vorgeführt. Einige *dalang* genießen Kultstatus für ihren individuellen Stil, es gibt Fernsehübertragungen, Kassetten- und VCD-Aufnahmen ihrer Aufführungen. Doch noch immer geht es beim *wayang kulit* auch um magische Kräfte: Opfergaben gehören zu einer Aufführung dazu, von der **magischen geistigen Macht** *(kekuatan batin)* des *dalang* hängt es ab, ob alles gut läuft und es z. B. während der Aufführung in der Umgebung keinen Einbruch gibt.

Javanische **Batik,** die kunstvoll mit Wachs arbeitende Textilfärbetechnik, ist auch in Europa beliebt. Die traditionellen Muster- und Farbstile waren und sind auch heute noch Symbolträger von großer Bedeutung. Einige exklusive Batikmuster waren bis vor gar nicht so langer Zeit streng den fürstlichen Familien vorbehalten, andere Motive sind eng an religiöse Rituale, bestimmte kulturelle Kontexte und regionale Traditionen gebunden – dem Kenner erzählen die Muster von lokalen Überlieferungen, alten Mythologien und dem hierarchischen Status ihrer stolzen Träger. Jenseits der traditionsbewussten Aristokratie ist Batik allerdings längst ein Teil der indonesischen Mode für jedermann geworden, bei der vor allem der subjektive

Geschmack für die Auswahl bestimmter Motive ausschlaggebend ist. Seit der „Neuen Ordnung" unter *Suharto* sind Batikhemden **Teil der männlichen Nationaltracht,** die für die meisten semi-offiziellen Anlässe, Familienfeiern und traditionellen Zeremonien als angemessen gilt.

Balinesen

Bali ist wohl die bekannteste Insel Indonesiens, deren Bewohner und einzigartige Kultur seit bald hundert Jahren maßgeblich **das Bild Indonesiens im Ausland** prägen. „Urlaub in Indonesien" bedeutet für die weitaus größte Zahl der Touristen aus aller Welt immer noch „Urlaub auf Bali", auf der *Pulau Dewata* – der **„Insel der Götter".** Bali ist „Exotik pur", ein „tropisches Paradies", touristisch bestens erschlossen und doch noch voller versteckter Kleinode. Der Gast kann eintauchen in eine asiatische Bilderbuchwelt, in der tägliche Opfergaben, festliche Tempelprozessionen und anmutige Tänzerinnen den Alltag der freundlichen, anscheinend immer gut gelaunten Inselbewohner zu bestimmen scheinen.

Doch Bali galt nicht immer als Paradies, seine Bewohner erschienen in westlichen Augen nicht immer als sanft und friedlich. Im 19. Jh. waren die Balinesen als **aggressive Krieger** gefürchtet, die zum Amoklauf neigten und von deren Kultur man vor allem das wahrnahm, was die Einschätzung als „wild und barbarisch" zu bestätigen schien, so z. B. die Witwenver-

020in Foto: pr

brennung. Balinesische Sklaven waren im Archipel beliebt, die balinesischen Herrscher machten mit dem Verkauf von Sklaven nach Batavia (heute Jakarta) gute Geschäfte. **Witwenverbrennung und die Sklaverei** wurden erst 1908 abgeschafft, denn erst da war es den Niederländern nach jahrzehntelangem, blutigem Kampf gelungen, die Insel ganz zu unterwerfen. Nordbali stand ab 1849 unter niederländischer Herrschaft, die Königreiche im Süden konnten sich allerdings lange gegen die Eroberung wehren. Doch ihre innere Zerstrittenheit wurde ihnen schließlich zum Verhängnis. Die kleinen Reiche führten nicht nur gegen die Niederländer, sondern auch erbittert gegeneinander Krieg, in den einzelnen Königshäusern herrschten zudem Intrigen und tödliche Machtkämpfe. Als sie ihre Unterlegenheit gegenüber den Niederländern einsehen mussten, verübten die königlichen Familien und ihre Gefolgschaften rituelle Massenselbstmorde (*puputan*, „Ende"), bei denen der gesamte, ganz in weiß gekleidete Hofstaat feierlich dem feindlichen Heer entgegenschritt, bereit, im Kugelhagel zu sterben und notfalls durch Selbstmord nachzuhelfen. Die **Puputan-Massaker** des Königshauses von Badung (heute Denpasar) 1906 (über 1000 Tote) und das des Königshauses von Klungkung 1908 markierten auf grauenhaft-blutige Weise das Ende der traditionellen Herrschaft – nun stand erstmals ganz Bali unter niederländischer Kolonialherrschaft.

Die Balinesen, von denen ein Teil auch auf der Nachbarinsel Lombok lebt, haben im Gegensatz zu den Javanern und anderen Völkern des indonesischen Archipels keine Islamisierung oder Christianisierung erfahren – von einer kleinen muslimisch-balinesischen Minderheit, die hauptsächlich in Nordbali lebt und einer Handvoll christlicher Dörfer in Westbali abgesehen. Der **Hinduismus,** offiziell als *Agama Hindu Dharma* bezeichnet, ist denn auch **das hervorstechendste Merkmal der balinesischen Kultur.** Der Hinduismus erreichte Bali über das hindu-buddhistische Java. Bis heute sehen die Balinesen ihre Kultur als eine Weiterführung des höfischen Lebens an, das das javanische Großreich Majapahit prägte. Dessen Aristokratie suchte im 15. Jh. vor der zunehmenden Islamisierung Javas nach dem Fall Majahapits auf Bali Zuflucht. Das **Kastensystem** unterscheidet auf Bali zwischen den *triwangsa,* den „drei Adelskasten", und den *sudra,* den „gemeinen Bürgerlichen". Zu den *triwangsa* zählen die Brahmanen *(brahmana),* aus deren Reihen die Hohepriester *(pedanda)* stammen, sowie die *satria* (Königs- und Fürstengeschlechter) und die *wesia* (höfischen Beamten und Händler). Die Kaste der nichtadligen *sudra,* zu denen die große Mehrheit der Balinesen zählt, wird meist *jaba* „außen" genannt – denn das sind all die, die außerhalb der Fürstenpaläste *(puri)* und der Brahmanenanwesen *(gria)* leben.

Sag mir, wie du heißt, und ich weiß, wer du bist – balinesische Namen

Gibt es auf Bali nur vier Namen, die zudem allesamt sowohl von Männern als auch Frauen getragen werden? Das mag sich so mancher fragen, wenn seine ersten balinesischen Bekanntschaften sich gleich welchen Geschlechts alle entweder als Wayan, Made, Nyoman oder Ketut vorstellen. In der Tat sind das die häufigsten Namen, nicht weil die Balinesen diese Namen besonders lieben oder in Namensdingen ihre sonst so außergewöhnliche Kreativität vermissen lassen, sondern weil Namen auf Bali eine für uns unerwartete Funktion erfüllen: Anhand des Namens erkennt jeder, das wievielte Kind einer Familie man ist. ***Wayan*** *(auch* ***Putu,*** *für Mädchen* ***Luh*** *und Jungen* ***Gede****) ist die oder der Erstgeborene,* ***Made*** *(manchmal auch* ***Kadek*** *genannt) oder* ***Nengah*** *die oder der Zweite, an dritter Stelle kommt* ***Nyoman*** *(auch* ***Komang****) und* ***Ketut*** *ist ein viertes Kind. Danach geht es wieder von vorne los mit Wayan oder Made. In der vollständigen Form kommt noch ein* ***I*** *für männliche und ein* ***Ni*** *für weibliche Namensträger davor: Hinter einem „I Wayan" verbirgt sich ein erstgeborener Mann, hinter „Ni Wayan" eine erstgeborene Frau. Ein drittes Namenselement dahinter ist dann der eigentliche „Eigenname", z. B. I Wayan Artha oder Ni Wayan Sukerti. Ob der „Reihenfolgsname" oder der Eigenname zum Rufnamen wird, ist unterschiedlich.*

Angehörige der Triwangsa-Kasten erkennt man an ihren Titeln: Brahmanen heißen ***Ida Bagus*** *(männlich) bzw.* ***Ida Ayu*** *(oder* ***Dayu,*** *weiblich), die aus ihren Reihen stammenden Hohepriester nennen sich* ***Ida Pedanda*** *(männlich) bzw.* ***Ida Pedanda Istri*** *(weiblich). Männer der aristokratischen Satria-Kaste werden* ***Anak Agung*** *oder* ***Dewa*** *(männlich) bzw.* ***Dewi*** *(weiblich) genannt, an den Titeln* ***Cokorda*** *oder* ***Dewa Agung*** *erkennt man Angehörige der alten Herrscherdynastien. „Satria" haben zudem oft die typischen mittleren Namen* ***Raka, Oka, Rai, Anom*** *und* ***Ngurah.*** *Die „Wesia" tragen die Namen* ***Gusti*** *(„I Gusti" für Männer, „Ni Gusti" für Frauen) oder* ***Dewa*** *(männlich) bzw.* ***Desak*** *(weiblich). Dazu kommt dann der jeweilige Eigenname. Und meist kommt bei den Triwangsa-Namen zusätzlich noch der allgemeine, die Geburtsreihenfolge kennzeichnende Name hinzu. Vollständige Namen lauten also z. B. „Ida Ayu Ketut Ratih" (Ida Ayu - Kastenzugehörigkeit; Ketut - Geburtsfolge; Ratih - Eigenname) oder „I Gusti Made Sudiarta" (I - männliches Geschlecht; Gusti - Kastenzugehörigkeit; Made - Geburtsfolge; Sudiarta - Eigenname).*

Die der Brahmanen-Kaste entstammenden Hohepriester *pedanda* stehen an höchster Stelle in der religiösen Hierarchie, denn nur sie können durch ihren gesegneten, während bestimmter Rituale gottähnlichen Zustand das **heilige Wasser „tirta"** herstellen, das Grundbestandteil aller wichtigen Zeremonien ist. Die balinesische Religion wird mithin auch oft als **Agama Tirta** bezeichnet, die Religion des heiligen Wassers. Die Gläubigen werden bei vielen religiösen Zeremonien mit *tirta* besprenkelt und dadurch rituell gereinigt. Die der Jaba-Kaste angehörenden dörflichen Tempelpriester *pemangku* sind für die alltäglichen Tempeldienste zuständig.

Leben mit Göttern und Dämonen

Das balinesische Weltbild unterscheidet zwischen **zwei Dimensionen der Realität:** *sekala,* die sichtbare und sinnlich erfahrbare Welt, und *niskala,* die Welt des Unsichtbaren, des Göttlichen und Dämonischen. Die Balinesen bewegen sich in einer Welt, in der die unterschiedlichsten unsichtbaren Kräfte die Welt des sichtbaren Erlebens bestimmen. Das Göttliche und das Dämonische, Magie und Hexerei, Wohlwollen oder Groll der Ahnen und Götter, überall lauernde, Unheil bringende Buta- und Kala-Dämonen voller Gier und Neid, all das ist im alltäglichen Leben immer und überall präsent und kann nur in Form von korrekt ausgeführten Riten und Zeremonien positiv beeinflusst werden. Eine weitere Achse im Weltbild der Balinesen bilden *kaja* (bergwärts zum heiligen Berg Gunung Agung ausgerichtet) und *kelod* (meerwärts gerichtet). Dabei werden die in Richtung Himmel strebenden Bergeshöhen mit Reinheit, den Göttern, den vergöttlichten Ahnen und dem Guten, die Tiefen des Meeres hingegen mit den dämonischen Kräften der Unterwelt, der Unreinheit und dem Bösen assoziiert. Hier wird auch verständlich, warum die Balinesen – für Inselbewohner erstaunlich – **das Meer eher meiden** und die Fischerei nur in geringem Ausmaß betreiben. Die architektonische Anordnung aller Schreine und Tempel *(pura)* in Gehöften und Dörfern richtet sich an dieser imaginären Achse Berg–Meer aus. Im mythisch-geografischen Zentrum dieser Achse liegt an den Hängen des Gunung Agung der Muttertempel *Pura Besakih,* ein ausgedehnter Tempelkomplex, der nicht nur einem bestimmten Dorf zugeordnet ist, sondern ganz Bali gilt.

„Kleinere" Zeremonie anlässlich einer Hochzeit auf einem Privatanwesen

021in Foto: pr

Die **allgegenwärtigen Tempel und Schreine** auf Bali sind geradezu sprichwörtlich. So verfügt jedes Dorf über mindestens drei Tempel: den bergwärts gelegenen *pura puseh* (Ursprungstempel, dem Schöpfergott *Brahma* geweiht), den *pura desa,* auch *pura bale agung* genannt, in der Dorfmitte (Dorftempel, dem Erhalter- und Bewahrergott *Wisnu* geweiht) und den meerwärts gelegenen *pura dalem* (Todestempel, der Todesgöttin *Durga* und dem Zerstörergott *Siwa* geweiht). Finden keine Zeremonien statt, sind die Tempel mit ihren charakteristischen gespaltenen Eingangstoren *(candi bentar),* den offenen Pavillons und den markanten Stufenpagoden *(meru)* für viele westliche Besucher erstaunlich leer und schmucklos. Sie sind in der Tat zumeist „unbewohnt", denn sie sind keine Wohnstätte der Götter, diese steigen lediglich auf priesterliche Einladung zu bestimmten, ihnen geltenden Zeremonien aus ihren himmlischen Gefilden herab und nehmen auf den für diese Anlässe bunt geschmückten Götterthronen *(padmasana,* „Lotusthron") Platz. Überall, in Tempeln und in der freien Natur, findet man zudem Göttern, Ahnen oder Dämonen geweihte Schreine, die *pelinggih* („Sitzplatz"). Auch jedes Haus und Gehöft verfügt über einen eigenen Haustempel *(sanggah)* mit einem oder mehreren Schreinen, die vor allem den vergöttlichten Ahnen gewidmet sind.

Götter, Ahnen und Dämonen sind kosmische Kräfte, unterschiedliche Erscheinungsformen des abstrakten Einen, Allumfassenden: *Sang Hyang Widhi Wasa.* **Die Verehrung der Götter** und Beschwichtigung der Dämonen ist eine tägliche Aufgabe, bei der die Menschen das prekäre harmonische Gleichgewicht zwischen den antagonistischen Kräften immer wieder neu herstellen müssen. Erhalten Götter, Ahnen und Dämonen nicht die bis ins Detail vorgeschriebenen Opfergaben und Gebete, so droht den Menschen und ihren Gemeinschaften Unheil in Form von persönlichen Schicksalsschlägen oder Naturkatastrophen. Die Fertigung sowohl der täglichen als auch der für spezielle Zeremonien benötigten, kunstvollen Opfergaben *(banten)* ist Aufgabe der Frauen – während es übrigens bei Tempelfesten und ähnlichen Anlässen die Männer sind, die gemeinsam für alle kochen.

Mehrmals täglich bieten die Frauen den Göttern und Ahnen kleine Opfergaben an den häuslichen Schreinen dar, die Opfergaben für die Dämonen hingegen werden auf den Boden gelegt, z. B. an den Hauseingang. Zu Tempelfesten *(Odalan)* werden von den Frauen schon Tage vorher kunstvolle, oft beeindruckend hohe **Opfergabenpyramiden aus Früchten und Blumen** erstellt. Diese *gebogan* genannten Opfergabentürme sind wahre Kunstwerke – und ähnliche Kunstfertigkeit benötigt es, diese mehrere Kilogramm wiegenden Gebilde anmutig und sicher auf dem Kopf zum Tempel zu tragen. Die in elegante Kebaya-Blusen aus Brokat und festliche Sarongs gekleideten Balinesinnen, die prächtige, meterhohe Gebogan-Opfertürme durch die Reisfelder tragen, gehören mit zu den farbenfrohsten und beeindruckendsten Anblicken, die das touristische Bild Balis seit den 1930er-Jahren bis heute prägen.

Das dörfliche Leben Balis beruht vor allem auf dem **Nassreisanbau,** der auch die sozialen Strukturen und das rituelle Leben prägt. Schon während der vorkolonialen balinesischen Reiche waren die Dörfer in ihrer Selbstverwaltung weitgehend autark. Typisch für diese Selbstverwaltung sind Gemeinschaften, in denen die Dorfmitglieder auf relativ egalitärer Ebene ihre gemeinsamen Interessen zum Wohle aller aushandeln und festsetzen. So organisieren die sogenannten Subak-Gemeinschaften das **hochkomplexe Kanal- und Bewässerungssystem** für die kunstvollen Reisterrassen, damit das als Gemeingut geltende, aus Gebirgsbächen in das Tiefland hinabfließende Wasser gerecht an alle Bauern und ihre Felder verteilt wird. Die Banjar-(„Bezirks-")Gemeinschaften wiederum regeln das dörfliche Leben. Das ist alles, was das soziale Zusammenleben ausmacht, von Eheschließungen, Scheidungen bis zum banjar-eigenen Gamelan-Orchester und der Instandhaltung der Dorfstraßen und öffentlichen Gebäude. Die religiösen Zeremonien in den dorfeigenen Tempeln werden hingegen durch die *pemaksan,* die Tempelgemeinden, organisiert. Und dann gibt es noch viele freiwillige Gemeinschaften, die *seka* (oder *sekaha*) für bestimmte Aufgaben und Tätigkeitsfelder. Jeder balinesische Dorfbewohner ist also eingebunden in ein komplexes Netzwerk von vielfältigen gemeinschaftlichen Vertretungen, in denen das dörfliche Leben durch die tatkräftige Teilnahme aller organisiert wird.

Die balinesische Gemeinschaft und das traditionelle Adat-Recht verlangen sehr viel vom Einzelnen, schon allein die religiösen Pflichten im Alltag und bei Tempelfesten scheinen unüberblickbar – kaum ist das eine Fest vorüber, steht schon das nächste Ritual an. Als Gegenleistung für die **Konformität und Unterordnung** erhält man zumindest die Geborgenheit in der Gemeinschaft und eine den eigenen Fähigkeiten (z. B. Tanzen, Gamelan-Spielen, Kenntnisse in der Zubereitung von Opfergaben) entsprechende, anerkannte Position im Dorfleben.

„Nyepi" – Tag der Stille

Nur an einem Tag herrscht auf Bali vollkommene Ruhe: an **Nyepi,** dem **balinesischen Neujahrstag,** der übrigens auch der einzige hindu-balinesische Feiertag ist, der in ganz Indonesien als Feiertag gilt und meist in den März fällt. An den Tagen zuvor wurden ähnlich wie bei unserem Fasching die Geister und Dämonen mit viel Schabernack und Lärm, vor allem aber mit den von der Dorfjugend selbst gebastelten, *ogoh-ogoh* genannten riesigen Monsterfiguren von der Insel vertrieben. In der Neujahrsnacht werden die *ogoh-ogoh* in Umzügen mit Feuerwerkskrachern und ohrenbetäubender Musik durch die Straßen getragen, immerhin soll auch noch der letzte Dämon in die Flucht geschlagen werden. Schließlich werden die überdimensionalen Schreckgestalten aus Pappmaschee und Holz verbrannt. Am eigentlichen Neujahrstag dann, an *Nyepi,* erscheint Bali wie ausgestorben: Niemand arbeitet, kein Feuer darf entzündet werden, kein Licht soll scheinen, niemand darf kochen, niemand macht Musik, die Straßen sind menschenleer, absolute Stille durchdringt all die Orte, an denen sonst das balinesische Leben pulsiert. Die Insel soll an diesem Tag bewusst vollkommen leer und verlassen wirken, damit die Dämonen, sollten sie wiederkommen, die Insel für unbewohnt halten und damit das Interesse an ihr verlieren. Das Gebot der Stille und das Ausgehverbot gelten übrigens auch für Touristen!

Musik und Tänze: Unterhaltung für Götter und Menschen

Neben der Holzschnitzerei und Malerei sind es vor allem balinesische **Gamelan-Musik** und **Tänze,** die das touristische Bild vom kulturellen Reichtum und der allgegenwärtigen Kreativität der Balinesen prägen. Von „Kennern" werden sie oft mit javanischer Gamelan-Musik und den dazu-

022in Foto: bd

gehörenden Tänzen verglichen: Anders als die javanischen höfischen Kunstformen zeichnet balinesische Gamelan-Musik und Tänze eine faszinierende dynamische Lebendigkeit aus – statt javanischer distinguierter Eleganz findet man auf Bali ein wildes, manchmal geradezu fieberhaft anmutendes Temperament. *Charlie Chaplin* soll geäußert haben, die Javaner tanzten die abstrakte Idee, die Balinesen hingegen die dramatische Handlung. Doch auch Bali kennt zeremonielle Tänze von eher getragenem, meditativem Charakter wie den Rejang-Tanz. Der heute auf Bali populäre, überaus dramatisch-temperamentvolle Kebyar-Stil und das dazugehörende, neue Gong-Kebyar-Gamelan-Ensemble kamen übrigens erst in den 1920er-Jahren auf und stellten damals eine Revolution aller bis dahin geltenden musikalischen Standards dar.

Im Gegensatz zu den javanischen Hoftänzen, die im Umfeld der Fürstenhöfe gepflegt wurden, sind Musik und Tanz auf Bali **fester Bestandteil des rituellen Dorflebens.** Bei Tempelfesten dienen sie der Unterhaltung und Ehrung der geladenen Götter, Ahnen und Zuschauer, einige sehr sakrale Tänze werden bei rituellen Reinigungs- und Exorzismusritualen getanzt, andere sind eher profaner Natur wie der bekannte *Legong* und viele neuere Kreationen wie *Tari Manukrawa* („Pfauentanz"), *Tari Oleg Tambulilingan* („Hummeltanz") oder der teils im Sitzen ausgeführte Tanz *Kebyar Duduk,* der 1925 vom legendären Tänzer *I Nyoman Mario* choreografiert wurde. Angelehnt an ursprünglich exorzistische Tranceituale sind speziell für Touristen choreografierte Tanzshows, in denen es um den ewigen Kampf des Guten gegen das Böse geht, verkörpert im Drachen *Barong* und der Hexenkönigin *Rangda* („Witwe"). Die professionelle Routine der Touristenaufführungen sollte aber nicht darüber hinwegtäuschen, dass *Barong* und *Rangda* im Leben der Balinesen eine zentrale Rolle spielen. Die Harmonie zwischen den guten und den bösen Kräften muss immer wieder neu hergestellt und das kosmische Gleichgewicht bewahrt werden.

Minangkabau

Die im Hochland von Westsumatra beheimateten Minangkabau, auf Indonesisch auch *orang Minang* oder nach der Provinzhauptstadt *orang Padang* genannt, sind bekannt für ihre einzigartige Verbindung von Islam und einer gesellschaftlichen Struktur, die in der ethnologischen Fachsprache als **Matrilinearität** bezeichnet wird. Matrilinearität wird oft mit dem Matriarchat - der Herrschaft von Frauen - verwechselt, von dem es sich jedoch deutlich unterscheidet. Auch bei den Minang haben die Männer in vielen gesellschaftlichen Bereichen das Sagen - allerdings nicht die Väter, sondern die *mamak,* die Onkel mütterlicherseits. Denn die Abstammung der Familien leitet sich von der mütterlichen Linie her, sie ist matrilinear. Die **Männer heiraten in den Familienclan ihrer Frauen ein** und nehmen dort traditionellerweise nur die Stellung eines Besuchers ein: Sie sind die *urang sumando,* die eingeheirateten Männer, die im mütterlichen Clan ihrer Ehefrauen meist nur wenig zu sagen haben. Haus- und Landbesitz ist in der Hand der Frauen und wird in der weiblichen Linie weitervererbt. Aber auch wenn den Minangkabau-Frauen im Vergleich zu so mancher patriarchalischen Gesellschaft eine außergewöhnliche soziale Macht zukommt, so kann man doch nicht von einem Matriarchat, einer Frauenherrschaft, sprechen. Denn nach außen hin und in Rechtsstreitigkeiten werden die Familien von den *penghulu* vertreten, den im Adat-Recht bewanderten Oberhäuptern der Großfamilien. Die offizielle Ernennung eines Mannes zum *penghulu* ist einer der Höhepunkte im traditionellen rituellen Leben der Minangkabau. Ein anderes herausragendes Ereignis ist die prachtvolle Minang-Hochzeitszeremonie. Indonesische Bräute fast aller Ethnien tragen zum Teil eindrucksvolle goldene Haarkronen, aber wohl kein Kopfschmuck ist so prachtvoll wie der der Minang-Bräute.

Maskentänze („Tari Topeng") erfreuen sich auf Bali großer Beliebtheit

Woher die Minangkabau ihren Namen haben

Dem Volksglauben nach geht die Bezeichnung „Minangkabau" auf „minang" („siegen") und „kabau" („Wasserbüffel") zurück: Ein Streit zwischen den mächtigen Javanern und den Minangkabau sollte durch einen ***Büffelzweikampf*** *entschieden werden. Während die Javaner einen Angst einflößenden, aggressiven Büffel ins Rennen schickten, wählten die Minangkabau ein junges Büffelkalb, das sie vorher hatten hungern lassen und dessen Hörner sie mit Dolchspitzen ausstatteten. Der javanische Büffel, sich seiner Überlegenheit sicher und ungeduldig Ausschau haltend nach dem feindlichen Büffel, sah in dem Kälbchen, das hungrig auf ihn zuraste, keinen Gegner und ignorierte es. Das Kälbchen aber suchte unter dem javanischen Büffel nach Milchzitzen - und stach ihm dabei die Dolchspitzen in den Bauch. Der javanische Büffel verblutete, die Minangkabau gingen als Sieger aus dem ungleichen Kampf hervor. Neben der Erklärung des Namens führt diese Legende nebenbei auch sehr eindrücklich die sprichwörtliche Bauernschläue der Minang vor. Auf Wasserbüffel verweist übrigens nicht nur der Name der Minangkabau, sondern auch die typische Form der geschwungenen Dächer der „rumah gadang" („große Häuser"), der traditionellen Adat-Häuser der Minang: Sie sollen die Hörner eines Wasserbüffels nachbilden.*

Kennzeichnend für die Minangkabau-Kultur ist die Sitte des **merantau,** des In-die-Ferne-Ziehens der jungen, unverheirateten Männer, die in der Fremde ihr Glück und lebenswichtige Erfahrungen suchen sollen. Was früher eine meist temporäre Angelegenheit in den Jahren vor der Ehe war, ist heute oft ein dauerhafter Umzug in die großen indonesischen Städte außerhalb der Minangkabau-Welt. Hier locken Bildungs- und Karrierechancen, urbane Freiheiten und nicht zuletzt die Möglichkeit, eine eigene „moderne" Kleinfamilie zu bilden, bestehend aus Vater, Mutter und Kindern – ohne all die Einschränkungen, die dem jungen Ehepaar in der traditionellen mütterlichen Minangkabau-Großfamilie das Leben mitunter doch recht schwer machen. Minangkabau findet man heute in ganz Indonesien, sie sind zumeist erfolgreiche, hart arbeitende Händler und Kaufleute.

Einige Tänze der Minang und Acehnesen werden im Sitzen ausgeführt, hier ist der westsumatranische „Tari Indang" zu sehen

Die Minang, die sich selbst auch als *urang awak* bezeichnen, gelten allgemein als fromm und sehr **geschäftstüchtig,** ihnen wird aber auch ein Hang zur Knauserigkeit nachgesagt, sie sind sozusagen die Schwaben Indonesiens.

Die Minangkabau zeigen exemplarisch, wie es den lokalen indonesischen Kulturen auf ihre je eigene Weise gelungen ist, ihre Traditionen und sozialen Strukturen – kurz ihr *adat* – mit den universalen Dogmen der großen Weltreligionen in Einklang zu bringen. Das Bemühen, **zwischen patriarchalem Islam und matrilinearer Kultur keinen Widerspruch zu sehen,** wird deutlich in dem gern zitierten Spruch *adat basandi syara', syara' basandi kitabullah* – „*adat* basiert auf der Scharia, die Scharia basiert auf dem Koran".

Doch in der Realität sieht es oft nicht so einfach aus, die in vielen Fällen schwer zu vereinbarenden Forderungen von patriarchalem Islam einerseits und matrilinearem *adat* andererseits müssen immer wieder neu ausgehandelt werden. Schon im frühen 19. Jh. gab es einen blutigen Bürgerkrieg zwischen islamischen Reformern, die den „reinen" Islam auch in ihrem Heimatland verbreiten wollten, und Vertretern der vom *adat* bestimmten Tradition. Im Zuge dieses sogenannten **Padri-Krieges** wurde im Jahr 1815 ein Großteil der königlichen Familie ermordet. Wie so oft in der kolonialen Geschichte Indonesiens formten sich Allianzen zwischen den Niederländern und einheimischen Gruppierungen: Die Adat-Vertreter baten die Niederländer um Hilfe. Der Krieg fand erst sein Ende, als es

023in Foto: ak

den eingreifenden Niederländern 1837 gelungen war, den Padri-Anführer *Tuanku Imam Bonjol* festzunehmen und ins Exil zu schicken. Dafür konnten die Niederländer dann Padang als Handelsstützpunkt unter ihre Kontrolle bringen. *Tuanku Imam Bonjol* zählt heute zu den nationalen Helden Indonesiens – wohl weniger wegen seines islamischen Puritanismus, sondern weil er gegen die niederländische Kolonialmacht gekämpft hat.

Aus Westsumatra stammende Persönlichkeiten übten einen maßgeblichen Einfluss auf die **Entwicklung des modernen Indonesien** aus. Eine besondere Rolle spielten viele Minangkabau im aufkommenden Nationalismus, während des Unabhängigkeitskampfes und in den ersten Dekaden der neuen Republik Indonesien. Dazu zählt vor allem **Mohammad Hatta,** der zusammen mit *Sukarno* am 17. August 1945 Indonesiens Unabhängigkeit erklärte. Beide wurden von *Suharto* 1986 als „Proklamationshelden" in das Pantheon der Nationalhelden aufgenommen, im gleichen Jahr wurde auch der internationale Flughafen von Jakarta in Cengkareng nach ihnen benannt. Neben *Sukarno* als erstem Präsidenten wurde *Hatta* zum ersten Vizepräsidenten der neu gegründeten Republik. Andere prominente historische Politiker mit Minang-Hintergrund waren der Sozialist *Sutan Sjahrir* und *Mohammed Natsir,* Gründer der 1960 von *Sukarno* verbotenen islamischen Partei *Masyumi.* Eine wichtige Rolle im antikolonialistischen Kampf kam auch dem Kommunisten *Tan Malaka* zu. Ob Kommunismus, Sozialismus oder Islamismus – mit großer Offenheit für aktuelle politische Bewegungen und Ideen aus anderen Teilen der Welt vertraten Minang-Intellektuelle das gesamte ideologische Spektrum in den Auseinandersetzungen um die Form und Richtung, die die indonesische Republik nehmen sollte.

Auch die indonesische Sprache verdankt gerade den Minangkabau viel, denn es waren Schriftsteller wie *Marah Roesli, Abdul Muis, Sutan Takdir Alisjahbana, Idrus, Hamka, Chairil Anwar* und *Mochtar Lubis,* die durch ihre bewusst auf Indonesisch verfassten Romane und Gedichte den Grundstein für die **moderne indonesische Literatur** legten. Ihre Werke zählen heute als nationale Klassiker zum allgemein anerkannten und in den Schulen unterrichteten Literaturkanon.

Die für ihre Schärfe berühmt-berüchtigte **Küche der Minangkabau** und speziell die der Bewohner der Hafenstadt Padang ist in Indonesien sehr beliebt. Ganz der Merantau-Tradition entsprechend findet man in allen Landesteilen Minangkabau und von ihnen geführte *rumah makan Padang,* Padang-Restaurants. Auch in den traditionellen darstellenden Künsten haben die Minang sich ihren Platz auf der nationalen Bühne gesichert. Auf kaum einem indonesischen Kulturabend, sei es in Indonesien oder im

Ausland, fehlt der *Tari Piring* („Tellertanz") oder der *Tari Lilin* („Kerzentanz"). Bei diesen beiden sehr populären Tänzen bewegen sich die Tänzerinnen im traditionellen Baju-kurung-Kleid höchst geschickt und anmutig mit Tellern oder Kerzen in den Händen zu eingängiger Musik.

Batak

Die zwischen 8 und 10 Mio. Menschen zählenden Batak stammen aus dem **Hochland Nordsumatras,** ihr Kernland liegt im Gebiet um den Toba-See. Sie lassen sich unterscheiden in die ethnischen Untergruppen Toba (die Mehrheit der Batak), Karo, Simalungun, Angkola-Mandailing und Pakpak, die sich sprachlich und kulturell voneinander unterscheiden. Die Toba-Batak, die um den Toba-See und auf der Insel Samosir leben, sehen ihren mythischen Stammvater *Si Raja Batak* gerne als Stammvater aller Batak-Gruppen an, eine Überzeugung, die allerdings nicht auf Gegenseitigkeit beruht.

Über die Zeit vor ihrer Christianisierung und Integrierung in den niederländischen Kolonialstaat ab Mitte des 19. Jh. gibt es nur wenige gesicherte Quellen. Die Batak galten weithin als aggressive Krieger, die zudem **als Kannibalen gefürchtet** waren. Heute sind die Batak in Indonesien zwar noch berühmt-berüchtigt für ihr aufbrausendes Temperament und ihr lautstarkes Auftreten, aber aus den ehemaligen Kriegern und Kannibalen sind längst **eifrige Kirchgänger** zumeist protestantischer Glaubensrichtung geworden. Ihr inbrünstiger, mitreißender Chorgesang vermittelt westlichen Besuchern ein eindrucksvolles Bild davon, wie lebendig das Christentum in anderen Teilen der Welt noch sein kann.

Nur **wenige Batak sind muslimisch,** sie gehören zumeist zu den Angkola und Mandailing im südlichen Batak-Gebiet, das an das Minangkabau-Land grenzt. Nach ihrer Konversion zum Islam haben sich viele Angkola und Mandailing von ihrer Batak-Zugehörigkeit distanziert, da sie sich durch ihre neue Religion eher als Malaien sahen. Sie wollten auch nicht gerne in einen Topf mit den „typischen", d. h. heidnischen oder christlichen Batak in einen Topf geworfen werden, die bis heute für ihre Vorliebe für Schweine- und Hundefleisch bekannt sind.

Neben vielen vorchristlichen architektonischen Elementen sind es vor allem die **in den heiligen Farben schwarz, weiß und rot gewebten Tücher (ulos),** die heute weithin als „typisch Batak" gelten und aus dem Leben auch der urbanen Volksangehörigen nicht wegzudenken sind. Die traditionell von den Frauen gewebten Stoffe begleiten das Leben der Menschen von der Geburt bis über den Tod hinaus: Als Lebenstücher, denen

024in Foto: ak

heilender Segen innewohnt, schützen sie das Neugeborene, binden sie Fruchtbarkeit spendend das Brautpaar aneinander, dienen sie als Leichentuch für Verstorbene und umhüllen die exhumierten Gebeine bei der Zweitbestattung. Sie sind wichtige zeremonielle Geschenke, Statussymbol und Auszeichnung, man tanzt mit ihnen, kann in ihnen schlafen und sie auch für alltägliche Aufgaben verwenden.

Marga – Das Klansystem der Batak

Bis heute gilt die auf Klanallianzen basierende **soziale Struktur der Batak** als das bedeutendste identitätsstiftende Merkmal dieser altindonesischen Kultur. Die einzelnen **Klane (marga)** und ihre internen Abzweigungsstämme beruhen auf der väterlichen Abstammungslinie und gehen den Toba-Legenden nach auf den mythischen Stammvater *Si Raja Batak* zurück. Batak haben durch ihren Marga-Namen so etwas wie eine Entsprechung zu unseren Nachnamen, im Gegensatz zu den meisten anderen indonesischen Völkern, die keine Nach- oder Familiennamen kennen. (Siehe auch den Exkurs „Indonesische Namen".) Während die alten Mythologien um die vorchristlichen Schöpferwesen heute vielen modernen Batak kaum noch bekannt sind, ist das Wissen um die Marga-Klankonstellation, in der jeder Batak eine bestimmte Position einnimmt, von enormer Wichtigkeit für das bataksche Selbstverständnis.

An dieser Aufwertung der Klangenealogien war **die Kolonialmacht nicht unbeteiligt.** Während Fruchtbarkeitsriten, Trancerituale und alles andere „Heidnische" von den Missionaren streng verboten wurde, waren die Niederländer sehr daran interessiert, das soziale Adat-Recht zu erkunden und in einer allgemeingültigen (und damit kontrollierbaren) Form schriftlich zu fixieren. In den 1920er-Jahren arbeiteten Niederländer und kundige Batak bei der Erfassung des traditionellen *adat* zusammen. Sie erstellten ein komplexes, höchst detailliertes Stammbaumschema, in dem vor allem die *marga* der Toba-Batak über die einzelnen männlichen Abstammungslinien bis zum gemeinsamen mythischen Stammvater zurückverfolgt wurden. Dieser *tarombo* genannte, „offizielle" Stammbaum hat zu einem neuen Klanbewusstsein unter den Batak geführt. Er ist auch im Internet abrufbar und erleichtert die Orientierung im Dschungel der Klanbeziehungen.

Die verschiedenen *marga* verbindet ein **komplexes Ordnungssystem von drei Hauptverwandtschaftskategorien,** die auf dem Prinzip des *dalihan na tolu* beruhen. Wörtlich heißt das „die drei Herdsteine", auf denen gekocht wird. Bei den Toba-Batak ist das zum einen die Gruppe der *boru* („Tochter"), d. h. der eigenen Töchter, die in einen fremden Klan einheiraten, der dadurch in die Kategorie der *boru* fällt, also als „Brautempfänger" gilt. Zu den *boru* zählen somit neben den eigenen Töchtern auch deren Ehemänner und Nachkommen. Dann die *hula-hula,* die Brautgeber, d. h. die Gruppe, aus der die Ehefrau oder Mutter stammt. Dazu zählen der Vater und Großvater der Ehefrau oder Mutter, ihre Brüder und deren Söhne. Und dann als dritte Gruppe, aus der „Wir"-Perspektive eines Mannes oder einer noch ledigen Tochter, die *dongan sabutuha,* wörtlich „Gefährten aus der gleichen Gebärmutter". Dazu gehören die männlichen Verwandten von gleichen Eltern und Großeltern. Bei den Karo-Batak ist das System ähnlich, die Frauenempfänger heißen hier *anakberu,* die Frauengeber *kalimbubu.*

Dieses System regelt als Teil des *adat* das soziale und rituelle Leben. Heiraten sind nur in fremde Klans möglich, die Töchter *(boru)* müssen außerhalb ihres eigenen Klans heiraten. Dadurch werden die Mitglieder dieses Klans als Gruppe der *boru* zu den „Schwestergleichen", d. h. Brüder dürfen keine Frau aus einem Klan heiraten, in den eine ihrer Schwestern eingeheiratet hat, da dies einem Inzest gleichkommen würde. Die Heiratsbewegungen der Frauen, die nach der Eheschließung Teil des Klans ihrer Männer werden, weben so ein **vielschichtiges Geflecht an Klanallianzen und sozialen Beziehungen** über die eigenen Klangrenzen hinaus. Die jeweilige Zugehörigkeit zu den *boru* oder *hula-hula* regelt zudem die hierarchischen Zuordnungen und damit die relative Stellung bei verschiedenen Klanzusammenkünften. Die bei Adat-Zeremonien so wichtigen Tauschrituale, Ehrenreden und Reihenfolge der Tanzauftritte richten sich nach den Klankonstellationen und weisen jedem Beteiligten eine klare Rolle und Position innerhalb der Hierarchie zu. Wer wen wie ansprechen darf, wer wem was zu schenken hat, wer wen heiraten darf, wer welche Aufgaben bei traditionellen Feiern übernehmen darf oder muss und wer von wem welche Hilfeleistungen erwarten kann, all das regeln die Verwandtschaftskategorien bis ins Detail.

Nach einer standesamtlichen und kirchlichen Eheschließung wird von der Familie des Bräutigams (den *boru*) im Haus der Brauteltern (der *hula-hula*) eine **traditionelle Hochzeitszeremonie** ausgerichtet, bei der unter langen Dankes- und Ehrenreden und zeremoniellen Tänzen *(tortor)* die Brautempfänger den Brautgebern das Brautgeld, Schweinefleisch und gekochten Reis überreichen. Die Brautgeber wiederum übergeben den Brautempfängern die für dieses Ritual charakteristischen gefüllten Goldfische, ungeschälten Reis und die Segen und Lebenskraft symbolisierenden Ulos-Tücher.

In einer Gesellschaft wie dieser kann man kaum für längere Zeit ein Außenseiter oder Fremder bleiben, da einem ohne Klanzugehörigkeit kein Platz zugeordnet werden kann, man also sozial „tot" ist. Daher müssen **Westler, die eine Batak heiraten wollen,** zumeist erst einmal von einem anderen Klan als dem ihrer zukünftigen Frau adoptiert werden, um so als „Batak" eine eindeutig definierte Position in den für alle traditionellen Rituale und Feiern notwendigen Verwandtschaftszugehörigkeiten vorweisen zu können.

Die vielfältigen, oft sehr zeitintensiven sozialen Verpflichtungen und Adat-Vorschriften sind neben den ärmlichen und entbehrungsreichen bäuerlichen Lebensumständen im Batak-Kernland mit ein Grund für die Emigration vieler junger Batak in die großen Städte Indonesiens, allen voran Medan und Jakarta. Hier hoffen sie auf bessere Bildungs- und Aufstiegsmöglichkeiten und mehr Freiheiten zur individuellen Lebensgestaltung. Dabei sind sie oft sehr erfolgreich: Die einst so isolierten, animistischen Batak-Stämme sind heute im öffentlichen Leben Indonesiens auffallend prominent vertreten und zählen zu den Volksgruppen, die den durch die Christianisierung ermöglichten Zugang zu westlich-modernen Kulturformen zu ihren Gunsten nutzen konnten. Doch auch in der Ferne sind

025 n Foto: ak

die mit der Klanzugehörigkeit verbundenen Adat-Regeln weiterhin gültig, der Konformitätsdruck in den Batak-Communities ist oft hoch. Andererseits sind die Batak sehr stolz auf ihre sprichwörtliche, **uneingeschränkte Loyalität** der Familie und dem Klan gegenüber. Sie entkommen den Familienbanden nicht, aber dafür können sie sich auf diese verlassen, sie bleiben, wie es die Ulos-Tücher symbolisch ausdrücken, im familiären Schoß geborgen, solange sie nicht schwer gegen Adat-Normen verstoßen. Und ihre Lieder – die Batak werden aufgrund ihrer beeindruckenden Sangeskünste gern als **die Italiener Indonesiens** bezeichnet – künden von ergreifender Sehnsucht nach *Tano Batak,* dem heimatlichen Batak-Land.

Ehrung der Toten: Zweitbestattung und Grabmonumente

Dass dieses oft mit so viel Pathos besungene Heimweh nicht nur oberflächliche Sentimentalität ist, bezeugen die unzähligen neuen Grabmonumente und Mausoleen im Batak-Kernland. Eine Bestattung in heimatlicher Erde ist die ersehnte Heimkehr zu den Ursprüngen, die Vereinigung mit den Ahnen des eigenen Klans.

Bei traditionellen Zeremonien und Tänzen der Batak dürfen die um die Schultern gelegten Ulos-Tücher nicht fehlen

Nach einer vorläufigen Beerdigung der Toten ist eine **rituelle Exhumierung** und **Zweitbestattung** der Gebeine üblich. Dieses zunächst von den Missionaren streng verbotene, später von der Kirche zunehmend akzeptierte ahnenreligiöse Ritual ist seit den 1960er-Jahren zu einem der wichtigsten identitätsstiftenden Zeremonien der Batak geworden. Es ermöglicht den modernen, urbanen Batak eine **Rückbindung an ihre Vergangenheit** und an ihre ländliche Heimat, indem es als ein Kompromiss zwischen christlichen Vorstellungen und die in ihrem Leben immer noch deutlich spürbare Macht der Ahnen wirkt. (Siehe auch das Kap. „Das Weiterleben der Ahnen: Tod und Trauer".)

Erst nach diesem Ritual kann dem Volksglauben nach aus dem gefährlichen Geist des Toten *(begu)* ein wohlwollender, Segen und Fruchtbarkeit spendender Ahne werden. Bei der rituellen Exhumierung der Knochen werden diese sorgfältig gesäubert und in kleinen Särgen, in Ulos-Tücher gewickelt, ein zweites Mal bestattet. Unter zeremoniellen Tortor-Tänzen, bei denen die Gebeine in ihren kleinen Särgen von den Nachfahren auf dem Kopf getragen werden, **nehmen die Verstorbenen noch einmal teil an der Gemeinschaft** des Klans und und den ihm Segenskraft *(sahala)* spendenden *hula-hula* (Frauengebern). Neben der rituellen Schenkung der wichtigen Ulos-Tücher von den *hula-hula* an die Gastgeber dürfen andererseits auch die christlichen Gebete über den Särgen und bei der endgültigen Bestattung im Grabmonument nicht fehlen. Und wie bei allen Adat-Festen spielt die Schlachtung eines Büffels und die rituelle, nach hierarchischen Klanzugehörigkeiten genau festgelegte Verteilung und Verspeisung seines Fleisches eine wichtige Rolle. Das **gemeinsame Essen** ist fester Bestandteil eines jeden Batak-Festes und jeder formell-zeremoniellen Zusammenkunft: Erst nach dem ausgiebigen, reichhaltigen Festschmaus wird über alles Weitere geredet und beratschlagt.

Meist ist es ein wohlhabender Batak aus einer der großen Städte Indonesiens, der zusammen mit anderen, oft Hunderten männlichen Mitgliedern der gleichen Abstammungslinie eine solche Zweitbestattung plant und durchführt. Dabei geht es immer auch um **Prestige und Ansehen,** kündet doch ein eindrucksvolles Tugu-Grabmonument und ein von mehreren Tausend oder gar Zigtausend Klanangehörigen und ihren *hula-hula* besuchtes Fest vom Ruhm und Einfluss des jeweiligen Klans und seines legendären Gründervaters. In manchen Gegenden wirkt die sonst so ärmliche Insel Samosir mit ihren vielen neu errichteten, eindrucksvollen Grabmonumenten wie eine Insel der Toten, ganz **dem Ruhm der Ahnen gewidmet,** während die vermögenden Geldgeber und ihre Kinder in den fernen Städten ein angenehmes Leben in einer Welt der Klimaanlagen und Shoppingmalls führen. Oft hört man lokale Regierungsbeamte klagen, die reichen Verwandten aus den Städten würden ihr Geld in der so idealisierten Heimat letztlich doch nur in opulente Adat-Feste und repräsentative *tugu* investieren. Doch auch diese „Investitionen" stärken die Bindungen zwischen den abgewanderten Batak und den verarmten, in den Dörfen zurückgebliebenen Familien- und Klanangehörigen. Die Ausrichtung der höchst zeit- und arbeitsaufwendigen Adat-Feste wäre ohne die wochen- und monatelangen Arbeitsleistungen der lokalen Bevölkerung nicht denkbar. Diese erhält also die dringend benötigte Arbeit und Verpflegung und stärkt gleichzeitig ihre **Beziehungen zu den fernen Verwandten,** womit sich wiederum Chancen zukünftigen Entgegenkommens eröffnen: Ein Kind wird vielleicht vom wohlhabenden Verwandten in der Stadt aufgenommen und kann dort zur Schule gehen oder eine Ausbildung absolvieren und damit den sozialen Aufstieg schaffen oder Arbeitsmigranten haben vor Ort in der Stadt eine persönliche Anlaufstelle, deren Unterstützung sie sich sicher sein können.

Toraja

Das kleine, ungefähr 650.000 Menschen zählende Volk der Toraja lebte bis Anfang des 20. Jh. von der Außenwelt nahezu unbehelligt im **Hochland von Südsulawesi.** Erst 1906 fiel die Region unter die Kontrolle der niederländischen Kolonialmacht. Im Gegensatz zu seinen Nachbarvölkern, den Bugis, Makassar und Mandar, die ab dem 16. Jh. den Islam angenommen hatten, blieben die Toraja trotz verstärkter holländischer Missionierungsversuche bis Mitte des 20. Jh. weitgehend ihrem animistischen Aluk-To-Dolo-Glauben treu („Weg derer, die vor uns waren", manchmal auch *Alukta,* „unser Weg", genannt). Heute ist **die Mehrzahl der Toraja christlich,** über die Hälfte davon protestantischer Konfession neben Katholiken, Pfingstlern und einigen Muslimen. So schnell, wie sie in den letzten Dekaden das Christentum annahmen, stieg andererseits auch ihr Bekanntheitsgrad unter Ethnologen und Touristen. Ihre beeindruckenden Adat-Häuser, *tongkonan* genannt, und vor allem ihre **spektakulären Trauer- und Bestattungsrituale** (siehe dazu auch das Kap. „Tod und Trauer bei den Toraja") haben dazu beigetragen, dass das malerische, von Reisfeldern geprägte *Tana Toraja,* das Toraja-Land, seit den 1980er-Jahren zu einem der beliebtesten touristischen Reiseziele außerhalb von Java und Bali/Lombok geworden ist. Die Toraja selbst, die sich vor dem 20. Jh. mehr über ihre autarken Familien- und Dorfgemeinschaften denn über eine damals kaum vorhandene gemeinsame ethnische Identität definierten, haben im Zuge der touristischen Vermarktung ihrer Kultur auch ein neues, stolzes Selbstbewusstein entwickelt, in dem sie sich sowohl als „Christen" als auch als „Toraja" deutlich von ihren muslimischen Nachbarn unterscheiden.

Die gesellschaftliche Struktur der Toraja unterscheidet zwischen Adligen *(to makaka)*, die in den Tongkonan-Häusern wohnten, und nichtadligen „Gemeinen" *(to buda* oder *to biasa)*. Bis zum Verbot durch die niederländische Kolonialregierung im Jahre 1909 gab es zudem die Klasse der Sklaven.

Das traditionelle, **animistisch geprägte Glaubenssystem Aluk To Dolo** wurde 1969 von der Regierung offiziell als Religion anerkannt, allerdings der administrativen und ideologischen Einfachheit halber als eine Unterform des Hinduismus. Heute bekennen sich nur noch weniger als 10 Prozent der Toraja zu *Aluk To Dolo*. Das rituelle Leben auch noch vieler christlicher Toraja unterscheidet streng zwischen Ritualen der „östlichen Seite", auch die „Sphäre des aufsteigenden Rauches" genannt, und denen der „westlichen Seite" bzw. der „Sphäre des herabsteigenden Rauches". Mit der Ostseite sind Fruchtbarkeits- und Reisrituale verbunden, mit dem Westen Trauer- und Totenrituale. Beide Sphären müssen streng voneinander getrennt bleiben, so dürfen z. B. keine Trauer- und Totenrituale während der Erntezeit durchgeführt werden. Die mit **Reis- und Fruchtbarkeitsriten** verbundenen Ostseiten-Rituale wurden im Zuge der Christianisierung stark unterdrückt und sind inzwischen, von Erntedankfesten abgesehen, fast ganz verschwunden, während die elaborierten Westseiten-Rituale zum Teil christlich „uminterpretiert" wurden und einen deutlichen Aufschwung erfuhren. Heute sind die Trauer- und Bestattungsrituale der spektakuläre zeremonielle Höhepunkt im Lebenszyklus der Toraja.

Wie so viele andere indonesische Völker auch, führt die Suche nach fachlicher Ausbildung und besseren beruflichen Möglichkeiten die Toraja vermehrt in die großen Städte Indonesiens. Doch die Wurzeln zum ländlichen Heimatland reißen dabei nie ab: Spätestens zu den Bestattungsfeierlichkeiten kommt man aus der Fremde wieder in die Heimat zurück – sei es als Trauergast oder als zu bestattender Toter. Ähnlich wie bei den urbanen Batak besteht sowohl die soziale Pflicht als auch das individuelle Bedürfnis, mit dem in den großen Städten erreichten Wohlstand prunkvolle und kostspielige Beerdigungsrituale zu finanzieren.

Die Toraja zeigen ein starkes Bewusstsein für **Status und Prestige.** Status und Reichtum müssen offen gezeigt werden, die gesellschaftliche Anerkennung durch andere ist sehr wichtig. Das ist eng verknüpft mit den torajanischen Vorstellungen von Ehre und Scham, beides wie bei den Bugis

Toraja-Jungen in traditioneller Kleidung bei einer Trauerfeier als *siri'* bezeichnet. Bei aller Konkurrenz um Status und Ehre ist auch die Forderung nach Gegenseitigkeit und einer gerechten Verteilung von Gütern ein zentrales kulturelles Motiv. Die Ausrichtung der Bestattungsrituale beispielsweise dient neben der Ehrerweisung an die Verstorbenen und der stolzen Darstellung von sozialem Status immer auch der **Bestätigung gegenseitiger Verpflichtungen** und der Umverteilung von Gütern: Ärmere Dorfbewohner erhalten durch die langwierigen Vorbereitungen Arbeit vom wohlhabenden Sponsor und soziale Anerkennung durch die Einbindung in ein gemeinsam gestaltetes Ritual, Trauergäste bringen Schweine, Büffel, Palmwein und Geld. Und wie bei so vielen indonesischen Völkern sind es zuallererst einmal die **Kinder, die als wahrer Reichtum gelten.** In der Wertehierarchie der Toraja kommen nach den Kindern die Tiere (Büffel, Schweine und Hühner) und dann die Reisfelder. Wer über viele Reisfelder und Tiere verfügt, aber kinderlos geblieben ist, wird, egal wie viel Geld er sonst besitzen mag, letztlich doch als bedauernswert „arm" gelten.

Wie die Batak, so haben auch die Toraja größtenteils **von der Globalisierung in Form von Christianisierung, Tourismus und Urbanisierung profitieren können.** Ihr Leben hat in den letzten 50 Jahren einen rapiden und tief greifenden Wandel erfahren, viele Toraja pendeln heute ganz selbstverständlich zwischen der global ausgerichteten Hightechwelt der urbanen Metropolen und dem von Adat-Regeln bestimmten ländlichen Heimatdorf, sie sind überzeugte Christen, erfolgreiche Indonesier und stolze Toraja zugleich.

026in Foto: ak

Chinesen

Die ethnischen Chinesen machen zwar nur etwa zwei Prozent der indonesischen Bevölkerung aus, sie sind aber in der öffentlichen Wahrnehmung überproportional präsent. Weitverbreitet ist das **stereotype Bild vom „reichen Chinesen"**, das eine unüberbrückbare Kluft zwischen ihnen und den „armen" anderen indonesischen Ethnien suggeriert und damit an tief sitzende Ressentiments rührt. Während in der Tat viele ethnische Chinesen zu den reichsten Menschen Indonesiens zählen, gibt es auf der anderen Seite jedoch auch all die unzähligen „Chinesen von nebenan", die sich mit einem kleinen Geschäft gerade so finanziell über Wasser halten können. Dass sich unter den Chinesen verhältnismäßig viele Händler und Unternehmer finden, ist nicht nur ihrem sprichwörtlichen kaufmännischen Ehrgeiz zuzuschreiben, sondern ist auch eine Folge der sie diskriminierenden gesetzlichen Bestimmungen. So war chinesischstämmigen Indonesiern lange eine Laufbahn im öffentlichen Dienst verwehrt, politische Ämter blieben für sie unerreichbar, akademische Positionen standen ihnen nur unter erschwerten Bedingungen offen.

So wie das rassistische Stereotyp vom „steinreichen Chinesen" den durchaus recht unterschiedlichen sozialen Schichtszugehörigkeiten der in Indonesien lebenden Menschen chinesischer Abstammung nicht gerecht wird, ist auch die Vorstellung von den **Chinesen als homogener ethni-**

027in Foto: bd

scher Gruppe irreführend. Die heute in Indonesien lebenden ethnischen Chinesen leiten ihre Herkunft aus unterschiedlichen Regionen Chinas her, sie sprechen verschiedene Muttersprachen und immigrierten in mehreren großen Haupteinwanderungsbewegungen in unterschiedlichen Jahrhunderten. Die sogenannten Totok-Chinesen verfügen noch über enge Beziehungen zum chinesischen Mutterland, während sich die *peranakan* genannten Chinesen schon seit Generationen sprachlich, kulturell und religiös assimiliert haben. Doch sogar sie gelten oft noch immer als **nicht wirklich „indonesisch"**, auch wenn sie sich selbst als Indonesier sehen und sich aktiv in die Gestaltung des modernen Indonesiens einbringen.

Die meisten indonesischen Chinesen stammen aus **Süd- und Südostchina,** hauptsächlich aus den Provinzen Kanton *(Guangdong)* und Fujian. Die ethnische Herkunft bestimmt auch die unterschiedlichen chinesischen Muttersprachen dieser Gruppen: *Hakka, Hokkien, Kantonesisch* und *Teochew* sind die verbreitetsten dieser Sprachen, die sich vom Mandarin-Chinesisch deutlich unterscheiden und auch untereinander nicht verständlich sind. Hokkien-Worte in der indonesischen Sprache verraten auch den maßgeblichen Einfluss der **chinesischen Küche** auf indonesische Essgewohnheiten. Denn welcher Indonesier, der womöglich sonst alles Chinesische eher mit Misstrauen ansieht, würde allen Ernstes auf *bakmi* (Nudeln), *bakso* (Fleischklößchensuppe), *bakwan* (frittierte Teigbratlinge), *lumpia* (Frühlingsrollen), *soto* (gehaltvolle Suppe), *kuah* (Brühe), *kecap* (Sojasoße), *tauge* (Sojabohnen), *tahu* (Tofu), *kue* (Kuchen) und *teh* (Tee) verzichten wollen?

Bis zum 20. Jh. waren es so gut wie ausschließlich **chinesische Männer,** die als Arbeitsimmigranten in die indonesischen Regionen kamen. Sie heirateten lokale Frauen und bildeten mit ihren Kinder, ihren indonesischen Verwandten und den stets neu aus der chinesischen Heimat ankommenden Arbeitern eine neue ethnische Gruppe, die in eigenen Stadtvierteln in den multiethnischen Handelshäfen lebte und arbeitete. Das **Verhältnis zu den Einheimischen** war von Anfang an prekär: Diese sahen in den chinesischen Zuwanderern Fremdlinge und Ungläubige, deren privilegierte Mittlerposition als Handelsagenten und ihr augenscheinlicher wirtschaftlicher Erfolg immer wieder Neid erweckten. Ihre Geschäftspraktiken erschienen den Indonesiern zudem als undurchsichtig und größtenteils auf Familienklanbeziehungen basierend. Ihre Eingebundenheit und ihr Agie-

Chinesischer Tempel („klenteng") in Yogyakarta

029in Foto: bd

ren in internationalen Netzwerken führten dazu, dass man sie immer wieder verschwörerischer Machenschaften verdächtigte. Die einheimischen und niederländischen Herrscher wiederum brauchten die Chinesen nicht nur zur Aufrechterhaltung ihrer Handelsbeziehungen, sondern auch zum Machterhalt. So delegierten sie die rücksichtslose Ausbeutung ihrer Untertanen bevorzugt an die **chinesischen Steuereintreiber,** denen dann verständlicherweise auch der Hass der Bevölkerung entgegenschlug.

Unter *Suhartos* „Neuer Ordnung" wurden chinesischstämmige Indonesier offiziell als **WNI** bezeichnet, d. h. *warga negara Indonesia,* „indonesische Staatsbürger", – ein recht zynischer Euphemismus, da alle anderen Indonesier einfach nur *pribumi,* „Indonesier", waren. **Pribumi** bezeichnet „eingeborene Indonesier" im Gegensatz zu chinesischstämmigen, indischstämmigen, arabischstämmigen oder gemischtrassigen Indonesiern. Die Unterscheidung in *pribumi* und nicht-pribumi geht zurück auf die niederländischen Kolonialherren, die „eingeborene" *pribumi* von den im Archipel siedelnden „fremden Orientalen", d. h. Chinesen, Indern und Arabern abgrenzten. Während die *pribumi* am untersten Ende der kolonialen Hierarchie standen und die Weißen selbstredend den obersten Platz ein-

Opfergabenaltar für einen Verstorbenen in einem chinesischen Tempel

nahmen, war den sogenannten „fremden Orientalen" eine mittlere Position zugewiesen. Sie galten sozusagen als **Menschen zweiter Klasse,** die den weißen Kolonialherren zwar rechtlich nicht gleichgestellt waren, aber – anders als die Menschen dritter Klasse, die „Eingeborenen" – gewisse Handelsprivilegien genossen und mit administrativen Aufgaben in der Kolonialverwaltung und der Plantagenwirtschaft betraut wurden.

Mit der Machtergreifung *Suhartos* 1965 und den Massakern an Anhängern und vermeintlichen Sympathisanten der kommunistischen Partei *PKI* begann für die chinesischstämmigen Indonesier eine Zeit von bis dahin ungekannter Diskriminierung. Als Chinesen wurden sie **pauschal verdächtigt,** China und dem Kommunismus nahezustehen, sie zählten damit auch zu den Hauptopfern der Massaker. Viele Chinesen traten in der Folge zum Christentum oder zum Islam über, um nicht des Atheismus und damit auch des Kommunismus bezichtigt zu werden. Zudem wurden sie gezwungen, ihre chinesischen Namen durch indonesische Namen zu ersetzen, die chinesische Sprache und chinesische soziale, kulturelle und religiöse Aktivitäten wurden verboten. Für viele chinesischstämmige Indonesier ist das Wort *Cina* („China", „Chinese", „chinesisch") oder auf Javanisch *Cino* bis heute mit schmerzvollen Erinnerungen an **Ausgrenzung, Ablehnung und demütigenden Spott** verbunden, denn allzu oft wurde ihnen von klein auf *„Cina! Cina!"* in den Gassen des heimatlichen *kampung* (dörflich geprägte Stadtviertel) verächtlich-provozierend nachgerufen. Nicht wenige chinesischstämmige Indonesier bevorzugen heute das englische Wort *Chinese* für „Chinese" und „chinesisch", da es nicht die gleichen diskriminierenden Assoziationen weckt wie *Cina* und internationaler klingt als das sonst auf Indonesisch übliche Wort *Tionghoa,* das aus dem Hokkien stammt.

Nach jahrzehntelanger Unterdrückung und Tabuisierung chinesischer Kultur unter *Suharto* ist im heutigen Indonesien der *reformasi* die **öffentliche Darstellung chinesischer Identität** fester Bestandteil des urbanen indonesischen Alltags. Es darf wieder Chinesisch gesprochen, geschrieben, gedruckt und unterrichtet werden, Kurse für Mandarin-Chinesisch erfreuen sich großer Beliebtheit und der Nachrichtensender MetroTV hat sogar eine eigene Nachrichtensendung auf Chinesisch im Programm. Am deutlichsten zeigen sich die rasanten Veränderungen aber an **Imlek,** dem chinesischen Neujahr. Es war Präsident *Abdurrahman Wahid,* der im Jahr 2001 das unter der „Neuen Ordnung" herrschende Imlek-Verbot aufhob und damit öffentliche chinesische Neujahrsfeiern wieder möglich machte. Unter seiner Nachfolgerin *Megawati Sukarnoputri* wurde *Imlek* dann **2002 zum nationalen Feiertag erklärt.** Seit dem Jahr 2003 wird das chinesische Neujahr nun unter großer medialer Anteilnahme offiziell gefeiert: Es gibt öffentliche Straßenparaden mit dem typisch chinesischen Löwentanz (*barongsai* – auch er war unter *Suharto* verboten) und Feuerwerke. Chinesisch geprägte Stadtviertel, chinesische Tempel *(klenteng)* und Geschäfte und nicht zuletzt die Shoppingmalls werden mit unzähligen Lampions und anderen Dekorationen in der **chinesischen Glücksfarbe Rot** geschmückt, traditionelle chinesische Glückssymbole und Kalligrafie zieren die Häuser und Auslagen der Geschäfte. Auch die Medien lassen sich den Rummel nicht entgehen, TV-Sender präsentieren eigene Imlek-Ausgaben für populäre Talkshows.

Die Glückwunschformel zu *Imlek* lautet (in variierender Schreibweise): *Gong Xi Fat Choy!*–„Glückwünsche und viel Erfolg!"

Das Zusammenleben der Ethnien

Indonesien ist ein Inselstaat von über 17.000 Inseln – das Verbindende ist da an erster Stelle das Meer. Das Meer ermöglichte von frühesten Zeiten an den Austausch von Waren, Wissen und Menschen. Bezeichnenderweise nennen die Indonesier ihr Land **„Tanah Air", „Land und Wasser".** Sie

028in Foto: ak

sprechen auch von **„Nusantara", den „Inseln dazwischen":** gelegen zwischen dem asiatischen Festland und Australien, zwischen dem Indischen und dem Pazifischen Ozean. Die meisten großen Reiche entstanden um Handelsmetropolen, die auf das Meer und die an anderen Ufern liegenden Hafenstädte ausgerichtet waren. Diese Handelsmetropolen waren schon früh multiethnische Städte, in denen neben den „Einheimischen" und indischen, arabischen und chinesischen Händlern auch Javaner, Malaien, Bugis, Banjaresen, Acehnesen und viele andere lokale Volksgruppen anzutreffen waren.

Der Transfer nicht nur von Waren, sondern auch von Wissen prägte in einer Art früher Globalisierung die Kulturen des malaiischen Archipels und verweist bei aller Unterschiedlichkeit auf **gemeinsame Erfahrungen und gegenseitige Bereicherungen.** Hinduismus und Buddhismus führten auf Java und im südsumatranischen Seereich Sriwijaya zu einer glanzvollen Epoche großer Reiche und hinterließen Spuren selbst in vergleichsweise abgeschieden lebenden Ethnien wie den Batak im Hochland von Sumatra und den Ngaju-Dayak im Inneren Kalimantans: Die Schrift der Batak basiert auf südindischen Einflüssen und in den Götternamen beider Völker lassen sich deutliche hinduistische Spuren erkennen. Später wurde der **Islam zum verbindenden Element.** Wie Hinduismus und Buddhismus steht er nicht nur für eine Religion, sondern auch für eine zivilisatorische Ausrichtung. Als Sultane verstanden sich die indonesischen Herrscher als Teil der gesamtislamischen Welt und ihrer ausgedehnten Handelsnetzwerke.

Auch **die mythischen Stammbäume der Herrscherfamilien** verbinden unterschiedliche Regionen des malaiischen Archipels: Die Sultane vom nordsumatranischen Aceh und vom Sultanat Banjar auf Borneo leiteten ihre Herkunft unter anderem vom hindu-javanischen Großreich Majapahit her. Auch die Bugis-Reiche in Südsulawesi beriefen sich auf Majapahit. Die Bugis wiederum, von denen viele im 17. und 18. Jh. nach Westen in die malaiischen Regionen migrierten, beeinflussten die Kultur der malaiischen Reiche von Riau und Johor. Im Sultanat Banjar übernahm man javanisches Hofzeremoniell, während andererseits nordjavanische Sultanate sich kulturell auch am malaiischen Malakka orientierten. In lokalen Überlieferungen und Legenden lebt bei den sumatranischen Völkern das javanische Majapahit fort und auf Java erzählt man von chinesischen Prinzes-

Aufwachsen zwischen Land und Wasser:
Kinder der Seenomaden („orang laut") auf einer Insel vor Sulawesi

Papua

*Der **westliche Teil Neu-Guineas** stand während der Kolonialzeit unter niederländischer Herrschaft und war danach auf dem Weg in die Unabhängigkeit, er wurde jedoch nach mehreren Militäroperationen 1963 von Indonesien gewaltsam annektiert. 2002 sicherte man der Provinz, von nun an **Papua** genannt, im Rahmen der Dezentralisierungspolitik mehr regionale Autonomie zu. Doch die Ausbeutung der an Rohstoffen reichen Region dauert bis heute an. Es sind mächtige indonesische Tycoons und internationale Konzerne wie „Freeport", Betreiber der weltweit größten Gold- und Kupfermine in Papua, die sich skrupellos bereichern, während die Einheimischen zwar als billige Arbeitskräfte willkommen sind, ansonsten aber allzu oft nur stören.*

*Papua war zudem eines der Gebiete, in die **staatlich geförderte Umsiedlungen** von den überbevölkerten Inseln Java, Bali und Madura durchgeführt wurden - die sogenannte „Transmigrasi". Die lokale Bevölkerung sah die Transmigranten, die nicht nur nach Papua, sondern auch nach Sumatra, Kalimantan und Sulawesi umgesiedelt wurden, als Fremdlinge an, die in den Genuss von staatlichen Förderprogrammen kamen und eine fremde Kultur und Religion mitbrachten. Die **großen Transmigrationsprojekte** auf die vergleichsweise spärlich besiedelten und infrastrukturell noch kaum erschlossenen Außeninseln wurden auch als eine Politik der forcierten „Javanisierung" empfunden. Verstärkte javanische Präsenz sollte die politische und soziale Integration dieser Regionen fördern, deren lokale Bevölkerungen oft nur wenig kulturelle Gemeinsamkeiten mit den in Politik und Verwaltung dominierenden Javanern aufwiesen. Im Jahr 2000, als Präsident Abdurrahman Wahid die Transmigration nach Papua einstellte (nicht zuletzt als Reaktion auf die Javanisierungsvorwürfe), waren rund 35 Prozent der Bevölkerung Papuas keine ethnischen Papua mehr. In großen Städten wie Merauke und Jayapura sind die **ethnischen Papua längst eine Minderheit** im eigenen Land.*

sinnen und weisen arabischen Gelehrten, die über die malaiischen Sultanate den Weg nach Java fanden.

Die **mündliche Geschichtsschreibung** verbindet so die unterschiedlichen Regionen Indonesiens durch ein Netz von Erzählungen, die die Vergangenheit und damit auch Gegenwart von *Nusantara*, den „Inseln dazwischen" ausmachen.

030in Foto: jg

Die Regionalkulturen im modernen Indonesien

Die relativ junge Identität als „Indonesier" in einem Nationalstaat „Indonesien" wurde in der ersten Hälfte des 20. Jh. als Aufbruch imaginiert, als Befreiung von den Niederländern und Überwindung rückständiger, die Menschen in traditionellen Weltbildern gefangen haltenden einheimischen Kulturen. Dafür kämpfte man gemeinsam, **bewusst ethnische Zugehörigkeiten transzendierend.** Und folgerichtig entschied man sich für Malaiisch als gemeinsame Sprache der neuen Nation und Basis der neuen indonesischen Identität – und nicht für die Sprache der ehemaligen Kolonialherren, Niederländisch, oder die Sprache der größten Volksgruppe und Hauptinsel, Javanisch.

Unter *Suhartos* **„Neuer Ordnung"** (1966–1998) wurden die Regionalkulturen *(budaya daerah)* auf sterile, austauschbare Folklore reduziert, die propagierte „Einheit in der Vielfalt" bestand in staatlich geförderten Tänzen, Liedern und Trachten. Gleichzeitig betrieb die Regierung in Jakarta im Rahmen der konsequenten **Zentralisierung und Gleichschaltung** des öffentlichen und politischen Lebens eine Politik der kaum verhohlenen

Mädchen aus Flores

„Javanisierung". Jegliche lebendige Vielstimmigkeit, die es wagte, über harmloses Trachtenshow-Niveau hinauszugehen, wurde notfalls auch mit brutaler Gewalt und geplanten Killerkommandos unterbunden.

Doch Kritik war nicht vorgesehen: Medien und öffentliche Diskussionen wurden von den sogenannten „vier Tabus" bestimmt, griffig unter der Abkürzung **SARA** zusammengefasst. *SARA* steht für *suku* („Ethnizität"), *agama* („Religion"), *ras* („Rasse") und *antargolongan* („Beziehungen zwischen den gesellschaftlichen Gruppen", d. h. Klassenunterschiede). Alles, was diese „sensiblen" Aspekte tangierte, wurde als eine potenzielle Gefahr für das staatlich verordnete **Ideal vom friedlichen Miteinander** angesehen und war somit in der öffentlichen Diskussion tabu. Mit der Kategorie „Rasse" waren vor allem die Beziehungen zwischen „eingeborenen" Pribumi-Indonesiern und ethnischen Chinesen gemeint, ein ganz besonders „sensibles" Thema im Indonesien der Suharto-Jahre. Die am chinesischen Geld stark interessierten Machthaber pflegten einerseits engste Beziehungen zu chinesischen Tycoons und Großunternehmern, zeigten andererseits aber keinerlei Skrupel, aufkeimende Proteste am Regime und gärenden Volkszorn immer wieder gezielt auf die ethnischen Chinesen als vermeintliche Sündenböcke umzulenken.

Lokale Kultur als eine Art „Trachtenshow", die besonders bei Hochzeiten immer wieder neu „aufgeführt" wird, prägt auch heute noch deutlich den Umgang mit dem traditionellen Erbe der unterschiedlichen Ethnien. Doch im Zuge der Dezentralisierung seit der *reformasi* hat sich in den Provinzen ein neues kulturelles Selbstbewusstsein eingestellt. Regionale und **lokale Ethnizität wird nun stolz betont** – allerdings mitunter auch seitens der Lokalregierung von oben „verordnet".

Ein Beispiel für diese Rückbesinnung auf eine vermeintlich authentische kulturelle Identität ist die Debatte um **ajeg Bali.** Was genau darunter zu verstehen ist, darüber streiten sich die Geister, im Großen und Ganzen geht es aber um die Forderung nach einer **Rückkehr zur „wahren" balinesischen Kultur,** nach einer Besinnung auf die „wahren" balinesischen Werte und ihre Durchsetzung, da nur so Balis Überleben und Heil gesichert werden könne. *Ajeg Bali* wird seit 2003 vor allem von den balinesischen Medien propagiert. Eng verbunden ist mit diesem Konzept auch die Rede von den *pendatang,* den aus anderen Teilen Indonesiens nach Bali gekommenen Zuwanderern vor allem aus Java und Madura, die schnell für alle Übel der balinesischen Gesellschaft verantwortlich gemacht werden und denen zunehmend Misstrauen und kaum verhohlene Abneigung entgegenschlagen. In den lokalen Medien werden Ängste vor einer Islamisierung und dem Ausverkauf der Insel geschürt: Bali gehöre bald nicht mehr den Balinesen, die Hindus würden auf Bali zu einer Minderheit unter muslimischen *pendatang* und westlichen Touristen werden. Nach den Bombenanschlägen von 2002 und 2004 hat sich hier das fremdenfeindliche Klima anderen Indonesiern gegenüber noch verschärft.

Multikulturelle Gegenwart

Die soziale Realität ist vielerorts jedoch längst multikulturell geprägt. In den letzten dreißig Jahren hat die **Innenmigration** durch die deutlich verbesserte Infrastruktur stark zugenommen. Nicht nur Javaner, sondern auch Minang, Batak und Bugis findet man längst in so gut wie allen Teilen des Inselreiches: Sumatranische Batak studieren in Bandung und Yogyakarta und sprechen dort sundanesischen und javanischen Jugendslang, Javaner und Batak stellen seit Generationen einen großen Teil der Bevölkerung der malaiischen Stadt Medan, auf Bali war der Betrieb von mobilen Bakso-Suppen-Garküchen lange fest in javanischer Hand, Padang-Restaurants sind in ganz Indonesien beliebt, balinesische Transmigranten sprechen im südsumatranischen Lampung längst Javanisch mit ihren javanischen Transmigrations-Nachbarn und indonesische Studenten gleich welcher ethnischer Herkunft führen im Ausland gerne den aus Aceh stammenden Saman-Tanz auf.

Wie die vielfältigen ethnischen und internationalen Orientierungen von immer mehr Indonesiern in Zukunft aussehen könnten, zeigt heute schon meine Freundin *Wayan Lessy:* Die **Tochter einer Javanerin und eines zum Islam übergetretenen Balinesen** war als Teenager die erste in ihrer Familie, die das Kopftuch anlegte. Während ihre muslimischen Eltern Befürchtungen hatten, sie könnte damit ihrer Karriere schaden, wurde sie von ihren hindu-balinesischen Großeltern von Anfang an in ihrer Entscheidung unterstützt. Sie studierte Internationales Recht in den Niederlanden und heiratete dann einen Minang – erst mit einer javanisch-muslimischen Hochzeitszeremonie und dann noch einmal nach Minangkabau-Tradition. Bald hatte sie bei ihren Familienbesuchen in Padang die nötigen Grundkenntnisse in der Minang-Sprache erworben, auch in die Vorbereitung und Durchführung einer Hochzeit nach Minang-Adat wurde sie bereits aktiv mit einbezogen. Mit ihrem Mann, einem Physiker, hat sie in New York und Hamburg gelebt, jetzt sind sie in Singapur zu Hause. Ihre Eltern wohnen in Jakarta, die javanische Familie in Surabaya, die hinduistischen Großeltern und Verwandten väterlicherseits auf Bali, die Familie ihres Mannes in Padang – und so pendelt sie zwischen den Welten, Religionen und Sprachen, zwischen westlichen und asiatischen Großstädten und lokalen indonesischen Adat-Bräuchen unterschiedlicher Volksgruppen. All das ist selbstverständlicher Teil ihrer Identität als moderne Indonesierin.

003in Foto: ak

STAATLICH VERORDNETER MONOTHEISMUS: DIE RELIGIONEN UND DAS ANIMISTISCHE ERBE

„Erlaubt mir, um Verzeihung zu bitten, ich richte meine Bitte um Vergebung an den Höchsten, den ersten Gott Schiva, an die Götter und Göttinnen, an die Schlangengöttin Naga in unterirdischer Askese, gebt mir die Kraft, die göttlichen Ahnen zum Leben zu erwecken! All die zum Leben zu erwecken, die in Askese sind, alle Götter und Göttinnen, ich bitte um eure Zustimmung, ich bitte die Reisgöttin Pohaci um ihre Barmherzigkeit. Lasst mich jetzt singen vom König Sri Baduga Maharaja, Herrscher von Pajajaran, seine Hauptstadt ist von Bergen umgeben, Berge vom Westen zum Osten, Berge vom Norden zum Süden, das Königreich von Tawang Gantungan. Oh Herr, allmächtiger Gott, der du das gesamte Universum erschaffen hast! Im Angesicht ihres Schöpfers leben die Menschen seit Anbeginn der Zeiten ein tugendhaftes Leben, befreit von den Fesseln Satans. Oh Herr, höchster Gott, möge das Licht Allahs die Welt erleuchten. Im Gedenken an ihre Ursprünge leben die Menschen ein tugendhaftes Leben, befreit von den Fesseln Satans, einander findend, einander liebend. Om ... om ...“

Sundanesisches Bittgebet um göttlichen Segen vor einer Vorführung von klassischen Tembang-Sunda-Liedern (Quelle s.: „Quellenangaben“ 1)

Ein Linggam der Batak – das Phallussymbol aus vorchristlicher Zeit steht für Fruchtbarkeit und Kraft

Ketuhanan Yang Maha Esa – der Glaube an den Einen Gott

Indonesien ist ein religiöses Land: Jeder Bürger muss sich gemäß der Verfassung zu einer der sechs Weltreligionen Islam, Protestantismus, Katholizismus, Hinduismus, Buddhismus oder Konfuzianismus bekennen, ein Bekenntnis zum Atheismus ist bezeichnenderweise nicht vorgesehen. Die Staatsideologie *Pancasila* schreibt in ihrem ersten Pfeiler den Glauben an den Einen Allmächtigen Gott vor – *Ketuhanan Yang Maha Esa*. Dieser **propagierte Monotheismus** hat nur wenig mit dem Hinduismus und Buddhismus zu tun, doch das theologische Konzept aus dem Islam und Christentum stellt die Anhänger dieser beiden Religionen, die bei weitem die Bevölkerungsmehrheit in Indonesien ausmachen, zufrieden, während eine lockere Auslegung noch genug Raum für andere Glaubensrichtungen lässt. Atheismus war seit dem blutigen Machtantritt *Suhartos* 1965 gleichbedeutend mit Kommunismus und somit ein absolutes Tabu. Im Zuge der Massenmorde an vermeintlichen „Kommunisten" und „Atheisten" traten viele indonesische Chinesen und linksgerichtete Javaner zum Christentum über, um der Verfolgung zu entkommen und kein Misstrauen zu erregen. Auch die Anhänger von traditionellen Stammesreligionen sahen sich verstärkt dem Druck ausgesetzt, sich zu einer der Weltreligionen zu bekennen. Der Konfuzianismus (Indonesisch: *Konghucu*) ist als sechste Religion übrigens erst seit 2006 offiziell anerkannt.

Suhartos „Neue Ordnung" spielte die Unterschiede zwischen den Religionen herunter. Die Staatsideologie *Pancasila* wurde als oberstes Prinzip eingeführt, dem sich auch die einzelnen Religionen unterzuordnen hatten. Religion sollte sich im Privatleben abspielen, ihre politische Rolle und Sprengkraft wurde systematisch unterbunden. So mussten sich alle Parteien und Massenorganisationen, auch die religiösen, zur **Pancasila als ihrer alleinigen ideologischen Basis** bekennen. Den beiden größten muslimischen Massenorganisationen *Nahdlatul Ulama* und *Muhammadiyah* wurde jegliche politische Aktivität untersagt, sie mussten sich mit ihrem Engagement auf den sozialen Bereich beschränken. Kam es doch einmal zu Konflikten mit religiösem Hintergrund, wurde die Rolle der Religion in der medialen Berichterstattung konsequent geleugnet. Das offizielle Bild von Indonesien als einem vorbildlichen Staat, in dem die verschiedenen Religionen tolerant und friedlich nebeneinander und miteinander existieren, durfte nicht in Frage gestellt werden.

In Zeiten zunehmender **religiöser Durchdringung des öffentlichen Lebens** ist der Einzelne heute mehr denn je gefordert, seine religiöse Identität unmissverständlich deutlich zu machen. Der arabische Gruß *assalamu'alaikum* – „Friede sei mit dir" und die entsprechende Antwort *wa'alaikum salam* haben sich in weiten Kreisen indonesischer Muslime als Standard durchsetzen können. Nichtmuslime sind davon in der Regel ausgeschlossen, es ist eine Grußformel, mit der sich die Muslime untereinander ihre religiöse Gemeinschaft bezeugen. Auch ist heutzutage kaum noch eine Ansprache oder Rede denkbar, die nicht mit dem früher rein religiösen Kontexten vorbehaltenen *assalamu'alaikum wa rahmatullahi wa barakatuh* beginnt: „Friede sei mit dir und die Barmherzigkeit Gottes und sein Segen". Dieses offensive Glaubensbekenntnis in zuvor eher säkular ausgerichteten gesellschaftlichen Bereichen setzt die Angehörigen anderer Religionen natürlich unter Zugzwang. Es ist somit kein Zufall, dass man inzwischen auf Bali oft den hinduistischen Gruß *om swastiastu* hört – das klingt authentisch und nach alter Tradition, ist aber in dieser heutigen Form eine sehr neue Gepflogenheit. Und auch die Christen wollen mit einem „eigenen" Gruß Präsenz beweisen. In ihren Kreisen wird das vermeintlich biblisch legitimierte *syalom* immer beliebter, eignet es sich doch gut zur Abgrenzung gegen das allgegenwärtige muslimische *assalamu'alaikum.*

Als **konfessionsloser oder atheistischer Westler** hat man in Indonesien durchaus ein Problem. Die Angabe der Religionszugehörigkeit wird in vielen Formularen verlangt, Atheismus ist dabei als mögliche Antwort nicht vorgesehen. Auch in Gesprächen mit Einheimischen muss man sich im Klaren sein, dass für viele Indonesier Atheismus oder allgemein kein klares Bekenntnis zu einer Religion eine ungeheure, schier unvorstellbare Haltung ist. Ohne Gott gibt es aus weitverbreiteter indonesischer Vorstellung keine Moral und keine Unterscheidung zwischen Gut und Böse. Ob man mit jeder Zufallsbekanntschaft auf der Straße darüber eine Diskussion anfangen muss, bleibt natürlich jedem selbst überlassen. In guten Freundschaften ist eher eine tragfähige Basis vorhanden, die das ungeheuerliche Bekenntnis des Westlers auffangen kann, da man sieht: Der Westler glaubt zwar an keinen Gott, verhält sich aber doch durchaus anständig und verantwortungsvoll.

Synkretismus

Es besteht ein zum Teil erheblicher Unterschied zwischen bürokratischen Kategorisierungen, orthodoxen Dogmen und der im Alltag konkret gelebten Praxis. Ein typisches Merkmal indonesischer Religiosität, so zum Beispiel des moderaten Volksislam, ist der Synkretismus, d. h. die flexible Integrierung und Weiterführung unterschiedlicher, zumeist vorislamischer religiöser Einflüsse in den Islam (bzw. das Christentum). So zeigen sich

031in Foto: bd

im **synkretistischen javanischen Volksislam,** der oft *Kejawen* („Javanismus") genannt wird, deutliche Spuren animistischer und hindu-buddhistischer Glaubensvorstellungen: Die für Fruchtbarkeit und Segen stehende Reisgöttin *Dewi Sri* ist im ländlichen Volksglauben vielerorts auch heute noch von Bedeutung, Opfergaben *(sesajen)* spielen weiterhin bei traditionellen Ritualen und Bräuchen eine zentrale Rolle, asketische Übungen und Praktiken *(tirakat)* sind weitverbreitet. Ganz wie in den altindonesischen Bräuchen der Ahnenverehrung werden den Gräbern legendärer Herrscher wie z.B. Sultan *Agung* potente spirituelle Kräfte zugesprochen. Javanische muslimische Tänzerinnen treten als Hindu-Prinzessin *Sinta* im Ramayana-Tanzdrama auf, Bräute tragen den hinduistischen Bindi-Punkt zwischen ihren Augenbrauen und die javanischen Sultane, immerhin Allahs Stellvertreter auf Erden, tragen Titel wie „Der die Welt in seinem Schoße hält" *(Hamengkubuwono,* Titel der Sultane aus Yogyakarta) oder „Nagel der Welt" *(Pakubuwono,* Titel der Herrscher von Surakarta) – Titel, die auf hindu-buddhistischen Vorstellungen vom Weltenherrscher und seiner zentralen kosmischen Position beruhen. Mit dem Hinduismus nach Indonesien gekommene Titel wie *Sri* („strahlend") und *Dewi* („Göttin") werden heute als Namen von Frauen getragen, die mitunter strenggläubige, Kopftuch tragende Musliminnen sind.

Bei nicht wenigen Muslimen findet sich die Tendenz zu einem magischen, an animistische Mantras erinnernden Gebrauch von Gebeten. Bestimmte Koransuren und für verschiedenste Situationen vorgegebene **arabische Gebetssprüche werden zu Beschwörungsformeln, die Unheil abhalten sollen.** Vor allem vor Moscheen werden kleine billige Heftchen mit den entsprechenden Gebetsformeln zum Verkauf angeboten. Der Gläubi-

Zwei Musliminnen – eine davon als Hindu-Prinzessin Sinta – bereit für einen Tanzauftritt

ge erfährt hier nicht nur, welches Kurzgebet bei einem Gewitter Schutz verspricht, sondern auch, was man vor dem Gang aufs Örtchen aufsagen muss, um sich während des Geschäfts vor den dort lauernden bösen Dschinns zu schützen. Wie bei traditionellen Mantras, die sich meist einer Mischung aus Altjavanisch, Sanskrit und Arabisch bedienten, ist die genaue Bedeutung der meisten dieser Gebete und Floskeln den Gläubigen unbekannt, denn nur die wenigsten indonesischen Muslime verstehen Arabisch. Aber es kommt nicht so sehr darauf an, dass man versteht, was man betet, sondern dass man den vorgeschriebenen Wortlaut richtig ausspricht: Die Macht liegt in den heiligen, von Gott stammenden Worten selbst und ist daher unabhängig vom menschlichen Verstehen wirksam.

Auch die religiöse Praxis der Balinesen verbindet auf einzigartige Weise **indigene balinesische animistische Elemente mit hindu-buddhistischen Vorstellungen.** In vielem unterscheidet sich die balinesische Ausformung des Hinduismus von dem in Indien. Lokale animistische Vorstellungen und gesellschaftliche Strukturen, die aus vorhinduistischer Zeit stammen, prägen die Kultur Balis noch heute stark: All die unzähligen, sorgfältig niedergelegten kleinen Opfergaben *(banten),* die von balinesischen Straßen, Hauseingängen und Fahrzeugen nicht wegzudenken sind; ein reges Tempelleben, das fester Bestandteil des Dorflebens ist; das gerne auf dem Speiseplan gesehene Rindfleisch, das auf Bali keineswegs wie in Indien tabu ist; Leichenverbrennung, die aber nicht wie in Indien sofort durchgeführt wird, sondern oft in einer für viele indonesische Kulturen so typischen „Zweitbestattung" erst Monate oder gar Jahre nach einer vorläufigen Beerdigung; und nicht zu vergessen das Fehlen von „Kastenlosen". Eher an animistisches Denken erinnert auch die Betonung von korrekt ausgeführter religiöser Praxis, für deren Wirksamkeit ein richtiges, tiefer gehendes Verstehen der theologischen Hintergründe (was genau bedeuten die einzelnen Bestandteile der Opfergaben, warum sind gerade sie in genau dieser Form nötig?) nicht unbedingt erforderlich ist, ebenso wenig wie theologisches Wissen für das Seelenheil ausschlaggebend ist. Denn theologische Durchdringung der Glaubensgrundsätze und Studium der heiligen Schriften ist Aufgabe der Priester, nicht der gewöhnlichen Gläubigen. Auf doktrinkonformes Bewusstsein wird daher weniger Wert gelegt als auf die **korrekte praktische Ausführung der vorgeschriebenen Rituale.** Und auch die Priester, besonders die nicht-brahmanischen Tempelpriester *(pemangku),* gehen mit den Gebeten bei Zeremonien oft um wie mit Mantras, deren wörtliche Bedeutung man eigentlich nicht versteht, die aber genau dadurch ihre archaische Herkunft und magische Potenz beweisen.

Das vielfältige, regional sehr unterschiedliche animistisch-ahnenreligiöse Erbe lebt vor allem in den *dukun* weiter. **Dukun** (auf Bali *balian,* bei den

Batak *dato* und *sibaso)* sind **traditionelle Heiler** im weitesten Sinne. Das reicht vom schwarze Magie praktizierenden Hexer über den mit Opfergaben und Geisterbeschwörungen arbeitenden Schamanen bis zum kräuterkundigen Heiler und zu Frauen, die lokales Wissen und überlieferte Bräuche in ihrer Rolle als traditionelle Hebamme weiterführen. Von der Beschwichtigung möglicherweise in einem neu gekauften Haus umherspukender Geister, der Kontaktaufnahme mit verstorbenen Angehörigen oder Ahnen, der Heilung von diffusen Krankheitsbildern, dem Einsatz von Liebeszauber bis zur Ausschaltung eines Konkurrenten – für alles gibt es die entsprechenden Dukun-Spezialisten. Für viele Menschen aus ärmeren Bevölkerungsschichten und chronisch Kranke, die sich keinen Besuch bei einem modernen Arzt leisten können, sind *dukun* oft die letzte Hoffnung. Einige *dukun* bringen es zu regionaler Prominenz, andere sind nur lokalen Insidern bekannt. Berichte von Wunderheilungen machen regelmäßig die Runde, aber es sind die weniger spektakulären, traditionellen Heilverfahren, die das Vertrauen der lokalen Bevölkerung in „ihren" *dukun* bestärken. Schwarze Schafe gibt es natürlich auch, die entsprechenden Praktiken sind mitunter durchaus dubios. Immer wieder kommt es zu medienwirksamen Skandalen um *dukun,* die ihre Patientinnen missbraucht haben oder bei denen sich letztlich alles als Hokuspokus erwies. Dennoch rufen die Heiler mit ihrer Verbindung zur animistischen Vergangenheit, den Ahnen und lokalen Geistwesen bei der Bevölkerung noch immer oft starke emotionale Reaktionen hervor, stehen sie doch für Vorstellungen und Weltbilder, die vom offiziellen Islam und Christentum an die Seite gedrängt und diskreditiert wurden.

Islam

Das tropische Indonesien mag geografisch und kulturell weit von den arabischen Wüsten entfernt liegen, doch ist es die bevölkerungsreichste muslimische Nation, hier leben mehr Muslime als in jedem anderen Land: Rund **88 Prozent der ungefähr 235 Mio. Indonesier** bekennen sich vornehmlich zum sunnitischen Islam. Der *adzan* genannte Ruf des Muezzin zum Gebet ertönt fünfmal am Tag mehr oder weniger harmonisch-ohrenbetäubend und erinnert auch noch den ungläubigsten Zeitgenossen in der Nachbarschaft daran, dass er sich in einem Land des Islam befindet, dass Gott der einzige Gott ist und *Mohammed* sein Prophet und dass es wieder Zeit für das rituelle Pflichtgebet *sholat* (auch *shalat* genannt) ist.

Die täglichen Sholat-Gebete gehören zu den vorgeschriebenen „religiösen Handlungen" *(ibadah)* und sind einer der **Fünf Pfeiler des Islam.** Die

032in Foto jg

anderen vier sind das Glaubensbekenntnis *(syahadat)* zum einen Gott und seinem Gesandten *Mohammed,* das Fasten im Ramadan, das Zahlen der Almosensteuer *zakat* und die Pilgerfahrt nach Mekka *(haj).*

Die ersten muslimischen Reiche entstanden an den Handelsrouten der westindonesischen Küsten: Pasai in Aceh war seit Ende des 13. Jh. islamisch, im 15. Jh. begann die Blütezeit des malaiisch-muslimischen Sultanats von Malakka im heutigen Malaysia, das für Jahrhunderte den neu entstehenden Sultanaten im ganzen Archipel als religiöses und kulturelles Vorbild diente. Die Bekehrung zur neuen Religion ging dabei einher mit einer „Malaiisierung" der lokalen höfischen Kultur. Bis heute ist in malaiischen Gebieten bezeichnenderweise die Rede von *masuk Melayu* – „in das Malaientum eintreten" bzw. „malaiisch werden", wenn jemand zum Islam übertritt. Die Identität als Malaie ist seit jener Zeit untrennbar verbunden mit dem Islam, wie auch die malaiische Sprache zum Träger der islamischen Kultur im indonesischen Archipel wurde.

Auf **Java** hatten sich seit der zweiten Hälfte des 16. Jh. kleine islamische Reiche an der Nordküste, im sogenannten Pasisir-Gebiet etabliert. Sie wurden zumeist von Muslimen fremder Herkunft geführt, die sich der hindu-buddhistischen javanischen Kultur flexibel anpassten und dadurch zeigten, dass man Muslim und gleichzeitig Javaner sein konnte. Der von

Junge mit Sarong und muslimischer Peci-Kappe vor einer Moschee

033in Foto: jh

ihnen gelebte und verkündete Islam war **von mystischen Strömungen des Sufismus geprägt.** Mit dem javanischen Hindu-Buddhismus verband ihn die Vorliebe für mystische Spekulationen und die Tradition von Wanderpredigern, die ausgewählte Schüler in ihr magisches Geheimwissen einweihten. Es wird oft vermutet, dass die Faszination des Islam für die lokale Bevölkerung in der vom Islam propagierten Gleichheit aller Gläubigen vor Gott lag, doch war auch das islamisierte Java noch bis in die jüngste Zeit hinein streng hierarchisch strukturiert, ohne dass dies als unvereinbar mit den islamischen Prinzipien empfunden wurde. Es ist also eher davon auszugehen, dass die Verbindung von mystischem Wissen und der Bezug auf übernatürliche Kräfte und Mächte den Ausschlag für den Erfolg des Islam gaben. Auch die javanischen ländlichen Islamschulen, die *pesantren,* gehen auf vorislamische Institutionen zurück, in denen sich Schüler um einen weisen Mann sammelten, bei ihm lebten und von ihm im heiligen Wissen unterwiesen wurden. Bis heute werden so manche charismatische *kyai,* die Leiter der ländlichen *pesantren,* vom Volk als mystische weise Männer verehrt.

Die große Moschee (Mesjid Agung) von Palembang aus dem 18. Jh. – der chinesische Einfluss auf die Architektur ist unübersehbar

Bekehrung im Schlaf

Lokale Überlieferungen und Legenden berichten davon, wie Herrscher oder Prinzen zum Islam gefunden haben. Hier spielen übernatürliche Vorkommnisse, Visionen, magisches Wissen und Begegnungen mit heiligen Wanderpredigern eine große Rolle. So mancher Herrscher wurde der Sage nach auch kurzerhand im Schlaf zum Muslim: Nach dem Erwachen stellte er fest, dass er nach muslimischer Vorschrift beschnitten war! So erging es dem Herrscher von Pasai im heutigen Aceh. Im Traum während seines Konversionsschlafes hatte er zudem einen Crashkurs in Sachen Islam erhalten: Wieder erwacht, konnte er auf Arabisch das Glaubensbekenntnis ablegen und den Koran auswendig rezitieren, er nannte sich fortan Sultan Malik al Saleh (gest. 1297). Auch andere ***königliche Bekehrungen zum Islam*** *erfolgten der lokalen Legendenbildung nach plötzlich und unerwartet. Sie waren nicht das Resultat langer Studien und innerer Einkehr, sondern vollzogen sich vielmehr durch magische Transformationsprozesse.*

Auf Java werden bis heute die „wali songo“, die „Neun Heiligen“ verehrt, die der Legende nach den Islam auf Java verbreitet haben. Im mystischen Volksislam gelten ihre Gräber bis heute als heilige Orte, an denen Pilger beten und meditieren.

Jihad und Sufismus

Der Islam war auf friedlichem Wege nach Indonesien gekommen, er wurde aber von Indonesiern selbst immer wieder auch durch Kriege gewaltsam verbreitet. So islamisierte im frühen 17. Jh. Sultan *Alauddin* vom südsulawesischen Reich Gowa die Nachbarreiche mit militärischer Gewalt. Die Toraja und die Batak mussten sich bis Anfang des 20. Jh. immer wieder gegen gewaltsame Übergriffe seitens ihrer muslimischen Nachbarn zur Wehr setzen. Auch auf Java wurden unzählige Kriege zur Verbreitung des Islam geführt, was unter anderem zum Untergang der Reiche von Majapahit (Ostjava) und Pajajaran (Westjava) führte. *Jihad* wurde als „Heiliger Krieg“ verstanden und als Pflicht der muslimischen Herrscher angesehen. Während der niederländischen Kolonialherrschaft sammelten sich unter dem Banner des Islam immer wieder Gruppierungen und revoltierende Prinzen, die gegen die ungläubigen Weißen und die mit ihnen paktierenden lokalen Herrscherhäuser in den Jihad-Kampf zogen. Bekanntestes

Beispiel ist hier der javanische Prinz *Diponegoro,* der in sich sowohl die spirituelle Suche nach mystischem Wissen als auch handfeste kriegerische Ambitionen auf Macht und Herrschaft vereinigte. Bewusst „orientalisch" mit einem Turban und ganz in weiß gekleidet zog er im blutigen Java-Krieg (1825–1830) gegen die niederländischen *kafir* (Ungläubigen) und ihre einheimischen Verbündeten, seine Verwandten, in den Kampf. Davor, in seiner spirituellen Lehrzeit, soll er der Legende nach auch Kontakt mit *Ratu Kidul,* der Göttin des Südlichen Meeres, gehabt haben. (Siehe dazu auch den Exkurs „*Ratu Kidul* – die Königin des Südlichen Meeres".)

Sufi-Gruppen, die sogenannten *tarekat,* spielen weiterhin eine wichtige Rolle im indonesischen Islam. Oft wird ein kategorischer Gegensatz zwischen dem an äußerlichen, formalen Scharia-Regeln orientierten Gesetzesislam und der **Innerlichkeit des mystischen Islam** *(tasawwuf)* betont, doch die Grenzen sind mitunter fließend. Während viele Mystiker in der Tat die Scharia-Regeln und -Gebote wie die fünf täglichen Sholat-Pflichtgebete eher als reine Äußerlichkeit ansehen, die nur für diejenigen Gläubigen Geltung habe, die noch auf der niedrigsten Stufe der Erkenntnis stehen, ist anderen Strömungen die Einhaltung der rituellen Pflichten als zentraler Bestandteil der religiösen Praxis durchaus wichtig. Auch unter vielen „neuen Frommen", die sich an wortwörtlicher Koranauslegung orientieren und auf eine strikte Einhaltung aller rituellen Vorschriften pochen, kein Sholat-Gebet auslassen und das Kopftuch für eine absolute Pflicht halten, ist zum Beispiel die mystische Praxis des *zikir* sehr beliebt. Hierbei werden religiöse Formeln wie *la ilaha ilallah* – „es gibt keine Gottheit außer Gott" – ununterbrochen in einem bestimmten Singsang und mit rhythmischen Kopf- und Oberkörperbewegungen rezitiert, sodass sich ein gewisser Trancezustand und dadurch die erhoffte intensive Nähe zum Göttlichen einstellt. Oft fließen Tränen aus Dankbarkeit für Gottes barmherzige Gnade oder auch aus Reue über die eigene Sündhaftigkeit – je emotionaler und tränenreicher, desto besser, da das Bedürfnis nach einer inneren Umkehr und einem frommeren Lebenswandel dann umso tiefer zu sein scheint.

Traditionalisten und Modernisten

Die zwei großen Strömungen innerhalb des indonesischen Islam sind auf der einen Seite die „Traditionalisten", die einen eher synkretistisch ausgerichteten, in lokalen Traditionen verwurzelten Islam praktizieren, und auf der anderen Seite die „Modernisten", die in manchen Auffassungen den Protestanten und mitunter auch den Puritanern ähneln. Die Modernisten vertreten einen Reformislam, der aber nicht unbedingt das ist, was sich so mancher Westler darunter vorstellen mag, denn „Reform" heißt hier: Neben der Betonung westlicher Wissenschaften geht es vor allem um ein Zurück zu den Wurzeln, zum „reinen" Islam des Koran und der *Hadith,* den Überlieferungen aus dem Leben des Propheten.

Die **modernistischen Strömungen** entstanden im 19. Jh. im arabischen Raum. Dort fragten sich Intellektuelle, warum die Entwicklung in den muslimischen Ländern stagnierte, warum der Westen so überlegen war und die islamischen Gebiete kolonialisieren konnte. Die Antwort lag in der Forderung nach einer **Rückbesinnung auf die eigene Religion,** die von allem Aberglauben und nicht-islamischen Elementen gereinigt werden sollte. Der Erziehung und dem Bildungswesen kam hierbei eine ganz besonders wichtige Rolle zu. Die Gläubigen sollten ihren Glauben besser kennenlernen, die heiligen Texte selbst lesen und verstehen, nicht nur blind nachplappern. Darin liegt das „moderne" Element: Es geht um eine bewusste, rationale Auseinandersetzung mit den heiligen Texten und nicht um automatisierten Gehorsam gegenüber traditionellen Autoritätsfiguren. Eine tendenziell ablehnende Haltung gegenüber vermeintlich „unislamischen" Bräuchen der Traditionalisten ist dabei immer spürbar und führt des Öfteren zu Konflikten.

Oft geht die Trennungslinie zwischen traditionalistischen und modernistischen Auslegungen des Islam quer durch die Familien: Während die Traditionalisten unter den Familienmitgliedern das Besuchen von Gräbern und die damit verbundenen Bet- und Opfergabenrituale pflegen, ist den Modernisten dieser Brauch ein Dorn im Auge, sehen sie darin doch nichts als abergläubische Vielgötterei *(syirik),* eine der Hauptsünden im Islam. Auch das gemeinsame rituelle Beten für jüngst Verstorbene *(tahlilan),* das fester Bestandteil des Volksislam ist, ist aus Sicht der Modernisten *haram,* religiös verboten.

Die beiden muslimischen Strömungen werden durch **zwei islamische Massenorganisationen** vertreten: 1912 wurde von den Modernisten die *Muhammadiyah* in Yogyakarta gegründet, die sich entsprechend ihrem reformorientierten und modernen Anspruch stark auf dem Gebiet der Schulbildung und in karitativen Einrichtungen engagiert. **Muhammadiyah-Schulen und -Krankenhäuser** sind heute weitverbreitet und sehr beliebt in Indonesien, es gibt auch einige Muhammadiyah-Universitäten. Im Gegensatz zu den dörflichen *pesantren,* den Islamschulen der Traditionalisten, legten die Muhammadiyah-Schulen von Anfang an auch großen Wert auf die Vermittlung „modernen" Wissens wie der Naturwissenschaften und Technologie. In den Muhammadiyah-Schulen ist das Tragen „islamischer" Kleidung, sprich für Mädchen Kopftuch und arm- und knöchellange Schuluniform, Pflicht.

Auch nicht ganz so religiöse Eltern schicken ihre Kinder mitunter aus unterschiedlichen Gründen gern auf eine Muhammadiyah-Schule. So erklärte mir eine selbstbewusste, in modischem Kostüm mit kurzem Rock ganz westlich wirkende Karrierefrau in Jakarta, dass sie ihren Sohn auf eine solche Schule geschickt habe, damit er auch etwas über moralisch richtiges Verhalten lerne und sein Charakter gestärkt werde. Sie hofft, dass er dann stark genug sein werde, den Verführungsversuchen von Drogenhändlern und anderen Vertretern einer angeblich rapide verwahrlosenden urbanen Jugendkultur zu widerstehen. Auch die heftig pubertierende Tochter einer frommen, aber eher säkular eingestellten, kein Kopftuch tragenden Freundin ist stolze Schülerin einer Muhammadiyah-Schule. In der Schuluniform sieht sie aus wie eine gottesfürchtige, weltfremde Kindernonne, nach Schulschluss dagegen wird sie zum koketten Lolita-Girlie mit hautengem T-Shirt und Shorts. Wie so oft in Indonesien sind auch hier die Grenzen genau dort fließend, wo der Westler sich ausschließende Kategorien vermuten würde.

Als Reaktion auf den an Einfluss gewinnenden Reformislam der Modernisten gründeten die Traditionalisten 1926 in Surabaya eine eigene Massenorganisation, die **Nahdlatul Ulama** („Erwachen der *Ulama*", *Ulama* sind die traditionellen Religionsgelehrten), kurz *NU*. Der Enkel des NU-Gründers und ehemalige NU-Vorsitzende ist übrigens Ex-Präsident *Abdurrahman Wahid*, ein beispielhafter Vertreter des synkretistisch-toleranten Volksislam auf Java. Die *NU* (ca. 40 Mio. Mitglieder) ist besonders in ländlichen Gebieten und in Ostjava stark vertreten, während die *Muhammadiyah* (ca. 30 Mio. Mitglieder) auch auf Sumatra und allgemein in der städtischen Mittelschicht ihre Anhänger hat.

Ramadan

Der Ramadan wird von vielen Muslimen heiß herbeigesehnt, das Fastengebot in ihm wird als wunderbares Geschenk Gottes empfunden, durch das man sich von Verfehlungen und Sünden spirituell reinigen kann. Oft hört man Gläubige Gott dafür danken, dass es ihnen vergönnt ist, noch einen weiteren Ramadan mitzuerleben. Zu Beginn dieses heiligen Monats der inneren Einkehr, in dem Satan in Fesseln liegen und das Tor der Hölle geschlossen sein soll, bittet man sich gegenseitig um Verzeihung *(mohon*

Mädchen im Religionsunterricht

maaf lahir batin), um sich so mit reinem Gewissen auf den spirituellen Weg des Fastens und einer intensiven religiösen Erfahrung machen zu können. Das **Bestreben nach religiöser Besinnung,** der Wunsch, ein besserer Mensch zu werden, die individuelle Beziehung zu Gott zu überdenken und den göttlichen Regeln gewissenhafter als zuvor zu folgen, um Gottes Präsenz auch im Alltag deutlicher zu spüren und seiner Gnade nahe zu sein, all das prägt neben dem Fastengebot diesen Monat. Wie bei uns die Adventszeit ist der Ramadan in Indonesien auch der Monat für Spendenaktionen für die Armen und Bedürftigen.

Für **Westler** ist der Ramadan allerdings oft eine schwierige Zeit. Früh morgens vor Sonnenaufgang wird man durch die Gruppen von Jugendlichen geweckt, die laut lärmend durch die Nachbarschaft ziehen und sicherstellen, dass alle Gläubigen (und Ungläubigen) rechtzeitig für das letzte Mahl vor Sonnenaufgang wach werden. Noch weniger als sonst läuft so, wie man es gerne hätte, an die eigene **Flexibilität und Anpassungsfähigkeit** werden erhöhte Ansprüche gestellt. Viele Restaurants und Garküchen sind tagsüber geschlossen. Statt einem gemeinsamen Mittagessen mit Kollegen oder Freunden steht man plötzlich allein da, zudem wird von Nichtmuslimen und Nichtfastenden erwartet, dass sie in Anwesenheit von Fastenden aus Respekt selbst auch nicht essen, trinken oder rauchen. Die Konzentration und Arbeitskraft ist deutlich herabgesetzt, alles dreht sich um das gemeinsame abendliche Fastenbrechen, das

034in Foto: bd

„Puasa“: Fasten im Ramadan

Religiös vorgeschrieben ist Muslimen das ***Fasten von Sonnenauf- bis Sonnenuntergang*** *im Monat Ramadan. In den frühen Morgenstunden vor Sonnenaufgang gibt es das erste und für viele folgende Stunden erstmal letzte, „sahur“ genannte Essen. Tagsüber dann sollen sich gläubige Muslime aller Nahrungsaufnahme enthalten, dazu zählen auch Trinken und Rauchen – letzteres sehen manche passionierten Raucher nicht so eng, aber der Trend geht auch hier zu einer strengeren Auslegung und zunehmend intolerantem Konformitätsdruck. Auch Geschlechtsverkehr und unsittliche Gedanken oder Blicke sind zu unterlassen.*

Erst nach Sonnenuntergang, der mit den überall erklingenden, typischen Bedug-Trommeln verkündet wird, darf wieder gegessen werden, das Fasten wird gebrochen: „buka puasa“ (wörtlich: „das Fasten wird geöffnet“). Für das hungrige und durstige Ausharren während der letzten ein bis zwei Stunden vor dem Fastenbrechen hat sich inzwischen die aus dem Sundanesischen stammende Bezeichnung „ngabuburit“ durchgesetzt – und damit eine ganze Unterhaltungsindustrie. Ngabuburit-Talkshows, Comedys und Events aller Art buhlen im Fernsehen und in Shoppingmalls um die Aufmerksamkeit der Gläubigen und versprechen, auf unterhaltsame Weise die Zeit bis zum Fastenbrechen im Nu verfliegen zu lassen.

Das ***Fastenbrechen*** *selbst vollzieht man vorzugsweise in Gemeinschaft – mit der Familie, mit Freunden oder Arbeitskollegen, zu Hause, in der Moschee, im Büro oder im Restaurant. Das Fasten wird mit einem kleinen Imbiss gebrochen, dem „tajil“: Man trinkt etwas und nimmt ein paar Süßigkeiten zu sich. Eine traditionell in Indonesien sehr beliebte Süßspeise zum Fastenbrechen ist „kolak“: ein Dessert aus Kokosnussmilch, Palmzucker und Pandanus-Geschmack. Es gibt unzählige lokale Variationen mit Bananen, Mungobohnen, Jackfruit, Süßkartoffeln oder Maniok. „Kolak“ ist meist sehr, sehr süß, was ihn auf leeren Magen nicht gerade leicht verdaulich macht. Nach dem ersten kurzen Fastenbrechen folgt das gemeinsame Gebet und danach geht man dann zum richtigen, ausgiebigen Abendessen über. Die Abend- und Nachtstunden sollen vermehrt dem religiösen Studium, der Koranlektüre und speziellen nächtlichen Gebeten („tarawih“) gewidmet werden. Dies kann man zu Hause machen, viele Menschen bevorzugen aber die besondere Atmosphäre der Ramadan-Nächte in den Moscheen, um dort in der gelebten Gemeinschaft mit anderen Gläubigen zu beten und im Koran zu lesen. Aber auch auf den Straßen ist ein reges Treiben im Gange, Nachtmärkte haben Hochkonjunktur, das Sehen und Gesehenwerden kommt nicht zu kurz und auch zum Flirten gibt es ausgiebig Gelegenheit.*

__Kleine Kinder, Kranke und Reisende__ brauchen nach der üblichen Auslegung nicht zu fasten. Menstruierenden Frauen ist dies sogar streng verboten: Beim ersten Anzeichen der Menstruation müssen sie das Fasten sofort brechen, indem sie zum Beispiel einen Schluck Wasser zu sich nehmen. Die Tage, die man nicht gefastet oder es nur teilweise durchgestanden hat, müssen später nachgeholt werden, man spricht hier von „bayar hutang puasa", die „Fastenschulden bezahlen". In gläubigen Familien werden Kinder erstaunlich früh zum Mitfasten aufgefordert. So sieht man schon Grundschulkinder, die dazu angehalten werden, zumindest von Sonnenaufgang bis zum Mittag zu fasten. Die Kinder sind oft sehr stolz darauf, wenn sie ganz wie die Erwachsenen fasten dürfen und entwickeln zum Teil einen erstaunlichen Ehrgeiz, das auch durchzuhalten und niemanden zu enttäuschen. Notfalls wird mit Belohnungen für die nötige Motivation gesorgt.

Welch __hohe emotionale Bedeutung__ Indonesier dem Fasten beimessen, wird auch daran erkenntlich, dass Kranke und Reisende, die ja eigentlich nicht fasten müssten, alles daranzusetzen scheinen, um doch mitfasten zu können. Man muss dabei bedenken, dass __auch Medikamente als Nahrung gelten.__ Ihre Aufnahme, und sei es auch nur ein harmloser Spritzer aus einem Nasenspray, ist tagsüber auch verboten, ansonsten würde der Fastentag „ungültig" werden. Deutlich ist das große innere Bedürfnis auch chronisch Kranker, am Fasten teilzunehmen. Entsprechend eifrig werden denn auch Ergebnisse „klinischer Studien" rezipiert, denen zufolge das Fasten gegen allerlei Gebrechen und Krankheiten geradezu Wunder wirken soll - für die Gläubigen ein weiterer Beweis dafür, dass Allah mit seinen auf den ersten Blick oft streng erscheinenden Geboten die Menschen nicht unnötig quält, sondern ihnen Gutes tut und es somit nur im eigenen Interesse sein kann, die religiösen Regeln auch einzuhalten.

Auch ein Großteil derjenigen Muslime, die sonst im Alltag wenig explizite Religiosität zeigen, nimmt das Fasten sehr ernst. Nicht selten sind auch Versuche, __den westlichen Gast an dem wunderbaren Fastenerlebnis teilhaben zu lassen:__ Immer wieder mal wird man von indonesischen Freunden aufgefordert, es doch auch einmal zu versuchen. Das ist kein aggressiver Bekehrungsversuch, sondern entspringt meist eher spontan der Begeisterung für das Fasten, von dessen Segnungen man den anderen nicht ausschließen möchte.

Westliches Fasten, bei dem man auf Nahrung verzichtet, dafür aber umso mehr trinkt, ruft bei muslimischen Indonesiern übrigens großes Unverständnis hervor: Fasten, bei dem man trinkt - das ist doch kein Fasten mehr! (Siehe auch das Kap. „‚Lebaran' - das Fastenbrechen".)

zum Tageshöhepunkt wird. Noch mehr als sonst ist die Religion im täglichen Leben der Menschen allgegenwärtig. Als Westler wird man dadurch tagtäglich an die eigene Fremdheit und oft auch Ausgeschlossenheit als Nichtmuslim inmitten eines vom Islam und seinen Ritualen bestimmten Alltags erinnert.

Andererseits bietet der Ramadan **dem interessierten Westler** die Möglichkeit, den Islam und seine Bedeutung für indonesische Muslime anschaulicher als in anderen Monaten zu erleben. Wird man als Nichtmuslim zu einem gemeinsamen Fastenbrechen unter Arbeitskollegen oder Freunden eingeladen, kann man die gelebte Religiosität und die mit ihr verbundene, gesellige Gemeinschaft auf eine persönliche Weise kennenlernen, die einem sonst verschlossen bleibt. Generell sollte man sich respektvoll verhalten und sich im Zweifelsfall am Verhalten der anderen ausrichten – die Teilnahme an den gemeinsamen Gebeten wird von Nichtmuslimen natürlich nicht erwartet. Höfliche, interessierte Fragen freuen die Gastgeber, die sich durchaus bewusst sind, wie fremd das alles für einen Westler sein muss. Mit islamkritischen oder pro-atheistischen Grundsatzdiskussionen sollte man sich als höflicher Gast allerdings zurückhalten.

Zu Beginn des Ramadan wünscht man:

Selamat berpuasa.
„Gesegnetes Fasten."

Oder ausführlicher:

Selamat menunaikan ibadah puasa.
„Gesegnetes Vollziehen des religiösen Fastengebots."

Oft hört man das arabische *Marhaba Ya Ramadan* – „Willkommen, oh Ramadan" – und auch der Wunsch, dass das Fasten als eine Art Gottesdienst von Gott angenommen werden möge, wird geäußert: *semoga amal ibadah puasa kita diterima oleh Allah SWT* – „mögen die guten Taten unseres Fastendienstes von Gott angenommen werden". (*SWT* ist übrigens die übliche Abkürzung für *subhanahu wa-ta'ala* – „der Gepriesene und Erhabene", das fügen die Frommen der Nennung Allahs hinzu.)

Frauen in der typischen weißen „mukena" beim Sholat-Gebet

Islamische Revitalisierung

Jeder, der noch das Indonesien der 1980er- und frühen 1990er-Jahre erlebt hat und nun das Land wieder besucht, wird sofort das aus früheren Jahren ungewohnte, jetzt deutlich „islamische" Gesicht auch der urbanen Metropolen bemerken. Das **öffentliche Leben ist sichtbar religiöser** geprägt als früher, verschleierte Frauen, ehemals eine Ausnahme, bilden heute in manchen Gegenden fast die Mehrheit. Religiosität ist nicht mehr eine Angelegenheit vornehmlich älterer Menschen, sondern wird auch von jungen Kopftuchgirlies ganz selbstverständlich in ein Leben zwischen

035in Foto: bd

Handy und modischem Trendbewusstsein integriert. Scharia-Banking (Banken, die sich an das islamische Zinsverbot halten und Scharia-konformes Finanzwesen anbieten) boomt, Haj-Pilgerreisen und Umroh-(kleine Haj-)Reisen nach Mekka und Medina sind populär wie nie zuvor. Galt Indonesien bis vor einigen Jahren noch als zugegebenermaßen muslimisches Land, dessen Bewohner aber, wie gerne sofort beschwichtigend hinzugefügt wurde, eigentlich „gar keine richtigen" Muslime seien, sondern eher hindu-buddhistische Mystiker, „nur" auf der Oberfläche muslimisch, so bleibt inzwischen auch dem Skeptiker kaum ein Zweifel, dass sich hier ein tief greifender Wandel in Sachen Religiosität vollzogen hat: In den letzten 20 Jahren hat die Religionszugehörigkeit für die meisten Indonesier – auch die Christen, Buddhisten und Hinduisten – an Bedeutung gewonnen. Religion ist ein wichtiger, für viele gar der **wichtigste Teil ihrer Identität** geworden.

Nach dem Sturz Präsident *Suhartos* 1998 hat die Aufhebung der Zensur und eine zunehmende Liberalisierung im Rahmen der *reformasi* auch dazu geführt, dass bislang unterdrückte Bewegungen wie der radikale Islam verstärkt im öffentlichen Leben sichtbar wurden. Schon *Suharto* musste ab den frühen 1990er-Jahren zunehmend Kompromisse eingehen, wobei er versuchte, einige Strömungen durch geschickte Integrationsangebote weiterhin unter Kontrolle zu halten. Auch das Kopftuch, das in den 1980er-Jahren in den staatlichen Schulen verboten war, wurde Anfang der 1990er-Jahre wieder erlaubt. Seit der *reformasi* ist nun der Islam zu einer gewichtigen gesellschaftlichen Kraft mit zunehmendem Einfluss geworden, exemplarisch zu sehen an der **Kopftuchdebatte:** Aus dem einstigen Verbot ist in manchen Gegenden und Institutionen inzwischen ein Kopftuchzwang geworden. (Siehe dazu auch das Kap. „Demütige ‚Sumbadra', kühne ‚Srikandi' – indonesische Frauen".)

„Personalausweis-Muslime" vs. fromme Brüder und Schwestern

In vielen Gebieten stellen die bewussten *abangan*, wie die Anhänger des synkretistischen, undogmatischen Volksislam genannt werden, inzwischen wohl eher eine Minderheit dar, denn der gesellschaftliche Druck, sich nach außen hin fromm und doktrinkonform zu geben, hat spürbar zugenommen. In manchen Milieus sind jegliche Kritik an einem wortwörtlichen Koranverständnis oder offene religionskritische Meinungsäußerungen nahezu unmöglich geworden – sofern man es sich nicht mit seinen Nachbarn und Kollegen verderben will, mit denen man ja bis auf Weiteres zusammenleben muss. Stark an Beliebtheit zugenommen haben **Pengajian-Treffen, Koranlesezirkel,** die in etwa unseren Bibelkreisen entsprechen und die von Schüler- und Studentengruppen, Moscheen, Nachbarschaftsverbänden oder Firmen- und Bürogemeinschaften regelmäßig angeboten werden. Wer hier nicht mitmacht, wer nicht durch seine Teilnahme den Nachbarn und Kollegen bestätigt, dass er, wie alle anderen auch, danach dürstet, mehr über Gottes Gebote zu erfahren und einen frommeren Lebenswandel anstrebt, der steht schnell als *Muslim KTP* da, d. h. als **„Personalausweis-Muslim"** *(KTP = kartu tanda penduduk,* der indonesische Personalausweis, in dem auch die Religionszugehörigkeit vermerkt ist). Das steht für eine verächtliche Kategorisierung all jener, die zwar vorgeben, ein Muslim zu sein, sich aber nicht an Gottes Regeln halten, nicht fünfmal am Tag beten und als Frau kein Kopftuch tragen.

Die neue Frömmigkeit orientiert sich an einem globalen neo-orthodoxen Islamverständnis, das eine Reinigung des Islam von lokalen „unislamischen" Elementen und die Rückkehr zu einem idealisierten Ur-Islam propagiert.

Der **Fundamentalismus hat unter Studenten** der technischen und naturwissenschaftlichen Fachrichtungen den meisten Zulauf: Sie lesen den Koran – ganz modern – als technische Bedienungsanleitung oder Sammlung von eindeutigen, kausalen Aussagen in der Art ewig gültiger, naturwissenschaftlicher Gesetze. Die historische Gewachsenheit islamischer Glaubensvorstellungen, ihre theologische Vielfältigkeit wird zugunsten eines ahistorischen dogmatischen Regelwerks an Geboten und Verboten geleugnet. Doch der Koran ist wie alle sprachlichen Äußerungen vieldeutig und ambivalent, die erhoffte **eine wahre Auslegung** gibt es nicht. Von Vieldeutigkeit, Unabgeschlossenheit und Ambivalenz aber wollen viele der Muslime, die den Islam für sich neu als „die Wahrheit" entdeckt haben, nichts wissen. Die staatlichen islamischen Hochschulen *IAIN (Institut Agama Islam Negeri),* an denen zumeist ein toleranter Islam gelehrt wird und Studenten auch mit westlichen wissenschaftlichen Methoden der Textauslegung und Interpretation bekannt gemacht werden, sind den radikaleren Muslimen, die oft an säkularen Hochschulen wie dem *ITB* Bandung und der *Universitas Indonesia* in Jakarta studieren, bezeichnenderweise höchst suspekt. Die Abkürzung *IAIN* wird von einigen gar polemisch-warnend umgedeutet in *Ingkar Allah Ingkar Nabi* – „Leugnung Gottes, Leugnung des Propheten". Das 2001 von engagierten jungen, liberalen Muslimen gegründete Netzwerk *JIL (Jaringan Islam Liberal,* „Netzwerk Liberaler Islam") gehört ebenfalls zu den innerislamischen Feindbildern der fundamentalistischen Strömungen und wird gerne verballhornt zu *Jaringan Iblis Liberal* – „Netzwerk Liberaler Teufel".

Seit den 1990er-Jahren findet im Umfeld der staatlichen Schulen und Universitäten verstärkt eine Werbung für den Islam, die *dakwah,* statt. Dabei ist eine neue Jugendkategorie entstanden: die sogenannten *akhwat*

036in Foto: jg

(die „Schwestern") und die *ikhwan* (die „Brüder"), **strenggläubige Jugendliche,** die sich ganz dem Islam und seiner Verkündung in Wort und Tat verschrieben haben. Die *akhwat* trägt meist einen langen, simplen Schleier und ein weites, bodenlanges Gewand, der *ikhwan* pflegt sein zart wachsendes Bärtchen, um es dem Beispiel des Propheten gleichzutun. Die *akhwat* und *ikhwan* sind sich ihrer Vorbildrolle bei der Verbreitung des (nach ihrer Auslegung) „wahren" Islam sehr bewusst und in religiösen Gruppierungen und Zirkeln aktiv.

Die bedeutendsten islamistischen Gruppen, die besonders im universitären Umfeld eine wachsende Anhängerschaft verzeichnen können, sind **die radikale Hizbut Tahrir und die politische Partei PKS** *(Partai Keadilan Sejahtera,* „Partei der Gerechtigkeit und Wohlfahrt"). Die *Hizbut Tahrir,* die in Deutschland und in den meisten arabischen Ländern verboten ist, operiert im frei-liberalen Klima des Indonesien nach *Suharto* ganz offen, aber immerhin gewaltlos gegen den indonesischen Staat. Sie strebt ein Kalifat, einen theokratischen Gottesstaat, an, denn Demokratie hält sie für westliches Teufelszeug, das als „willkürliches menschengemachtes Recht" nicht

Marktfrau aus Solo mit einer in Indonesien beliebten Kopftuchart, dem sogenannten „Jilbab Instant"

mit dem „göttlichen" Recht des Koran und der Scharia vereinbar sei. Die *PKS* steht in ihrer **Ideologie der Muslimbruderschaft** nahe, über ihre „Gefährlichkeit" allerdings streiten sich die Geister. Für die einen ist sie ein Wolf im Schafspelz, der sich zahm und gesetzestreu gibt, bis er an die Macht gekommen ist, und dann sein wahres Gesicht zeigt, indem er dann z. B. die Scharia einführt. Andere hingegen sehen in der *PKS* eine ernst zu nehmende Alternative zu den unfähigen, durch und durch korrupten Parteien, die bisher die Politik des Landes bestimmten. Sie gilt als relativ „sauber" und weniger korrupt als andere Parteien. Doch ihr Versuch, auch moderate und nichtmuslimische Bevölkerungssegmente für sich zu gewinnen, indem bei Wahlkämpfen Scharia und Islam heruntergespielt werden und der Kampf gegen die Korruption und verstärkter Einsatz für die Belange der Bevölkerung versprochen werden, hat zum Teil Unmut und Enttäuschung bei ihren strenggläubigen Anhängern hervorgerufen.

Hizbut Tahrir und *PKS* verfügen über ein weitverzweigtes Netzwerk von Kadern und Sympathisanten. Ihre Gegner werfen ihnen immer wieder eine **verdeckte Strategie der Unterwanderung** zentraler Gruppierungen und Institutionen vor. So haben sich die *Muhammadiyah* und *NU* in den letzten Jahren mehrfach darüber beklagt, dass immer mehr ihrer Moscheen von Hizbut-Tahrir- und PKS-Leuten systematisch infiltriert und dann „übernommen" werden. Auch Pengajian-Gruppen in Firmen, Büros und Nachbarschaften werden gezielt von Hardlinern genutzt, um ihre Ideologie zu verbreiten – ohne dass sie dabei bisher auf allzu großen Widerstand gestoßen wären.

„Diffuser Fundamentalismus"

Die gegenwärtige Islamisierung, die immer mehr Bereiche des privaten und öffentlichen indonesischen Lebens erfasst, lässt sich meiner Ansicht nach wohl am ehesten als Verbreitung eines „diffusen Fundamentalismus" begreifen. Fundamentalistisch, weil meist eine wortwörtliche Lesart des Korans bevorzugt wird und ein Hang zur pedantischen Surensucherei unübersehbar ist; diffus, weil die individuellen Gläubigen zum Teil ganz selektiv glauben und sich mitunter deutliche **Widersprüche zwischen postuliertem Glaubensverständnis und konkreter Praxis** auftun. Dabei ist es oft so, dass die gelebte Praxis toleranter ist, als es der explizite Bezug auf Glaubensdogmen und bestimmte Koranlesarten vermuten lässt.

„Diffusen Fundamentalismus" in diesem Sinne zeigte z. B. eine praktizierende muslimische Studentin aus Jakarta, die Kopftuch trägt, aber im Gegensatz zu vielen „neuen Frommen" kein Problem darin sieht, einer christlichen Freundin „Frohe Weihnachten" zu wünschen. Diese Studentin schwärmte allerdings, als sie auf das üble **radikalislamische Hetzblatt Sabili** angesprochen wurde, diese Zeitschrift sei das „Idol aller Muslime" und wer den „wahren" Islam kennenlernen wolle, solle *Sabili* lesen. Dass *Sabili* wüst gegen Christen und Juden hetzt, überall eine Verschwörung gegen „die" Muslime am Werk sieht und nicht müde wird, die Muslime aufzufordern, sich zu wehren, um den Islam vor der „Vernichtung" zu bewahren, ja dass *Sabili* mit seinem fundamentalistischen Islamverständnis in den Augen westlicher Leser vor allem eines tut, nämlich die krudesten islamophoben Vorurteile zu bestätigen, das schien dieser Studentin in keinster Weise bewusst gewesen zu sein. Und ebenso nicht, dass der von

037in Foto: ps

ihr gelebte Islam kaum dem von *Sabili* propagierten nahekommt – denn Weihnachtswünsche sind für Fundamentalisten eine Sünde, da man, wenn man „Frohe Weihnachten" wünscht, sich zu diesem christlichen Fest bekenne und damit gegen den Islam verstoße. Die Frage, ob man als Muslim christlichen Freunden und Kollegen „Frohe Weihnachten" wünschen darf, wird jedes Jahr erneut zum Thema großer Debatten.

Ein anderes **Beispiel für diesen „diffusen Fundamentalismus"** zeigten die Dangdut-Sängerin *Camelia Malik* und die Schauspielerin *Yati Octavia,* beide auf den ersten Blick so gar nicht religiös auftretend und eher Inbegriff einer säkularen Unterhaltungskultur. Und doch verspürten sie anscheinend das tiefe innere Bedürfnis, ausgerechnet dem Anführer der radikalislamischen Schlägertruppe *Front Pembela Islam* (*FPI,* „Front der Verteidiger des Islam"), *Habib Rizieq Shihab,* medienwirksam ihre Solidarität und „moralische Unterstützung" zuzusichern, indem sie ihn im Gefängnis aufsuchten. Dort saß er, nachdem seine FPI-Leute im Juni 2008 eine friedliche Demonstration für Pluralismus und religiöse Toleranz in Jakarta angegriffen und brutal zusammengeschlagen hatten.

Der populäre **TV-Prediger Arifin Ilham** wiederum verbindet das mystische Zikir-Ritual mit einem fundamentalistischen Religionsverständnis. Seine Zikir-akbar-Veranstaltungen sind ganz besonders emotional, es wird tränenreich an die im Jenseits drohenden Höllenstrafen erinnert und zur kollektiven Reue und Buße aufgefordert, nur so könne Indonesien vor teuflischer Verderbnis gerettet werden und endlich als Land der Frommen erblühen. Der Einführung der Scharia steht er positiv gegenüber und auch für die *FPI* äußerte er Sympathien. Gleichzeitig ist er das Idol vieler „Popmuslime", die sich modisch, smart und karrierebewusst geben und eigentlich nicht das sind, was man sich unter einem typischen „Fundamentalisten" so vorstellt.

Auch der vermutliche geistige **Anführer der islamistischen Terrorgruppe Jemaah Islamiyah,** *Abu Bakar Ba'asyir,* lebt ganz gut im Klima des „diffusen Fundamentalismus". Von vielen Medien wird er weiterhin ehrfürchtig *Ustadz* genannt, ein Titel, mit dem man respektvoll religiöse Lehrer bezeichnet. Seine Bücher, in denen er gegen den Westen und gegen Juden aufhetzt, liegen auch in großen Buchläden an prominenter Stelle aus. Im Fernsehen, selbst im Nachrichtensender *MetroTV,* wird er gerne interviewt und darf seine Meinung offen äußern.

Grundschülerinnen in islamischer Kleidung

Oft ist man **als Westler sprachlos,** wenn fundamentalistische Meinungen von Menschen geäußert werden, die ansonsten mit dem, was man sich unter „Fundamentalisten" vorstellt, kaum etwas gemeinsam haben und die zweifellos ebenso entsetzt über islamistische Terrorakte sind wie wir. Es scheint, dass sich viele Menschen der konkreten Konsequenzen ihrer Äußerungen nicht ganz bewusst sind. Die so geläufige Predigerrhetorik, in der unablässig vor den „Feinden des Islam" gewarnt und zur „Verteidigung des Islam" aufgerufen wird, wird noch nicht kritisch hinterfragt. Dass es von dieser militärischen Sprache zur gewaltsamen Umsetzung der „Verteidigung" oft nur ein kleiner Schritt ist, wird bisher hartnäckig geleugnet. Explizit **pluralistisch-liberale Meinungen, die oft mehr mit der alltäglich gelebten Praxis gemein haben,** stoßen hingegen vielerorts auf heftige, geradezu allergische Abwehrreaktionen.

Regionale Autonomie und lokale Scharia-Verordnungen

*Die Einführung von mehr regionaler Autonomie im Zuge der Dezentralisierung nach der Jahrtausendwende hat zu manchen Auswüchsen geführt, die einiges Aufsehen in den Medien erregten. Mit der Berufung auf eine vermeintlich authentische lokale Kultur und auf ewig gültige, absolute Scharia-Gebote wurden auf einigen regionalen Ebenen Beschlüsse (sogenannte „perda", von „**per**aturan **da**erah", „regionale Verordnung") erlassen, deren Brisanz nicht nur innerhalb Indonesiens, sondern auch im Ausland für Schlagzeilen sorgte. Zu den harmloseren Regelungen in einigen Regionen und Provinzen zählt, dass alle Schulkinder an bestimmten Tagen der Woche die offizielle ethnische Tracht der Region tragen müssen, auch wenn sie einer anderen Ethnie angehören.*

*Für mehr Entrüstung sorgten „perda" wie der in **Pariaman und Padang/Westsumatra:** Hier müssen alle Schulkinder Minangkabau-Tracht tragen - und da laut Lokalregierung die Minangkabau-Tradition und Islam untrennbar zusammengehören und Islam auf engstirnig ausgelegte Scharia-Gesetze reduziert wird, bedeutet das, dass **alle Mädchen in der Schule Kopftuch tragen müssen.** Für nichtmuslimische Schülerinnen ist das Kopftuch laut „perda" zwar nicht obligatorisch, sondern wird nur „empfohlen", in der Praxis bedeutet das jedoch, dass auch sie ein Kopftuch tragen müssen, wollen sie keinen Schulverweis riskieren.*

*Bis in die internationalen Medien schaffte es ein „perda" von **Tangerang,** einer Industriestadt im Speckgürtel von Jakarta. Hier wurde es Frauen untersagt, sich ohne Begleitung eines männlichen Familienmit-*

Der „diffuse Fundamentalismus“ zeigt sich auch in der zunehmenden **Medienpräsenz von selbsternannten religiösen Experten,** bevorzugt Fernsehpredigern, die auf charismatische Weise die Unsicherheiten vieler Gläubiger aufgreifen und das Bedürfnis nach wegweisenden Antworten für jedes noch so kleine Alltagsdetail bedienen. Hat ein Gläubiger den Islam erst einmal zum das ganze Leben regelnden Prinzip erhoben, beginnen die nicht enden wollenden Fragen: Ist dies oder das im Islam erlaubt *(halal)* oder verboten *(haram)?* Was darf ich, was nicht? Ist ein Kopftuch, das um den Hals gebunden wird, „richtig“ – oder erfüllt nur ein Kopftuch, dessen Stoff auch die Schultern und die Brust bedeckt, die von Gott geforderten Bedingungen, wie sich eine fromme Frau der Scharia gemäß zu bedecken hat? Darf ich einen Kollegen des anderen Geschlechts mit einem Handschlag begrüßen oder ist das verboten? Die religiösen Ge-

glieds nach Anbruch der Dunkelheit allein auf der Straße aufzuhalten. Auch Prostitution und ein Verhalten oder Aussehen, dass an Prostituierte erinnere, sind verboten. Zum Skandal kam es, als dieser „perda“ erstmals umgesetzt wurde und unter anderem eine Lehrerin unter dem Verdacht, eine Prostituierte zu sein, verhaftet wurde. Ihr „Vergehen“: ***Sie trug Lippenstift*** *und hatte nach Anbruch der Dunkelheit allein an einem „warung“, einem Imbissstand, ein Getränk bestellt. Wie sich später herausstellte, war sie auf dem Heimweg, bei dem sie mehrmals umsteigen musste, und hatte die Wartezeit auf die nächste Verbindung zu einer kurzen Stärkung genutzt.*

In einigen Gebieten und Städten Westjavas, so in Cianjur, müssen Beamtinnen Kopftuch tragen, in Teilen Südsulawesis und Westsumatras müssen Schüler, Studenten und Brautpaare aus dem Koran rezitieren können, um auf weiterführende Schulen oder die Universität wechseln oder auch nur die Ehe standesamtlich eintragen lassen zu dürfen. In Aceh und in Bulukumba in Südsulawesi wurden ***öffentliche Auspeitschungen nach Scharia-Gesetzgebung*** *wieder eingeführt. Der Bürgermeister von Indramayu erregte 2008 kurzzeitig Aufsehen mit seiner Idee, alle Mittel- und Oberstufenschülerinnen einem Jungfräulichkeitstest unterziehen zu lassen. Anfang 2009 forderte der Polizeipräsident Ostjavas seine Untergebenen dazu auf, die islamischen Gebetszeiten einzuhalten und gemeinsam zu beten. Das würde die Solidarität stärken, für bessere Moral unter den Polizisten sorgen und die Polizei könnte der Bevölkerung ein Vorbild sein. Die Stadt Bogor treibt das ehrgeizige Vorhaben an, zur „Halal City“ zu werden, was auch immer das heißen mag – Gutes verheißt der Trend nicht.*

038in Foto: bd

lehrten, die *ustadz,* beantworten all diese von orientierungslosen Gläubigen gestellten Fragen in Zeitschriftenkolumnen, im Radio, in Fernsehsendungen, in Moscheepredigten, Pengajian-Zirkeln und nicht zuletzt im Internet.

Da man mit dem Bedürfnis nach Moralpredigten und religiöser Unterweisung (in Indonesien gerne *siraman rohani,* „spirituelles Begießen", genannt) auch gutes Geld verdienen kann, ist **eine boomende Frömmigkeitsindustrie** entstanden, die den Markt mit ihren mehr oder weniger diffus fundamentalistischen Produkten und Seminarangeboten überschwemmt. Wochenendseminare, die in Crashkursen zu mehr Frömmigkeit und Spiritualität verhelfen sollen, sind ein Renner. So manche Firma verordnet gleich all ihren Führungskräften und Angestellten die Teilnahme an ESQ-Trainingsseminaren. *ESQ* steht für *Emotional Spiritual Quotient* und soll das allen Menschen innewohnende spirituelle Potenzial in einem mehrtägigen Intensivkurs wecken. Die Praktiken, bei denen es oft hochemotional und tränenreich zugeht, erinnern an eine Mischung aus Gehirnwäsche und Managementtraining. Hier zeigt sich eine von Westlern oft übersehene Verbindung der bewussten Religiosität mit Tugenden wie Rationalität und Effizienz, die im globalen Konkurrenzkampf zunehmend gefordert sind und Indonesiern anscheinend am ehesten mittels einer Rückbesinnung auf die Religion verwirklichbar erscheinen.

Es ist das weitverbreitete Gefühl, in einer auf beängstigende Weise moralisch verwahrlosenden Gesellschaft zu leben, die **die Basis des diffusen Fundamentalismus** bildet. Nur eine winzige Minderheit mag den radikalen Predigten des *Abu Bakar Ba'asyir* wirklich in allen Punkten zustimmen, aber das Grundgefühl, dass die Gesellschaft moralischer, sprich frommer werden muss, dass strengere Regeln zumindest nicht schaden können, dass **Kopftuch im Zweifelsfall besser ist als Minirock,** das verbindet die radikalen mit den diffus fundamentalistischen Strömungen auf einer zu-

Vorher – nachher? Junge Verkäuferin mit Kopftuchmodell ...

tiefst emotionalen Ebene. Und neben den üblichen, „typischen" radikal-fundamentalistischen Strömungen gibt es unzählige Mischformen, in denen sich westliches Modebewusstsein, Konsumismus, mystische Praktiken, amerikanische Managementkurs-Ideologien und fundamentalistisches Religionsverständnis auf mitunter erstaunliche Weise verbinden.

Islamistischer Terrorismus und religiöse Konflikte

Der indonesische Islam wird seit den verheerenden Bombenanschlägen auf Bali vom 12. Oktober 2002 und 1. Oktober 2005 in der internationalen Medienberichterstattung vor allem mit islamistischem Terrorismus in Verbindung gebracht. Die **Terrororganisation Jemaah Islamiyah** *(JI)*, der diese und andere Anschläge (so mehrfach auf Luxushotels in Jakarta) zugerechnet werden, soll über Kontakte zur Al Qaida verfügen. Einige JI-Mitglieder haben in Afghanistan auf Seiten der Taliban gekämpft und dort in Trainingslagern eine terroristische Ausbildung absolviert. Der radikale Prediger und Leiter eines *pesantren* in Ngruki, Solo (Zentraljava), **Abu Bakar Ba'asyir,** gilt als das geistige Oberhaupt der *JI*, doch die Beweislage reichte für eine Verurteilung in Verbindung mit den Bali-Anschlägen nicht aus. Wegen anderer Vergehen (Verstoß gegen die Einwanderungsgesetze, Dokumentenfälschung und Falschaussagen) wurde eine Haftstrafe erlassen, aufgrund guter Führung wurde er jedoch im Juni 2006 nach 25 Monaten vorzeitig entlassen. Die drei zum Tode verurteilten Bombenleger der ersten Bali-Anschläge wurden am 9. November 2008 hingerichtet.

Die **indonesischen Muslime sind zutiefst schockiert über die Anschläge,** scheinen aber eher geneigt, an krude Verschwörungstheorien zu glauben, als sich mit den potenziell terroristischen Elementen in ihrer eigenen Mitte selbstkritisch auseinanderzusetzen. Gerade konservative Gruppierungen vermeiden bis heute eine eindeutige und unmissverständliche Stellungnahme. *Jihad* als religiöse Pflicht zur notfalls auch gewaltsamen Verteidigung des Islam wird an sich nicht infrage gestellt. Das trug auch in den **christlich-muslimischen Konflikten** auf Ambon (Molukken) und in Poso (Sulawesi) zu einer Eskalierung der Situation bei. Auf Ambon halten sich die muslimischen und christlichen Einwohner prozentual in etwa die Waage, unter *Suharto* galten die Molukken als Vorbild für das harmonische Zusammenleben der Religionen und Ethnien. Doch unterschwellige Konflikte brachen schon kurz nach *Suhartos* Sturz auf, zwischen 1999 und 2002 gab es **auf den Molukken bürgerkriegsähnliche Zustände** und vorher ungekannte Gewaltausbrüche. Wie aufgeheizt die Stimmung wohl schon lange war, zeigt der an sich triviale Auslöser der Gewalt im Januar 1999: ein Streit zwischen einem christlichen Busfahrer und einem jugendlichen muslimischen Fahrgast. Die Situation eskalierte endgültig und griff auf die Nachbarinseln über, als von Java aus mehrere Zehntausend Laskar-Jihad-Kämpfer zur Verteidigung ihrer muslimischen Glaubensbrüder nach Ambon aufbrachen. Die Christen warfen der Armee vor, auf Seiten der Muslime zu stehen und Überfälle und Massaker in christlichen Dörfern bewusst geschehen zu lassen, während die Muslime die lokale Polizei auf Seiten der Christen sahen. Die genauen Ursachen für den Ausbruch der Gewalt, mögliche Hintermänner und gezielt eingesetzte Provokationen sind bis heute ungeklärt. Mehrere Tausend Menschen verloren ihr Leben, ganze Dörfer wurden zerstört, bis zu 500.000 Menschen mussten fliehen.

Im **Distrikt Poso** in Zentralsulawesi ist die Situation bis heute angespannt. Auch hier brach 1998 die **Gewalt zwischen Christen und Muslimen** aus, christliche und muslimische Milizen mordeten auf zum Teil bestialische Weise. Wie im Konflikt in Ambon wurden Video-CDs in Umlauf gebracht, auf denen die schier unvorstellbaren Gräueltaten bildlich festgehalten wurden: panisch fliehende Menschen, Kinderleichen mit abgeschlagenen Gliedmaßen und zertrümmerten Köpfen, grausig verstümmelte Leichen in Großaufnahme, verstörte und verzweifelte Menschen, die nur noch Fleischfetzen ihrer Angehörigen in den Armen tragen. Die Videos sollten Entsetzen, Wut und vor allem den Drang nach Rache unter den Glaubensbrüdern provozieren und so für die Unterstützung der Milizen im Kampf gegen die zu Barbaren erklärten Feinde werben.

Schlimme Bilder gab es auch aus Kalimantan, wo es zu gewaltsamen Ausschreitungen zwischen christlichen, alteingesessenen Dayak und muslimischen Zuwanderern meist maduresischer Herkunft kam. Bilder von Dayak, die triumphierend mit den abgeschlagenen Köpfen maduresischer Opfer durch die Straßen zogen, gingen 2001 durch die Weltpresse. Wie auch in den anderen Regionen, in denen es zu gewaltsamen Konflikten zwischen Muslimen und Christen kam, spielen **ethnische, soziale und machtpolitische Aspekte** bei den Auseinandersetzungen eine wichtige Rolle. Die religiöse Kodierung dient oft eher der emotionalen Anheizung und ideologischen Vereinnahmung – mit fatalen Folgen, wie sich immer wieder zeigt.

10 Jahre nach dem Sturz *Suhartos* haben sich die meisten dieser Konflikte beruhigt, auch wenn vielerorts die Lage angespannt bleibt. Das **Misstrauen zwischen Christen und Muslimen** wird zudem verstärkt durch aggressive christliche Missionierungsaktivitäten, hinter denen meist evangelikale Gruppierungen stehen. In muslimischen Kreisen werden wiederum **Ängste vor manipulativen Christianisierungen** geschürt, so zum Beispiel in Slums und nach Naturkatastrophen. Die großzügige Verteilung

039in Foto: jg

von Paketen mit Instantnudeln durch christliche Hilfsorganisationen verlange, so wird befürchtet, als „Gegenleistung" oder „Dank" eine Konversion zum Christentum oder befördere diese zumindest indirekt. Nach dem Tsunami in Aceh 2004 und dem Erdbeben von Yogyakarta 2006 verbreiteten islamistische Gruppen abstruse Geschichten über die vermeintlichen Aktivitäten christlicher Hilfsorganisationen. Sogar Gerüchte von Zwangskonversionen unter Hypnose machten die Runde.

Christen haben zudem in den letzten Jahren verstärkt Probleme bei der Errichtung von Kirchen, für die unter bestimmten Bedingungen spezielle Genehmigungen notwendig sind. Immer wieder werden Kirchen, die diese Genehmigungen nicht vorweisen können, von FPI-Schlägern und anderen radikalen Gruppierungen versiegelt, gestürmt oder gleich ganz niedergebrannt – während die örtliche Polizei meist tatenlos zusieht oder Stunden zu spät kommt. Andererseits tragen **provokativ protzige christliche Großprojekte** wie die im September 2008 eröffnete evangelikale Megakirche in Jakarta, in der bis zu 8000 Gläubige Platz finden, auch nicht gerade zur Entspannung der prekären Beziehungen bei.

Der Gesichtsschleier ist in Indonesien noch selten und wird auch von frommen Muslimen als provozierend radikal empfunden

Christentum

In Teilen Ostindonesiens stellen die Christen die Bevölkerungsmehrheit, Regionen wie Nordsulawesi und Flores sind deutlich christlich geprägt und erinnern kaum an das muslimische Indonesien Javas und großer Teile Sumatras. Zum Christentum bekennen sich zwar **weniger als 10 % der indonesischen Bevölkerung,** doch handelt es sich bei den Christen um eine durchaus einflussreiche Minderheit im öffentlichen Leben des Inselstaates. Christliche Schulen und Krankenhäuser genießen einen hervorragenden Ruf und sind auch unter aufstiegs- und qualitätsbewussten Muslimen oft die erste Wahl. Das soziale Engagement karitativer christlicher Einrichtungen war Vorbild für den Aufbau ähnlicher muslimischer Einrichtungen, so der Schulen und Krankenhäuser der *Muhammadiyah.* Die angesehenste Tageszeitung Indonesiens, der *Kompas,* ist in christlicher Hand. Christen haben es bis in die höchsten Ämter geschafft und bekleiden einflussreiche Positionen als Generäle und Minister.

Gut zu wissen: *Kristen* heißt auf Indonesisch einerseits „christlich", andererseits wird es aber oft auch für „protestantisch" verwendet – *Kristen* steht dann *Katolik* („katholisch") gegenüber. Will man als katholischer Christ nicht missverstanden werden, sollte man daher als Religionszugehörigkeit lieber *Katolik* angeben.

Erste Erfahrungen mit dem Christentum machten lokale Gesellschaften ab dem 16. Jh. im Kontakt mit **portugiesischen Händlern** und den mit ihnen reisenden katholischen, oft dem Orden der Jesuiten angehörenden Missionaren. Die Portugiesen erreichten 1534 die Molukken, die berühmten Gewürzinseln im Osten des indonesischen Archipels. Mit ihnen kam der spanische Jesuit *Francis Xavier,* der den Grundstein für die Christianisierung der Inseln Ambon, Halmahera, Ternate und Teile von Nordsulawesi legte.

Als sich das niederländische Kolonialreich im 19. Jh. zunehmend konsolidierte, wurde im Allgemeinen davon abgesehen, in bereits muslimischen Gebieten systematisch zu missionieren. Man konzentrierte sich dafür auf die noch heidnischen Bergvölker und isolierte Inseln im Osten des Archipels, um hier das Christentum einführen zu können, bevor diese Gebiete auch der islamischen Konkurrenz anheimfielen. Eine **Ausnahme bildete das hinduistische Bali,** in dem die Kolonialmacht nach der Eroberung der Insel jegliche Missionierung untersagte. Die hinduistische Kultur Balis sollte bewusst geschützt werden. In ihr sah man das direkte Erbe des vorislamischen Javas, eine Hochkultur, die nach der Islamisierung Javas dort untergegangen war. Das hatte aus damaliger westlicher Sicht zu einem allgemeinen Verfall der Sitten und zivilisatorischen Standards unter den zeitgenössischen Javanern geführt. Bali sollte daher als „lebendes Museum" erhalten bleiben.

In Nordsulawesi war 1860 die Christianisierung der Minahasa so gut wie abgeschlossen. Heute zählt ihr Heimatland zu den Regionen mit der höchsten Kirchendichte in ganz Indonesien, die Eingebundenheit in das örtliche Gemeindeleben prägt spürbar den Alltag der Menschen.

Die Christianisierung ging einher mit der Gründung von Missionsschulen und der Möglichkeit einer westlichen Ausbildung. So waren die 1881 in Manado (Nordsulawesi) eröffneten Missionsschulen erste Versuche auf dem Gebiet der **modernen öffentlichen Schulbildung** in Indonesien, Gleiches gilt für christliche Schulen auf Ambon in den Molukken. Ihren Absolventen, einer frühen einheimischen Elite, wurde nach und nach ein Zugang zu einflussreichen Posten im mittleren Segment der kolonialen Verwaltung und der Armee eröffnet. Die Loyalität der Ambonesen und Minahasa zur holländischen Kolonialmacht ließ sie bei Kriegen und Aufständen in anderen Regionen Indonesiens treu in der niederländischen Armee kämpfen, so im blutigen Java-Krieg (1825 bis 1830) gegen den javanischen Prinzen *Diponegoro.*

Volksgruppen wie die Toba-Batak in Sumatra und die Toraja in Sulawesi hingegen lebten bis in das 19. Jh. hinein relativ isoliert und kamen erst spät mit dem Christentum in Kontakt. Ihnen eröffnete das Christentum und die mit ihm verbundene Möglichkeit einer westlichen Schulbildung auf beeindruckende Weise innerhalb von nur ein bis zwei Generationen den Sprung vom animistischen Ahnenglauben in die Moderne. Als christliche Batak haben sie ebenso wie die Toraja und andere erst relativ spät christianisierten Völkergruppen eine neue Identität gefunden, die selbstbewusst zwischen der Welt der Ahnen, dem modernen Nationalstaat Indonesien und der globalen christlichen Gemeinschaft vermitteln kann.

Die Toba-Batak sind heute enthusiastische Christen, die den neuen Glauben erfolgreich in ihre Identität als Batak integrieren konnten. Ihre Christianisierung verlief relativ schnell. 1865 ließ sich einer der lokalen Stammesfürsten, *Raja Pontas Lumbantobing,* vom **deutschen Missionar Ludwig Ingwer Nommensen** taufen. Als 1883 der letzte, heute legendäre Priesterfürst *Sisingamangaraja XII.* besiegt wurde und die Holländer immer weiter ins Batakland vordrangen, befand sich die überlieferte religiöse Ordnung der Batak in einer tiefen Krise, die viele von ihnen Orientierung im neuen Glauben suchen ließ. *Nommensen,* der „Apostel der Batak", arbeitete im Auftrag der Rheinischen Missionsgesellschaft, er gilt als einer der erfolgreichsten Missionare in der protestantischen Kirchengeschichte. Mit viel Sensibilität für lokale soziale Strukturen und Wertvorstellungen gelang es ihm, ein lebendiges, kirchliches Gemeindeleben fest in den dörfli-

040in Foto: jh

chen Alltag zu integrieren. Schon früh begann er mit der Ausbildung einheimischer Priester, Missionare und Hebammen, bewusst übertrug er wichtigen traditionellen Respektspersonen wie den *dato* (magischen Heilern) Positionen als Gemeindeälteste, um ihre Autorität in das neue Kirchenleben mit einzubinden.

Ab 1920 wurden die ersten Batak-Kirchen in Medan und in Batavia errichtet. Die urbanen Batak begannen mit neuem Selbstbewusstsein als Batak und Christen aufzutreten und nahmen aktiv an der Gestaltung des öffentlichen Lebens in den multiethnischen Städten des späten Kolonialreiches teil. 1930 wurde mit der Christlich-Protestantischen Batak-Kirche *(HKBP, Huria Kristen Batak Protestant)* die erste selbst verwaltete christliche Kirche in Indonesien gegründet. Die *HKBP* ist heute neben der sich 1964 von ihr abgespaltenen Christlich-Protestantischen Indonesischen Kirche *(Gereja Kristen Protestan Indonesia, GKPI)* die größte indonesisch-protestantische Kirchengemeinschaft.

Vom Ahnenkult zur Weltreligion

Die alten Religionen, ihre komplexen Weltbilder und faszinierenden Mythen, viele ihrer Traditionen und Rituale sind der Christianisierung **zum Opfer gefallen** und unwiederbringlich verloren. Andererseits gelang den Missionaren ihr Werk häufig nicht ganz so gründlich, wie sie es sich erhofft hatten. Christliche Glaubensdogmen trafen auf jahrhundertelang gewachsene Gesellschaften, in denen sich die gesellschaftlichen Strukturen und religiösen Vorstellungen gegenseitig legitimierten. Man konnte also

Kirche im Land der Toba-Batak

Das zeremonielle Gondang-Orchester der Toba-Batak in einem Adat-Haus

nicht einfach den einen Glauben durch einen anderen ersetzen, ohne damit die gesamte Gesellschaftsordnung und das alltägliche Zusammenleben der Menschen infrage zu stellen. Die indigenen indonesischen Religionen trennen nicht auf unsere moderne Weise zwischen einer profanen, säkularen und einer heiligen Sphäre, ihr Weltbild ist ganzheitlich, **Religion bestimmt das ganze Leben,** bis hin zu den Details des Alltags. Es gibt sozusagen keinen Bereich, der jenseits der Religion liegt. Die Missionare mussten Kompromisse schließen und Anknüpfungspunkte an lokale Vorstellungen und Bräuche finden. Gleichzeitig führten sie mit dem Christentum ähnlich wie der Islam ein neues Bewusstsein von individueller Verantwortung ein. Jeder einzelne Mensch war aufgefordert, seine persönliche Beziehung zu diesem einen Gott zu überdenken und sein Handeln selbstverantwortlich an allgemeingültigen Normen auszurichten. Dies eröffnete den neuen Muslimen und Christen einen Zugang zu Formen rationalen Denkens, wie sie in einer von Geistwesen, Ahnen und Dämonen durchdrungenen Welt, deren Launen man hilflos ausgeliefert war und die man mit magischen Methoden ununterbrochen beschwören, beschwichtigen und manipulieren musste, zuvor kaum möglich waren.

Der **Kompromiss zwischen Ahnenreligion und Christentum** war und ist jedoch eine heikle Angelegenheit. Immer wieder kommt es wie im Islam zu heftigen Debatten, in denen darum gestritten wird, ob bestimmte religiöse Bräuche wirklich mit der „wahren" Religion vereinbar sind oder ob sie nicht doch von der reinen Lehre abweichen und daher des Teufels sind. Eifernde Puritaner, die die religiöse Praxis von allen lokalen, angeb-

041in Foto: ak

lich nicht durch die heiligen Schriften legitimierten Bräuchen reinigen wollen, gibt es auch unter den Christen. Besonders die seit einiger Zeit sehr aktiven, großzügig mit amerikanischen Geldern ausgestatteten Evangelikalen und Pfingstler nehmen hier eine unnachgiebige Haltung ein. Sie sind ausgesprochen erfolgreich, bieten sie doch mit ihren charismatischen Gottesdiensten einen emotionalen Ersatz für alte religiöse Bindungen und Gemeinschaftsgefühle. Auch unter ganz der westlich-amerikanischen Moderne zugewandten urbanen Christen, besonders ethnischen Chinesen, verzeichnen die Evangelikalen großen Zulauf.

Den frühen Missionaren waren vor allem die **Fruchtbarkeitsriten** ein Dorn im Auge. Bei den Toraja wie bei den Batak wurde den neuen Christen die Teilnahme daran streng untersagt, da sie mit all dem, was als heidnisch galt, in Verbindung gebracht wurden: Anbetung von Fruchtbarkeitsgottheiten, Anrufung der Seelen Verstorbener, Tancerituale, Opfergaben an die Götter und Ahnen, um eine gute Ernte zu sichern. Mit dem Verbot dieser Fruchtbarkeitsriten sollte dem heidnischen Glauben sein Fundament genommen werden. **Bestattungsrituale** wurden auch stark reglementiert, sie konnten sich aber im Laufe der Jahrzehnte trotz des zum Teil heftigen Widerstands der offiziellen Kirche wieder durchsetzen. Inzwischen werden christliche Predigten, Gebete und Gesänge in die Zeremonien mit einbezogen, doch so manchem gestrengen Kirchenmann mag da durchaus weiterhin etwas mulmig zumute sein.

Das zeremonielle Batak-Orchester *gondang* der Batak-Christen war lange Zeit verboten, galt es doch als Inbegriff der alten Ahnenreligion und ihre magischen Riten. Denn das *gondang* fungierte als Vermittler zwischen der Geister- und der Menschenwelt, die hoch geachteten Musiker spielen im traditionellen Ahnenhaus über den Gästen auf einer Art Balustrade, symbolisch zwischen Erde und Himmel stehend. Mit dem *gondang* wurden die Geister der Ahnen angerufen, Medien fielen bei seinen Klängen in Trance, wenn sich ein Ahne in ihnen zeigte und durch sie mit den Menschen sprach. Auch heute noch löst der typische hypnotische Klang des *gondang* mit seinen Trommeln, Gongs und Oboen bei vielen Batak spontan starke Gefühle aus – die **Welt der Ahnen** ist weiterhin eine ernst zu nehmende Macht im seelischen Leben, die nicht so einfach per kirchlichem Dekret abgeschafft werden kann. Inzwischen werden *gondang* auch im kirchlichen Rahmen zunehmend toleriert und mitunter aktiv in die Gestaltung von Gottesdiensten mit einbezogen. Bestimmte Melodien bleiben aber weiterhin zumindest offiziell tabu, da sie zu sehr mit ahnenreligiösen Kulthandlungen assoziiert sind. Zeremonien, in denen Medien in Trance fallen und mit der Stimme der Ahnen sprechen, sind natürlich auch heute kirchlich verboten, sie finden aber sehr wohl noch statt.

Die zunehmende Akzeptanz auch vorchristlicher religiöser Bräuche geht dabei mit einer Neubestimmung einher. So sehen gläubige Toba-Batak die **Exhumierung und Zweitbestattung** in einem Grabmonument *(tugu)* nicht als Ausdruck eines dem Christentum widersprechenden Ahnenkults, sondern sie erklären diese Rituale als die bei den Batak übliche Art und Weise, die eigenen Eltern zu ehren – also ein ganz zentrales biblisches Gebot zu erfüllen.

004in Foto: ps

LEBEN IN DER FAMILIE

„Das Paradies liegt zu Füßen der Mutter."
(überlieferter Ausspruch des Propheten *Mohammed*)

Ein Sonntagsausflug mit der Familie

042in Foto: jg

Die Familie ist alles

Die Familie ist in Indonesien alles. Sie bildet deutlicher und expliziter als im Westen die **Grundlage für alle emotionalen, zwischenmenschlichen und gesellschaftlichen Strukturen.** Erwachsene Frauen werden bezeichnenderweise respektvoll als *Ibu,* „Mutter", angeredet, erwachsene Männer als *Bapak,* „Vater". Mann- und Frausein wird sprachlich und emotional nicht explizit unterschieden vom Vater- und Muttersein. Firmen, Behörden, Gruppierungen aller Art sprechen von sich und ihren Mitarbeitern stolz als der *keluarga besar,* der „Großfamilie": An oberster Stelle der Hierarchie steht der *Bapak,* der „Vater", die Angestellten bzw. Untergebenen sind die *Anak Buah,* die „Fruchtkinder". Die Mitarbeiter sind nicht nur durch ein Arbeitsverhältnis miteinander verbunden, sondern ihre Beziehungen umfassen auch die familiären Aspekte der wohlwollenden Fürsorge der Älteren (bzw. Vorgesetzten) und der respektvollen Pflichterfüllung der Jüngeren (bzw. der Angestellten). Unter *Suhartos* „Neuer Ordnung" war ganz Indonesien eine eisern zusammengehaltene Familie, gelenkt vom Obervater *Pak Harto,* dem *Bapak Pembangunan,* „Vater des Aufbaus".

Auch in jeder anderen zwischenmenschlichen Begegnung orientiert man sich an Familienstrukturen: Wer ist der Jüngere, wer der Ältere? Wer

Groß und Klein halten zusammen

Wir spielen Familie: indonesische Anredeformen

Die Familie und verwandtschaftliche Beziehungen bilden ein exemplarisches **Orientierungsschema für zwischenmenschliche Kontakte:** *Die höfliche Anrede für erwachsene Männer und Frauen lautet „Bapak" (kurz „Pak", „Vater") bzw. „Ibu" (kurz „Bu", „Mutter"). Männer, die älter sind als man selbst, für die die Anrede „Bapak" allerdings zu respektvoll-distanziert wäre, werden angeredet als „älterer Bruder": „Mas" (Javanisch), „Abang" (kurz „Bang", Malaiisch), „Kang", „Mang" oder „Aa" (Sundanesisch), „Uda" (Minang) oder „Bli" (Balinesisch). Frauen, die älter sind als man selbst, werden als „Mbak" (Javanisch), „Kakak" (kurz „Kak", Malaiisch), „Teteh" (kurz „Teh", Sundanesisch), „Uni" (Minang), „Mbok" (Balinesisch), als „ältere Schwester" angesprochen. Die lokalsprachigen Versionen für „ältere Schwester/älterer Bruder" hört man auch in ansonsten auf Indonesisch gehaltenen Gesprächen und Beziehungen. Sie verweisen entweder auf eine geteilte ethnische oder geografische Herkunft oder stellen eine freundliche Anerkennung der ethnischen Identität des Gesprächspartners dar – Indonesier sind hier sehr flexibel und anpassungbereit.*

Anstatt des neutralen, beziehungslosen „Anda" („Sie") werden diese Anredeformen entweder allein oder zusammen mit dem Eigennamen der jeweiligen Person **stellvertretend für unsere Personalpronomen** *„Sie" oder „Du" und oft auch „ich" verwendet. Das klingt für Indonesier persönlicher und damit wärmer, freundlicher, da sich so die der Familie nachempfundene Beziehung zwischen den zwei Gesprächspartnern ausdrückt: Man steht sich nicht als in sich geschlossene Individuen gegenüber, sondern ist einander – zumindest sprachlich – verbunden als „Bruder" und „Schwester", als „Vater" und „Mutter". In der urbanen Mittelschicht sind auch die aus dem Holländischen entlehnten Anreden „Oom" und „Tante" üblich. Jugendliche nennen so nicht nur ihre „wirklichen" Onkel und Tanten, sondern auch die Eltern ihrer Freunde. Hier wären für ihr Empfinden „Bapak" oder „Ibu" zu formell. Frauen und Männer, die jünger als man selbst sind, für die die Anrede als „Bapak" oder „Ibu" aber zu distanziert wäre, werden oft entgegen des eigentlichen Altersverhältnisses als „ältere Schwester" bzw. „älterer Bruder" angeredet, man drückt damit seinen Respekt aus.*

Frauen nennen sowohl ihren **Liebhaber als auch ihren Ehemann oft „älteren Bruder".** *Hier klingt „Mas" oder „Bang" romantisch-intim, aber in anderen Kontexten, zum Beispiel wenn man einen fremden jungen Mann, einen sozial gleichgestellten Arbeitskollegen oder einen armen Becak-Fahrer anspricht, ist es eine neutrale, höfliche Anrede.*

nimmt die Position der jüngeren Schwester ein, wer ist in einer Position, die der eines Vaters ähnelt, wer ist „Tante", wer der „ältere Bruder"? Wie steht man zueinander in der Hierarchie, wem gebührt der Respekt, wem die wohlwollend-fürsorgliche Anteilnahme? Die jeweilige Position ist dabei immer relativ und **von Situation zu Situation verschieden,** mal ist man der ältere Bruder, mal der jüngere, mal der Onkel, mal der Sohn – je nachdem, mit wem man gerade spricht. Das erfordert ein hohes Maß an kontext-sensiblem Identitätsgefühl, welches in der Familie von klein auf eingeübt wird.

Der **Vater gilt gesetzlich als Familienoberhaupt** *(kepala keluarga),* er ist auch innerhalb der Familie die oberste Respekts- und Autoritätsperson. In traditionellen Haushalten wird ihm zuerst das Essen serviert, die anderen Familienmitglieder greifen erst nach ihm zu. Die sich für ihre Kinder aufopfernde Mutter nimmt oft ganz zuletzt ihr Essen bzw. das, was übrig geblieben ist, zu sich. Diese und ähnliche formale Respektsbezeugungen sollten jedoch nicht mit der tatsächlichen Macht innerhalb der Familienbeziehungen gleichgesetzt werden. Denn hinter den Kulissen kommt der Mutter eine prominente Stellung zu: Sie ist das emotionale Machtzentrum der Familie. Der Vater hat die Ehre, die Mutter die Macht – das gilt wohl in vielen Familien.

Die Mutter: das emotionale Machtzentrum der Familie

Die emotionale Macht der Mutter zeigt sich außerordentlich deutlich in der enormen Idealisierung, die ihre Person erfährt. Oft hört man: Die Liebe des Vaters muss verdient werden, die Mutterliebe aber ist bedingungslos. Denn sie trug das Kind neun Monate in ihrem Bauch, brachte es unter Schmerzen zur Welt, sie stillte, versorgte, pflegte das Kind über Jahre hinweg tagein, tagaus, ohne je zu klagen, ohne eine Gegenleistung zu erwarten, 24 Stunden am Tag jederzeit bereit, alles für ihr Kind zu tun, jedes erdenkliche Opfer zu bringen ... Wenn an all die Mühen und Qualen, die die Mutter für einen aufgenommen hat, und all die Liebe, die sie einem gegeben hat, appelliert wird, dann stehen auch erwachsenen Indonesiern schnell die Tränen in den Augen. **„Das Paradies liegt zu Füßen der Mutter",** so lautet ein bekannter, oft zitierter Ausspruch des Propheten *Mohammed* – für die meisten Indonesier ist das zweifellos auch eine emotionale Wahrheit. Das gilt oft unabhängig davon, was man wirklich für eine

Babys und Kleinkinder werden traditionell mit dem Selendang-Schal getragen

043in Foto: jg

Beziehung zu seiner Mutter haben mag, welche kleineren oder größeren Probleme es gibt. Die Verehrung gilt in diesem Fall der Idee, dem Ideal von Mütterlichkeit und ihrem Segen für das menschliche Leben – wir alle kommen aus dem Bauch einer Frau, verdanken unser Leben einer Mutter. Auch die unvollkommene Mutter steht somit für das Ideal.

Eng verbunden mit der Idealisierung ist das **lebenslange Schuldgefühl gegenüber der Mutter,** das ein tief verwurzeltes kulturelles Motiv ist. Man ist sich bewusst, dass man nicht alles, was man an Gutem erhalten hat, mit einer entsprechenden Gegengabe begleichen kann: *Hutang emas dapat dibayar, hutang budi dibawa mati* – „eine Goldschuld kann bezahlt werden, aber was man einem guten Menschen (wörtlich: gutem Charakter) schuldet, nimmt man mit in den Tod" –, lautet ein bekanntes malaiisches Sprichwort. Und niemandem schuldet man aus indonesischer Sicht so viel wie seiner Mutter.

Gewichtige Entscheidungen über die Kindererziehung, den Haushalt und das Familienleben werden gewöhnlich von den Eltern gemeinsam besprochen. Mann und Frau, mythologisch oft als ein erstes Geschwisterpaar symbolisiert, ergänzen sich in den Weltsichten der meisten indonesischen Völker auf eine gleichwertige, komplementäre Weise. Die **Harmonie zwischen dem weiblichen und dem männlichen Prinzip** ist unerlässlich für Fruchtbarkeit, Fortpflanzung und damit Wahrung der kosmischen Ordnung.

Nicht nur Mann und Frau, auch die Familie muss zusammenhalten. Die Familie verbindet einen zudem mit dem Göttlichen und den Vorfahren: Die göttliche Dimension und die **Verbindungen zu den Vorfahren** sind im indonesischen Erleben der Wirklichkeit immer gegenwärtig. Kaum ein Indonesier wird es wagen, arrogant und überheblich auf den Schutz und die Geborgenheit zu verzichten, die der Segen Gottes, der Segen der Eltern und der Segen der Ahnen schenken. Die **Kehrseite der Medaille** ist eine große Angst davor, was passieren könnte, wenn man gegen die göttlichen und elterlichen Vorgaben verstößt. Viele Muslime und Christen fürchten auf eine für uns oft befremdlich konkrete Art all die Qualen, die den Sünder in der Hölle erwarten. Die Geister und Ahnen der Naturreligionen sind nicht minder schreckenerregend: Werden z. B. die Götter und Geister der Balinesen und die Ahnen der Batak und Toraja nicht geehrt oder sollten sie aufgrund menschlicher Unaufmerksamkeit oder unkorrekt ausgeführter Opfergaben verärgert sein, so sind Krankheit, Ernteausfälle, das Sterben von Kindern zu befürchten. Verstöße gegen das, was den Eltern, Vorfahren und Ahnen an Respekt und Gehorsam zusteht, führen nach einer in vielen indonesischen Kulturen verbreiteten Auffassung zu Unheil, Unglück und Unfällen. Auf Java ist man *kualat,* „verflucht", wenn man offen gegen Gott oder die Eltern aufbegehrt.

Die **Malin-Kundang-Legende der Minangkabau** erzählt besonders eindrücklich davon, was passiert, wenn man seine Eltern, besonders aber seine Mutter vergisst und ihr nicht den ihr gebührenden Respekt zollt: Der Sohn hat, wie bei den Minang üblich, als Jugendlicher seine Heimat verlassen, um in der Fremde sein Glück zu suchen *(merantau).* Dort kommt der anfangs noch arme Seemann zu Ansehen, Reichtum und Ruhm, er heiratet gar eine Prinzessin. Triumphierend kehrt *Malin Kundang* zurück ins Minang-Land. Als sein Schiff im Hafen anlegt, kommt auch seine alte Mutter an den Strand geeilt, um den so lange sehnsüchtig vermissten Sohn wieder in ihre Arme zu schließen. Doch der schämt sich seiner ärmlichen Herkunft und weigert sich, seine alte, dreckige, verarmte Mutter zu erkennen. Daraufhin verflucht ihn die Mutter – er und sein Schiff werden zu Stein.

Hilfe in der Not und gesegnete Lebenswege

Die familiären Verpflichtungen sind ernst zu nehmen. Im Zweifelsfall entscheidet man **für die Familie und gegen das Individuum,** der familiäre Zusammenhalt ist wichtiger als individuelle „Extrawürste". Familienmitglieder, die ökonomisch besser gestellt sind, helfen bei der Finanzierung der Ausbildung von ärmeren Verwandten, das Gehalt einer einzigen Person muss oft mehrere arbeitslose Familienmitglieder mittragen. Ärmere Nichten und Neffen wohnen zeitweise bei ihren vermögenderen Verwandten in der Stadt, helfen im Haushalt und bekommen dafür den Schulbesuch bezahlt. Die alt gewordenen Eltern werden in einen Haushalt ihrer Kinder mit aufgenommen und dort gepflegt. Es ist schwierig und meist kaum möglich, Hilfsgesuche von bedürftigen Familienmitgliedern abzuschlagen. Besonders bei Unfällen und schweren Krankheiten, die einen Krankenhausaufenthalt oder gar Operationen nötig machen, fallen mitunter enorme Summen an, für die selbst die zusammengelegten Ersparnisse aller Familienmitglieder oft nicht ausreichen, d. h., dass auch noch Schulden gemacht werden müssen. In solchen Fällen können über Nacht alle Träume von einem Studium für den Sohn oder der Eröffnung eines eigenen kleinen Unternehmens, für das man über Jahre hinweg gespart hat, platzen. Andererseits kann man in ähnlichen Situationen ebenso auf tat- und finanzkräftige Hilfe seitens der Familie hoffen – und wird sie in den meisten Fällen auch erhalten.

In Notlagen haben die meisten Indonesier nur noch die Familie, sie ist **das einzige Netz, das sie auffangen kann.** Arbeitslosenhilfe, Krankenversicherungen, all die staatlich garantierten sozialen Absicherungen, die unsere westliche einzelkämpferische Selbstverwirklichung erst ermöglichen und uns unabhängig machen von familiärer Unterstützung, sind für die meisten Menschen in Indonesien Fremdwörter. Auf die Familie bleibt man angewiesen – in guten wie in schlechten Zeiten. Dafür muss man Kompromisse eingehen, die oft schmerzen und zuweilen ganze Lebensentwürfe vereiteln können. **Das Leben in Indonesien ist unsicher,** Schicksalsschläge, auch Naturkatastrophen sind stets gegenwärtig, können jederzeit die eitlen Pläne der Menschen durchkreuzen. Verlass ist auf weniges und über die Zukunft, die wir im Westen so selbstverständlich verplanen, hat man keine Macht – beständige Orientierung bieten da mehr als alles andere die familiären Bindungen und die Beziehung zwischen den Menschen und Gott, den Göttern oder den Ahnen.

Diese tragenden Bindungen müssen gepflegt werden, sie sind das wichtigste Kapital, das man im Leben hat. Sie bieten nicht nur ökonomische, sondern auch emotionale Sicherheit. Dass die eigenen Entscheidungen auch von den Eltern unterstützt werden, dass man sich auf seinem Weg durch das Leben von ihrem Gebet und Segen *(doa restu)* begleitet weiß, ist für viele Indonesier von großer Bedeutung. Vor allen wichtigen Schritten und neuen Lebensabschnitten suchen sie den **seelischen Beistand der verstorbenen Ahnen und der noch lebenden Eltern.** Vor dem Ramadan werden die Gräber der Verstorbenen besucht, an *Lebaran* vergibt man sich gegenseitig und die Jüngeren erhalten den Segen der Älteren,

045in Foto: jg

bei der Hochzeitszeremonie gibt es Rituale, die den wohlwollenden Segen der Eltern für das Brautpaar zum Ausdruck bringen.

Bei den Javanern und Sundanesen wird der Segen in einer besonders anschaulichen Weise empfangen: **Sungkeman, das rituelle Niederknien** vor den auf einem Stuhl sitzenden Eltern, zeigt die Demut und den Respekt des Kindes vor seinen Eltern, die das Kind dann segnen. Dieses Ritual ist von einer gewaltigen emotionalen Macht und für viele Menschen ein zutiefst ersehnter Moment, bei dem auch Männer ohne Schamgefühle weinen dürfen. *Sujud,* eine ähnliche Geste der Niederwerfung, mit der die Muslime demütig Dankbarkeit und zugleich die Hoffnung auf göttlichen Segen und Heil ausdrücken, ist fester Bestandteil der täglichen Sholat-Gebete. Uns Westlern, die wir so viel Wert auf Unabhängigkeit, Autonomie und Gleichberechtigung legen, mag diese explizit körperlich vorgenommene Unterwerfung unter Autoritäten fremd, manchem gar abstoßend vorkommen. Es geht hier aber nicht nur um Unterwerfung, sondern auch um den Ausdruck eines tiefen Bedürfnisses nach Geborgenheit spenden-

Die Eltern eines Brautpaares nehmen Glückwünsche der Gäste entgegen

der Versöhnung und das Erfahren von barmherziger Zugewandtheit, für das wir in unserer Kultur keine entsprechenden rituellen Verhaltensmuster mehr haben.

Andererseits führt jedoch die große Bedeutung, die verwandtschaftliche Bindungen haben, zur weiten **Verbreitung von Vetternwirtschaft** *(nepotisme).* Auf familiäre Beziehungen kann man sich verlassen, also liegt es nahe, sich auch im Berufsleben danach auszurichten. Und welcher Onkel, welcher Schwager kann schon Nein sagen, wenn ein Familienmitglied mit einer konkreten Bitte oder Erwartung an sie herantritt? Jeder weiß: *Semua bisa diatur,* innerhalb der Familie lässt sich immer noch was machen und regeln – wer sich da hinter irgendwelchen abstrakten Prinzipien verschanzt, der würde mit dem Familienmitglied auch die Familie als solche abweisen. Das wäre auf eine unverständliche Weise egoistisch, herzlos und ein Affront gegen die Familiensolidarität. Und es widerspräche auch dem eigenen Idealbild, denn Indonesier geben sich gerne besonders großzügig, spendabel, wohlgesonnen und hilfsbereit.

Heirat und Ehe: Eintritt in die Welt der Erwachsenen

Dass man heiratet und dann selbstverständlich auch Kinder bekommt, wird als normaler Lauf der Dinge angesehen, so wie man ab einem bestimmten Alter in die Schule geht und damit eine neue Lebensphase beginnt. Und so gilt, wer noch nicht verheiratet ist, weiterhin als Kind – denn erst als Ehemann bzw. Ehefrau ist man offiziell „erwachsen". Was man „ist", hängt von den familiären Beziehungen ab, in die man eingebunden ist. Und da der „erwachsene" soziale Status als Ehemann bzw. Ehefrau im Normalfall schon bald durch den des Vater- bzw. Mutterseins vervollständigt wird, gilt als erwachsen, wer eine elterliche Position übernommen hat. Denn dann hat alles seinen „richtigen" Lauf genommen und der Kreis hat sich geschlossen: Die Eltern haben mit der Verheiratung ihrer Kinder die Verantwortung für diese abgegeben und sie ins erwachsene, selbstverantwortliche Leben entlassen – die frischen Erwachsenen wiederum sind durch ihre Kinder Eltern geworden und tragen die Verantwortung für ihren Nachwuchs, bis dieser dann einmal verheiratet werden wird.

Im Grunde heiratet man in Indonesien, um Kinder zu bekommen: Sexualität dient hauptsächlich der Fortpflanzung und Erfüllung einer von Gott, den Göttern oder dem *adat* geforderten Pflicht. Frauen, die ihre „natürliche" Pflicht aus welchen Gründen auch immer nicht erfüllt haben, werden entsprechend stigmatisiert und bemitleidet. Auf Bali gibt es das Schreckensbild von der kinderlos gebliebenen Frau, der im Jenseits ein riesiger Wurm an ihren „nutzlosen" Brüsten saugt.

Schon bald nach der Hochzeit werden Eltern und Verwandtschaft ungeduldig: Ist schon Nachwuchs unterwegs? Wenn es dann etwas länger dauert, wird offen darüber gerätselt, woran es wohl liegen könnte, welcher der beiden Partner wohl „Probleme“ hat. Bei Frauen, die sich länger nicht gesehen haben und von denen eine inzwischen verheiratet ist, lautet die erste Frage bei einem Wiedersehen sofort: „Hast du schon ein *momongan?“ Momongan* kann man übersetzen als „ein kleines süßes Etwas, um das man sich liebevoll kümmern muss“.

Zu heiraten, das wird von den meisten Indonesiern nicht nur als etwas gesehen, das emotional erstrebenswert ist. Es ist auch mehr als nur eine gesellschaftliche Norm, der man sich zu beugen hat: Viele Indonesier empfinden es vor allem als etwas, das sie persönlich ihren Eltern und ganz besonders ihrer Mutter schulden. Die hohe Idealisierung der Mutterliebe und all der Entbehrungen, die die Mutter für ihre Kinder auf sich genommen hat, wird als eine Schuld der Mutter gegenüber erlebt, die man prinzipiell nie mehr gutmachen kann. Wenn dann **die Mutter immer deutlicher ihren Wunsch ausdrückt, man möge doch endlich heiraten,** kann man dem kaum etwas entgegensetzen. Eine in Deutschland studierende Indonesierin, seit Längerem mit einem festen Partner liiert, war mehr und mehr dem Druck vor allem seitens ihrer Mutter ausgesetzt, diesen Partner endlich zu heiraten, auch wenn sie dafür nach Indonesien zurückkehren und ihr Studium abbrechen musste. Sie sah sich der Mutter gegenüber in einer besonders großen Schuld: Die Mutter hatte sie nicht nur als Kind liebevoll versorgt, sondern ihr zudem das Studium in Deutschland erlaubt, ihr also diesbezüglich „alle Freiheiten“ gelassen. Und nun sei es an ihr, nachdem sie sich in Deutschland ein paar Jahre hatte „austoben“ dürfen, im Gegenzug aus Dankbarkeit diesen größten Wunsch der Mutter zu erfüllen und zu heiraten.

In einigen Ethnien werden traditionellerweise **Eheschließungen zwischen Cousinen und Cousins** bevorzugt, so unter anderem bei den Balinesen, den Bugis in Südsulawesi und den Minangkabau in Westsumatra. Solche Verbindungen sind heute allerdings deutlich seltener als früher. Doch immer noch geht es bei einer Heirat in Indonesien nicht nur um zwei Individuen, sondern auch um zwei Familien, die zusammengeführt werden müssen: Passen die beiden angehenden Brautleute und ihre je-

Der große Tag: javanisches Brautpaar

046in Foto: jg

weiligen Familien zueinander, was Alter, Religionszugehörigkeit, ethnische Herkunft, sozialen Status, Bildungsniveau, berufliche Positionen und familiären Hintergrund angeht?

Interethnische Eheschließungen werden in vielen konservativen Familien nicht gern gesehen, sind aber in den Großstädten inzwischen recht häufig. Eine **Heirat bei unterschiedlicher Religionszugehörigkeit** ist allerdings in den meisten Fällen tabu und zum Teil gesetzlich stark reglementiert. In der Regel sieht sich einer der Partner gezwungen, zur Religion des anderen überzutreten, was ihm natürlich Probleme mit seiner eigenen Herkunftsfamilie bringt: eine folgenschwere Entscheidung, die wohl überlegt werden will. Dennoch gibt es auch erfolgreiche interreligiöse Familienbeziehungen, bei denen die unterschiedliche Religionszugehörigkeit quer durch die Großfamilie geht, sich beide Seiten aber respektieren und die wichtigsten Feste gemeinsam begehen – man betet zwar nicht gemeinsam, nimmt aber am geselligen Beisammensein teil und ehrt damit die religiösen Gefühle der anderen. Diese tolerante Tradition eines respektvollen, pragmatischen Umgangs miteinander findet sich vor allem auf Java, doch in Zeiten des „diffusen Fundamentalismus" setzen sich auch hier zunehmend die selbst ernannten religiösen Richtigwisser und

Saubermänner durch, die eine strikte Abgrenzung zwischen „uns" und „den anderen" fordern (mehr dazu im Kap. „Islamische Revitalisierung").

Status und soziales Prestige sind von großer Wichtigkeit bei der Bewertung eines möglichen Partners. Besonders bei stark hierarchisch ausgerichteten Ethnien wie den Bugis und den Javanern ist das ein Aspekt, der letztlich oft ausschlaggebend dafür ist, ob eine Verbindung zustande kommt oder nicht. Allgemein wird bei den meisten Ethnien eine in der sozialen Hierarchie „herauf"-heiratende Frau eher akzeptiert als eine Frau, die einen sozial niedriger stehenden Mann ehelicht. Während ökonomische Erwägungen immer auch eine Rolle spielen, so ist doch das soziale

König und Königin für einen Tag: die Hochzeitszeremonie

Hochzeiten sind in Indonesien keine Familienfeste, bei denen zusätzlich noch ein paar enge Freunde eingeladen werden, sondern ein wichtiges, ***öffentliches Ritual, zu dem jeder eingeladen wird,*** *den das Brautpaar oder die beiden Familien nur irgendwie kennen - auch Bürokollegen der Eltern, die weder Braut noch Bräutigam jemals zuvor persönlich gesehen haben, gehören dazu. Auf dem Land ist natürlich das ganze Dorf mit dabei, es wird ein Festzelt aufgebaut und zur Unterhaltung gibt es eine offene Bühne mit Musikprogramm, wobei die Sängerinnen mitunter recht erotische Körperwindungen darbieten. In der Stadt wird die Hochzeit entweder zu Hause unter Einbeziehung der Straße durchgeführt oder man mietet, wie in der Mittel- und Oberschicht üblich, einen Hochzeitssaal mit allem Drum und Dran. Als Westler wird man recht bald auch zu einer „resepsi", einer öffentlichen Hochzeitsfeier, eingeladen - die Anwesenheit eines Westlers ist vielen eine große Ehre,* ***man sollte eine Einladung nicht ausschlagen.*** *Das gilt besonders auch für in Indonesien tätige Geschäftsleute, denn gerade auf Hochzeiten kann man die so wichtigen persönlichen Beziehungen pflegen und gleichzeitig seinen Respekt vor den lokalen Traditionen zum Ausdruck bringen.*

Eine indonesische Hochzeit ist ein farbenprächtiges, sehr exotisches Erlebnis: Das Brautpaar und die Angehörigen beider Familien tragen ihre traditionelle ethnische Tracht. Bei aller Exotik kann sich allerdings nach ein paar besuchten Hochzeiten bald eine gewisse Langeweile einstellen - ***die Feiern ähneln in vielem formellen Stehempfängen,*** *auf ausgelassene Feierstimmung wird man bei den meisten indonesischen Hochzeiten vergeblich warten. Es ist nun mal ein Zeremoniell, bei dem alles bis ins kleinste Detail geplant ist und einem streng ritualisierten Ablauf unterliegt, in*

Prestige, das nicht unbedingt mit finanziellem Wohlstand einhergeht, für viele Eltern wichtiger. Dazu gehört ein „richtiger" Beruf, sprich einer, bei dem man am Schreibtisch arbeitet und Anzug und Krawatte trägt. Eltern, die selbst oder deren Töchter zu den Staatsbediensteten *(pegawai negeri)* gehören, werden oft darauf bestehen, dass der zukünftige Schwiegersohn ebenso ein Beamter ist. Damit verdient er zwar meist nicht gerade viel Geld, hat aber eine langfristig sichere und sozial anerkannte Position inne. Nicht wenige junge Männer beeilen sich, möglichst bald nach ihren Ausbildungen den Aufnahmetest für den Staatsdienst zu bestehen, um dann offiziell um die Hand ihrer Auserwählten anhalten zu können.

den man sich als Gast zwangsläufig einfügen muss. Das fängt bei der Registrierung als Gast und der Abgabe des Geschenkes (heute meist ein Umschlag mit Geld) bei den Empfangsdamen an und endet mit einer schier endlosen Warteschlange vor dem Brautpaar. Hier kann man schließlich nur schnell dem Brautpaar und seinen Eltern die Hand geben, kurz alles Gute wünschen und dann die nächsten Wartenden an die Reihe kommen lassen. Für persönliche Begegnungen mit den Brautleuten ist auf einer indonesischen Hochzeit jedenfalls kein Platz, es ist ja auch keine private Feier wie bei uns - dafür wird man als Fremder eher eingeladen.

Generell gilt: je mehr Gäste, desto mehr Prestige für die stolzen Eltern des Brautpaares. Mehrere Hundert, gar über tausend Gäste sind da keine Seltenheit. Alles wird schon Wochen und Monate im Voraus zusammen mit professionellen Hochzeitsorganisatoren geplant - von den Einladungskarten über die Dekoration bis hin zur perfekt aufeinander abgestimmten Tracht der Familienangehörigen des Brautpaares muss alles stimmen.

Auch ansonsten ungeschminkt durchs Leben laufende Frauen entkommen als Braut dem ***Make-up-Zwang*** *nicht. Es geht dabei nicht um das dezente Unterstreichen des persönlichen Typs, sondern um die Einnahme einer vorgegebenen Rolle, zu der u. a. auch ein geschminktes Maskengesicht gehört. Dass man unter der dicken Make-up-Schicht die einem bisher bekannte Person so gut wie nicht mehr identifizieren kann, tut nichts zu Sache - oder vielleicht ist es gerade so gewollt. Schließlich nimmt die Braut während der Hochzeitszeremonie eine streng rituell vorgeschriebene Rolle ein und ist für ein paar Stunden nicht die Frau, die sie sonst im Alltag ist.*

In manchen islamischen Monaten, die als besonders segensreich für Eheschließungen gelten, so vor dem Ramadan in den Monaten „Rajab" und „Syaban" sowie im Monat „Syawal" nach dem Ramadan, kann es durchaus vorkommen, dass urbane Mittelschichtsindonesier mehrmals pro Woche eine Hochzeit besuchen, ***an Samstagen gar bei bis zu drei Hochzeiten auf einmal vorbeischauen*** *müssen. Die sozialen Verpflichtungen, die bei Weitem mehr Menschen als bei uns in familiären, nachbarschaftlichen und beruflichen Netzwerken aneinander binden, üben einen starken Gruppendruck aus.*

Vor der großen „resepsi" findet die ***Trauung nach islamischem Ritus*** *statt, das sogenannte „akad nikah". Es wird im kleineren, privaten Kreis durchgeführt, meist sind nur Familienmitglieder eingeladen. Nach islamischem Recht ist die Trauung ein Vertrag zwischen dem „wali", dem männlichen Vormund der Braut (meist ihr Vater), und dem Bräutigam, bei der auch „mas kawin" bzw. „mahar", die „Morgengabe" des angehenden Ehemanns an seine Frau, übergeben wird.*

Die heute typischen „traditionellen" Hochzeitszeremonien der Mittel- und Oberschicht, bei denen das Brautpaar in königlicher Tracht zum ***„Kö-***

Zu einer Hochzeit wünscht man:

Selamat menempuh hidup baru.
„Einen gesegneten Start in das neue Leben."

Häufig fügen Muslime dem noch den Wunsch hinzu:

Semoga menjadi keluarga sakinah mawaddah warahmah.
„Möge es eine harmonische, liebevolle und barmherzige Familie werden."

Die ideale Familie

Das islamische Ideal einer Familie, die *sakinah,* „harmonisch", ist, hat in den letzten Jahren immer mehr die eher **säkular-nationalistische Familienideologie der Suharto-Jahrzehnte** ersetzt. Unter der „Neuen Ordnung" galt der Mann als Ernährer und Versorger der Familie, er war das Familienoberhaupt *(kepala keluarga),* während Frauen in ihrer Rolle als Ehefrau und Mutter auf den häuslichen Bereich verwiesen wurden, sie waren

nigspaar für einen Tag*" *wird, sind übrigens in dieser Form erst seit der „Neuen Ordnung" unter Suharto üblich. Neo-traditionalistische Hochzeitszeremonien aus dem Umkreis der Suharto-Familie und der zentraljavanischen Aristokratie wurden während der „Neuen Ordnung" zum Vorbild für das, was heute gemeinhin als* ***die „traditionelle" javanische Hochzeit *gilt.*

So zählen heute zu einer „richtigen" javanischen Hochzeit ***Rituale wie das „siraman"*** *(„Baden"), das am Abend vor der Hochzeit im engen Familienkreis durchgeführt wird. Hierbei wird die Braut symbolisch an Körper und Seele gereinigt, indem sie von weiblichen Verwandten mit Blütenwasser begossen wird. Gleich einer Himmelsnymphe soll sie in diesem reinen Zustand in den Stand der Ehe eintreten. Weitere Rituale, die zu einer Hochzeitszeremonie dazugehören, sind u. a. das Fußwaschen, bei dem der Bräutigam ein Ei zertritt und ihm dann von der Braut als Zeichen ihrer demütigen Ergebenheit der Fuß mit Blütenwasser gewaschen wird, oder das gegenseitige Füttern des Brautpaares. Und natürlich „sungkeman", das rituelle Niederknien vor den Eltern und Schwiegereltern mit der Bitte um Vergebung und ihren Segen.*

die Hausfrauen *(ibu rumah tangga)*. Die 1974 unter Leitung der First Lady *Tien Suharto* gegründete Organisation *Dharma Wanita,* deren Mitgliedschaft für Frauen von Staatsbediensteten verpflichtend war, schrieb offiziell die *Panca Dharma Wanita* vor, **die „Fünf Pflichten der Frau".** Frauen sollten demnach Begleiterinnen und Gefährtinnen ihres Ehemannes, Gebärerinnen von Kindern für die Nation, Mütter und Erzieherinnen der Kinder, Hausfrauen und Mitglieder der indonesischen Gesellschaft sein. Das offiziell propagierte Familienideal zeigte auf Plakaten groß die glückliche Kleinfamilie, bestehend aus Vater, Mutter, einem Sohn und einer Tochter. Dieses Ideal, so wurde der Staat nicht müde zu betonen, konnte nur verwirklicht werden, wenn die Frau sich ihrer „natürlichen Bestimmung" *(kodrat wanita)* gemäß verhielte, die in ihrer häuslichen Rolle als liebevolle Ehefrau und sorgende Mutter liege.

Eine Dekade nach dem Sturz *Suhartos* (1998) gilt nun eine Familie, die *sakinah* ist, als das neue Ideal der Mittelschicht. Auch hier **hängt alles davon ab, wie sich die Frau verhält,** ob sie ihrer nun mit dem Islam begründeten „natürlichen Bestimmung" folgt und dafür sorgt, dass die Familie nach den Regeln des Islam lebt, die Kinder von früh auf eine feste Glaubensstärke entwickeln und das auf den Tisch kommende Essen auch wirk-

047in Foto: bd

lich hundertprozentig *halal* ist – dann ist das Glück der Familie nicht nur im Diesseits, wie unter *Suharto*, sondern auch im Jenseits *(akhirat)* gewährleistet. Eine Fülle an Frauen- und Familienzeitschriften widmet sich eigens diesem Thema der **perfekten islamischen indonesischen Kleinfamilie,** die als modern, aufstiegsorientiert, modebewusst und fromm dargestellt wird.

Viele Kinder zu haben gilt in Indonesien von jeher als gleichbedeutend mit „viel Glück" *(banyak rezeki)*. Nicht nur emotionale und religiöse Gründe sind hier ausschlaggebend, sondern auch, dass Kinder billige Arbeits-

Die Braut wäscht dem Bräutigam als Zeichen ihrer Ergebenheit den Fuß – eines der bekanntesten Hochzeitsrituale

kräfte und die so wichtige Alterssicherung für die Eltern darstellen. Doch das enorme Bevölkerungswachstum und die Überbevölkerung auf Java und Bali führten ab Mitte der 1970er-Jahre zu verstärkten staatlichen **Anstrengungen, die Geburtenrate zu reduzieren.** Unter dem Slogan *dua anak cukup* („zwei Kinder sind genug") wurde *Keluarga Berencana* (kurz *KB*), das Familienplanungsprogramm, propagiert. Die Geburtenrate sank von durchschnittlich mehr als 6 Kindern pro Frau in den 1960er-Jahren auf weniger als 3 Kinder pro Frau in den 1990er-Jahren.

In vielen lokalen Kulturen definieren sich die Erwachsenen namentlich über ihre Kinder – das zeigt deutlich, welch hohe Bedeutung traditionell dem **Vater- und Muttersein** zukommt. So sind Erwachsene in ihrer Umgebung oft nicht mehr unter ihrem Eigennamen, den sie als Kind von ihren Eltern erhalten haben, bekannt, sondern als Vater bzw. Mutter ihres ersten Kindes (oder später auch Enkels). Man spricht also vom „Vater von ..." und von der „Mutter von ...". Besonders Frauen definieren sich auch heute gerne ausdrücklich als Mütter ihrer Kinder.

Ist das erste Kind gekommen, ändert sich oft auch die Art und Weise, wie sich die Eltern gegenseitig ansprechen. Viele gehen nun dazu über, vom Partner und sich selbst als „Papa" bzw. „Mama" zu sprechen, wobei die Anredeformen, ob sie nun auf die Lokalsprachen, das Indonesische *(pak, ibu, bunda),* das Arabische (*ummi* für „Mutter" bzw. *abi* für „Vater") zurückgreifen oder westliche Bezeichnungen wählen, die Eltern in ihrer neuen **Rolle innerhalb der Familie als Vater bzw. Mutter** etablieren. Auf diese Weise lernt das Kind, das natürlich die Eltern imitiert, automatisch, wie es Mama und Papa zu rufen hat – *membahasakan anak,* „das Kind in die Sprache einführen", indem **die Eltern bewusst aus der Position des Kindes sprechen,** nennt man diese Erziehungspraxis.

Das verlorene Paradies? Kindsein in Indonesien

Auf den ersten Blick scheint kein Zweifel zu bestehen: Für kleine Kinder muss Indonesien ein Paradies sein. Wo man hinschaut, werden sie getragen, gefüttert, liebkost, geneckt und mit einer emphatischen Begeisterung geliebt, die man aus unseren Breitengraden so nicht kennt. Sie sind überall willkommen, stören nie, werden von älteren Geschwistern und Nachbarinnen getragen und versorgt wie von der eigenen Mutter. Fremde Babys zu tragen und kurz mal wieder Mutter zu spielen – oder als junges Mädchen schon mal zu üben – scheint vielen Frauen eine außerordentlich gro-

048in Foto: jg

ße Freude zu bereiten. Und auch Männer verlieren da oft ihre Zurückhaltung und Scheu. Der Anthropologe *Ward Keeler* bemerkte, javanische Männer schienen ihm am glücklichsten, wenn sie selig und zeitvergessen mit einem Kleinkind spielten – vorzugsweise eines, das noch nicht sprechen kann, das also noch nicht an Status- und Respektsnormen erinnert, die die Umgangsformen der Erwachsenen so stark prägen. Auf Bali **gelten Babys als noch göttliche Wesen,** zudem werden sie oft als Inkarnation eines bereits verstorbenen Familienmitgliedes angesehen: Die Worte für Urgroßeltern und Urenkel sind die gleichen.

Schwangerschaft und Geburt: Rituale und Tabus für einen guten Start ins Leben

Schon während der Schwangerschaft ist das ungeborene Kind Teil der Gemeinschaft. Je nach lokaler ethnischer Tradition gibt es verschiedene **Schwangerschaftsrituale** wie z. B. das javanische *mitoni* oder *tujuh bulanan,* eine Sieben-Monats-Zeremonie, mit der die werdenden Eltern auf ihre neue Rolle vorbereitet werden. Die Rituale nehmen das Ungeborene schon symbolisch in die Gemeinschaft der Lebenden auf, ein sicherer Verlauf der letzten Schwangerschaftsmonate und eine gute Geburt sollen gewährleistet werden. Fester Bestandteil dieser Zeremonien sind stets Symbole für Fruchtbarkeit, Gesundheit und eine problemlose Geburt. So werden auf Java der angehenden Mutter von ihrem Mann zwei junge Kokosnüsse von oben in ihren Rock gesteckt, die dann unter dem Rock auf den Boden fallen – so soll auch das Kind ohne Hindernisse auf die Welt kommen. Und natürlich darf *nasi tumpeng* nicht fehlen, die Segen und Glück verheißende Pyramide aus gelbem Reis. In der Mittel- und Oberschicht bieten diese Bräuche einen willkommenen Anlass für die so beliebten Familienzusammenkünfte: Man zeigt sich in seiner besten traditionellen Kleidung, die Gastgeber genießen die erhaltene Aufmerksamkeit, die Gäste begutachten kritisch, ob die Rituale auch korrekt ausgeführt werden, lassen sich das Essen schmecken und erfreuen sich am geselligen Trubel. Und das angehende **Elternpaar wird zeremoniell auf seine anstehende Rolle vorbereitet.** Sie erfahren eindrücklich, dass ihr Kind auch von der Gemeinschaft gesegnet und von allen erwartet wird.

Es gibt unzählige lokale **Schwangerschaftstabus** (*pantangan* oder *pamali*). Recht verbreitet ist der Volksglauben, nach dem eine werdende Mutter z. B. keine unreife Ananas, Durian, Jackfruit, junge Kokosnüsse oder Ziegenfleisch essen darf, denn die gelten als „heiß" und könnten zu Fehlgeburten führen. Andere Überlieferungen warnen schwangere Frauen davor, Tiere – auch Mücken – zu töten, eine Schere anzufassen, etwas mit Nadel und Faden zu nähen. Die angehenden Väter wiederum sollten keinen Nagel in die Wand schlagen. Weitverbreitet ist auch die Vorstellung, schwangere Frauen und manchmal auch die werdenden Väter (dies vor allem auf Bali) sollten sich **während der Schwangerschaft nicht die Haare schneiden.** Allgemein ist man der Überzeugung, dass intensive emotionale Momente auf den Charakter und das Schicksal des Ungeborenen Einfluss nehmen können, von daher sind Streit, Wut, Neid, üble Nachrede und Erschrecken zu vermeiden. Kommt es doch mal zu negativen Momenten und Gefühlen, streicheln viele Frauen automatisch ihren Bauch und murmeln *amit-amit jabang bayi*, „Gott bewahre, Embryo", – das Negative möge keinen Einfluss auf die Entwicklung des ungeborenen Kindes nehmen, möge die Erfahrung keinen bleibenden Eindruck in seiner Seele hinterlassen. Schwangere Frauen sind zudem wie bei uns bekannt für ihre eigenartigen Gelüste *(ngidam)* nach bestimmten Nahrungsmitteln. Diese gelten als Wünsche des Ungeborenen und sollten daher soweit wie möglich erfüllt werden.

Neben den traditionellen Hebammen, den *dukun bayi* oder *dukun beranak*, sind heute zunehmend ausgebildete Hebammen *(bidan)*, lokale Gesundheitszentren *(puskesmas)* und Krankenhäuser für die Geburten zuständig. Sowohl die **Säuglingssterblichkeit** als auch die Müttersterblichkeit sind in Indonesien allerdings noch deutlich höher als in den meisten südostasiatischen Nachbarländern. Tragischerweise könnten oft simple Hygienemaßnahmen die für Säuglinge so gefährlichen Durchfallerkrankungen verhindern: Wenn die Mütter sich z. B. kurz ihre Hände waschen würden, bevor sie das Baby mit diesen Händen füttern.

Kinder lernen das Zusammenleben vor allem auch aus dem gemeinsamen Spiel mit anderen Kindern

Bei einer Geburt wünscht man:

Selamat atas kelahiran putra/putri Anda.
„Glückwünsche für die Geburt Ihres Sohnes/Ihrer Tochter."

Unter Muslimen hört man zudem den Wunsch *semoga menjadi anak yang soleh/solehah,* „möge es ein frommes Kind werden". Mit derartigen Wunschfloskeln tun wir Westler uns verständlicherweise etwas schwer. Indonesier haben im Gegensatz zu uns auch keine Scheu davor, ihrem Anliegen Ausdruck zu verleihen, das Kind möge seinen Eltern treu ergeben sein *(semoga menjadi anak yang berbakti kepada orang tua).*

Während einige Ethnien wie die Batak sehnlichst die Geburt eines Sohnes erwarten, da durch diesen die Abstammungslinie fortgeführt wird, so ist doch generell im indonesischen Raum keine dem arabischen, indischen und chinesischen Kulturkreis vergleichbare Enttäuschung bei der **Geburt von Töchtern** zu sehen. So manche Tochter ist ganz offenkundig Papas ganzer Stolz, seine über alles geliebte und verwöhnte Prinzessin. Allgemein sind Söhne und Töchter gleichermaßen begehrt, mindestens je ein Sohn und eine Tochter gilt als ideale Kombination.

Rituale nach der Geburt und im späteren Jugendalter

Auch nach der Geburt gibt es verschiedene Rituale, die den neuen Erdenbürger in seiner ersten Zeit auf der Welt begleiten. In vielen indonesischen Kulturen kommen der **Nabelschnur und der Nachgeburt,** der Plazenta, eine wichtige Bedeutung zu. Sie gelten als ältere und jüngere Geschwister des Kindes, die über sein weiteres Leben wachen werden. Rituell gewaschen und mit einigen symbolischen Beigaben versehen, die dem Kind Segen und Glück bringen sollen, werden sie in einer kleinen Zeremonie zu Hause beigesetzt. Muslime sprechen dem Neugeborenen sofort nach der Geburt das islamische Glaubensbekenntnis ins Ohr – das soll das erste sein, was das Kind hört, denn mit dem ersten Atemzug nimmt ein neues muslimisches Leben unter Gottes Schutz seinen Anfang.

Auf Bali wird **das Drei-Monats-Ritual „nelubulanin"** gefeiert, bei dem das Baby einen Namen bekommt und zum ersten Mal den Erdboden berührt – vorher wurde es immer getragen. Mit dieser symbolischen Niederkunft auf die Erde wird aus dem göttlichen Ahnen, der bis dahin im Kind verkörpert war, ein irdisches Wesen. Auch der erste Haarschnitt des Babys ist auf Bali ein wichtiger Moment. Muslime führen meist am siebten Tag nach der Geburt den ersten rituellen Haarschnitt und die Namensgebung durch. Bei dieser *akikahan* genannten Zeremonie wird zudem eine Ziege geschlachtet.

Spätere Riten sind die vom Islam vorgeschriebene **rituelle Beschneidung der Jungen,** *sunatan* oder *khitanan* genannt. Auch die Beschneidung von Mädchen ist in Indonesien bekannt und in einigen Gegenden bis heute üblich. Die Praktiken reichen von einem symbolischen Einritzen bis zum Herausschneiden eines reiskorngroßen Stückes aus der Klitoris. Anders als bei den Jungen, wo das Ritual als Übergangsritus einen wichtigen Moment in ihrem Erwachsenwerden darstellt und stolz von der Familie gefeiert wird, findet die **Beschneidung von Mädchen** meist ohne größeres Aufsehen statt. Oft wird sie von der Hebamme oder im Krankenhaus direkt nach der Geburt durchgeführt. Auch Aufklärungskampagnen konnten an dieser grausamen Praxis bisher leider nur wenig ändern.

Auf Bali ist die **Zahnfeilungszeremonie** *(metatah)* ein großes Ereignis für die Jugendlichen auf ihrem Weg ins Erwachsenenalter, werden mit ihr doch symbolisch die bösen und destruktiven Leidenschaften des jungen Menschen zurechtgefeilt und ihnen ihre Schärfe genommen. Erst durch die Begradigung seiner spitzen Eckzähne wird der Mensch zum Menschen, er unterscheidet sich nun von den Tieren und Dämonen und wird im Jenseits nicht mit ihnen verwechselt werden.

In vielen indonesischen Kulturen kennt man die Vorstellung, dass es Namen gibt, die sich als zu „bedeutungsschwer" *(terlalu berat)* für das Kind herausstellen. Ist ein Kind oft krank oder wird es allzu häufig vom Unglück heimgesucht, entschließen sich daher die Eltern, dem Kind in einer kleinen Heil und Segen versprechenden Zeremonie einen neuen Namen zu geben. Auf Java wählt man dann oft Namen wie *Slamet* und *Sugeng* („gesund, heil") für Jungen oder *Rahajeng* („segensreich, wohlbehalten") für Mädchen.

Getragen- und Geführtwerden: die frühe Kindheit

Indonesische Babys werden vor allem eines: getragen. Dazu wird traditionell ein um den Körper gewickeltes *Selendang*-Tuch benutzt. Das Baby ist nie allein, es wird im *selendang* am Körper der Mutter oder einer Ersatzmutter getragen und schläft nachts natürlich im Bett der Eltern. Der **ständige Körperkontakt** führt zu einer besonders engen Bindung und der Fähigkeit zu einem vertrauensvollen Sich-Hingeben an die tragende Person, eine Haltung, die auch noch deutlich viele zwischenmenschliche Beziehungen der Erwachsenen prägt. Die zumindest unter der älteren Generation in Deutschland verbreitete Überzeugung, man müsse das Kleinkind so bald wie möglich daran gewöhnen, dass es allein in einem eigenen Bett und gar in einem eigenen Zimmer schläft, und ebenso die Vorstellung, man dürfe das Baby nicht verwöhnen, indem man auf jedes Weinen sofort reagiert, ist Indonesiern vollkommen unverständlich. Erst recht wie eine sadistische Horrorvision mutet ihnen das früher in Deutschland so verbreitete Stillen nach Zeitplan an, dem sich schon das Neugeborene zu fügen hatte. Das indonesische Baby bekommt Milch, wann immer es schreit, es wird beruhigt und getröstet, sobald es weint, und es bleibt nie allein.

Das **Kind unter fünf Jahren,** auf Indonesisch *balita* genannt – kurz für *bawah lima tahun,* „unter fünf Jahren" – gilt noch nicht als „richtiger" Mensch. Die Javaner sprechen von *durung dadi wong,* „noch kein Mensch geworden", denn erst wenn es die Regeln von Höflichkeit und Respekt kennengelernt hat, kann es sich wie ein „richtiger" Mensch verhalten, d. h. seinen Verstand und seine Einsicht gebrauchen.

Balita **genießen Narrenfreiheit,** denn man erwartet von ihnen noch nicht, dass sie Verantwortung für ihr Verhalten übernehmen und durch Appelle an rationales Verständnis auf den richtigen Weg gebracht werden können. Auch strenge Strafen und Disziplinierungen hält man in diesem Alter für nutzlos, da das Kind noch nicht verstehe, worum es geht. Es gibt eine ausgeprägte Scheu, kleinen Kindern zu aggressiv gegenüberzutreten. Sie sind noch klein – dieser Hinweis entschuldigt so gut wie alles. Man versucht vielmehr, das Kind durch lobenden Zuspruch, Ablenkung der Aufmerksamkeit und Belohnungen aller Art, besonders gerne durch Süßigkeiten, vom falschen Verhalten abzubringen und sanft, aber bestimmt in die angestrebte Richtung zu lenken. Der javanische Nationalist und Pädagoge *Ki Hadjar Dewantoro* (1889–1959) hat dieses **behutsam-manipulierende Erziehungsprinzip** in folgende, bis heute in Indonesien bekannte Worte gefasst: *ngarsa sung tulada, ing madya mangun karsa, tut wuri handayani* – „an der Spitze ein Vorbild sein, in der Mitte den Willen fördern, von hinten leiten".

Sollte doch einmal ein **strengeres Vorgehen** nötig sein, verweist man gerne auf böse Geister oder fremde Menschen (z. B. diese unheimlichen Westler), die das unartige Kind fressen oder entführen könnten, wenn es nicht brav den Eltern gehorcht. Das Böse bleibt somit außerhalb der engen Mutter-Kind-Beziehung lokalisiert, nicht die Mutter will ihm Böses, sondern sie will es vor dem Bösen da draußen schützen.

Auch ein spielerisches Necken, Foppen und Irreführen kleiner Kinder ist oft zu sehen. Hier wird schon früh der Umgang mit Illusionen und der Dis-

Ein kleiner Nackedei mit seiner Mutter in einem Dorf auf Flores

044in Foto: jg

krepanz zwischen Erwartungen und Enttäuschungen trainiert. Wie in vielen späteren Kommunikationssituationen geht es darum, die Interaktion vor allem als Spiel des Gebens und Nehmens, aber auch des täuschenden Anbietens und Verweigerns zu sehen. **Das Kind lernt, eine gewisse innere Distanz einzunehmen,** mitzuspielen und nicht alles, was gesagt und angeboten wird, allzu wortwörtlich zu nehmen.

Sauberkeitserziehung und Toilettentraining wird nicht forciert, man lässt den Dingen entspannt seinen Lauf. Ab einem gewissen Alter wird es das Kind schon von selbst lernen, nämlich wenn es beginnt, sich an älteren Kindern zu orientieren und sein Toilettenverhalten an ihnen auszurichten, weil ihm sein eigenes Verhalten peinlich geworden ist.

Scham und Respekt machen den Menschen aus

Mit dem Sprechenlernen wird das Kind in die hierarchischen Unterschiede eingeführt, die zwischen den Menschen bestehen. Die Eltern werden immer mit den entsprechenden Worten für Mutter und Vater angeredet, nie als „du". Auch das Kind wird nicht mit „du" angesprochen, sondern mit seinem Namen bzw. der Koseform davon. Das Kind wiederum spricht von sich selbst nicht als „ich", sondern verwendet ebenfalls seinen Namen. Ebenso spricht die Mutter von sich nicht als „ich", sondern als „Mutter". Die bei uns üblichen Pronomen **„du" und „ich" werden als zu un-**

persönlich und leer empfunden: Sie bezeichnen nicht das Kind als eigene Persönlichkeit, die sich in seinem Namen ausdrückt, und ebenso sind Mutter und Vater nicht irgendein beliebiges „du", sondern eben die Eltern, mit denen das Kind eine einzigartige Beziehung verbindet.

Erst später lernt das Kind, „ich" zu sagen. Manchmal wird die Angewohnheit, von sich selbst nicht als „ich" zu sprechen, sondern den Eigennamen (in seiner Kurzform) zu verwenden, bis ins junge Erwachsenenalter beibehalten.

Ab einem Alter von fünf Jahren werden die Eltern strenger, das Kind wird mit neuen Erwartungen an sein Verhalten konfrontiert: Die Distanz zum Vater vergrößert sich, er wird zur Autoritätsperson. Beiden Eltern gegenüber **wird nun respektvolles Verhalten erwartet.** Auf Java ist das traditionell das Alter, in dem das Kind anfängt, die höflichen Sprachebenen zu erlernen. Auch hier geht die Mutter anhand des schon bewährten Erziehungsprinzips „Sprechen für das Kind" vor. Die höfliche Antwort, wenn man gerufen wird, ist für deutlich niedriger stehende Personen *dalem,* und so antwortet die Mutter oft mit *dalem,* wenn das Kind sie ruft, um das mit ihr identifizierte Kind daran zu gewöhnen, auf diese Weise zu antworten. Dass die Respektsperson Mutter eigentlich, wenn sie von einem Kind gerufen wird, nicht mit *dalem* antwortet, ist hier erstmal irrelevant, da die Einübung von respektvollem Verhalten noch von der engen, identifikatorischen Bindung an die Mutter getragen wird.

Vor allem die Sensibilisierung für Schamgefühle *(malu)* steht ab diesem Alter im Vordergrund. Denn wer keine Scham kennt, ist wie ein wildes Tier, er wird sich nicht den gesellschaftlichen Normen und Werten gemäß verhalten, kennt keinen Respekt, nur puren triebgesteuerten Egoismus *(nafsu).* Erst das **Schamgefühl führt zur bewussten Anpassung an das Gemeinschaftsleben** und zur Anerkennung der hierarchischen Ordnung. Die Fähigkeit zu respektvoller Sprache und das Vorhandensein von Schamgefühlen gehören aus dieser Sicht also untrennbar zu einer reifen, zivilisierten Menschlichkeit dazu. Die **javanische Kultur** ist bekannt für ihre besonders deutliche Ausprägung dieser Weltsicht, aber auch in anderen indonesischen Kulturen finden sich ähnliche Vorstellungen.

Allgemein ist man sich in Indonesien sehr bewusst, dass jedes Kind von Natur aus einen eigenen Charakter hat, eine **eigene Individualität, die akzeptiert werden muss,** da kein Zwang hier etwas ausrichten könne. Die Eltern tun ihr Bestes, aber bestimmte Eigenschaften des Kindes sind nun mal von der Natur bzw. von Gott gegeben und auch über das dem Kind zugeteilte Schicksal hat man letztlich keine Macht. Da ist man traditionellerweise meist recht pragmatisch, auch was die unterschiedlichen Begabungen der Kinder angeht.

Spätestens wenn ein neues Geschwisterkind da ist, müssen sich die Kinder umorientieren, gilt doch nun **alle Aufmerksamkeit dem neuen Nachwuchs,** der genauso getragen, geliebt und umsorgt werden will, wie man selbst es bis dahin wurde. Gerade Mädchen werden schon früh an ihre spätere Rolle gewöhnt: Statt mit Puppen spielen sie mit „echten" Babys. In ärmeren Vierteln und auf dem Land sieht man überall kleine Mädchen, die ganz selbstverständlich Babys und Kleinkinder in einem *selendang* mit sich herumtragen. Berührungsängste mit Babys und Kleinkindern stellen sich so nicht ein, intuitiv übertragen die Kinder das, was sie selbst im körperlich-emotionalen Umgang mit ihrer Mutter und anderen Personen erlebt haben, auf ihren Umgang mit den jüngeren Geschwistern oder Nachbarskindern.

Ist ein Geschwisterkind gekommen, ändert sich auch die in der Sprache ausgedrückte Identität des Kindes. So wird das ältere Kind nun von den Eltern oft als „älteres Geschwister" gerufen (*mbak, kak, mas* etc.), während das kleinere Kind in der Familie als *adek* oder *dedek* („jüngeres Geschwister") angesprochen wird. Im Rahmen von *membahasakan anak* sprechen die Eltern bewusst aus der Rolle des jüngeren Kindes und unterstützen so die Identifikation der Kinder mit ihren **Positionen in der Geschwisterhierarchie.** Die Kinder erleben die hierarchischen Strukturen also nicht in einer konfrontativ-autoritären Weise, sondern wachsen durch die Identifikation mit den Eltern und ihrem Sprechen in diese Strukturen hinein. Das kleine Kind ist nicht so sehr wie bei uns ein als getrennt wahrgenommenes Gegenüber, das explizite Anordnungen zu befolgen lernt, sondern es übernimmt das respektvolle Sprechen intuitiv durch Nachahmung der Eltern. Die Kinder sprechen innerhalb der Familie von sich selbst dann nicht als „ich", sondern als *mas/mbak* oder *adek*. Die eingeführten hierarchischen Unterscheidungen werden durch das weiterhin tragende Gefühl der Geborgenheit und dem Einssein mit der geliebten Person als weniger drastisch erlebt als wir uns das üblicherweise vorstellen.

Verwöhnter Nachwuchs

Weinende Kinder beruhigt man gerne mit Süßigkeiten. Es verwundert wenig, wenn unter dem Nachwuchs der Mittel- und Oberschicht immer häufiger **übergewichtige Kinder** zu finden sind, ein Anblick, der aus den ländlichen Gegenden so gut wie unbekannt ist. Mangelernährung ist in den Armenvierteln und auf dem Land ein großes Problem. In abgelegenen Gebieten wie Papua und den kleinen Sunda-Inseln östlich von Bali kommt es auch immer wieder zu Hungersnöten. Das *World Food Program* schätzte für 2008 die **Zahl der indonesischen Kinder mit Mangelernährung**

049in Foto: jg

auf 13 Mio., von fünf Kindern unter fünf Jahren ist eines untergewichtig. Währenddessen sammelt übrigens die islamische Partei *PKS* auf Massendemonstrationen in Jakarta und anderen Großstädten Indonesiens medienwirksam Geldspenden für palästinensische Kinder.

Wie präsent Zeiten von Nahrungsmittelknappheit auch noch im kollektiven Gedächtnis der heutigen Reichen sind, zeigt sich deutlich darin, dass dicke, pummelige Kinder bei Indonesiern ein begeistertes Entzücken hervorrufen: sie sind süß, drollig, sie sehen „gesund" aus und zeigen, dass es ihnen rundum gut geht - je dicker, desto besser. Dass eine solche Leibesfülle im Erwachsenenalter dann nicht mehr ganz so süß aussieht, daran scheint man im Moment der **Freude am wohlgenährten, kugelrunden Kind** nicht zu denken. Die pausbäckigen Kleinen führen im Betrachter regelmäßig zu einem drängenden Impuls, den man als *gemes* bezeichnet, was sich auf Deutsch umschreiben lässt als „das dringende Bedürfnis verspüren, dieses unwiderstehlich süße kleine Ding liebevoll zu zwicken".

In den wohlhabenderen Schichten dauert das **Verwöhntwerden oft bis zum Erwachsenenalter** an. Für die Arbeit im Haushalt stehen die *pembantu,* die Hausangestellten bereit, die sofort gelaufen kommen, wenn der junge Herr oder die junge Herrin Durst haben, aber zu faul sind, sich selbst in der Küche was zu holen. Der Nachwuchs ist von klein auf gewohnt, beim geringsten Pieps zu bekommen, was er möchte, und das selbstverständliche herrische Herumkommandieren der *pembantu,* das viele Kinder der wohlhabenderen Familien an den Tag legen, irritiert niemanden besonders. Wer es sich leisten kann, stellt gleich eine **24-Stunden-Babysitterin** ein, die sich um das Kind kümmert, während die Eltern mit ihren vielfältigen beruflichen und gesellschaftlichen Verpflichtungen beschäftigt sind. Die Babysitter verwöhnen die Kinder und erfüllen ihnen jeden Wunsch, aus Angst, das Kind könnte zornig und wütend werden, was für die Eltern dann wiederum ein Beweis für die Unfähigkeit der Babysitterin ist - im Zweifelsfall ist immer sie schuld, wenn das Kind weint und schreit.

Und auch bei der Suche nach einem passenden, statusgemäßen Arbeitsplatz ist mitunter wenig eigene Initiative nötig. Papa hat das Geld und den Einfluss, also bekommen die Kinder, was sie sich wünschen. Da wird ein prestigeträchtiges Studium im Ausland finanziert, doch der Nachwuchs veranstaltet dort lieber Partys, geht shoppen oder auf Länderreisen als sich ernsthaft aufs Lernen zu konzentrieren - wieso auch, **bisher hat man ja auch alles ohne Anstrengung bekommen.** Wenn dann das Studium misslingt, kein Problem, Hauptsache, man war im Ausland, und Papa sorgt schon für einen guten Posten in seiner Firma oder in der seines besten Kumpels. Ob der Nachwuchs dafür auch geeignet ist, wen kümmerts, und außerdem weiß man ja: *semua bisa diatur,* „alles kann geregelt werden" - vorausgesetzt, man verfügt über das dafür nötige Geld und die entsprechenden Beziehungen.

Schule: eine Frage von Ranking und Kosten

In der Mittel- und Oberschicht machen Karriereerwartungen und eitle Statusobsessionen aus dem Kind mitunter ein Prestigeobjekt, das mit seinem Erfolg den Eltern als stolz vorgeführtes Schmuckstück dienen soll. Hier **muss das Kind von klein auf intensiv gefördert werden,** für kindliches Spielen bleibt oft keine Zeit mehr. So gibt es in Jakarta und anderen größeren Städten inzwischen Kindergärten, in denen der Nachwuchs schon lesen, schreiben, die Grundrechenarten und Englisch lernt – und am Ende mit einer eindrucksvollen *graduation ceremony* verabschiedet wird. Manche Grundschulen nehmen nur Schüler in die erste Klasse auf, die vorher einen Test in Lesen, Schreiben und Rechnen bestanden haben, dazu gibt es eine mündliche Prüfung, wo die verängstigten kleinen Dreikäsehochs dann vor einer Ehrfurcht einflößenden Reihe von Lehrern sitzen und Fragen beantworten müssen. Auch das in Indonesiens Schulwesen übliche Ranking-System macht vielen Schülern das Leben schwer: Je nach Leistung werden **alle Schüler einer Klasse in einem Ranking aufgelistet.** Die wichtigste Frage der Eltern, Nachbarn und weiteren Familie lautet dann zum Schuljahresende meist sofort: „Welche Bewertung hast du erreicht?"

Eigentlich besteht in Indonesien eine **9-jährige Schulpflicht** (sechs Jahre Grundschule plus drei Jahre Mittelschule). Da für den Schulbesuch jedoch meist bezahlt werden muss, zudem auch noch Schuluniformen, Transport und Lernmaterialien wie Bücher und Schreibutensilien als Kosten hinzukommen, ist der Schulbesuch über die vorgeschriebenen neun Jahre hin für viele Kinder aus ärmeren Familien finanziell nicht möglich.

Das indonesische Bildungssystem weist noch gravierende Mängel auf. Von den Schülern wird vor allem blindes Auswendiglernen gefordert – andererseits ist es gelungen, die **Alphabetisierungsrate** unter den 15- bis 24-Jährigen auf über 98 Prozent zu erhöhen (Stand 2005). Im Jahr 2004 erreichten dem *Human Development Report* 2007/08 zufolge 89 Prozent der Erstklässler die 5. Klasse. Die Zahl der Studierenden lag nach Angaben der „Generaldirektion für Hochschulbildung" im Jahr 2009 bei über vier Millionen.

Schattenseiten indonesischer Kindheiten

In ländlichen Gegenden und in städtischen Armenvierteln ist es mit der schönen Kindheit oft schnell vorbei. Nach den ersten Jahren, in denen man sich getragen und versorgt fühlte, lernen die Kinder hier früh **die Härte des Lebens** kennen. Neben der Sorge um jüngere Geschwister werden vor allem die Mädchen bald zur Hilfe im Haushalt angehalten. Jungen ge-

050in Foto: jg

nießen hingegen deutlich mehr Freiheiten. Das Hüten der Wasserbüffel, eine traditionelle Aufgabe für Jungen auf dem Land, ist zwar mit der Übernahme von Verantwortung, aber auch mit einer gewissen Ungebundenheit und Abenteuern auf den Feldern verbunden.

Armut zwingt viele Kinder, schon früh zu arbeiten, um sich das Schulgeld zu verdienen und zum Familieneinkommen mit beizutragen. **Kinder arbeiten als Handlanger und Hilfsarbeiter** in Werkstätten und kleinen Geschäften, sie putzen in Straßenrestaurants Schuhe, bieten vor Shoppingmalls und an anderen strategisch günstigen Orten in der Regenzeit das Tragen von Regenschirmen an, sie verkaufen Zeitungen, Snacks und bieten allerlei Nützliches an Straßenkreuzungen und Ampeln an, sie betteln als singende und musizierende Straßenkinder und sammeln mit ihren Eltern auf riesigen Mülldeponien inmitten hochgiftiger Dämpfe weiterverwertbaren Abfall. Andere Kinder flüchten vor Armut, Misshandlung und sexuellem Missbrauch im Elternhaus auf die Straße. **Straßenkinder** *(anak jalanan)* sind in den großen Städten Indonesiens überall anzutreffen. Nicht wenige von ihnen müssen sich prostituieren – sei es, weil sie das Opfer von Kinderhändlern geworden sind, die die Armut ihrer Eltern ausnutzten, oder weil sie keine andere Möglichkeit zum Überleben sehen. Einmal in

Auch in Armut aufwachsende Kinder verstehen es, gemeinsam Spaß zu haben

die Prostitution abgerutscht, gibt es für die wenigsten die Chance auf ein Entkommen aus dieser Hölle. Schnell gesellen sich dann Drogenabhängigkeit und HIV-Infektionen hinzu.

Viele Kinder aus ärmeren Familien arbeiten als **pembantu („Hausangestellte“),** manchmal auch im Haushalt von wohlhabenderen, oft entfernteren Familienangehörigen, die in der Stadt leben. Wenn sie Glück haben, dürfen sie als Gegenleistung eine Schule besuchen oder eine Ausbildung absolvieren. Wenn sie Pech haben, gibt es für 24-Stunden-Bereitschaftsdienst nur freie Unterkunft, Kost und ein kleines Taschengeld. Im schlimmsten Fall kommt es zu Misshandlungen und sexueller Ausbeutung. Das mag angesichts der sonst so offensichtlichen Kinderliebe erstaunen. Doch gerade weil in anderen Beziehungen keine Aggressionen gezeigt werden dürfen, entladen diese sich manchmal an den Schwächsten und „Außenseitern“, z. B. den *pembantu* und ungeliebten Stiefkindern.

Dass die meisten dieser Kinder, auch die, die unter erschütterndsten Bedingungen leben müssen, trotz allem selten ihr offenes Lachen verlieren, ja, dass gerade in den Armenvierteln die Kinder oft über eine spontane Begeisterungsfähigkeit und ein lebendiges Interesse verfügen, das wir dort am allerwenigsten erwartet hätten, das erstaunt, fasziniert und beschämt uns wohlhabende Westler immer wieder von Neuem. Angesichts der armseligen materiellen Lebensbedingungen, der schäbigen Hütten und der oft im wahrsten Sinne des Wortes nackten Not, in der die Kinder aufwachsen, ist es wohl das in Geld nicht aufzuwiegende **Verdienst der indonesischen Mütterlichkeit** und Kinderliebe, die dem Baby und Kleinkind auch in ärmsten Verhältnissen ein Urvertrauen und eine Anerkennung seiner Lebendigkeit mit auf den Weg geben, die es später im Überlebenskampf dringend braucht. Auch die Gruppenorientierung ist hier viel wert: Das Zusammensein ist vergnüglich, man kann lachen und für einige Zeit die eigenen Probleme vergessen. Für einen kurzen Moment wird der Hunger nach Geborgenheit und Anerkennung gestillt.

„Pemuda“, „remaja“ und „ABG“ – die indonesische Jugend

Die Jugend als eigene Lebensphase zwischen der Kindheit und dem Erwachsensein ist ein relativ neues Phänomen in den indonesischen Kulturen. Traditionell wurde früh geheiratet, besser gesagt: Die Kinder wurden verheiratet. Erst durch die Einführung der Schulpflicht und weiterführende

Jugendliche in Yogyakarta

Bildungswege entwickelte sich **eine neue Lebensphase der Nicht-mehr-Kinder und Noch-nicht-Verheirateten.** Es ist die Jugend, die durch ihre Begeisterungsfähigkeit und Suche nach eigener Identität Indonesiens Weg in die Zukunft maßgeblich mitbestimmt. Schon die indonesische Unabhängigkeitsbewegung Anfang des 20. Jh. wurde vor allem von einer Vielzahl von Pemuda-Gruppen getragen. *Pemuda* heißt „Jugendlicher", der „Schwur der Jugend" *(Sumpah Pemuda)* legte 1928 den Grundstein für den indonesischen Nationalismus. Indonesien ist das Produkt einer Jugendbewegung und ein Blick auf die Straßen Indonesiens zeigt: Auch heute prägen die Jugendlichen das Bild des Inselreiches, sie machen seine Vitalität aus und tragen den dynamischen Wandel seiner Gesellschaft.

Heute spricht man von Jugendlichen meist als *remaja* „Teenager" oder *ABG,* eine der von Indonesiern so geliebten Abkürzungen, die für **„anak baru gede", „gerade groß gewordenes Kind",** steht. In der Tat kommen Westlern indonesische Teenager oft vergleichsweise albern und kindisch vor – da gackern selbst Studentinnen häufig noch so rum wie bei uns eher 12-Jährige. Die indonesische Vorliebe für Humor und eine lustige Atmosphäre mag dazu genauso beitragen wie die gesellschaftliche Erwartung, dass es sich bei noch nicht verheirateten jungen Leuten wirklich noch um „Kinder" handelt. Sie sollten sich trotz körperlicher und seelischer Reife lieber unschuldig-verspielt und harmlos-albern geben, statt allzu erfahren und erwachsen aufzutreten und dadurch die Älteren zu provozieren.

051in Foto: jh

Im Gegensatz zu *pemuda* haftet den Begriffen *remaja* und *ABG* nichts Politisch-Revolutionäres mehr an. Die **Jugend ist unpolitisch geworden** – das kennt man auch von anderswo. Dafür interessiert sie sich für Lifestyle und ist in Zeiten von Handy, Digitalkamera und Facebook auch hochgradig *narsis* – selbstverliebt, wie immer wieder kokettierend betont wird. Vor allem die urbanen Jugendlichen der Mittel- und Oberschicht sind auffallend mode- und trendbewusst. Konsum, Unterhaltung, aber auch oft – was sich nicht ausschließt – Religiosität sind ihnen wichtig. Alles natürlich immer zusammen mit ihrem großen Freundeskreis, denn die Gruppe ist der Ort, wo auch indonesische Jugendliche ihre individuelle Identität finden. Jeder einzelne in der Gruppe ist bekannt und wird geliebt für die eine oder andere Macke und Charaktereigenschaft. Diese individuellen Unterschiede werden ständig zur Sprache gebracht, vornehmlich in freundschaftlichem Necken und Spötteleien, die aber gerade die Akzeptanz dieser unangepassten Eigenheiten voraussetzen. Der Einzelne lernt, seine **Identität als Teil der Gruppe und gleichzeitig in seiner Einzigartigkeit** zu definieren: Die Gruppe ist eins, aber keines ihrer Mitglieder ist so wie das andere. Wenn etwas „total ihrem Typ" entspricht oder „voll ihr Ding" ist, dann sprechen die Jugendlichen direkter als wir im Deutschen davon: *itu gue banget!* – wörtlich übersetzt: „das ist total ich!".

Modisch und dem neuesten Trend gemäß gekleidet zu sein, dabei aber immer auch einen individuellen Akzent zu setzen, den angesagten Slang zu sprechen und sich mit einer riesigen Schar von Freunden zu umgeben, all **das zeichnet Jugendliche aus, die „gaul" sind: beliebt und trendy.** Besagter Slang nennt sich nicht von ungefähr *bahasa gaul,* die „Trendsprache". *Kuper,* das ist die Slang-Abkürzung für *kurang pergaulan* („zu wenig Umgang"), sind hingegen all die bedauernswerten Zeitgenossen, die, wie der Namen schon sagt, zu wenig Umgang mit anderen Menschen pflegen und somit vom neuesten Trend noch gar nichts mitbekommen haben. Sie sind in Benehmen und Konversationsverhalten Außenseiter, sie fallen auf: Sie können nur verständnislos blicken, wenn sie die neuesten Slang-Wörter hören, sie benehmen und kleiden sich altmodisch – wobei „alt" in diesem Fall durchaus eine Zeitspanne von nur einem Jahr oder wenigen Monaten bezeichnen kann, denn die Trends ändern sich in Jakartas Jugendszene in einem rasanten Tempo. (Siehe auch das Kap. „Freizeitvergnügungen".)

Geschäftstüchtig: javanische Batikhändlerin in Solo

Demütige „Sumbadra“, kühne „Srikandi“ – indonesische Frauen

Das Leben indonesischer Frauen ist in einem rapiden Wandel begriffen. Globalisierung, westlicher Individualismus und eine zunehmende Islamisierung des öffentlichen Lebens fordern traditionelle Werte heraus und führen zu neuen Lebensentwürfen: **Sie wollen modern sein, aber auch die Traditionen achten,** sie versuchen zwischen individueller Freiheit und Selbstbestimmung einerseits und rigiden islamischen Moralvorstellungen anderseits einen lebbaren Mittelweg zu finden. Seit dem Sturz *Suhartos* ist die Zeit der *reformasi* angebrochen, wie der Demokratisierungsprozess in Indonesien genannt wird. Doch die neuen Freiheiten führten zu neuen Zwängen: Das Kopftuch erlebt einen Boom und ist inzwischen Mainstream-Mode geworden, der moralische Druck, sich demonstrativ als gottesfürchtige und damit moralisch anständige Frau zu präsentieren, ist enorm gestiegen.

Traditionell genießen die indonesischen Frauen einen deutlich höheren Status als ihre Schwestern in den islamischen Gesellschaften des Nahen Ostens. Auch verglichen mit indischen Frauen verfügen Indonesierinnen über mehr Freiheiten und gesellschaftliche Anerkennung. Die indigenen indonesischen Kulturen sind für ihre vergleichsweise egalitären Weltbilder bekannt und auch in islamisierten und christianisierten Gebieten waren und **sind Frauen im öffentlichen Leben präsent.** Selbst das streng islamische Aceh kann vier Sultaninnen aufweisen, die das nordsumatranische Reich im 17. Jh. regierten, und um die kühne Admiralin *Malahayati* aus dem 16. Jh. ranken sich heute noch Legenden. Die Sultanin *Ratu Safiatuddin Tajul Alam Shah* beispielsweise regierte von 1641–1675 und gründete die erste Bibliothek in Aceh. Auch bei den ebenso für ihre muslimische Frömmigkeit bekannten Bugis gab es bis ins 19. Jh. hinein noch weibliche Herrscher – zu einer Zeit, als so etwas in anderen Teilen der muslimischen Welt längst nicht mehr denkbar war. In vielen Regionen waren Frauen zudem als Schamaninnen und Heilerinnen **einflussreiche und geachtete**

Persönlichkeiten. Unter den Frauen der Minahasa in Nordsulawesi gab es vor der Christianisierung mächtige Priesterinnen und auch heute gestalten in Manado auffallend viele christliche Pastorinnen das Gemeindeleben. Im javanischen Schattenspiel *wayang kulit* gibt es nicht nur die sanfte, liebliche *Sumbadra,* die demütig ihren Kopf neigt, sondern auch die selbstbewusste, kühne **Srikandi, eine javanische Amazone,** die mit in den Kampf zieht. Lokale Idealvorstellungen von „wahrer" Weiblichkeit fordern zwar ein bescheidenes, liebliches und sanftmütiges Auftreten, aber im realen Leben zeigen sich indonesische Frauen meist emotional-direkter als viele Männer, die für unser Empfinden oft sogar etwas feminin und zurückhaltend wirken.

Während im arabischen Raum die Märkte in Männerhand sind, dominieren in Indonesien von Alters her die Frauen das Marktleben und den Kleinhandel. Vom Adel abgesehen, dessen weibliche Angehörige tatsächlich zumeist im sprichwörtlichen goldenen Käfig lebten, war es immer selbstverständlich, dass die Frauen mit ihrer Arbeit zum Familieneinkommen beitragen. Unter Javanern, aber auch in anderen Ethnien ist es bis heute in vielen Familien üblich, dass **die Frau über die Familienfinanzen bestimmt.** Der Ehemann überlässt sein Einkommen willig seiner Frau, oft weiß er nicht einmal, wie viel er eigentlich genau verdient oder auf welches Konto sein Gehalt überwiesen wird. Von der Frau bekommt er dann

053in Foto: bd

ein kleines Taschengeld für Zigaretten, Snacks und ähnliche alltägliche Bedürfnisse ausgehändigt.

Hinter dieser Praxis steht die weitverbreitete Überzeugung, dass **Männer nun mal nicht mit Geld umgehen könnten.** Anders als Frauen, die umsichtig für die Versorgung ihrer Kinder planen, traut man Männern hier nicht gerade viel Verantwortungsbewusstsein zu: Zu groß sei die Gefahr, dass sie das Geld sofort ausgeben, vertrinken, verspielen oder verhuren. Männer und Geld, das ist nach landläufiger Meinung eine mitunter gefährliche Mischung, die fatale Folgen für die Familie haben kann – allzu unwiderstehlich sind die Verführungskräfte von *harta* (Besitz), *tahta* (Macht) und *wanita* (Frauen). Sowohl die Spielsucht vieler Männer als auch der Alkoholismus sind in Familien der ärmeren Bevölkerung durchaus ernst zu nehmende Probleme, die viel Leid verursachen und die Familien in noch tiefere Schulden und Abhängigkeiten stürzen.

Besser also, man überlässt Geldangelegenheiten den verantwortungsbewussteren und langfristiger planenden Frauen. Und in der Tat sind viele von ihnen aufgrund ihrer pragmatischen, realistischen Haltung sehr viel erfolgreicher in unternehmerischen Tätigkeiten als Männer. Da sie nicht so sehr mit der Wahrung ihres Prestiges beschäftigt sind wie Männer, fällt es ihnen leichter, praktisch und energisch die Dinge in die Hand zu nehmen und die nötigen Entscheidungen durchzusetzen. Mit ihrem unternehmerischen Erfolg **tragen Frauen oft mehr zum Familieneinkommen bei** als die Männer. Diese bevorzugen die zwar prestigeträchtigeren, aber deutlich schlechter bezahlten Positionen im öffentlichen Dienst und akademischen Bereich, wo es mehr um repräsentative Funktionen, Ansehen und Ehre denn um handfeste Geschäfte geht. Im mittleren Management größerer Firmen findet man daher häufig **kompetente, selbstbewusste Frauen.** Doch trotz ihres unternehmerischen Erfolgs gelten offiziell weiterhin die Männer als Familienoberhaupt, sie vertreten die Familie in allen formellen und öffentlichen Belangen. Denn die indonesischen Gesellschaften, von den berühmten Minangkabau abgesehen, sind patriarchalisch strukturiert. Frauen sind in vielen rituellen und sozialen Bereichen deutlich benachteiligt, ihre Interessen werden denen der Männer, die in Politik und Gesellschaft immer noch das letzte Wort haben, hintangestellt.

Srikandi kämpft gegen den Dämon Cakil

Arbeitende Frauen zwischen Ausbeutung und Karriere

Die meisten Frauen arbeiten zu geringem Lohn, ohne garantierte soziale Absicherung und unter zum Teil erschreckenden Arbeitsbedingungen – in der Landwirtschaft, im informellen Sektor und als Industriearbeiterinnen oder Verkäuferinnen. Viele Frauen versuchen mittels befristeter **Arbeitsmigration in die reichen Golfstaaten,** nach Malaysia, Singapur oder Hongkong das Überleben ihrer Familie im Heimatdorf zu sichern. Die sogenannten *TKW (tenaga kerja wanita,* „weibliche Arbeitskräfte") bzw. *TKI (tenaga kerja Indonesia,* „indonesische Arbeitskräfte") **arbeiten als Hausangestellte** und sind im Grunde moderne Sklavinnen, der Willkür ihrer Herrschaften meist hilflos ausgeliefert. Fast täglich meldet die indonesische Presse neue Fälle von misshandelten, vergewaltigten und auch getöteten Arbeitsmigrantinnen. Doch die bittere **Armut in vielen Landesteilen des Inselreiches** und die Hoffnung auf eine bessere Zukunft treibt immer mehr Frauen in die Arbeitsmigration. (2006 arbeiteten fast 3 Mio. indonesische Arbeitskräfte im Ausland, sie senden jährlich rund zweieinhalb Milliarden US-Dollar nach Hause.) Viele dieser Frauen sind Mütter, ihre Kinder werden meist von Verwandten mit versorgt.

Ein traditionelles Berufsfeld für javanische Frauen ist auch das **Batikgeschäft,** während heute in den großen Städten viele Häuser- und Grundstücksmaklerinnen erfolgreich tätig sind. In den ärmeren urbanen Vierteln sind Batak-Frauen über Sumatra hinaus als **Geldverleiherinnen** berühmt-berüchtigt für ihre unnachgiebige Haltung gegenüber Schuldnern. Und auf Bali staunen nicht wenige Westler, denn die Frauen sind hier nicht nur grazile Tänzerinnen, sondern auch als schwer **schuftende Lastenträgerinnen** und im Straßen- und Hausbau tätig – Arbeiten, die anderswo den Männern vorbehalten sind.

Besonders die Frauen der Unterschicht arbeiten hart, oft **ohne Hilfe des Mannes an ihrer Seite.** Viele Männer ziehen auf Arbeitssuche in die große Stadt und lassen ihre Frauen allein im Dorf zurück, andere sind arbeitslos und träumen in den Tag hinein, selbstverständlich davon ausgehend, von der Frau im Haus versorgt zu werden – deren Hausarbeit bleibt natürlich Frauensache. Nicht von ungefähr kommt es, dass Frauen in Indonesien von ihren Ehemännern oft als „großen Babys" sprechen, die sie neben ihren „kleinen Babys" auch noch mit zu versorgen haben – mit Liebe,

In den ländlichen Gebieten arbeiten die Menschen hart und müssen mit schwerer Last beladen oft viele Kilometer zu Fuß zurücklegen

054in Foto: jg

uneingeschränkter Wunsch- und Bedürfniserfüllung und nicht selten auch in finanzieller Hinsicht.

Die Frage **„Hausfrau bzw. Mutter oder Karrierefrau"** stellt sich indonesischen Frauen der Mittel- und Oberschicht nur selten in der gleichen Radikalität wie deutschen Frauen. Das hängt vor allem damit zusammen, dass es in der **Mittel- und Oberschicht** üblich ist, Hausangestellte *(pembantu)* zu haben. Die passen dann tagsüber auf den Nachwuchs auf, putzen, waschen und kochen. Als Mutter zur Ganztagshausfrau zu werden, das ist nur für die wenigsten Frauen eine verlockende Vorstellung, auch wenn es in der Mittelschicht einige Frauen gibt, die dem Mann und dem Nachwuchs zuliebe bewusst auf ihren Beruf verzichten.

Aber selbst **die indonesischen Hausfrauen** *(ibu rumah tangga)* finden meist Wege, von zu Hause aus tätig zu werden. So stellen sie etwas in Heimarbeit her oder vertreiben Dinge, woraus dann mitunter, wenn die Kinder größer geworden sind, ein kleiner eigenständiger Betrieb wird. Das kann im Freundes- und Nachbarschaftskreis der Verkauf von Kosmetikprodukten, Stoffen, Kleidung, Schmuck und Accessoires sein oder ein häuslicher Friseursalon, der Vertrieb von traditioneller Kräutermedizin *(jamu)*, ein Catering-Service, Make-up- und Kostümberatung für Hochzeiten oder in reicheren Kreisen der Verkauf von Versicherungen und Immobilienmaklerei, der Handel mit exquisitem Markenschmuck und und und ...

Ein Tag im Leben einer indonesischen Frau

Der Tag beginnt für die Frauen (zumindest für die ohne Hausmädchen) in der Regel deutlich früher als für die Männer, wird von ihnen doch erwartet, rechtzeitig den Reis und die Beilagen für das Frühstück zu kochen, damit dann die Männer und Kinder nach dem Aufstehen etwas zu essen haben. Nicht wenige Frauen in den Dörfern und städtischen „kampung" stehen schon um vier Uhr morgens auf, um Wasser für das Morgenbad zu holen, Essen zu kochen, den Hof zu fegen und Waren und Snacks vorzubereiten, die man im Laufe des Tages auf dem Markt oder im eigenen kleinen „warung" vor der Tür verkaufen will. Tagsüber wollen die Kinder versorgt werden, die Arbeit auf den Reisfeldern erfordert viel Kraft und wenn noch Zeit ist, werden nebenbei in Handarbeit kleine Produkte für den Verkauf hergestellt. Stehen Feierlichkeiten an, muss natürlich viel vorbereitet werden - das Kochen und Herstellen von Opfergaben dauert bis tief in die Nacht. Und auch sonst endet der Arbeitstag für Frauen später als für Männer: Nach der Feldarbeit und anderen außerhäuslichen Tätigkeiten steht noch die Hausarbeit an, während die Männer längst entspannt rauchend ihren Feierabend mit Freunden genießen.

Im Allgemeinen nehmen indonesische Frauen sehr **aktiv am gesellschaftlichen Leben** teil. Sie sind in vielerlei privaten und beruflichen Netzwerken verbunden, übernehmen Aufgaben bei der Planung und Durchführung von Veranstaltungen verschiedenster Arten und sind auch in der Gemeinde, Moschee, in Nachbarschaftsgruppen, sozialen Verbänden und Wohltätigkeitsvereinen aktiv. Langeweile kommt selten auf, immer gibt es etwas zu besprechen, zu organisieren oder zu feiern. Auch eigene Sparklubs *(arisan)* und von Frauen geführte Kreditgenossenschaften sind sehr beliebt. Die außerhäuslichen Kontakte und Verpflichtungen sind entsprechend vielfältig und werden gerade in ihrem Reichtum an unterschiedlichen Beziehungsdimensionen als emotional erfüllend erlebt. Es ist der intensive Kontakt und **Austausch mit anderen Frauen,** der dabei immer im Vordergrund steht und die Basis für eine typisch indonesische Art der Selbstverwirklichung innerhalb der gelebten Gemeinschaft bildet. (Siehe auch das Kap. „Freizeitvergnügungen".)

Jedes Jahr am 21. April wird der Geburtstag von **Raden Ajeng Kartini** gefeiert. Die populäre Nationalheldin aus adliger javanischer Familie gilt als eine der ersten indonesischen Frauenrechtlerinnen, die sich für eine

Schulbildung auch für Mädchen und mehr **Rechte für die einheimischen Frauen** engagierte. Doch auch sie entkam dem Schicksal so vieler adliger Frauen nicht: Sie beugte sich schließlich dem Wunsch ihres Vaters und wurde zur vierten Frau des Regenten von Rembang. 1904 starb sie, erst 25-jährig, bei der Geburt ihres ersten Kindes. Ob es ihren Ideen und Visionen zur Zukunft der indonesischen Frauen entspricht, dass ihr Geburtstag heute gefeiert wird, indem Schülerinnen sich in traditioneller javanischer Tracht mit Kebaya-Bluse und Haardutt (*sanggul* oder *konde*) kleiden und sogar Kartini-Ähnlichkeits-Wettbewerbe stattfinden, bleibt zu bezweifeln.

Trotz *Kartinis* Beliebtheit haben die Wörter **„Emanzipation" und „Feminismus"** für die meisten Indonesier einen unangenehmen Beige-

Schönheit zwischen Lust und Last

Frauen der Mittel- und Oberschicht verbringen viel Zeit mit der Körper- und ***Schönheitspflege.*** *Das Ideal ist eine samtweiche, makellose helle Haut - Indonesier scheinen auch geringfügige Hautunreinheiten deutlich stärker als „störend" wahrzunehmen als wir. Eine gewaltige Schönheitsindustrie fördert dieses Bedürfnis zielstrebig: Von riesigen Werbeplakaten blicken hellhäutige, eurasische Schönheiten auf die Bevölkerung hinab und verkünden, die begehrte, perfekt weiße Haut sei nur eine Frage der richtigen Bleichcreme. Sundanesinnen und Frauen aus Manado sind für ihre oft helle Haut und ihre Schönheit bekannt. Javanerinnen sind meist dunkler - ihre früher oft gern besungenen Reize als „hitam manis" („die süße Dunkle") haben in den indonesischen Medien Platz machen müssen für das neue Ideal von westlicher und ostasiatischer Hellhäutigkeit.*

„Luluran", ein traditionelles Ganzkörperpeeling, wird auch von Schönheitssalons angeboten und gehört insbesondere zum Pflichtprogramm einer angehenden Braut. Für viele Mittel- und Oberschichtfrauen jeden Alters ist der ***regelmäßige Besuch eines Schönheitssalons*** *eine emotionale Notwendigkeit - es geht nicht nur ums Haareschneiden und Frisieren („in" sind gerade lange, glatte Haare, eine Naturkrause wird notfalls extra geglättet), sondern um ein ganzes Wellnesspaket: Man genießt auch „facial", eine Tiefenreinigung und Massage des Gesichts, und „creambath", eine spezielle Haarwäsche mit intensiver Kopfhautmassage, wobei oft auch noch Maniküre, Pediküre, Fußreflexzonenmassage oder auch „luluran" mit im Servicepaket inbegriffen sind.*

055in Foto: bd

schmack. Sie gelten als westlicher Ideenimport, Feminismus zudem als zu männerfeindlich und aggressiv-egoistisch, als dass man damit eine positive indonesische weibliche Identität verbinden könnte. Auch mit dem Konzept der *wanita karier,* der „Karrierefrau", hat man so seine Probleme ungeachtet der Tatsache, dass die meisten indonesischen Frauen, anders als es im Westen lange üblich war, ganz selbstverständlich auch zum Familieneinkommen beitragen und durchaus Karriere machen.

Traditionelle weibliche Kleidung

Die in der jungen Republik von *Sukarno* und *Suharto* propagierte, **bis heute beliebte Nationaltracht** der indonesischen Frau ist *kain* und *kebaya.* Sie wird zu Festtagen und zeremoniellen Anlässen wie Hochzeiten getragen und ist zum Symbol einer indonesischen Weiblichkeit geworden, die sich durch sinnliche Anmut und Eleganz auszeichnet. **„Kain", der typische enge Batikwickelrock,** ist im Westen übrigens fälschlicherweise als Sarong bekannt – den *sarung* tragen die Männer, so z. B. in der Moschee, er ist schon an den Enden zusammengenäht. Zum *kain* trägt frau **„kebaya", eine langärmlige Bluse,** deren Länge und Schnitt variieren kann. Ursprünglich war *kebaya* die Tracht der Sundanesinnen und Javanerinnen, während sich balinesische Frauen bis ca. 1920 noch „oben ohne" zeigten und nur zu zeremoniellen und formellen Anlässen ein Brusttuch trugen, das Bauch und Brust bedeckte, Arme und Schultern aber frei ließ. Die heute für Bali so typischen eng anliegenden und die weiblichen Formen akzentuierenden Kebaya-Blusen wurden durch die Holländer eingeführt und haben sich erst in den 1930er-Jahren durchsetzen können. Es handelt sich dabei um die sundanesische Kebaya-Variation, die einer Corsage ähnlich Dekolleté und Brust stark betont, während die javanische *kebaya* mit ihrem geraden Schnitt eher locker fällt. Heute ist die typische *kebaya* meist an das sundanesische Modell angelehnt. In den letzten Jahren in Mode gekommen und besonders auf Bali beliebt sind durchsichtige, transparente Brokatstoffe, die ausgesprochen elegant und feminin wirken. In Sumatra ist hingegen das in malaiischen und minangkabauschen Gebieten übliche *baju kurung* die typische Tracht der Frauen: Über einem langen Rock wird eine lange, locker fallende tunikaähnliche Bluse getragen.

Die Nationaltracht sieht zur *kebaya* einen schräg um die Schulter gelegten **Selendang-Schal** vor. Will man ganz korrekt sein, wird zu all dem noch der typische schwere **Haardutt sanggul** getragen, der seinen Trägerinnen einen würdevollen, anmutigen Charakter verleiht.

„Jilbab" – die neue Tracht der indonesischen Muslimin

Es ist unübersehbar: Immer mehr **muslimische Frauen entscheiden sich für das Kopftuch („jilbab")** und damit auch für eine Kleidungsform, die nicht nur gegen westliche, betont körperentblößende Modetrends ein demonstratives Zeichen setzt, sondern auch einen Bruch mit den traditionellen Trachten der lokalen indonesischen Kulturen darstellt. Indonesische muslimische Frauen waren **bis vor ein paar Jahrzehnten zumeist unverschleiert,** in manchen entlegenen Dörfern sah man auch noch alte Frauen entspannt nur in Wickelrock und BH vor ihren Hütten sitzen, ähnlich wie zum Teil heute noch auf Bali. Selbst in Aceh, der „Veranda Mekkas" und einer der am stärksten vom Islam beeinflussten Regionen Indonesiens, bedeckten früher nur wenige Frauen ihre Haare. *Cut Nyak Dien* beispielsweise, die acehnesische Freiheitskämpferin und Nationalheldin, eine fromme Frau, ist auf Fotos mit unbedecktem Kopf zu sehen.

Da das Kopftuch nicht zur alltäglichen Kleidung gehörte, es jedoch zum Beten vorgeschrieben ist, legten die Frauen einen extra dafür gedachten Ganzkörperumhang um, die *mukena* – eine in der arabischen Welt unbekannte Praxis, die aber bis heute aus dem indonesischen Islam nicht weg-

Zwei junge Frauen mit Kebaya-Bluse und Sanggul-Haardutt

zudenken ist. Auch schon verschleierte Frauen **legen zum rituellen Gebet weiterhin ihre weiße „mukena“ an.**

Fromme Frauen trugen früher zu bestimmten Anlässen wie Hochzeiten und Beerdigungen meist einen lose um den Kopf gelegten Schal, den *kerudung,* der Haaransatz und Hals frei lässt, oder wie heute auch noch viele ländliche ältere Frauen eine Art Mütze, die ebenso den Hals nicht bedeckt. Diese **traditionellen indonesischen Schleierformen** sind allerdings für die „neuen Frommen“ nicht mehr akzeptabel. Heute orientiert man sich am globalen neo-orthodoxen Islamverständnis, das nicht ein sichtbares Haar oder gar einen Zentimeter frei liegenden Frauenhals toleriert: Alles muss durch das moderne Kopftuch *jilbab* penibelst bedeckt werden, erst dann ist es „korrekt islamisch“, d. h. *syar'i,* „der Scharia entsprechend“.

Bis Mitte der 1990er-Jahre stellten Jilbab-Trägerinnen eine Minderheit dar, die von der Gesellschaft teils mit verunsichertem Befremden, teils mit offener Ablehnung betrachtet wurde. Viele der damaligen Schülerinnen und Studentinnen, die sich für die islamische Tracht entschieden, hatten harte Kämpfe mit ihren Eltern auszutragen, die ihren Töchtern das Kopftuch verbieten wollten. Sie würden damit ihren Karriereaussichten schaden, kein Mann wolle eine Frau mit Kopftuch heiraten, sie würden fanatisch werden und sich der Familie entfremden, all das fürchteten die besorgten Eltern.

Während das Kopftuch damals in der Tat oft eine recht radikale Entscheidung darstellte, die von den jungen Frauen viel Selbstbewusstsein und Durchsetzungsvermögen erforderte, ist der *jilbab* seit der *reformasi* nach dem Sturz *Suhartos* **aus dem indonesischen Alltagsbild nicht mehr wegzudenken.** Der Siegeszug durch den gesellschaftlichen Mainstream hat dem *jilbab* aber auch einiges von seiner früheren Radikalität genommen. Trugen damals fast alle jungen Frauen einen schmucklosen, langen *jilbab* mit weiten, langen Blusen und Röcken, so ist das heute nur (oder immer) noch eine Minderheit, die meist zum Kreis der islamischen Aktivistinnen gehört. Die überwiegende Mehrheit trägt heute Jilbab-Modelle, die sich in den letzten zehn Jahren neu entwickelt haben und meist zur Kategorie **„Jilbab Gaul“ – „trendy jilbab“** gehören. Es gibt eine schier unüberschaubare Anzahl an Modellen zur Auswahl, eine höchst lukrative Modeindustrie ist um die *busana Muslimah,* die „muslimische

Verkäuferin mit typisch indonesischem „jilbab“

Kleidung" entstanden. Vom simplen, streng puritanisch anmutenden weißen oder schwarzen Kopftuch, das wie bei den Aktivistinnen und ganz besonders Frommen auch den Oberkörper vorschriftsmäßig bedecken muss, bis zu modisch-verspielten, **raffiniert um den Kopf gewickelten Tüchern in aktuellen Trendfarben** und den sehr beliebten, typisch indonesischen *Jilbab Instant* oder *Bergo,* bei denen man nichts mehr wickeln muss, da man sie fertig einfach über den Kopf zieht – die moderne Muslimin hat die Qual der Wahl, um sich ihrer Individualität entsprechend in Szene zu setzen.

Vielen radikaleren Muslimen gelten diese modischen *Jilbab Gaul,* die gerne mit engen Jeans und körperbetonten Blusen kombiniert werden, als nicht korrekt den religiösen Vorschriften entsprechend, während die Jilbab-gaul-Trägerinnen die Aktivistinnen in ihren langen Kopftüchern und sackartigen Blusen und Röcken für zu fanatisch halten, zu ernst und extrem in ihrer Ausrichtung. Aus einem radikalen Bekenntnis einiger Weniger ist seit dem neuen Millennium also eine höchst **vielfältige und lebendige islamische Popkultur** geworden, die den indonesisch-muslimischen Mainstream innerhalb einer Dekade spürbar verändert hat: Der Islam ist sichtbar geworden, aber auch bunter, er soll auch Spaß machen und verträgt sich augenscheinlich bestens mit westlichem Konsumismus und Markenbewusstsein.

056in Foto: bd

Die meisten indonesischen Muslime sind der Meinung, die Entscheidung, ein Kopftuch zu tragen, müsse von der Trägerin selbst kommen, es solle eine eigene, „freie" Entscheidung sein. Diese Argumentation mag so manchen Westler die Stirn runzeln lassen, denn kann man noch von Freiheit in unserem Sinne sprechen, wenn man sich angeblich „frei" für etwas entscheidet, das gleichzeitig als Pflicht und absolute Vorschrift verstanden wird – „du musst gehorchen, aber du musst es freiwillig tun!"? Der **moralische Druck zum Konformismus** geht in der Tat bedeutend tiefer als es politische Zwänge je könnten. Die Art, wie über den *jil-*

bab geredet wird, macht dabei deutlich, welche hoch idealisierte Symbolkraft von ihm ausgeht, deren moralischer Aufladung die wenigsten zu widersprechen wagen: Da ist immer wieder die Rede von der *inner beauty*, der wahren inneren Schönheit einer Frau, die erst zum Vorschein komme, wenn sie sich verschleiere. Indem sie ihre *aurat* – das, was den jeweiligen Islamauslegungen zufolge an Körperteilen bedeckt werden muss – verhüllt, werde der Körper zu etwas Wertvollem, gerade weil er nicht jedem gezeigt wird. Es wird Gott gedankt *(alhamdullilah)*, wenn eine weitere Frau den Schritt gewagt hat und mit dem Anlegen des *jilbab* zeigt, dass sie ein besserer, gottesfürchtigerer Mensch werden will. Sogleich folgt die Mahnung *semoga istiqomah:* „Möge sie standhaft in ihrem Entschluss zur Verschleierung bleiben."

Das Kopftuch nämlich wieder abzulegen wäre ein Skandal: das öffentliche Eingeständnis eines moralischen Versagens, eines labilen, wankelmütigen, prinzipienlosen Charakters. Daher die oft von noch nicht verschleierten Frauen gehörte, defensive **Erklärung für ihre Nichtverschleierung:**

Kopftuch oder Ganzkörperschleier?

Bezüglich der Bezeichnungen für ***die verschiedenen Verschleierungsformen*** *liegt übrigens eine gewisse Sprachverwirrung vor. Mit dem Wort „jilbab" ist in Indonesien das gemeint, was in der restlichen islamischen Welt als „hijab" bezeichnet wird – das Kopftuch generell als solches, in all seinen Variationen von puritanisch-simpel bis modisch-kokett. Von „hijab" ist in Indonesien selten die Rede, während andererseits das auch aus dem Arabischen stammende Wort „jilbab" in der arabischen Welt nur eine ganz bestimmte Art von Kopftuch bzw. muslimischer Tracht bezeichnet, nämlich eine Ganzkörperverhüllung, wie sie die ganz Strenggläubigen gerne tragen. Der in der arabischen Welt als „niqab" bezeichnete Gesichtsschleier ist in Indonesien wiederum unter der Bezeichnung „cadar" bekannt – nach dem iranischen „cador" (Tschador), der allerdings in seiner iranischen Form einen schwarzen, den ganzen Körper der Frau umhüllenden Umhang meint, bei dem aber gerade das Gesicht frei bleibt. Der „cadar" bzw. „niqab" ist unter Indonesiens Muslimen noch nicht akzeptiert, seine oft „Ninja" oder „Batman" genannten Trägerinnen gelten als fanatisch und unnahbar und stellen auch in den Augen der meisten frommen Muslime eine schwer zu akzeptierende Provokation dar.*

Sie seien noch nicht innerlich bereit, noch nicht wirklich stark genug, diesen einschneidenden Schritt in ihrem Leben zu wagen – wohl wissend, dass ein Zurück dann kaum mehr möglich ist. Oft hört man auch, die neue Kopftuchträgerin sei *sudah hijrah*, „sie habe die *hijrah* vollzogen", – ein Bezug auf den Auszug *Mohammeds* aus Mekka nach Medina, wo er seine neue islamische Gemeinschaft gründete, in Abkehr vom sündigen und gottlosen Leben im damaligen Mekka, der Zeit der *jahiliyah*. Der Entschluss zum *jilbab* setzt also auch ein öffentliches Zeichen, dass man die eigene persönliche Jahiliyah-Zeit hinter sich lässt. Dass damit gleichzeitig alle anderen **noch unverschleierten Frauen zu sündigenden Jahiliyah-Frauen** erklärt werden, ist ein starkes Stück, aber kaum eine unverschleierte gläubige Muslimin würde es wagen, das ganz offen so beim Namen zu nennen und zu kritisieren. Auch dies ein Hinweis auf den diffusen Fundamentalismus, der die Gesellschaft infiltriert hat und dessen ungreifbarer Macht sich kaum jemand entziehen kann.

Unverheiratete Frauen

Der gesellschaftliche und familiäre Druck zu heiraten ist immer noch groß. Spätestens wenn eine Frau Ende 20 ist und sich noch kein Ehemann in Sichtweite befindet, werden Familie, Verwandtschaft, Freunde und Kollegen „aktiv" und wollen bei der Suche nach dem Passenden mithelfen. Das ist zwar gut gemeint, aber die Mischung aus Mitleid und aufdringlich-bevormundender Einmischung kann ganz schön Nerven kosten. So manche Frau hält dem Druck nicht stand und fügt sich in eine **mehr oder weniger arrangierte Ehe,** die zumindest dem bedrängenden Gerede der Umgebung ein Ende macht und letztlich ja auch etwas Neues eröffnet. Was so eine Ehe am Ende für die betroffenen Frauen bedeutet, lässt sich nicht generalisieren, es muss sich aber nicht immer zum Negativen wenden.

Insgesamt ist allerdings ein schleichender Wandel in diesem Bereich nicht zu übersehen. Besonders in den großen urbanen Zentren Jakarta, Bandung, Surabaya und Medan gibt es inzwischen **viele über 30-jährige Single-Frauen.** Sie sind meist sehr gut ausgebildet, beruflich erfolgreich und ausgesprochen selbstständig – zumindest im außerhäuslichen Leben, denn auch sie wohnen oft noch bei ihren Eltern. Nicht alle von ihnen sind jedoch freiwillig und aus bewusster Entscheidung heraus alleinstehend, viele wünschen sich eigentlich auch eine eigene Familie, vorausgesetzt natürlich, sie treffen den richtigen Mann. Und da wird es oft schwierig, denn je gebildeter und beruflich erfolgreicher die Frauen sind, desto abschreckender wirken sie als potenzielle Partnerin auf viele Männer. Die **Karrierefrau** – *wanita karier* – wird recht ambivalent betrachtet. Ihr Erfolg, ihr Selbstbewusstsein und ihre Selbstständigkeit faszinieren, werden aber schnell auch mit negativen Eigenschaften assoziiert wie überhöhten Ansprüchen an den Partner, Egoismus und ehrgeizigem Verfolgen der eigenen Karriere, die ihnen angeblich wichtiger sei als die Beziehung zu Ehemann und Kindern. Zudem ist das Alter ein Problem: Auch heute noch gilt eine Frau ab Ende 20 schon als „alt" – die noch ledigen Männer im gleichen Alter bevorzugen dann doch meist eine jüngere Frau. Die scheinen hübscher, „unverbrauchter", weniger anspruchsvoll und, was ihre Persönlichkeit angeht, noch flexibel und anpassungsfähig zu sein. Mit einer jüngeren, vielleicht auch etwas naiveren und anhänglich-abhängigen Frau scheint die Verwirklichung des traditionellen Partnerschaftsideals vom „älteren Bruder" und „jüngerer Schwester" eher möglich.

Viele ledige Frauen sind mit ihrem Leben allerdings durchaus zufrieden, besonders wenn der Beruf sie ausfüllt und die Beziehungen zur Familie nicht allzu angespannt sind. Wenn sie nicht bei den Eltern wohnen, wohnen sie oft mit in der Familie eines ihrer Geschwister. Allein lebende Single-Frauen sind noch immer eine Rarität, obwohl auch das vor allem in Jakarta immer öfter anzutreffen ist. Allgemein hat man den Eindruck, dass vor allem die bereits verheirateten Frauen und älteren weiblichen Familienmitglieder mit dem ledigen Status einer Frau in ihrer Umgebung das größte Problem haben. Sie ist wie die Witwe *(janda)* eine Rivalin, die die Männer der verheirateten Frauen verführen könnte. Die ledige indonesische Frau stellt zudem die kollektiv geteilte und in den Medien und in Alltagsgesprächen immer wieder bestärkte Grundannahme – Ehe und Kinder sind *kodrat wanita,* die eigentliche, **„natürliche" Bestimmung im Leben einer Frau** – durch ihre Existenz grundsätzlich infrage.

Die Single-Frau ist aus dieser Sicht also eine Frau, die lieber für sich allein sorgt als für andere und damit das in den indonesischen Kulturen so wichtige Prinzip der **verpflichtenden Gegenseitigkeit des Gebens und Nehmens** missachtet: Die selbstlose Pflege und liebevolle Versorgung, die sie als Kind von ihrer Mutter erhalten hat, gibt sie weder an einen Ehemann noch an eigene Kinder weiter. Sie nimmt einfach das mütterliche Opfer, ohne etwas zurückzugeben, indem sie ihrer Mutter Enkelkinder schenkt.

Ehe, Liebe und Sexualität

Liebesheiraten sind ein relativ neues Phänomen in Indonesien, denn bis vor Kurzem war es meist üblich, dass die Eltern für ihre Kinder eine Ehe arrangierten. So wurden noch in den frühen 1980er-Jahren rund 70 Prozent der Ehen auf Java von den Eltern arrangiert. Die Kinder hatten dabei oft ein Veto-Recht, konnten sich also gegen einen ihnen vorgeschlagenen Partner aussprechen – das allerdings nur, wenn die Aussichten auf weitere standesgemäße Kandidaten noch gut standen. Heute sind es mehr und mehr die Kinder, die einen Partner wählen und den Eltern vorstellen, von deren Zustimmung dann das Zustandekommen der Verbindung abhängt. Am ultimativen **Nein der Eltern,** die Statusgewinn und die Aussicht auf ökonomische Sicherheit oft höher bewerten als die Gefühlslage, zerbricht auch in der Mittel- und Oberschicht so manche langjährige Liebesbeziehung. Die **Wahl eines Ehepartners** ist eben nicht nur eine Frage der individuellen Gefühle, sondern auch ein Thema, das die Familien und ihr gesellschaftliches Umfeld betrifft. Und wie so oft in Indonesien müssen mitunter **schmerzhafte Kompromisse** zwischen eigenen Wünschen und den Erwartungen der Menschen, mit denen man lebt, eingegangen werden.

Heirat – eine Frage von Liebe oder Vernunft?

In einigen Gegenden, so auf Bali und Lombok, ermöglicht der Brauch einer vom Liebespaar gemeinsam geplanten und mithilfe von Freunden und Verwandten des jungen Mannes durchgeführten „Entführung“ der Braut

057in Foto: jg

(kawin lari, „Weglauf-Heirat“) die Durchsetzung eigener Wünsche gegenüber den Eltern der Braut, die dann meist mehr oder weniger freiwillig zustimmen, um den guten Ruf ihrer Tochter nicht zu riskieren.

Traditionellerweise war Liebe also nicht unbedingt die vorrangige Voraussetzung für eine Heirat. Eine Ehe nur aus Gründen der Verliebtheit zu schließen, gilt auch heute noch vielfach als unreifes und unüberlegtes Verhalten, denn Verliebtheit macht bekanntlich blind und wilde Liebesleidenschaft ist vergänglich. Aus dieser Sicht stellt Liebe keine gute Basis für eine Ehe dar, die traditionell eher als Arbeitsgemeinschaft gesehen wird, bei der jeder Partner einen genau definierten Verantwortungsbereich übernimmt. Im Laufe der Ehe sollte sich **idealerweise eine intime Vertrautheit** zwischen den Verheirateten entwickeln: Eine Liebe, die erst nach der Vermählung im Zusammenleben wächst und in der es nicht um heiße Begierden, sondern mehr um einen verantwortungsbewussten, liebe- und respektvollen Umgang miteinander geht.

Tiefe Gefühle füreinander schließt das nicht aus, doch die Erwartungen an eine Ehe sind meist deutlich pragmatischer als bei uns. Während bei uns die Partner sich gegenseitig in ihrer Individualität ergänzen sollen und der Spagat zwischen Partnerschaft und Selbstverwirklichung glücken muss, sind die Frauen in den ländlichen Gebieten und in den ärmeren Schichten Indonesiens oft schon zufrieden, wenn der Mann anständig, höflich, treu und fleißig ist und nicht betrunken nach Hause kommt, die Frau nicht schlägt und das mühsam verdiente Geld nicht verspielt oder für eine Geliebte ausgibt. Es geht um die Einnahme von **traditionell vorgegebenen Rollen** und die Erfüllung der jeweiligen Aufgabengebiete und ehelichen Pflichten, die für das **Gelingen des Gemeinschaftsprojekts Ehe** als ausschlaggebend erachtet werden. Diese „Arbeitsteilung“ führt auch dazu, dass sich die Tätigkeitsfelder der Frauen und Männer kaum überschneiden, beide also im Alltag vielfach nebeneinander her leben und nur wenige Lebensbereiche auf eine Weise miteinander teilen, die Reibungsflächen für Konflikte bieten könnte. Gefühlsmäßig ist man weniger als bei uns allein auf den Partner fixiert, der die absolute Erfüllung bieten soll. Emotionale Befriedigung und zwischenmenschliche Wärme schöpfen Männer und Frauen traditionell eher aus gleichgeschlechtlichen Freundschaften und dem Zusammensein mit Kindern.

Das **Mindestalter für Eheschließungen** beträgt in Indonesien 16 Jahre für Frauen und 19 Jahre für Männer. Es gibt aber gerade in ländlichen Gegenden noch immer arrangierte Heiraten nach lokalem Adat-Recht ohne standesamtliche Registrierung, bei denen das Brautpaar jünger ist. Es wundert wenig, dass diese Verbindungen zwischen Kindern oder Jugendlichen meist nicht lange halten und nach wenigen Jahren wieder geschieden werden. Indonesien war bis vor ein paar Jahrzehnten bekannt für seine hohe Scheidungsrate, die mit teilweise über 50 Prozent eine der höchsten der Welt war. Inzwischen ist die **Scheidungsrate** allerdings deutlich gesunken, was nicht zuletzt auch am älteren Heiratsalter und dem größeren Mitspracherecht der Kinder liegt. Generell wurden Scheidungen recht pragmatisch gesehen: Stellt sich heraus, dass die Eheleute *tidak cocok,* „nicht zusammenpassen", ist es nur naheliegend, sich wieder zu trennen. In den ärmeren Bevölkerungsschichten ist das noch heute so, in der urbanen Mittelschicht hingegen steht vor allem für die Frau bei einer Scheidung oft zu viel an gesellschaftlichem Ansehen auf dem Spiel, sodass die Entscheidung für eine Trennung häufig vermieden wird.

Ehen können in Indonesien in parallelen Rechtssystemen registriert und geschieden werden: Das religiöse Recht besteht hier neben dem nationalen Recht. Eine nur nach religiösem oder Adat-Recht geschlossene Ehe kann allerdings auch nur nach diesem Recht geschieden werden, was in vielen Fällen für die Frau von Nachteil ist. Nach nationalem Recht stehen der Frau ein Teil der erworbenen Güter zu und sie kann das Sorgerecht für die Kinder bekommen, aber z. B. nach **balinesischem Adat-Recht** wird der Nachwuchs im Falle einer Scheidung dem Mann zugesprochen, oft wird der Mutter jeglicher Umgang mit ihren Kindern verboten. Das **islamische Scheidungsrecht** gibt dem Mann die Möglichkeit des *cerai talak,* bei dem es reicht, dass er dreimal hintereinander „ich scheide mich von dir" ausspricht und die Scheidung ist religiös gültig. Allerdings hat auch die Frau die Möglichkeit, die Scheidung einzuklagen *(cerai gugat),* wenn der Mann seine Pflichten als Ernährer der Familie und die vom Islam explizit anerkannten körperlichen und seelischen Bedürfnisse der Frau nicht mehr erfüllt. Interessanterweise wird die überwiegende Mehrheit der Scheidungen in islamischen Scharia-Gerichten von Frauen eingereicht.

Polygamie – legale Untreue der Männer

Nach islamischem Recht darf ein Mann bis zu vier Frauen ehelichen, allerdings unter bestimmten Bedingungen: Die erste Frau muss zustimmen und es müssen bestimmte Gründe wie Unfruchtbarkeit oder Krankheit der ersten Frau vorliegen. Unter *Suharto* war die Polygamie *(poligami)* stigmatisiert und wurde staatlich stark reglementiert, die Islamisierung nach seinem Sturz hat aber auch die Mehrehe in Kreisen mancher Muslime wieder salonfähig gemacht. Männer gelten in Indonesien als von Natur aus polygam veranlagt, sie hätten einfach von Zeit zu Zeit das Bedürfnis nach einer „neuen Geschmacksrichtung". Islamisten argumentieren daher: **Besser eine Zweitfrau,** die nach islamischem Recht „legal" ist, als dass der

Mann durch außerehelichen Sex *(zinah)* „sündigt". Auch in vielen Adat-Rechten, so auf Bali, ist die Polygamie erlaubt, sie wird allerdings staatlich nicht anerkannt. Die hindu-balinesischen Zweit- oder Drittfrauen befinden sich also in einer Situation, in der ihnen kaum Rechte zustehen, von der hoch problematischen innerfamiliären Lage ganz abgesehen. Oft erfährt eine Ehefrau nur durch Zufall von ihrer „Nebenfrau" (*madu,* wörtlich „Honig") in einem anderen Dorf oder einer anderen Stadt.

Die wenigsten Frauen können sich eine polygame Ehe vorstellen. Vereinzelte islamistische Aktivistinnen hingegen stilisieren **eine Ehefrau, die eine Zweitfrau „reinen Herzens" akzeptiert,** zu einer Art Heiligen: Sie beweise mit dem „Ja" zur Polygamie, dass sie ihren Ehemann vor der Sünde unehelichen Sexualverkehrs bewahren wolle. Zudem zeige ihre Bereitschaft, den geliebten Mann mit einer anderen zu teilen, dass ihre Liebe zu Gott größer sei als die Liebe zu ihrem Mann – und dass sie erkannt habe: Der Mann ist nicht ihr Besitz, er gehört Gott allein. Andererseits gibt es Frauen, die aus ganz pragmatischen Gründen eine Nebenfrau tolerieren. Ihre Liebe zum Ehemann ist längst abgekühlt, der neuen Frau überlässt man daher gerne die „ehelichen Pflichten", während sie selbst ihre neue „Unabhängigkeit" genießt, de facto aber den gesellschaftlich so wichtigen Status als verheiratete Frau beibehält – sozusagen eine Win-win-Situation.

Neben der offiziell anerkannten Polygamie gibt es heimliche oder **Unter-der-Hand-Eheschließungen** *(nikah di bawah tangan),* die ohne standesamtliche Registrierung nur durch einen islamischen Geistlichen nach islamischem Recht geschlossen werden. Hierzu zählen das meist im Verborgenen durchgeführte *nikah siri,* bei dem neben dem Brautpaar nur der Geistliche und der vom Islam vorgeschriebene *wali* (Vormund der Frau, in diesem Fall ein Mann, der sich dafür bereitstellt) und ein *saksi* (Zeuge) anwesend sind, – sowie *kawin mu'tah,* eine „Vertragsehe", die meist auf Zeit geschlossen wird. In beiden Fällen ist die Frau bei einer Scheidung oder Geburt eines Kindes rechtlos, das Kind bleibt offiziell ein außereheliches Kind, da die Ehe nicht standesamtlich registriert wurde. Diese „heimlichen" Ehen werden oft von Männern, die weit entfernt von ihrer Familie arbeiten, mit lokalen Frauen geschlossen, sodass die Verbindung zumindest **aus religiöser Sicht keinen „Ehebruch"** darstellt. Auch unter Studenten kommen diese Ehen vor, ebenfalls um Sexualverkehr religiös zu legalisieren. Für die Frau ist das ein riskantes Spiel, denn sie verliert ihre Jungfräulichkeit, während sie davon ausgeht oder ihr versprochen wurde, dass aus der inoffiziellen Verbindung bald eine offizielle Ehe wird – vorausgesetzt, der Mann lässt sie nicht sitzen.

Nikah siri und *kawin mu'tah* sind hochumstritten in Indonesien, aber durchaus verbreitet. Im kühlen Puncak-Hochland zwischen Jakarta und

Bandung hat sich inzwischen gar eine lukrative Tourismusindustrie um die „Zeitehen" gebildet, bei der vornehmlich reiche Männer aus den Golfstaaten und Saudi-Arabien ihre Ferien inklusive einer für ein paar Wochen oder Monate „geheirateten" indonesischen Frau verbringen. Einige Dörfer in Westjava leben von dieser Art des vermeintlich **islamisch korrekten Sextourismus,** bei der sich die oft sehr jungen Frauen unter religiösem Deckmantel prostituieren oder von ihren Familien in die Prostitution getrieben werden. Der ehemalige Vizepräsident *Jusuf Kalla* erregte vor ein paar Jahren Aufsehen mit seiner Bemerkung, die von arabischen Sextouristen zurückgelassenen Kinder würden zu einer „genetischen Optimierung" der Indonesier führen und zudem gute Schauspieler abgeben - ein peinlicher Verweis auf die indonesische Vorliebe für Mischlinge und Gesichter, die europäisch oder nahöstlich aussehen. **Araber** gelten in Indonesien übrigens als „heißblütig" und „sexlüstern". Viele Menschen sagen auch, gerade deswegen habe Gott den Propheten *Mohammed* zu den Arabern geschickt, weil die ihn am dringendsten nötig gehabt hatten - und anscheinend zum Teil noch haben.

Pacaran – „miteinander gehen"

Das westliche Ideal der romantischen Liebe hat natürlich längst auch Indonesien erreicht und wird durch die Massenmedien und indonesische Popmusik bis in entlegene Regionen getragen. Aber auch in der lokalen Folklore und in traditionellen Liedern wird die **romantische Liebe** besungen. Neu ist vielmehr, dass die Sehnsucht nach zärtlicher Zweisamkeit zunehmend die Erwartungen an den realen Partner und die Partnerschaft bestimmt. In Indonesien wartet man allerdings nicht so sehr auf einen Traumprinzen oder die Traumfrau, als vielmehr auf den *jodoh,* das ist **der vom Schicksal vorherbestimmte Lebenspartner.**

Beim *pacaran* zeigen sich beide Partner von ihrer besten Seite. Das Mädchen gibt sich kokett, sanft und unschuldig-verspielt, der Junge stark, fürsorglich und beschützend. Als **voreheliche Beziehung** sollte *pacaran* natürlich ohne Sex bleiben, die romantischen Gefühle von Sehnsucht und anschmiegsamer Zuneigung stehen im Vordergrund: Man schläft nicht miteinander, sondern **schreibt sich Liebesgedichte.** Indonesier zeigen da oft eine erstaunlich poetische Ader und finden Worte für tiefe Gefühle von romantischer Empfindsamkeit. Es ist eine neckend-zärtliche, aber sexuell harmlose Vertrautheit, die das indonesische Ideal vom *pacaran* prägt.

Pacaran erfordert viel Gespür für die Grenzen des Erlaubten und die immer drohende **Gefahr, vom Partner ausgenutzt zu werden:** Da gibt es einmal die *cewek matre,* das „materialistische Mädel", das sich wie üblich

058in Foto: pr

alles vom Jungen bezahlen lässt, in ihren Ansprüchen an ständige Geschenke als Beweis seiner Liebe aber immer dreister wird. Sie ist die Verkörperung der weitverbreiteten Vorstellung, dass die Liebe einer Frau davon abhängig ist, was der Partner ihr finanziell bieten kann – *tak ada uang, tak ada sayang,* „ohne Geld keine Liebe", lautet ein geflügeltes Wort. Andererseits muss das Mädchen aufpassen, dass es vom Jungen nicht mit allerlei schmeichelnden Versprechen von angeblich ewiger Liebe zum Sex verführt und dann, womöglich schwanger, doch sitzen gelassen wird. Männer sind berüchtigt für ihre Neigung zu *rayuan gombal* – Schmeicheleien und Liebesschwüren, die sich als leeres Geschwätz herausstellen.

Der *malam minggu,* „Samstagabend", ist der klassische Termin für *pacaran:* Der Junge besucht sein Mädchen bei ihr zu Hause, macht ihr also seine Aufwartung, während die Familie dafür sorgt, dass die beiden nicht allein sind und sich der Besuch zu einer anständigen Zeit wieder verabschiedet. In moderner ausgerichteten Familien der Mittel- und Oberschicht können die beiden auch mit Freunden oder gar **allein ausgehen.** Wenn die Beziehung vor den Eltern und anderen geheim bleiben muss, dann flüchten sich viele Pärchen in das heimliche, sogenannte *pacaran backstreet.*

Von den jungen Frauen wird ein paradoxes Verhalten verlangt: Einerseits sollen sie durch ein anziehend-kokettes Verhalten signalisieren, dass sie „noch zu haben" sind, andererseits dürfen sie dabei nicht zu weit gehen, sonst gelten sie als „zu leicht zu haben". Wie wichtig die Bewahrung ihrer

Jungfräulichkeit *(keperawanan)* ist, zeigen die erschreckend verächtlichen Bezeichnungen für Frauen, die vorehelichen Sexualverkehr hatten: Sie sind „schon benutzt", gelten daher als „Secondhandware". Die zunehmende Verbreitung von fundamentalistischen Tendenzen im indonesischen Islam und Christentum haben die **Stigmatisierung des vorehelichen Geschlechtsverkehrs** in den letzten Jahren noch verstärkt. Früher hatte man im muslimischen Java und bei den Toraja vor ihrer Christianisierung eine recht pragmatische Haltung in diesen Dingen, wie heute zum Teil auch auf Bali: Voreheliche Sexualkontakte kommen nun mal vor, wichtig ist dann eher, dass die Beziehung vor einer Schwangerschaft oder nach ihrem Bekanntwerden in eine legitime Ehe mündet. Auf Bali gilt eine **voreheliche Schwangerschaft** zudem als Garantie für den Vater und Ehegatten in spe, dass die Frau auch fruchtbar ist.

Im Fall eines „Unglücks" *(kecelakaan),* also bei einer vorehelichen Schwangerschaft, wird vom Vater des Kindes erwartet, sich seiner Verantwortung zu stellen und die Frau rasch zu heiraten, bevor sich ihr Zustand allzu sichtbar zeigt. So bleibt die soziale Scham besonders der Frau und ihrer Eltern in Grenzen und das Kind kommt als ein legitimes zur Welt. „Sieben-Monats-Kinder" sind somit relativ häufig. Gleiches gilt für verzweifelte **Abtreibungsversuche,** bei denen teils lebensgefährliche Methoden eingesetzt werden – alles, um die Schwangerschaft auch vor den Eltern geheim zu halten. **Verhütungsmittel** wie die Pille verschreiben die Ärzte nur verheirateten Frauen. Die Propagierung von Kondomen und *safer sex* scheitert immer wieder am Widerstand religiöser Verbände, die Kondomkampagnen mit Werbung für vorehelichen Geschlechtsverkehr und wechselnde Partner, sprich *free sex,* gleichsetzen.

In islamistischen Kreisen ist **„pacaran" generell verboten:** Da von einer vorehelichen Beziehung in diesem Sinn im Koran nicht die Rede ist, sei es im Islam nicht erlaubt. Man heiratet gleich, allzu viel vorehelicher Kontakt führe nur zu sündigem *zinah* – Ehebruch bzw. außereheliche Liebes- und Sexualbeziehungen. Besonders unter islamistischen Aktivisten ist als Alternative die Partnerwahl und **Heirat durch „ta'aruf"** populär: Fühlt man sich bereit für eine Ehe, vermittelt ein islamischer Geistlicher einen passenden Partner. Bildungsstand, Charaktereigenschaften und vor allem islamische Glaubensstärke sind hier die wichtigsten Prioritäten. Bei einem

Tempelfeste und Märkte eignen sich gut,
um Ausschau nach potenziellen Partnern zu halten

Treffen der beiden Heiratskandidaten – natürlich unter Aufsicht – dürfen sie sich persönlich kennenlernen und schauen, ob sie sich sympathisch sind und sich eine gemeinsame Zukunft vorstellen können. Wenn ja, dann kommt man recht schnell zur Sache und es wird geheiratet. Die **Feier wird nach Geschlechtern getrennt durchgeführt,** alle traditionellen Hochzeitsriten, die den Strenggläubigen als heidnisch gelten, werden vermieden. Das tiefere und intimere Kennenlernen erfolgt dann im sicheren Rahmen der Ehe.

Angst vor „free sex" und entfesselter Triebhaftigkeit

Voreheliches Zusammenleben eines Paares ist auch in der westlich orientierten, urbanen Mittelschicht ein **gesellschaftliches Tabu.** Berüchtigt als *samenleven* (aus dem Niederländischen) oder *kumpul kebo* („wie die Büffel zusammenleben"), löst es die wildesten Fantasien von *free sex* und westlicher Dekadenz aus. Wenn Zusammenleben, d.h. Sex, auch Unverheirateten erlaubt ist, dann, so geht die weitverbreitete Angstfantasie, sei „alles" erlaubt, jeder schlafe mit jedem, alles unverbindlich und *just for fun,* Normen und Werte würden außer Kraft gesetzt, die gesellschaftliche Ordnung breche zusammen. Es kommt immer wieder zu Vorfällen, bei denen Jugendliche ein Haus stürmen, in dem angeblich *kumpul kebo* getrieben wird – von solch unsittlichem Verhalten muss das Wohnviertel frei bleiben, notfalls wird mit Gewalt dafür gesorgt.

Auch Zärtlichkeiten oder Küsse von Liebes- oder Ehepaaren sind in der Öffentlichkeit tabu – im Gegensatz zu körperlichen Gesten der Zuneigung zwischen gleichgeschlechtlichen Freunden. Die **Zurückhaltung von öffentlichen Gefühlsbezeugungen** zum geliebten Partner zeigt, dass man seine Leidenschaften *(nafsu)* unter Kontrolle hat und das kulturell so wichtige Schamgefühl einen davon abhält, seinen Begierden freien Lauf zu lassen. Oft redet man in der Öffentlichkeit gerade mit dem Partner am wenigsten, ja, man scheint ihn fast zu ignorieren. Immer öfter sieht man inzwischen aber junge Pärchen, die Händchen halten – ein scheu-wortloses Zeichen liebevoller Zuneigung, westlichen Vorbildern abgeschaut.

Die Globalisierung des westlichen Hedonismus macht natürlich auch vor Indonesien nicht halt: In den Klubs und Discos der Großstädte, besonders in Jakarta und Bandung, gibt es längst eine durch und durch **verwestlichte Oberschichtsjugend,** die sich auf eine Weise amüsiert, wie sie

Traditionelle javanische Tracht für zeremonielle Anlässe (hier bei einer Hochzeit), nur das Kopftuch ist „modern"

auch bei uns üblich ist. Begrüßungsküsse auch mit Freunden des anderen Geschlechts, Umarmungen, provozierend sexy Posen fürs Handy-Foto, knappe Oberteile und kürzeste Röcke, viel Alkohol und auch Sex sind hier nichts Ungewöhnliches. Berüchtigt sind auch die „lustigen Tanten" *(tante girang),* die sich jugendliche Liebhaber *(berondong)* halten. Ein typisch asiatisches Phänomen ist hingegen die **Prostitution von Schülerinnen und Studentinnen,** den *ayam kampus* („Campus-Hühnern"). Weniger aus materieller Not, sondern meist aus kaum verhohlener, oft sogar kokett zur Schau gestellter materieller Gier lassen sie sich von zahlungskräftigen „freudigen Onkeln" *(oom senang)* in glitzernde Shoppingmalls, schicke Restaurants und die angesagten Klubs ausführen und vor allem großzügig beschenken – die übliche Gegenleistung ist bekannt.

Das andere Extrem sind **streng islamische Gebiete** und Aceh, wo inzwischen die Scharia eingeführt worden ist. Hier ist es verboten, dass sich ein Mann und eine Frau, die nicht miteinander verwandt sind *(bukan muhrim),* allein an einem Ort aufhalten. Denn man weiß ja: Sind zwei allein zusammen *(khalwat),* ist immer ein Dritter mit im Bunde, nämlich der Teufel, der zu *zinah* („Ehebruch, außerehelichem Sexualverkehr") verführt. Solche Vorstellungen sind auch Christen nicht fremd: **Mann und Frau allein zusammen,** das ist eine zu verführerisch-sexuell aufgeladene Situation, die Nichtverheiratete vermeiden sollten – die Frau vor allem auch, um ihren guten Ruf zu wahren, denn die Nachbarn beobachten genau, wer wo ein- und ausgeht.

059in Foto: jg

Dieses Denken und die wilden Fantasien von *kumpul kebo* oder *free sex,* die uns oft reichlich bizarr vorkommen, zeigen, wie präsent **die sexuelle Dimension** in der indonesischen Wahrnehmung ist. Auch sind sexuelle Witze und Anspielungen häufig zu hören – interessanterweise selbst unter strenggläubigen Muslimen. Sexualität ist eine anerkannte Macht im zwischenmenschlichen Leben, die nicht negiert wird, sondern die es zu kontrollieren gilt, damit die körperlichen Begierden *(nafsu)* nicht überhand nehmen und das soziale Zusammenleben gefährden.

Die „Kontrolle“ beginnt allerdings relativ spät. Kleine Kinder wachsen **in engem Körperkontakt** mit der Mutter und anderen Menschen auf, in den ersten Jahren werden sie körperlich verwöhnt. In dörflichen Gegenden oder im urbanen ärmlichen *kampung* sieht man auch immer wieder kleine Jungen „unten ohne“ rumlaufen, wobei die Mütter und Nachbarinnen entzückt nach seinem Penis greifen und ihn damit necken. Viele Kinder sind es gewohnt, zusammen mit ihrer Mutter oder ihrem Vater in einem Bett zu schlafen, später auch mit Geschwistern. Frauen schlafen oft auch als Erwachsene von Zeit zu Zeit mal wieder mit der Mutter in einem Bett. *Kelonan,* eigentlich „ein kleines Kind zum Schlafen bringen, indem man sich mit ihm zusammen ins Bett legt“, wird auch von älteren Kindern und Erwachsenen gerne betrieben. Bezeichnenderweise brauchen viele Indonesier, wenn sie allein schlafen müssen, eine Nackenrolle, die sie im Schlaf umarmen können – sozusagen als Ersatz für die Mutter, Geschwister, den Ehemann oder eigene Kinder, mit denen man sonst zusammen das Bett teilt. Man wächst auch aufgrund räumlicher Enge in einer Atmosphäre von körperlicher Intimität auf, die gleichzeitig ein **feines Gespür für Sinnlichkeit** und körperliche Signale der Mitmenschen entstehen lässt. Erst relativ

060in Foto: jg

spät setzt der erzieherische Einsatz von strengeren Verhaltensregeln und Einschränkungen ein, wenn das kleine Kind lernt, sein Verhalten am **Schamgefühl** *(malu)* auszurichten. Die Wahrnehmung körperlicher Sinnlichkeit bleibt dadurch relativ bewusst und hinter der durch *malu* bestimmten, schön-harmonischen Oberfläche lauern die *nafsu,* die bedrohlichen Leidenschaften und egoistischen Begierden. Dass die mitunter schnell die Oberhand gewinnen können, zeigen all die Campus-Hühner, lustigen Tanten und freudigen Onkeln deutlich. Eine in Deutschland lebende Indonesierin meinte einmal: Der **Unterschied zwischen Indonesien und Deutschland** (oder dem Westen) sei, dass in Indonesien kleine Kinder verwöhnt würden und so gut wie alles dürften, also ihren Trieben und Begierden freien Lauf lassen könnten, während später dann umso strengere Verhaltenserwartungen dafür sorgen sollten, dass dem körperlich-triebhaften Egoismus die notwendigen gesellschaftlichen Grenzen gesetzt werden. Im Westen sei es umgekehrt: Schon das Kleinkind müsse sich an den Terminplan und die Erwartungen der Eltern anpassen und „funktionieren", es werde hin- und herkommandiert und solle so bald wie möglich verstehen, was es darf und was es nicht darf, später allerdings habe man bei uns dann mehr „Freiheiten".

Sexualität zwischen religiöser Pflicht und sündhaften Entgleisungen

Im Islam gilt Sexualität als ein Geschenk Gottes, ihre Ausübung gar als eine Art religiöser Dienst: Nicht nur Frauen sollen ihren Männern im Bett zu Diensten sein, auch von Männern wird ausdrücklich gefordert, dass sie ihre Frauen sexuell befriedigen.

Strikt untersagt hingegen ist vor- und außerehelicher Geschlechtsverkehr *(zinah)* und alles, was dazu verführt. Und da Sex nach weitverbreiteter Vorstellung „süchtig" macht, sollten Jugendliche und Unverheiratete auch nicht aufgeklärt werden – das Wissen über Sexualität mache sie neugierig, sie würden es ausprobieren wollen, und einmal probiert, könnten sie es dann nicht mehr sein lassen, sondern seien dem erwachten sexuellen Trieb „verfallen".

Es herrscht allerdings eine deutliche Doppelmoral, die von den Frauen verlangt, dass sie bis zur Ehe Jungfrau bleiben, während den männlichen

Menschen auf einer Fähre – Kinder können überall schlafen

061in Foto: ak

Begierden weitaus mehr Verständnis entgegengebracht wird. Männer seien nun mal von Natur aus untreu und promiskuitiv veranlagt und hätten ebenso ihre Bedürfnisse. Reicht ein Mann eine Scheidung ein, weil er untreu geworden ist, vermuten die Leute schnell, dass die Frau seine Bedürfnisse nicht richtig befriedigen konnte – **die Frau ist schuld, wenn der Mann sich eine andere sucht.** Manche Ehefrau toleriert auch stillschweigend, dass ihr Mann von Zeit zu Zeit bei Prostituierten „nascht" *(jajan)* – dabei gehe es ja nur um Sex, während eine ständige Geliebte auch eine emotionale Nebenbuhlerin und damit für die Ehe deutlich gefährlicher wäre. Die Frauen aus Madura sind übrigens besonders berüchtigt – oder begehrenswert, je nachdem: Sie sollen über ganz außergewöhnliche sexuelle Fähigkeiten verfügen.

Indonesien ist im Gegensatz zu Thailand oder den Philippinen im Westen nicht für Sextourismus größeren Ausmaßes bekannt. Doch es besteht durchaus lokale Nachfrage: Da sind die weitverbreiteten *panti pijat* (Massagesalons), die mal nur Massage, oft aber auch einen einschlägigen *servis plus* anbieten, und unzählige Bordellkomplexe *(lokalisasi)*, von denen das legendäre „Dolly" in Surabaya in den 1980er-Jahren angeblich der größte in Südostasien gewesen sein soll. Auch in Gebieten und Distrikten, in denen Scharia-Verordnungen gegen Prostitution erlassen wurden, floriert die Prostitution natürlich weiter, wenn auch verdeckter. Die **Nachfrage nach kommerziellem Sex** besteht weiterhin, die Prostituierten *(pelacur*, euphemistisch *WTS/wanita tuna susila*, „Frauen ohne Moral", oder offiziell *PSK/pekerja seks komersial*, „kommerzielle Sexarbeiterinnen") tragen dann eben züchtig Kopftücher.

Die weitverbreitete Vorstellung, dass Sex süchtig mache, ist auch ein Grund für Stigmatisierungen und Vorurteile, die einer *janda*, d.h. einer **Witwe oder geschiedenen Frau** das Leben schwer machen. Sie gilt als sexlüstern und wird – besonders wenn sie eine *janda kembang*, eine „blühende Witwe", also noch jung ist – von vielen verheirateten Frauen misstrauisch beobachtet, könnte sie doch ihre Männer verführen. Eine sexuell erfahrene Frau, deren Sexualität nicht an einen Mann gebunden und damit „kontrolliert" ist, löst Ängste aus. Eindrückliches Beispiel ist **die balinesische Hexenkönigin Rangda** (wörtlich: „Witwe"), die mit ihren gewaltigen Hängebrüsten, ihrer langen Zunge und ihrem dämonischen Auftreten Inbegriff der Schreckensfantasie einer außer Kontrolle geratenen triebhaften Weiblichkeit ist.

Pornografie

Pornofilme werden in Indonesien oft aus einem anderen Grund als bei uns kritisiert. Interessanterweise sind viele Indonesier der Meinung, **Pornofilme** seien als „Ratgeber" für Ehepaare von Nutzen, da man aus den Filmen lernen könne, wie man guten Sex hat, welche Variationen es gibt etc. Das Problem ist für viele Indonesier also meist nicht so sehr der pornografische Inhalt oder die einseitige Darstellung von rein männlichen Fantasien, was bei uns kritisiert wird, sondern vielmehr die Gefahr, dass

Männer auf einem Markt in Padang

die Filme in die falschen Hände, sprich die von Unverheirateten, gelangen könnten. Medien und öffentliche Meinung geben zudem Pornofilmen regelmäßig die **Schuld an Vergewaltigungen.** Neben Pornos seien übrigens auch die Frauen selbst verantwortlich für Vergewaltigungen und sexuelle Belästigung: Hätten sie ihre Reize bedeckt oder gar ein Kopftuch getragen, wie es sich für eine anständige Frau gehört, wäre das unsittliche Verlangen im Täter erst gar nicht geweckt worden. Dass durchaus auch kopftuchtragende Frauen sexuelle Belästigungen erleben, wird ausgeblendet, da es nicht ins Weltbild passt.

Da junge Indonesier weder in der Schule noch zu Hause aufgeklärt werden, haben sie verständlicherweise ein besonderes Interesse an Pornos, die, so sind sie überzeugt, ihnen zeigen, wie man „es“ normalerweise macht. **Natürlich ist die Versuchung groß,** ihren eigenen körperlichen Bedürfnissen auch nachzugeben. Viele jugendliche Pärchen versuchen, einen lebbaren Mittelweg zwischen restriktiven gesellschaftlichen Normen und ihren individuellen Bedürfnissen und Wünschen zu finden. So vermeiden einige die genitale Penetration, indem sie Oralsex praktizieren oder, wenn auch seltener, Analsex – dabei bleibt die Frau ja „Jungfrau“.

Ein offenes **Gespräch über Sexualität** ist in ländlich-traditionellen Gebieten kaum möglich, auch wenn sexuelle Anspielungen und Witze ganz selbstverständlich zum Alltag gehören und die männliche Obsession mit überall angebotenen traditionellen Potenzmittelchen unübersehbar ist. Männer, deren Ehe kinderlos geblieben ist, werden von Freunden und Bekannten oft ganz direkt dazu gedrängt, sich einer anderen Frau zuzuwenden, um ihre „Männlichkeit“ zu beweisen. Im ganzen Land berühmt ist *Mak Erot,* eine 2008 im Alter von angeblich über 100 Jahren gestorbene, stets fromm mit Kopftuch bekleidete Heilerin aus einem Dorf in Westjava, die angeblich das beste Stück des Mannes mithilfe von Kräutern, Massagen und Gebeten verlängern konnte. Von vermeintlichen Enkelsöhnen dieser indonesischen Beate-Uhse-Omi geleitete „Filialen“ machen unter *Mak Erots* Namen florierende Geschäfte mit allerlei Störungen der männlichen und auch der weiblichen Lust. Frauen wünschen z. B. oft eine Wiederherstellung ihrer jungfräulich-engen Vagina, aus Angst, der Mann könnte an ihrer durch Geschlechtsverkehr und Geburten bereits „ausgeleierten“ Scheide die Lust verlieren.

In der urbanen Mittelklasse geht man hingegen oft auch für unsere Verhältnisse erstaunlich offen mit Sexualität um. So fragen sich Freundinnen mitunter ganz ungeniert gegenseitig danach, in welchen Stellungen und an welchen Orten sie am liebsten „kämpfen“. Die Frauenzeitschriften – auch die für die muslimische Frau – beschäftigen sich ausführlichst mit dem Thema Sexualität und geben Tipps und Ratschläge für ein erfülltes

062in Foto: j3

eheliches Sexualleben. So **mancher Westler traut seinen Ohren nicht,** wenn ihn Menschen, die er gerade erst kennengelernt hat, fragen, ob die Kinderlosigkeit an ihm oder seiner Frau liege. In Sachen „Sprechen über Sex" findet man in Indonesien heute alles – von extrem verlegenem Rumdrucksen bis zu überraschend direkt-unverblümtem Nachfragen. Den neuen Bedingungen entsprechende Normen und Werte fehlen noch, was Orientierungslosigkeit und damit auch extremes Verhalten begünstigt.

Besonders drastisch sieht man diesen Zusammenprall von Tradition und Moderne bei manchen **Aufführungen von Dangdut-Musik** in den Vorstädten und Dörfern, oft im Rahmen von Hochzeiten oder anderen Feiern. Da gibt es immer wieder Sängerinnen, die derart unmissverständliche Bewegungen und Verrenkungen auf der Bühne ausführen, dass sie auch dem westlichen, „abgestumpften" Blick peinlich, vulgär und obszön erscheinen. Die oft kritsierte indonesische Sprachschöpfung *pornoaksi* für **„pornografisches Verhalten"** scheint hier doch ihre Berechtigung zu haben.

Junge Mittelschichtsfrauen bei einem Ausflug zum Borobudur

Das Gefühl, in Sachen Sexualität in eine Dynamik geraten zu sein, die nicht mehr kontrollierbar scheint, hat in vielen Teilen der Gesellschaft zu einer moralischen Panik geführt, die eine fruchtbare Grundlage für den sich ausbreitenden diffusen Fundamentalismus ist. Das hochumstrittene **Antipornografie-Gesetz,** das 2008 verabschiedet wurde, ist nur ein Ausdruck dieser Angst.

Die Kopftuch tragende Frau macht in dieser sexuell aufgeladenen gesellschaftlichen Atmosphäre deutlich, dass sie über Prinzipien, einen starken Charakter und moralisches Bewusstsein verfügt. Das **Kopftuch negiert in diesem Fall nicht die Sexualität,** sondern verbindet sie durch sichtbare Selbstbeschränkung mit Selbstverantwortung.

Homosexualität

Homosexualität ist ein Tabu, vielen gilt es gar als ein weiterer Import des moralisch verdorbenen westlichen Lebensstils, bei dem „alles" erlaubt sei. **Transvestiten und Transsexuelle** (*waria* oder *banci*) nehmen jedoch in vielen indonesischen Kulturen und in traditionellen Riten eine wichtige Rolle als Heiler und Schamanen ein, da sie in sich das männliche und das weibliche Element vereinen. Auch im Alltag des modernen Indonesien sind *banci* häufig zu sehen, sie sind im öffentlichen Leben tagsüber sichtbarer als bei uns. Als Menschen, die im falschen Körper geboren wurden, sind sie anders als Homosexuelle **als „drittes Geschlecht" sozial anerkannt.** Dennoch werden sie stigmatisiert und sind nur allzu oft die Zielscheibe von verächtlichem Spott und Aggressionen. Die Figur des trotteligen, affektiert gestikulierenden *banci* ist auch aus indonesischen Filmen nicht wegzudenken. Viele *banci* prostituieren sich, der Markt an Männern, die es von Zeit zu Zeit zu einem „weiblichen Mann" zieht, ist augenscheinlich groß. Sexualverkehr mit einem *banci* gilt üblicherweise nicht als homosexueller Akt, die Männer sind von ihrer „normalen" heterosexuellen Orientierung überzeugt. Wie auch im orientalischen Raum gilt traditionellerweise als homosexuell, wer sich penetrieren lässt und das genießt – der Penetrierende hingegen ist „ein richtiger Mann", ob er nun Frauen oder Männer oder *banci* penetriert.

Inzwischen sind aber auch **westliche Konzepte von Homosexualität** und von möglichen männlichen homosexuellen Identitäten (homosexuelle Frauen kommen darin kaum vor), vom feminin-passiven Mann bis hin zum Muskel-Machoprotz, in Indonesien angekommen und verändern die lokale Szene und die Vorstellungen davon, was ein „homosexueller" Mann ist. Gleichzeitig nehmen fundamentalistische Muslime und Christen mehr und mehr Einfluss auf die öffentliche Wahrnehmung nicht nur der Schwulen und Lesben, sondern auch der *banci.* Die Extreme spitzen sich auch hier zu: So war es in Jakarta eine Zeit lang in prominenten Kreisen geradezu Mode, sich homosexuell oder zumindest bisexuell zu geben und Autoren wie *Moammar Emka* verzeichnen Verkaufserfolge mit Büchern wie „Sex'n the City“ über Jakartas promiskuitiv-dekadentes Schickeria-Nachtleben. Andererseits rufen religiöse Hardliner immer lauter nach einem Verbot allen „sündigen“ Verhaltens, auch vor Gewalt schrecken Gruppen wie die berüchtigten Schlägertrupps der *FPI* („Front der Verteidiger des Islam“) nicht zurück.

005in Foto: jg

DAS ALLTÄGLICHE LEBEN

„… das ist es, worum es beim Malaiischsein geht: Es ist der Wunsch, statt blindem Gehorsam gegenüber abstrakten Regeln, geografischen Bedenken oder dem Glauben an eine unveränderliche persönliche Identität ein Gefühl von Gemeinschaft und Verwandtschaft zwischen konkreten Menschen zu schaffen. Anders ausgedrückt, es ist Flexibilität und die Bereitschaft zu spielen, die beim Malaiischsein und beim Handeln als Malaie zählen.“

Henk Maier (Quelle s.: „Quellenangaben“ 2)

Ein Becak-Fahrer wartet auf Kunden und nutzt die Zeit für eine Pause

Mentalität und Weltanschauung

Westliche Besucher sind immer wieder fasziniert von der heiteren Gelassenheit, die den indonesischen Alltag zu prägen scheint. Wo man auch hinblickt - die Menschen lächeln den Fremden an, haben stets Zeit für einen angeregten Plausch und scheinen nichts lieber zu tun, als gemeinsam herzhaft zu lachen. Und das gerade auch inmitten augenfälliger Armut, am schäbigen *warung* am Straßenrand oder unter Becak-(Rikscha-)Fahrern, die auf Kundschaft warten. Dass in diesem Land sogar Menschen, die von der Hand in den Mund leben und oft nicht wissen, wie lange - wenn überhaupt - sie noch das Schulgeld für die Kinder zahlen können, eine humorvolle Lebensfreude ausstrahlen, die man in unseren vergleichsweise vermögenden Breitengraden nur selten findet, das kann durchaus beschämen.

Gruppenorientierung

Doch der erste äußere Eindruck kann leicht täuschen. Wie man sich nach außen gibt, muss nicht unbedingt dem entsprechen, wie man sich innerlich fühlt. Man handelt und verhält sich entsprechend des jeweiligen sozialen Kontextes und wenn jemand mit Freunden ausgiebig lacht und scherzt, obwohl er sich in einer anderen Situation gerade vor unlösbare Probleme gestellt sieht, dann wird das nicht unbedingt als ein „Verstellen" oder „Lügen" empfunden. Indonesier sind hier flexibler als der durchschnittliche Westler und die Gruppendynamik tut ihr Übriges: Wenn man mit anderen zusammen ist, sind die eigenen Schwierigkeiten für eine Weile nicht mehr so akut, das **geteilte Gemeinschaftsgefühl** hat für diesen Moment Priorität. In der Gruppe finden Indonesier **Halt und Orientierung.** Nicht nur, dass die Gruppe konkrete Hilfe bietet, sie erlaubt es auch, zumindest zeitweise die Ausweglosigkeit der individuellen Situation zu überwinden, indem man sich die Gruppenidentität zu eigen macht und durch die Gruppenperspektive die eigenen Probleme relativiert.

Indonesier identifizieren sich stark mit ihrer jeweiligen Gruppenidentität: sei es die Familie, die Schule bzw. Schulklasse, der Studienjahrgang oder natürlich die Religionszugehörigkeit und ethnische Herkunft. Man ist sich bewusst, dass man im Leben auf andere angewiesen bleiben wird - nicht nur in Notsituationen, sondern auch bei der Verwirklichung von

Die gute Laune vieler Indonesier ist ansteckend

Glück und Erfolg. Spontane **tatkräftige Hilfsbereitschaft** in der Verwandtschaft und im engeren Freundeskreis ist selbstverständlich – und so gerne Hilfe geleistet wird, so sehr geht man auch davon aus, jederzeit auf ebenso flexible Unterstützung zählen zu können.

Andererseits hemmt die Gruppenorientierung für uns so wichtige Eigenschaften wie persönliches Verantwortungsgefühl und Eigeninitative. Die **Abgabe der Verantwortung an die Gruppe** führt auch dazu, dass man sich im Schutz der Gemeinschaft sicher fühlt und sich gegenüber Außenstehenden mitunter ein Verhalten leistet, dass man innerhalb der Gruppe oder in persönlichen Beziehungen nie zeigen würde. So kann es schon mal vorkommen, dass junge Männer aus einem Pulk heraus dem vorbeilaufenden Westler mutig ein paar obszöne Bemerkungen hinterherrufen – ha, was war man mutig, ohne sich verantwortlich fühlen zu müssen! Und aus der Gruppe kann in Sekundenschnelle **der gefürchtete Mob,** die *massa* werden, deren amoklaufartige Krawalle und Ausschreitungen auch die Polizei lieber geschehen lässt, als das Wagnis einzugehen, sie noch weiter zu provozieren.

Optimismus und Pragmatismus

Das Wissen um die im Idealfall jederzeit zur Verfügung stehende Hilfe von Familie und Freunden trägt zu einer relativ optimistischen Grundhaltung bei. Neben einem stärker als bei uns verwurzelten Erleben im Hier

063in Foto: ak

und Jetzt hilft das, **den Glauben an die Lösbarkeit von Problemen** zu behalten. Egal wie eng die Situation aussehen mag – Indonesier sind meist davon überzeugt, dass sich die Sache schon irgendwie regeln lassen kann, nach dem Motto: Wird schon irgendwie klappen, das kriegen wir schon gemanagt, nur keine Panik! Während Westler sich oft den Kopf zerbrechen, was möglicherweise alles passieren könnte, und entsprechend Vorsorge treffen, gehen Indonesier eher davon aus, dass alles gut gehen wird. Falls es dann doch Probleme geben sollte, kann man immer noch sehen, was man konkret damit macht. Und irgendwer ist immer da, der einem bestimmt aus der Patsche helfen wird. Diese optimistische Grundhaltung führt andererseits dazu, dass man sich **oft sehr verantwortungslos** verhält, gerade was die Einhaltung von Sicherheitsstandards betrifft. Busfahrer liefern sich halsbrecherische Verfolgungsjadgen, Fähren nehmen ein Vielfaches der maximalen Ladelast auf, Maschinen werden nicht den Vorschriften entsprechend gewartet – es wird schon gut gehen!

Wenn jedoch etwas nicht so klappt, wie man sich das vorgestellt hat, dann sollte es eben so kommen, dann war es „Schicksal". Indonesier sind sich nicht nur bewusst, wie wichtig die Unterstützung durch andere Menschen ist, sondern wissen auch um die **unvorhersehbare Macht des unergründlichen „göttlichen Willens".** Pläne und Verabredungen werden daher unter Muslimen oft mit einem *insyallah* eingeleitet: „so Gott will". Denn wenn Gott nicht will, dann hilft auch keine noch so penible Vorbe-

064in Foto: jg

reitung und Planung. Ein Scheitern wird dementsprechend auch anders als bei uns nicht gleich als persönliches Versagen empfunden, sondern pragmatisch als ein **„es sollte eben nicht sein"** zur Kenntnis genommen. Folglich zermartern sich Indonesier in solchen Fällen auch seltener als Westler den Kopf mit schuldbelasteten Fragen wie „wieso habe ich nicht ..." oder „hätte ich doch ...".

Relativ schnell wendet man sich wieder neuen Ideen und Zielen zu, die **spontane Begeisterungsfähigkeit** vieler Indonesier ist immer wieder beeindruckend. In diesen Momenten scheint einfach alles realisierbar, ein typisch westliches, zweifelndes „ja, aber ..." stößt unweigerlich auf Unverständnis. Wenn sich ein Projekt dann doch nicht wie geplant durchführen lässt, ist aber auch die Enttäuschung darüber meist schneller weggesteckt als unter Westlern. Bei uns muss meist alles von Anfang an sicher und genau abgesteckt sein, alle Risiken sollten berücksichtigt werden, um sicherzustellen, dass alles so läuft wie geplant. Indonesier, die vom konkreten Hier und Jetzt ausgehen und die Zukunft als generell offen ansehen, sind hier psychisch flexibler. Zynische Westler und an westliche Verbindlichkeit gewohnte Indonesier mögen mitunter sagen: unzuverlässig. Aus indonesischer Sicht hingegen ist die westliche Fixierung auf alle erdenklichen Hindernisse, bei der alles unter Kontrolle bleiben muss, sehr merkwürdig: Warum machen es sich die Westler so schwer, wo es doch so einfach gehen könnte? Und wenn es morgen wieder anders aussieht, dann schaut man eben morgen, was man machen kann. **Für Indonesier zählt konkret das Heute,** was gestern war, ist schnell vergessen, wenn heute eine neue tolle Idee auf dem Tisch liegt - und die Zukunft kann sowieso alles mögliche bringen. Und da ja immer etwas dazwischenkommen kann und letztlich alles auch, davon ist man tief überzeugt, von Gottes Willen abhängt, legt man sich auch im eigenen Interesse nicht allzu konkret fest: **Man bleibt flexibel.**

Diese flexible Reaktion auf neue Situationen und Konstellationen hilft auch dabei, sofort zuzugreifen, wenn sich eine Möglichkeit dazu bietet. Wenn es sich dabei um **eine unerwartete Glückssträhne** in beruflichen oder finanziellen Dingen handelt, dann ist die Rede von *rezeki*. *Rezeki* hat man auszuschöpfen, wo es sich bietet, denn eine zweite Gelegenheit erhält man vielleicht nicht. Zudem gilt *rezeki* als ein Zeichen, dass es das Schicksal auch mal gut mit einem meint. Und wer wollte sich das entge-

Straßenverkäufer bieten Getränke an

hen lassen? Gerade die ärmeren Schichten, die in prekären finanziellen und beruflichen Verhältnissen leben, sind auf *rezeki* angewiesen: eine plötzliche Gelegenheit zu einer gut bezahlten Arbeit, eine unerwartete Erbschaft usw. Wie bei allem, so gibt es aber auch hier eine negative Seite der Medaille. *Aji mumpung* („eine Gelegenheit beim Schopf ergreifen") betreiben die Menschen, die dem *rezeki* egoistisch etwas nachhelfen. *Rezeki* nimmt man dankbar als Geschenk Gottes an, aber das durch *aji mumpung* Erreichte hat immer den Beigeschmack von schamlosem Ausnutzen bestimmter zufälliger Konstellationen.

Das Ideal harmonischer Hierarchie

Der Neigung zum Aufgehen in der Gruppe steht gleichsam als Gegenpol die alle Beziehungen durchdringende Hierarchisierung der Gesellschaft entgegen. Indonesier haben ein starkes Gefühl dafür, wie wichtig **die hierarchische Strukturierung der sozialen Beziehungen** ist. Bei allen indonesischen Ethnien tief verankert ist der Glaube an eine gottgewollte, natürliche oder von den Ahnen eingesetzte gesellschaftliche Ordnung. Wenn alle Menschen ihren Platz in dieser Hierarchie einnehmen und ihren damit verbundenen Verpflichtungen nachkommen, dann endlich, so ist man sich sicher, herrsche **Frieden und Harmonie.** Nicht nur zwischen Menschen untereinander, sondern auch zwischen den Menschen und Gott, den Göttern oder der Natur und ihren Mächten – Makro- und Mikrokosmos wären dann im Einklang und Gleichgewicht.

Traditionellerweise ist diese Ordnung in den überlieferten Adat-Regeln der jeweiligen Ethnien erläutert, die die soziale Struktur, die Pflichten und Verantwortungen jedes Einzelnen und die rituellen Vorschriften genau festlegen. Darüber legten sich später die neuen Vorstellungen der Beziehung zwischen den Menschen und Gott, die der Islam und das Christentum brachten. **Adat und Weltreligionen** fanden zu neuen lokalen Ausformungen, in denen auf synkretistische Weise das Alte im Rahmen des Neuen aufgehoben und weitergeführt werden konnte. Den Status des ehemals nicht hinterfragbaren traditionellen *adat* erhält heute oft die **Scharia als absolutes göttliches Gesetz,** schließlich bietet sie ebenso genaue Vorschriften hinsichtlich des täglichen Miteinanders der Geschlechter und der Ausführung der obligatorischen Rituale. Christen haben es hier nicht so einfach, da das Christentum über keine der Scharia entsprechende „Bedienungsanleitung" für jedes Alltagsdetail verfügt. Die Neigung zur Ansicht, dass bestimmte Dinge so und so zu sein haben und nur dann rechtmäßig sind, ist jedoch ebenfalls typischer Bestandteil christlicher fundamentalistischer Strömungen.

In Begegnungssituationen wird von allen Beteiligten erwartet, durch die **Beachtung der teils hoch differenzierten Höflichkeitsetikette** das Ideal der harmonischen Ordnung zumindest für einen Moment Wirklichkeit werden zu lassen. Dazu gehört auch, aktiv an der **Schaffung einer heiteren, lockeren Stimmung** beizutragen. Zumindest auf der Oberfläche sollen idealerweise Harmonie und Schönheit das Bild bestimmen. Dass es unter der Oberfläche oft gar nicht so schön aussieht, wird nicht unbedingt als quälender Widerspruch wahrgenommen, beide Ebenen sind auf die gleiche Weise „wahr". An einer gelungenen Harmonie-Inszenierung haben alle Beteiligten teil und genießen es in den meisten Fällen auch: Die Gruppenbeziehungen werden bestätigt und bekräftigt, man teilt ein schönes Gefühl des heiteren Zusammenseins, Ältere genießen den Respekt, den ihnen die Jüngeren entgegenbringen, und die Jüngeren genießen die wohlwollende Anteilnahme, die die Älteren ihnen gegenüber zeigen.

065in Foto: jg

Schicksals- und Aberglauben

Der Glaube an eine feste übergeordnete Ordnung geht allerdings einher mit einer mehr oder weniger ausgeprägten Neigung zum Schicksals- und Aberglauben. Denn vom Ideal der erstrebten harmonischen Ordnung ist im realen Alltag nicht immer etwas zu spüren und auch Zufälle passen hier nur schwer ins Bild. Andererseits muss alles Geschehen eine tiefere Bedeutung haben, es muss eine klare Erklärung geben, denn **innerhalb einer idealen Ordnung passiert nichts einfach nur so.** Je nach Temperament und individueller Veranlagung zu stoischer Schicksalsergebenheit *(pasrah)* werden persönliche Unglücke und Naturkatastrophen entsprechend als

Für eine Zigarette und ein Lachen ist immer Zeit genug

Schicksal (*takdir* oder *nasib*), göttliche Strafe oder Aggression böser Dritter interpretiert. Den verheerenden Tsunami in Aceh 2004 konnten sich viele Menschen nur als göttliche Warnung oder gar Strafe erklären: Die zunehmende Morallosigkeit und das hemmungslose Streben nach Sinnenlust der Menschen habe Gott erzürnt. Kinderstar *Sherina* aus der Hauptstadt Jakarta sang entsprechend herzergreifend im Lied „Indonesia Menangis" („Indonesien weint") zu Bildern der Tsunamiverwüstungen und der verzweifelten Opfer: „Gott, bist du mir böse, wahrlich gewaltig ist der Wasserstrom deines Zorns, (...) du bist der Erbarmer, vergib die Sünden, dies ist alles unsere Schuld, (...) Gott vergib uns, Gott hilf uns."

Stoische Gelassenheit angesichts wiederholter Schicksalsschläge findet man häufig. Westler sind oft tief beeindruckt von der Ruhe und Weisheit, die viele alte Menschen in Indonesien ausstrahlen. Anders als bei uns werden persönliche Katastrophen weniger als individuelles Versagen verstanden, sondern eher als Teil des Lebens angenommen, das nun mal nicht immer nur ein Zuckerschlecken sein kann. Vor allem Menschen der unteren Schichten wissen oft aus schmerzvoller eigener Erfahrung, dass **Leid und Entbehrungen zum Leben dazugehören.** Der westliche Anspruch auf ein möglichst „total glückliches", „vollkommen erfülltes" Leben wirkt im Vergleich dazu eher wie eine unrealistische, ja geradezu kindische Illusion.

Gerade der starke **Glaube an Gott und die göttliche Vorsehung** sowie ein vorherbestimmtes Los jedes Einzelnen hilft den Menschen in vielen Fällen, bald wieder pragmatisch zur Tagesordnung überzugehen, auch in Situationen, mit denen wir wohl psychisch überfordert wären. So reagierten westliche Kollegen irritiert und ungläubig, als sie erfuhren, dass ein indonesischer Wissenschaftler aus Aceh, der bei dem Tsunami seine Frau und zwei seiner vier Kinder verloren hatte, bereits ein Jahr nach der Katastrophe wieder geheiratet hat.

Im konkreten Einzelfall fällt es aber auch dem einen oder anderen indonesischen Ego manchmal schwer, an einen Zufall oder Schicksal zu glauben – oder sich einzugestehen, dass man sein Unglück womöglich selbst verschuldet haben könnte. Eher deutet dann der anklagende Zeigefinger auf einen Mitmenschen, der einem angeblich böse gesinnt und „schuld" ist. In vielen noch stark von animistischen Traditionen geprägten Regionen werden Krankheits- und Todesfälle schnell auf vermeintlich magische Angriffe zurückgeführt. Der Glaube an die **Macht der schwarzen Magie** ist aber auch unter „modernen" Indonesiern weitverbreitet. Er liefert entlastende Erklärungen und eindeutige Kausalitäten, wo alle anderen Deutungsmuster versagen oder zu komplex sind.

Auch „unverdientes" Glück gefährdet mitunter das Gleichgewicht. Nicht selten bekommen es ärmere Menschen mit der Angst zu tun, wenn

066in Foto: ak

man ihnen allzu unerwartet und großzügig Hilfe anbietet. Zu mächtig ist die Furcht, für dieses ihrer sozialen Position unverdient und unangemessen erscheinende „Glück", das den Rahmen des normalen Rezeki-Maßes überschreitet, in einem anderen Bereich einen bitteren Preis zahlen zu müssen. So könnten ein Kind oder naher Verwandter „zum Ausgleich" als sogenanntes *tumbal* schwer krank werden oder sterben, damit das harmonische Gleichgewicht wieder hergestellt ist und alles seine richtige Ordnung hat. Dieser Logik nach **wird dem einen gegeben, indem einem anderen etwas genommen wird,** d. h. der eigene Vorteil wird „erkauft", indem man jemand anderen aus der eigenen Umgebung als *tumbal* opfert. Besonders gefürchtet sind Menschen, die wortwörtlich „über Leichen gehen", d. h., die angeblich bewusst ein *tumbal* in Kauf nehmen, um eigene egoistische Ziele zu verwirklichen.

Frauen bei einer Trauerfeier der Toraja

Magie und Geisterglaube im modernen Alltag

Geister und übersinnliche Phänomene durchziehen den indonesischen Alltag wie die Duftschwaden der Kretek-Zigaretten. Vom Bauern in noch stark von animistischen Traditionen geprägten Regionen entlegener Provinzen bis hin zum im Westen ausgebildeten Akademiker in Jakartas Bürotürmen: Der Mehrheit der Indonesier gilt **die Existenz von Geistwesen,** den *makhluk halus* („feinstoffliche Wesen"), als eine verbürgte Tatsache. Nahezu jeder kann hier auf eigene Erfahrungen verweisen – oder zumindest auf höchst glaubwürdige Berichte guter Freunde oder Familienangehöriger.

Die zumeist unsichtbar bleibenden, übernatürlichen „Mitbewohner" des Archipels zeichnen sich durch **eine Vielfalt an Gestalten und Charakteren** aus. Unzählige lokale Überlieferungen, bis heute lebendige animistische Traditionen der letzten Stammesvölker auf Kalimantan und Papua, mit Opfergaben geehrte Baum- und Ortsgeister auf Java, magische Praktiken zur Abwehr von Regen bei Hochzeiten der Reichen von Jakarta, ruhelose Seelen von eines gewaltsamen Todes gestorbenen Menschen, asketische Meditationen an Gräbern islamischer Heiliger, von den allgegenwärtigen Opfergaben auf Bali ganz zu schweigen – die Welt der indonesischen Geister ist so reich und widersprüchlich wie das indonesische Leben.

Die Angst vor bösen Spukgestalten lernen schon kleine Kinder, denn das **Drohen mit Geistern ist ein beliebtes Erziehungsmittel.** So macht man auf Java seinen widerspenstigen Nachwuchs gern mit einem Hinweis auf den *gendruwo* gefügig, einen Waldgeist von riesiger schreckenerregender Gestalt, der in alten Bäumen, hinter großen Steinen, in verlassenen Häusern und ähnlichen unheimlichen Orten haust und sich bevorzugt ungezogene Kinder schnappt. Aber auch Erwachsene, die sich nachts allein in der Dunkelheit herumtreiben, lehrt er das Fürchten. Im sundanesischen Einflussgebiet herrscht der Kalong-wewe-Geist, eine weibliche Schreckensgestalt mit riesigen Hängebrüsten, die nachts auf Bäumen sitzt und auf ihre Opfer lauert – auch hier bevorzugt kleine Kinder, die sich gegen den Willen ihrer Eltern nach Einbruch der Dunkelheit noch außer Haus aufhalten. Sie soll Kinder entführen oder gar in ihren sackartigen Hängebrüsten verschlingen.

Es wundert daher kaum, dass eine **wachsam-ängstliche Grundhaltung** gegenüber den potenziell gefährlichen Mächten der Geisterwelt schon von Kindesbeinen an eingeübt und verinnerlicht wird. Und wenn man sich mal in der misslichen Lage wiederfinden sollte, mutterseelenallein im Dunkel der Nacht all den unheimlichen Geräuschen und Schattengebilden ausgesetzt zu sein, dann werden fantastische Spukgestalten leicht zu mit allen Sinnen wahrgenommenen Realitätserscheinungen. Ein Großteil der Indonesier fürchtet mithin die Dunkelheit und nächtliches Alleinsein, viele lassen die ganze Nacht eine Lampe eingeschaltet.

067in Foto: jg

Unter modernen, akademisch gebildeten Indonesiern ist ein nicht zu unterschätzendes Argument für die bewiesene Existenz von Geistwesen, dass diese **im Koran von Gott selbst bezeugt** wird. Ihr Vorhandensein kategorisch zu leugnen käme somit einer Leugnung von Gottes Wort gleich – und das wird kaum ein Indonesier wagen. Doch wie passt der vom Islam geforderte strenge Monotheismus zu diesem Geisterglauben, der auf vorislamische lokale Überlieferungen und animistische Praktiken zurückgeht? Für Religionsgelehrte und fromme Laien liegt der entscheidende Unterschied darin, ob man die Geistwesen nur anerkennt oder ob man durch Opfergaben und Magie versucht, manipulatorische Beziehungen und Pakte mit ihnen einzugehen. Denn das Letztere fällt als Anbetung der übersinnlichen Mächte und Wesen in die Kategorie des *syirik,* d. h. der **Vielgötterei, eine der Hauptsünden im Islam.** *Syirik,* also alle polytheistischen Praktiken, verstoßen gegen *tauhid,* das strenge Einheitsgebot des Islam („es gibt keinen Gott außer Allah"). Hinter den Geistern in ihren unterschiedlichen lokalen Gestalten stehe letztlich Satan, der auf teuflische Weise versuche, die Gläubigen vom *tauhid* und dem wahren Glauben abzubringen.

Alte Gräber wie hier in Zentraljava gelten als besonders magische Orte

Schutzgeister und rachsüchtige Seelen

Schutzgeister bewohnen meist einen bestimmten Ort, über den sie wachen und an dem sie Respektbezeugungen seitens der Menschen erwarten. Typische Orte sind alte Bäume, Höhlen, Quellen, große Steine, Wegeskreuzungen, verlassene Häuser, Wälder und Seen. **Javanische Dörfer haben meist einen Schutzgeist,** der häufig in einem Beringin-Baum an einem zentralen Platz im Ort haust und regelmäßig mit Opfergaben gütig gestimmt werden möchte. Einmal im Jahr wird ein spezielles Reinigungsritual durchgeführt, das *ruwatan*, um das Böse aus dem Ort zu vertreiben und sich der Gnade des Schutzgeistes und seines Beistandes weiterhin zu versichern. Oft steht der lokale Schutzgeist auch in einem mythologischen Zusammenhang mit der Gründungslegende des jeweiligen Ortes.

Sehr gefürchtet werden **die rachsüchtigen Seelen von Menschen,** die eines gewaltsamen Todes gestorben sind. Weibliche Geister sind hier eindeutig in der Mehrzahl, ihnen wird anscheinend eine ganz besonders ausgeprägte Rachsucht zugetraut. Schrecken verbreiten im ganzen Archipel die *kuntilanak* (in malaiischen Gebieten und auf Borneo *pontianak* genannt), auch bekannt als *sundel bolong,* **die „Frau mit einem Loch im Rücken".** Hierbei handelt es sich um den Geist von Frauen, die während der Schwangerschaft oder im Kindbett gestorben sind und nun voller Neid schwangere Frauen heimsuchen. Mit lokal unterschiedlichen magischen Riten und der Einhaltung traditioneller Schwangerschaftstabus soll verhindert werden, dass eine schwangere Frau in einem seelisch schwachen Moment einem solchen Geist eine Angriffsfläche bietet. (Zu Schwangerschaftstabus siehe auch das Kap. „Das verlorene Paradies? Kindsein in Indonesien.") Aber auch Männer, die sich nachts allein in einer einsamen Gegend aufhalten, gehören zu den bevorzugten Opfern. Ihnen erscheint ein Geist in Gestalt einer schönen jungen Frau von betörendem Duft, deren lange offene Haare ihren Rücken bedecken. Hat sich der Mann von ihr verführen lassen, kommt bald der schreckliche Moment der Wahrheit: Statt einer jungen Schönheit steht plötzlich eine gräßliche alte Hexe vor ihm – mit dem charakteristischen Loch im Rücken. Einen ähnlichen Psychoterror sollen die Seelen von Frauen verbreiten, die vergewaltigt wurden oder eines gewaltsamen Todes gestorben sind. Wie zu erwarten sind hier **Männer die bevorzugte Zielgruppe des geisterlichen Rachefeldzuges,** der zudem ein beliebtes Motiv für trashige Horrorfilme und triviale Gruselromane darstellt. Gleiches gilt für Pocong-Geister, die in das musli-

Rangda, die balinesische Hexenkönigin, Inbegriff alles Bösen und Dämonischen

068in Foto: bd

Hexen und Geistermenschen

Auf Bali wird vor allem ***die Hexengestalt „leak"*** *gefürchtet. Tagsüber handelt es sich um normale Mitmenschen, die des Nachts aber als Feuerbälle oder vom Körper abgetrennte Köpfe, an denen noch die inneren Organe hängen, auf der Suche nach potenziellen Opfern durch die Dunkelheit fliegen. Auch sie halten sich dem Volksglauben nach bevorzugt in der Nähe von Friedhöfen auf, da sie* ***die inneren Organe der Leichen verspeisen.*** *Gerne sollen sie auch das Blut oder die Innereien von noch ungeborenen Kindern oder Babys aussaugen. Die jedem Bali-Touristen bekannte Hexe Rangda („Witwe") gilt als die Herrscherin über alle „leaks". Angeblich können sich „leaks" aufgrund ihrer magischen Macht auch in Tiere, vor allem Tiger, Hunde und Affen verwandeln.*

In den von der malaiischen Kultur geprägten Gebieten Sumatras sind unzählige „wahre" Geschichten im Umlauf über die „orang bunian", ***die Bunian-Menschen.*** *Die sehen angeblich aus wie normale Menschen und leben auch in Dorfgemeinschaften wie die Menschen, sind aber in Wirklichkeit Geister. Immer wieder kommt es vor, dass sich Menschen nachts im Wald verlaufen, die Orientierung verlieren und dann, so lauten die Berichte, plötzlich einen hilfsbereiten Menschen treffen, der sie in sein Dorf führt. Wenn sie dann nach einer oder mehreren Nächten das Dorf wieder verlassen und nach Hause kommen, müssen sie mit Schrecken feststellen, dass in der Außenwelt inzwischen Jahre oder gar Jahrzehnte vergangen sind und es nach Kenntnis der lokalen Bevölkerung im entsprechenden Wald gar kein Dorf gibt.*

mische Leichentuch eingewickelt sind. Sie verfolgen die Lebenden, um alte Rechnungen zu begleichen, Rache zu üben oder weil ihnen aufgrund zu Lebzeiten betriebener schwarzer Magie und anderer Sünden die ewige Ruhe verwehrt bleibt. Es ist naheliegend, dass sich Pocong-Geister vornehmlich **im Umfeld von Friedhöfen** aufhalten. Viele Indonesier haben große Angst, nachts allein an einem Friedhof vorbeizugehen.

Teuflische Pakte mit der Geisterwelt

Kontakte mit der Geisterwelt versprechen magische, übermenschliche Macht und damit die Erfüllung urmenschlichster Sehnsüchte: Reichtum, Erfolg, Schönheit und was der Mensch sich sonst noch so wünschen mag, wenn er die sprichwörtlichen drei Wünsche frei hätte. Dementsprechend macht plötzlicher Erfolg oder Reichtum eines Indonesiers seine Umgebung schnell misstrauisch – **ging wirklich alles mit rechten Dingen zu?** Oder wurde womöglich doch irgendwie nachgeholfen?

Scheinbar unerklärliche Todesfälle oder Erkrankungen, die mit der üblichen westlichen oder traditionellen Medizin nicht geheilt werden können, geben schnell Anlass zu Vermutungen, dass es sich hier um einen Fall von Hexerei handelt: Der Kranke wurde **Opfer von schwarzer Magie** *(ilmu hitam, ilmu santet),* er wurde verhext (*diguna-guna* oder *disantet*). Als Hexer *(tukang sihir, tukang santet)* kommen natürlich *dukun* in Frage, aber auch ganz normale Mitmenschen können verdächtigt werden, ein heimlicher Hexer zu sein. Traditionellerweise wird versucht, einen magischen Angriff mit einem noch potenteren Gegenzauber abzuwehren. Angst macht oft auch die vermeintlich magische Überlegenheit des Nachbarvolkes. Geradezu sprichwörtlich ist das übersinnliche Vermögen der Karo-Batak, Ostjavaner und Balinesen aus Lombok, während Maduresen, Buginesen und Bantenesen für ihre *ilmu kebal,* ihre magische Unverletzbarkeit, bekannt sind.

Guna-guna und *pelet* sind die bekanntesten Arten, jemanden zu verhexen oder zu verzaubern. Ersteres wird mit böser Absicht in die Wege geleitet und soll **dem Opfer ausdrücklich Schaden zufügen:** Hinter unerklärlichen Krankheiten mit medizinisch nicht heilbaren, bizarren Symptomen, aber auch bei Pechsträhnen, Misserfolg im Beruf oder gar Todesfällen werden (wenn es keine andere Erklärung gibt, man aber an Zufall nicht glauben mag) schnell magische Angriffe vermutet. Mithilfe von Guna-guna-Magie sollen dem Leidtragenden auch Nägel und ähnliche Gegenstände in den Körper „hineingehext" werden können, die dann entsprechende Krankheitssymptome auslösen. *Pelet* hingegen ist meist ein **Liebeszauber,** mit dem sichergestellt werden soll, dass das Objekt der Sehnsucht in heftiger Liebe zu einem entbrennt. Für beide Arten der Hexerei muss meist die Hilfe eines sachkundigen *dukun* in Anspruch genommen werden, der je nach lokaler ethnischer Tradition entsprechend mächtige Mantras bietet und obskure Rituale durchführt. Oft wird ein „stellvertretender" Teil des angehenden Opfers für die Riten benötigt, z. B. eine Haarsträhne oder ein Foto.

Und es gibt natürlich die jeweiligen mehr oder weniger erfolgreichen **Gegenzauber-Strategien:** verschiedene Amulette *(jimat),* Mantrasprüche *(aji),* spezielle Opfergaben *(sesajen),* auf Java oft Meditation oder asketische Rituale *(laku tapa)* wie z. B. nachts auf dem Friedhof zu verweilen oder bis zum Oberkörper in einem Fluss zu sitzen. Hiermit sollen je nach Einzelfall konkrete Hexerei-Angriffe abgewehrt, vor weiteren geschützt oder generell durch die Stärkung der spirituellen inneren Kraft magische Unverwundbarkeit *(kebal)* erreicht werden.

„Thuyul“ und andere „Reichmacher“

„Pesugihan“ sind magische Mittel zur Erlangung von materiellem Reichtum („sugih“ heißt auf Javanisch „reich“, wörtlich ist „pesugihan“ also ein „Reichmacher“). Hierzu muss man sich fast immer an einen „dukun“ wenden, der über das nötige Wissen in Sachen schwarzer Magie verfügt und bereit ist, als Vermittler zu fungieren. Zu den bekanntesten „pesugihan“ gehören „thuyul“. Hierbei handelt es sich um ***Seelen von kleinen Kindern,*** *die abgetrieben wurden, eine Totgeburt waren oder im Kleinkindalter eines gewaltsamen Todes gestorben sind und nun als Thuyul-Geister eine neue „Mutter“ suchen. Die „füttert“ das „thuyul“ in Form von Opfergaben, Muttermilch oder gar eigenem Blut. Im Gegenzug* ***beschafft das „thuyul“ Geld, indem es bei den Nachbarn stiehlt.*** *Einige „dukun“ bieten „thuyul“ zum Verkauf an, aber es wird auch von Fällen berichtet, in denen der Thuyul-Geist einem Haushalt einfach „zugelaufen“ ist. Eine Indonesierin mit Hochschulabschluss und Auslandserfahrung berichtete, wie einmal ein „thuyul“ in ihrem Elternhaus Zuflucht suchte: Nur für wenige Familienmitglieder sichtbar, kauerte in einer Zimmerecke plötzlich ein winziges, sehr blasses Kind. Für alle war klar, dass es sich um ein „thuyul“ handelte. Sie stellten ihm täglich Nahrung hin, machten aber deutlich, dass sie seine Dienste in Sachen Geldbeschaffung nicht in Anspruch nehmen würden. Und eines Tages war das „thuyul“ wieder verschwunden.*

Der Pakt mit einem „thuyul“ und anderen „pesugihan“ hat natürlich einen Haken. ***Man bekommt nichts umsonst,*** *auch nicht auf noch so magische Weise. Auch im Handel mit der indonesischen Geisterwelt erkauft man sich die irdische Wunscherfüllung in den allermeisten Fällen mit seinem Seelenheil. Spätestens wenn es ans Sterben geht, beginnen dem Volksglauben nach* ***die höllischen Qualen*** *(„azab“): Der Betroffene kann nicht sterben, der Sterbeprozess zieht sich qualvoll in die Länge, das Grab nimmt den Leichnam nicht an, dem Grab entweichen lauter Schlangen, aus Mund oder Ohren des Sterbenden oder Toten kommen unzählige Skorpione gekrochen und so weiter – den Horrorfantasien scheinen hier keine Grenzen gesetzt, ebenso den schauerlichen visuellen Umsetzungen in TV-Serien.*

Manchmal entwickelt sich im Umfeld der starken gegenseitigen sozialen Kontrolle eine fatale Dynamik aus ***Misstrauen, Neid und Unterstellun-***

gen. Der Nachbar scheint plötzlich über mehr Geld als vorher zu verfügen und niemand weiß genau, aus welcher Quelle, oder jemand im „kampung" ist überzeugt, dass ihm regelmäßig Geld auf ungeklärte Weise abhanden kommt, und wenn dann noch Gerüchte aufkommen über Kontakte zu einem dubiosen „dukun" oder über ein immer streng verschlossen gehaltenes Hinterzimmer (bevorzugter Ort für die heimliche Haltung eines „thuyul" oder anderer „pesugihan"), dann steht schnell fest: Hier betreibt ein Mitglied der Gemeinschaft schwarze Magie, womöglich auf Kosten seiner Nachbarn. Es kommt immer wieder zu tragischen Fällen, in denen die Opfer solcher Verdächtigungen gewaltsam aus dem „kampung" vertrieben werden.

In Batak-Gemeinschaften fürchtet man ***den „begu ganjang", den „riesigen Geist".*** *Er soll, wie sein Name bereits verrät, von riesenhafter Gestalt sein. Früher, so wird berichtet, hielten sich einige Leute einen „begu ganjang", damit er auf ihre weit entfernten Felder aufpasse. Heutzutage aber werde er bevorzugt zur Beschaffung von Reichtum eingesetzt, ähnlich einem „thuyul". Für seine Dienste müssen allerdings andere Menschen sterben. Wenn es in einem Dorf zu* ***vermeintlich unerklärlichen Todesfällen*** *gekommen ist, sind auch hier Gerüchte und Unterstellungen, jemand halte heimlich einen „begu ganjang", nicht selten – mit teils fatalen Folgen für die Betroffenen, die vergeblich beteuern mögen, dass sie von schwarzer Magie nicht die geringste Ahnung haben.*

Einige Frauen hoffen oder werden verdächtigt, mittels eines ***„susuk"*** *über den Umweg betörender Schönheit und Anziehungskraft zu Ruhm und Reichtum zu kommen. „Susuk" sind kleine Nädelchen aus Gold, Silber oder einem anderen Metall oder auch kleine Edelsteine, die von einem „dukun" an entsprechend vielversprechenden Körperstellen von außen unsichtbar unter die Haut geschoben wurden. Von diesem „susuk" nun sollen magische Kräfte ausgehen, die zu einer* ***unwiderstehlichen Anziehungskraft*** *der Trägerin gegenüber dem anderen Geschlecht führen. Vor allem Schauspielerinnen und anderen Angehörigen des Showbiz unterstellt der Volksmund gern, sich Schönheit und damit Berühmtheit durch einen „susuk" zu sichern. Doch es gibt auch Komplikationen: Denn wird ein „susuk" nicht rechtzeitig vor dem Tod wieder entfernt, drohen auch hier dem Volksglauben nach entsetzliche Qualen.*

Relativ neu ist die Angst vieler Menschen gerade in Jakarta und anderen Großstädten, **Opfer von Hypnose** zu werden. Immer wieder wird von Fällen berichtet, in denen Menschen z. B. in der Nähe eines Geldautomaten angeblich durch Blickkontakt gegen ihren Willen hypnotisiert wurden und dann taten, was ihnen befohlen wurde: alles Geld abheben und brav abgeben. Teilweise nimmt diese Angst geradezu hysterische Züge an. Es wird davor gewarnt, mit Fremden an anonymen Orten wie der Straße oder in öffentlichen Verkehrsmitteln allzu offen Blickkontakt zuzulassen, denn dann hätten die Täter leichtes Spiel. Es gehen auch Geschichten um von Opfern, die per Handy hypnotisiert wurden und private Daten wie Geheimnummern preisgaben oder gar im hypnotisierten Zustand zum Geldautomaten fuhren, wo der Täter bereits erwartungsvoll mit offenen Händen wartete.

Man ahnt, dass diese Ängste vor einer diffusen, suggestiv wirkenden Bedrohung wohl in engem Zusammenhang mit der alltäglichen Stresssituation des Lebens im unüberschaubaren, überwältigenden Großstadtmoloch stehen. Schon immer galten gerade solche Menschen als gefährdet und anfällig für magische Angriffe, die seelisch und körperlich erschöpft sind, mit einem leeren Blick vor sich hinstarren (wie es ja meist in öffentlichen Verkehrsmitteln der Fall ist) und abwesend ihren Gedanken nachhängen (auch das nicht gerade selten, wenn man mal wieder endlos im Stau steckt). In diesem Zustand seien die Menschen mit ihrer Seele nicht richtig „da" und daher nicht im Vollbesitz ihrer spirituellen Abwehrkräfte.

Das tägliche Miteinander I: Kollektivismus, Hierarchien und Prestigewahrung

Menschen ähneln einander und unterscheiden sich, sie suchen das Verbindende und betonen die Unterschiede. In einer Gesellschaft wie der indonesischen, in der Kollektivismus einerseits und hierarchische Strukturen andererseits das alltägliche Miteinander bestimmen, zeigt sich das Zusammenwirken dieser gegensätzlichen Pole besonders deutlich.

Ich bin Teil einer Gruppe – also bin ich

Indonesier haben ein **tiefes Bedürfnis nach Gruppenbildung** und der Zugehörigkeit zu Gruppen, sie suchen gemeinsam geteilte Erfahrungen und streben nach dem befriedigenden Gefühl, in der Gruppenidentität aufzugehen.

0691n Foto: jg

Die indonesische **Vorliebe für Uniformen** aller Art ist auffällig: Man zeigt, dass man zusammengehört, dass „alle gleich sind“. Zu Festen und Feiertagen präsentiert sich gar die ganze Familie – vom Kleinkind bis zur Oma – bevorzugt in einer extra für diesen Anlass erworbenen einheitlichen Kleidung. Bei Hochzeiten wird darauf geachtet, dass die Familienangehörigen von Braut und Bräutigam „uniform“ und in aufeinander abgestimmten Farben gekleidet und geschminkt sind – alle gehören zusammen, keiner darf äußerlich aus dem Rahmen fallen.

Auch bei der **freiwilligen Nachbarschaftshilfe** *gotong royong* machen alle mit: Man hilft beim Hausbau des Nachbarn im Dorf, beim gemeinschaftlichen Säubern der Straßen und Mauern sowie beim Streichen der Zäune im Wohnviertel, bei der Vorbereitung und Durchführung von Jubiläen, Hochzeiten, Trauerfeiern und anderen Feierlichkeiten. *Gotong royong* macht viele der großen indonesischen Dorf- und Familienfeste erst möglich: Ohne die Hilfe der Nachbarn wäre das Kochen für die unzähligen Gäste kaum möglich, alle müssen mit anpacken. Das erfordert Orga-

Empfangsdamen bei einer Hochzeit

nisationstalent und verlangt eine hohe Flexibilität. Aber es macht meistens auch Spaß, man arbeitet zusammen, scherzt und lacht und genießt das Zusammensein.

Gerade in Gruppen von Gleichgestellten wie Schülern, Studenten und gleichaltrigen Freunden herrschst **eine spürbar egalitäre Atmosphäre von miteinander geteilter Vertrautheit** und starker emotionaler Verbundenheit. Die Menschen identifizieren sich schnell mit ihresgleichen, auch innerhalb der Familie wird die Identifikation aller als „Familie" gefördert. Damit opfert man zwar so manchen individuellen Anspruch, aber durch die kulturelle Vorliebe für das gemeinschaftliche Erleben hat man Teil an den Schicksalen der anderen Gruppenmitglieder und der Gemeinschaft als solcher – das kann durchaus als ebenso befriedigend und bereichernd erlebt werden wie individuelle Erfolgserlebnisse. Indonesier sehen sich nicht wie wir als autonomes, selbstständiges Individuum, dem es um die unabhängige Selbstverwirklichung geht, sondern sie verstehen sich eher als **Menschen in Beziehungen.** Der Kontext der jeweiligen sozialen Begegnungssituation bestimmt, wer man ist und wie man handelt. **Selbstverwirklichung** findet hier eher innerhalb der Gruppe statt, innerhalb der Beziehungen, in die man eingebunden ist. Dass kann im negativen Fall natürlich auch zu einem Ausnutzen dieser Beziehungen führen, indem man die Gruppe für eigentlich ganz egoistische Ziele benutzt. (Siehe auch das Kap. „Mentalität und Weltanschauung".)

Indonesier suchen das „In-Verbindung-Sein": Statt der Unterschiede werden Gemeinsamkeiten betont, persönliche **Fragen zur Familie sind auch bei Geschäftskontakten** wichtig, gemeinsames Lachen bestärkt das Gefühl der emotionalen Verbundenheit, auch mit lose Bekannten gibt man sich herzlich und persönlich interessiert. Wer ein Handy hat und über Internetanschluss verfügt, betreibt per SMS, Mailinglisten und Facebook eine geradezu exzessiv anmutende Dauerkommunikation. Indonesier suchen auch den (gleichgeschlechtlichen) **Körperkontakt als Bestätigung der Verbundenheit** und wenn gerade kein Körper oder Kind in der Nähe ist, umklammert man beim Sitzen auf dem Sofa gern ein Kissen auf dem Schoß. Angst vor Körperkontakt darf man in Indonesien nicht haben.

Die starke Orientierung an der Gruppe bringt mit sich, dass die bei uns so wichtigen Tugenden wie Eigeninitiative und persönliches Verantwortungsgefühl nicht gerade gefördert werden. Man passt sich an, eine starke Loyalität zur Gruppe bestimmt das Verhalten, **individuelles Herausragen aus der Gruppe** durch Erfolge wird nicht gern gesehen, da man sich damit in Konfrontation begibt. So sind in Unternehmen Auszeichnungen einzelner Mitarbeiter aufgrund von langjährigem, treuem Engagement ein stolzer Moment für die Gruppe als ganze, während Auszeichnungen Einzelner aufgrund besonders erfolgreicher Arbeit eher beschämen und zu bösem Blut führen können, weil sie die anderen Mitarbeiter herabsetzen – der Ausgezeichnete hat „besser" gearbeitet als seine Kollegen.

Hierarchie und Standesunterschiede

Neben dem Aufgehen in der Gruppe wird in den indonesischen Kulturen großer Wert auf die **gesellschaftliche Anerkennung von hierarchischen Statusunterschieden** gelegt. Hierarchische Strukturen unterscheiden zwischen Älteren und Jüngeren, zwischen Adligen und Nichtadligen, zwischen Städtern und Dorfbewohnern, zwischen Reichen und Ärmeren, Vorgesetzten und Untergebenen, Lehrern und Schülern, Büroangestellten und körperlich Arbeitenden, zwischen Westlern und Indonesiern. Bei einigen Ethnien werden hierarchische Unterschiede besonders betont, so bei den Javanern und Bugis, die sehr sensibel sind, was **ihrem Status entsprechende Respektsbezeugungen** angeht. Aber auch bei den Batak, die sich gerne von den Javanern abgrenzen, indem sie auf ihren egalitäreren Charakter und ihre grob-direkte Art hinweisen, strukturieren Verwandtschaftsverhältnisse die Beziehungen zwischen den Menschen auf eine sehr genaue Weise – was in diesem Ausmaß wiederum auf Java unbekannt ist.

Die irdische Ordnung, der Mikrokosmos, spiegelt dabei den Makrokosmos, die kosmische Harmonie. So wie es Eltern und Kinder gibt und Herrscher und Untergebene, so gibt es Gott und die Menschen. Jedem ist im Leben ein Platz zugewiesen, den er einzunehmen hat, so wie er auch sein Schicksal annehmen muss (*nrima ing pandum* nennen das die Javaner). Wenn jeder seinen Platz einnähme und seine Pflicht erfüllte, dann herrschten **Frieden und Harmonie** *(rukun)*. Auf Java philosophiert man gerne über *manunggaling kawula lan gusti,* die Einheit von Diener und Herrn bzw. von Mensch und Gott. Beide gehören zusammen, der eine ist auf den anderen angewiesen, beide sind für die Aufrechterhaltung der gesellschaftlichen Ordnung und der kosmischen Harmonie wichtig. Auf Bescheidenheit und ein Bewusstsein des eigenen Platzes in der Hierarchie wird großen Wert gelegt, Konformität und Akzeptanz der einem gesetzten Grenzen gilt als erstrebenswertes Verhalten. **Bescheidenes Verhalten der Untergebenen** basiert auf den traditionellen Tugenden von *tahu diri,* „wissen, wer man ist und was einem zusteht", und *sungkan,* „aus Ehrfurcht und Respekt vor etwas zurückscheuen", – man belästigt Ranghöhere nicht mit jeder Kleinigkeit.

Aber natürlich ist das mit der Harmonie und Selbstbescheidung so eine Sache, denn auch in Indonesien bleiben die nur allzu menschlichen Lei-

070in Foto: jg

denschaften und egoistischen Begierden *(nafsu)* eine immerwährende Bedrohung für die ersehnte Verwirklichung der hehren Ideale. Konformität mit den an Hierarchien ausgerichteten Normen kommt nicht von allein, sondern wird durch die Androhung von Beschämung, sozialem Gesichtsverlust und im schlimmsten Fall mit der **Verstoßung aus der Gemeinschaft** gesichert. Auf Bali wird man nach schweren Verfehlungen und Verstößen gegen das *adat* vom Dorfleben ausgeschlossen *(kesepekang)*. Das ist der soziale Tod: Man ist vollkommen isoliert, keiner spricht mehr mit einem, vom *banjar*, der Bezirksgemeinschaft, ist keine Hilfe mehr zu erwarten und man darf im Tempel nicht mehr beten.

Der Schein bestimmt das Sein

Als Mitglied der Gemeinschaft hat man sich nach den in ihr geltenden Normen zu richten, wobei dies nach indonesischer Vorstellung vor allem durch **das Schamgefühl** *(malu)* gewährleistet wird. Nicht nur auf Java, auch bei den Minangkabau, den Toraja, Bugis und Balinesen, um nur einige zu nennen, hält man das Schamgefühl für den entscheidenden Unterschied zwischen Mensch und Tier. Tiere schämen sich nicht, sie folgen – wie kleine Kinder und „Verrückte" – blindlings ihren egoistischen Trieben. Nur ein Mensch, der gelernt hat, sich zu schämen, wird sich den restriktiven Regeln der Gesellschaft unterwerfen und seinen in der gott- oder naturgegebenen Hierarchie für ihn vorgesehenen Platz einnehmen – mit all seinen Pflichten und Verantwortungen. Statt einer Verinnerlichung der Verhaltensnormen, die dann automatisch z. B. als Schuldgefühle in einem wirksam werden, bleibt das normenkonforme Verhalten an das Schamgefühl gekoppelt – und damit an die Anwesenheit der anderen, d. h. an die soziale Kontrolle.

Das begünstigt die Führung von Doppelleben: Was man in der Öffentlichkeit macht und vorgibt zu sein, muss nicht unbedingt mit dem übereinstimmen, was man im stillen Kämmerlein, unter Ausschluss der Öffentlichkeit, so treibt. Solange einen dabei niemand erwischt, wird es auch nicht als Problem angesehen, da es für die Gemeinschaft „unsichtbar" und damit ungefährlich bleibt. **Was zählt, ist das öffentlich Sichtbare,** der Schein bestimmt das Sein. Es besteht kulturell kein großer Druck, beide Bereiche unbedingt miteinander in Einklang bringen zu müssen, so wie das bei uns der Fall ist, die wir bald Schuldgefühle aufgrund der Diskrepanz zwischen äußerem Auftreten und inneren, dem Äußeren nicht entsprechenden Gefühlen bekommen würden. Das empfinden wir als Unaufrichtigkeit, als Lüge, während Indonesier sich weniger gedrängt fühlen, eine für alle Lebensbereiche einheitliche, in sich kohärente und möglichst widerspruchsfreie Identität zu entwickeln. Man muss sich an die jeweilige soziale Situation anpassen und **sich flexibel an den unterschiedlichen „Spielregeln" ausrichten.** So sprechen zum Beispiel auch Indonesier, die sich sonst nicht unbedingt explizit religiös zeigen, in der Begegnung mit sehr frommen Menschen problemlos die in diesen Kreisen gängige religiöse Sprache mit all ihren arabischen Floskeln wie *alhamdullilah* („Gott sei

Becak-Fahrer in Solo, Java

Dank"), *insya'allah* („so Gott will", wenn man von Plänen und der Zukunft redet) und *subhanallah* („gepriesen sei Gott", wenn man etwas sehr Schönes sieht).

Zwischenmenschliche Beziehungen werden durch die Hierarchie maßgeblich strukturiert, die wiederum vom Prinzip des gegenseitigen Gebens und Nehmens geprägt ist. Paternalismus und **Patron-Klient-Verhältnisse** sind weitverbreitet: Der *bapak*, der „Vater", fordert Respekt und Gehorsam, die Untergebenen dienen ihm folgsam, erwarten von ihm aber eine wohlwollende Haltung und Hilfe in Notlagen. Bleibt die aus, ist es auch schnell mit Respekt und Gehorsam vorbei. **Kritik, Meinungsunterschiede und Protest** werden in solchen Beziehungen allerdings nur indirekt vermittelt: Man sagt nichts, macht aber auch nichts – stiller Boykott, der aber durchaus sehr wirksam sein kann. Regierungsprogramme werden von Bauern bei der offiziellen Vorstellung respektvoll beklatscht, danach aber einfach ignoriert, man macht weiter wie zuvor. Hausangestellte *(pembantu)*, die sich bei ihrem Arbeitgeber nicht wohlfühlen, können über Nacht verschwinden. Hier wird von den Höhergestellten viel Feingefühl für unausgesprochene Meinungen und Befindlichkeiten gefordert. Denn dem *bapak* und ähnlichen Respektspersonen gegenüber, sei es im Büro oder in anderen Zusammenhängen, gilt das berüchtigte *ABS (asal bapak senang*, „Hauptsache, der Boss ist happy") – sprich: Der Chef erfährt nur positive Neuigkeiten, alles Negative wird unter den Tisch gekehrt und man

071in Foto: jg

redet ihm nach dem Mund. (Siehe auch das Kap. „Freundschaften und Geschäftsbeziehungen".)

Allerdings vollzieht sich hier seit einiger Zeit ein Wandel: Die stärkere Ausrichtung am Islam – aber auch am Christentum – führt zu einem deutlicheren **Bewusstsein von individueller Schuld.** Der Islam der „neuen Frommen" ist nicht so tolerant wie das traditionelle Religionsverständnis, denn er fordert ausdrücklich von den Gläubigen, ihren Glauben, d. h. ihre inneren Überzeugungen, und ihre konkreten Taten im Alltag in Einklang zu bringen. **Das neue Islamverständnis** betont zudem die bislang in Indonesien eher mäßig ausgebildeten Sekundärtugenden wie Pünktlichkeit und individuelles Verantwortungsbewusstsein. Damit fördert die derzeitige Islamisierung auch eine gesellschaftliche Modernisierung und Annäherung an westliche Werte, der äußere Schein muss zunehmend auch der inneren Überzeugung entsprechen.

Statussymbole

Keine Hierarchie ohne Statussymbole: Die soziale Position, die man einnimmt, und der Respekt, den andere einem entgegenbringen sollen, sind auf materielle Symbole angewiesen, die als „Beweis" für den beanspruchten Status dienen. Das Streben nach sozialem Prestige führt, wenig erstaunlich, zu einer oft sehr materialistisch anmutenden Haltung, die so gar nicht dem Klischee vom „spirituellen Asien" entspricht. Besonders in der Mittel- und Oberschicht grassieren **Markenwahn und Konsumismus.** Technik und neue Medien üben eine ungemein große Faszination auf viele Indonesier aus. Ein Handy ist schon lange kein Statussymbol mehr, auch nicht das allerneueste Modell, inzwischen muss es natürlich ein Blackberry sein, mit dem man für alle sichtbar seinen Status und seine Teilhabe an der globalisierten Moderne demonstriert.

Was die Familie erreicht hat, wird bevorzugt im Wohnzimmer gezeigt. Hier stehen im Regal oder in Vitrinen die gesammelten Reisetrophäen und natürlich all die Pokale, die Familienangehörige bei Wettbewerben gewonnen haben. Es ist nicht zu übersehen: Indonesier lieben Wettbewerbe *(lomba),* nicht nur zum Unabhängigkeitstag am 17. August. Angesichts der sonst vorherrschenden Haltung, bei der die Ausrichtung am Kollektivismus das Aufgehen in der Gruppe fördert und jegliche aus dem Rahmen

Private Unterrichtsstunde am Nachmittag

fallende Eigeninitiative oder ein Übertrumpfen der anderen eher verhindert, mag diese **Vorliebe für Wettbewerbe,** bei denen es ja um offene Konkurrenz geht, erstaunen. Doch bleibt man bei Wettbewerben in der Gruppe geborgen, es ist ein vom Gruppenverband gemeinsam zelebrierter Wettkampf. Hier genießen Indonesier voller Stolz individuelle Erfolge, die sie von der Masse der anderen abheben und auszeichnen, ohne dass es jedoch in einen konfliktreichen Gegensatz zur Gruppenidentität gerät. Im Westen vermissen Indonesier diese **Art der gruppengeförderten Konkurrenz** oft, mit unseren eher gruppenunabhängigen, individuellen Einzelkämpfen tun sie sich schwer. (Siehe auch das Kap. „‚Agustusan' – der Unabhängigkeitstag".)

Das Bedürfnis nach Statussymbolen, mit denen man ganz demonstrativ vor anderen angeben kann, wird durch die Dynamik des globalen Kapita-

Aus geschlachteten Opfertieren werden stolz gezeigte Statustrophäen – wie hier bei den Toraja

lismus noch intensiviert, es hat aber auch starke **Wurzeln in traditionellen Vorstellungen von Macht** und Autorität. Die javanischen Herrscher beispielsweise horteten ihre *pusaka* (magischen Erbstücke), die als Insignien ihrer legitimen Herrschaft fungierten. Neben traditionellen Symbolen wie dem *kris* (Dolch, oft mit schlangenförmiger Klinge), der für männliche Potenz und Macht steht, finden sich in den *kraton* (Palästen) von Yogyakarta und Solo auch europäische Kutschen – Geschenke der Holländer, die von den javanischen Herrschern in ihr Weltbild eingefügt wurden und dem staunenden Volk zeigten, dass die Macht ihrer Herrscher auch die westliche Welt mit einschloss. Den *pusaka,* auch den Kutschen, werden regelmäßig die vorgeschriebenen Opfergaben dargebracht, um ihre magische Macht zu erhalten.

Prestige und Status müssen auch bei anderen Ethnien, so bei den Toraja und Batak, allen Mitmenschen deutlich vor Augen geführt werden. Bei traditionellen Zeremonien wie den Trauerfeierlichkeiten herrscht ein starker Konkurrenzdruck, sich **in der Ausrichtung immer opulenterer Feste** gegenseitig zu übertrumpfen, auch wenn man sich damit finanziell ruiniert.

Die Zeremonien sind **streng nach hierarchischem Status** ausgerichtet, der die Reihenfolge des Empfangs der Gäste, ihre Rolle in den Ritualen und ihre Geschenke bestimmt – was von allen Anwesenden genauestens zur Kenntnis genommen wird und häufig zu Streit und Neid führt. Statustrophäen wie die Hörner von geopferten Büffeln werden gut sichtbar an den Adat-Häusern angebracht.

Auch die Faszination für Reichtum und Luxusgüter, die das Leben der modernen, wohlhabenden Indonesier prägt, weist Parallelen mit traditionellen Vorlieben für opulenten Prunk auf. Die traditionellen Tanz- und Hochzeitstrachten vieler Ethnien zeigen: je mehr Schmuck, je farbenprächtiger und goldener der **Glanz und Glitzer,** desto besser, davon kann man anscheinend gar nicht genug bekommen. Man trägt augenscheinlich gerne dick auf – nicht nur in Sachen Make-up.

Die heutigen Herrscher, sprich Politiker, hohe Militärs und Unternehmergrößen, umgeben sich mit **modernen pusaka der globalisierten Welt,** um ihren Status eindrucksvoll zu demonstrieren. Auch in der Mittelschicht sieht es nicht anders aus, wobei die finanziellen Mittel natürlich beschränkter sind. Doch auch hier wird genau darauf geachtet, dass der Vorsitzende ein größeres Haus, ein teureres Auto als seine Untergebenen hat. Sonst wären sein Status und sein Ansehen infrage gestellt, die Nachbarn würden tuscheln. Indonesier sind im Westen immer wieder erstaunt und tief beeindruckt, wenn sie sehen, dass ein international bekannter Professor oder ein Politiker mit dem Fahrrad zum Büro fährt, womöglich gar mit einer alten, schon recht ramponierten Ledertasche – sowas sei in Indonesien undenkbar. Da muss es schon eine Markentasche sein, das neueste Modell, und natürlich eine entsprechende Limousine, **immerhin ist man ja „wer"** und nicht „irgendjemand". Andererseits ist der iranische Präsident *Ahmadinejad* in Indonesien unter anderem gerade deswegen so überaus populär, weil er in seinem schäbigen Arbeiteranzug und mit seiner ärmlichen Wohnung genau das Gegenteil der indonesischen Politiker darstellt. *Ahmadinejads* bescheidene Kleidung spricht aus indonesischer Sicht für seine Wahrhaftigkeit, er lässt sich nicht von diesseitigem Luxus und Glamour blenden, er lebt seinen Glauben unbeirrt von all den materiellen Verführungen, denen die Mächtigen normalerweise nicht widerstehen können. Indonesier sehen ihre eigene Vorliebe für Reichtum und Sta-

Das gegenseitige Sich-Füttern ist eines der traditionellen Hochzeitsrituale, hier bei einer sundanesischen Feier

073in Foto: bd

tussymbole also durchaus kritisch - auch wenn sie selbst bei entsprechender Gelegenheit doch meistens schwach werden.

Die explizite Abgrenzung von sozial Niedrigergestellten ist enorm wichtig für das eigene Selbstwertgefühl und die Anerkennung, die man sich dadurch zu sichern erhofft. So ist in der städtischen Mittelschicht alles **verpönt, was als „kampungan", als „dörflich" gilt** - das ist peinlich, zurückgeblieben, hinterwäldlerisch, altmodisch. Und es wirkt in der Tat oft grotesk überzogen, wenn die *orang kampung* („Dörfler, Bewohner ärmlicher Stadtviertel") versuchen, „modern" zu sein und sich dabei erst recht als *kampungan* entlarven, weil sie eben nicht über das nötige Stilempfinden verfügen. Inbegriff von *kampungan* ist **Dangdut-Musik.** Das ist die von indischer Bollywood-Musik und malaiischen Melodien beeinflusste **Popmusik der Unterschicht,** in der es in simpler, direkter Sprache um die Probleme der Armen geht und um verlorene und verratene Liebe. Gesungen meist von Sängerinnen, die sexy aussehen wollen, aber in den Augen der Mittel- und Oberschicht doch nur peinlich geschmacklos wirken - *kampungan* eben. Und dazu tanzen dann die Männer der Unterschicht, die Tagelöhner und Hilfsarbeiter.

Wer im urbanen Indonesien etwas auf seinen Geschmack hält, der bevorzugt hingegen Jazz - das ist das genaue Gegenteil von *kampungan*. Oft hört man allerdings Anekdoten von Leuten, die mit ihrem distinguierten Geschmack angaben und für Jazz schwärmten, aber dann dabei erwischt wurden, wie sie allein im Kämmerlein laut Dangdut-Musik hörten. „Dangdut is the music of my country", heißt ein Dangdut-Hit der letzten Jahre und in der Tat ist *dangdut* so indonesisch, dass er vielen aufstrebenden Indonesiern peinlich ist, sie sich aber insgeheim doch von ihm angezogen fühlen. Das kann man aber kaum offen eingestehen, ohne sich lächerlich zu machen. Allenfalls auf eine betont ironisch-spaßige Art darf man *dangdut* genießen.

Alter und neuer Adel

In den **traditionellen Gesellschaften** Indonesiens wurde der soziale Status vererbt – man wurde auf Java als *priyayi,* d. h. Adliger oder Angehöriger der Beamtenschicht geboren oder als Angehöriger einer hohen Kaste auf Bali. Auch die Bugis und Toraja und einige Dayak-Völker in Kalimantan kennen Adelsschichten. Oder man war einfach ein in ärmlichen Verhältnissen lebender Normalsterblicher, auf Java bis heute *wong cilik,* „kleiner Mensch" genannt. Im modernen Indonesien ist durch Ausbildung und Karriere erworbener Status wichtiger geworden. Die Adligen haben einen **Großteil ihrer früheren Macht und Privilegien verloren,** doch sprachliche Respektsbezeugungen ihnen gegenüber, beispielsweise in Form einer angemessenen Anredeweise, sind in vielen sozialen Situationen weiterhin üblich. Viele Aristokraten konnten nach Erlangung der Unabhängigkeit Indonesiens ihr Wissen, ihren Einfluss und ihre Macht dazu nutzen, in der neuen Republik wichtige Posten in Regierung, Verwaltung und Militär einzunehmen.

Inzwischen haben die „kleinen Leute" aber dank allgemeiner Schul- und Universitätsausbildung auch hier längst aufgeholt. Es sind **neue urbane Mittelschichten** entstanden, die großen Einfluss auf die weitere Entwicklung Indonesiens nehmen. Auch auf Bali verdient so mancher *jaba* im Tourismus mehr als ein Adliger der Triwangsa-Kasten. Die Aufrechterhaltung der **Unterscheidung zwischen „triwangsa" (adlig) und „jaba" (nichtadlig)** ist allerdings vielen adligen Familien weiterhin sehr wichtig. Während Männer zwar Frauen aus einer niedrigeren Kaste heiraten dürfen, ist es Frauen verboten, einen Mann von niedrigerem Status zu ehelichen. Frauen, die sich darüber hinwegsetzten, wurden früher streng bestraft. Ihnen drohten Verstoß aus der Familie und der Dorfgemeinschaft oder unter Umständen auch der Tod. Auch heute noch sehen sich Frauen aus Triwangsa-Familien, die einen Jaba-Mann heiraten möchten, oft mit einer unnachgiebigen Haltung ihrer Familien konfrontiert. Ein prominentes Beispiel hierfür ist das Schicksal der indonesischen Schriftstellerin und Journalistin *Oka Rusmini,* die, in Jakarta aufgewachsen, für ihre Eheschließung

074in Foto: bd

mit einem javanischen Muslim von ihrer balinesischen Familie enterbt und verstoßen wurde. In ihrem auch ins Deutsche übersetzten Roman „Erdentanz" beschäftigt sie sich mit diesen negativen Seiten der balinesischen Kasten- und Statusobsession, von deren bitteren Folgen für viele individuelle Schicksale die Touristen zumeist nichts mitbekommen.

Im modernen Leben der Großstädte sind inzwischen akademische Titel wichtig, sie „adeln" ihre Träger als Mitglied einer intellektuellen und global ausgerichteten Elite. Urkunden, Abschlusszeugnisse und Zertifikate werden stolz an so mancher Wohnzimmerwand zur Schau gestellt. Auch von Indonesiern selbst wird oft kritisiert, dass vielen die **Abschlussurkunde eines Universitätsstudiums** wichtiger sei als wirklich etwas gelernt zu haben. Inzwischen bekommt man für die Teilnahme an allen möglichen Vorträgen und Seminaren beeindruckende *sertifikate,* mit Siegel, Stempeln, Unterschriften und allem Drum und Dran. Da sieht so manches *sertifikat,* mit dem nichts weiter als die Anwesenheit bei einem Vortrag bescheinigt wird, ehrfurchteinflößender aus als eine übliche deutsche Universitätsdiplomurkunde.

Die Bürokratie ist entsprechend ausufernd, kaum zu überschauen, ineffizient und durch und durch korrupt. Das liegt zum einen an der Vorliebe

Traditionsbewusstsein und moderne Technik schließen sich nicht aus

0 75in Foto: jg

für „korrekte" Abläufe, bei denen jeder kleinste Schritt mit Bescheinigungen, Unterschriften und Stempeln offiziell legitimiert werden muss. Und andererseits spielt das ebenso große Bedürfnis nach der Herstellung einer persönlichen Beziehung eine Rolle, bei der man sich versichert: „Lass uns das mal unter uns regeln". **KKN – „korupsi, kolusi, nepotisme"** – verwandeln abstrakte Beziehungen in einen konkreten Austausch, der sich auch im Rahmen von traditionellen Ritualen des gegenseitigen Gebens und Nehmens und der Schaffung von **gegenseitigen Abhängigkeitsverhältnissen** verstehen lässt: „Gibst du mir, so geb ich dir". Ein gängiges Wort für Schmieren ist *menyuap*, „füttern", – der Beamte kann sich wieder als gieriges Kind gebärden, das gefüttert werden will und davon überzeugt ist, dass es einen Anspruch auf „mehr" als die übliche Portion bzw. den üblichen Preis hat. Nach der ausgiebigen „Fütterung" macht das Kind dann brav und willig, was man von ihm erwartet.

Das tägliche Miteinander II: Höflichkeit und Aggressionsverhalten

Respektsbezeugung und Anerkennung der hierarchischen Unterschiede sind untrennbar verbunden mit einem der jeweiligen sozialen Situation angemessenen Sprechen. Das malaiische Wort *bahasa* umfasst in seinem Bedeutungsumfang weitaus mehr als nur die wörtliche Übersetzung „Sprache": Es steht für gute Umgangsformen und die Einhaltung der Höflichkeitsstandards, die sich im Gebrauch von angemessenen Worten zeigen. *Membahasakan anak*, „das Kind in die Sprache einführen", bedeutet

Uniform und Haltung sind wichtig, wie dieser Polizist zeigt

bezeichnenderweise nicht das normale „Sprechenlernen", sondern die Vermittlung des höflichen Sprechens. Es geht darum, eine **Sensibilität für höfliche Umgangsformen** und Konversationsstile zu entwickeln, die zur Wahrung der Harmonie beitragen, niemanden beleidigen und keinen Anwesenden in eine unangenehme Lage bringen, bei der er das Gesicht verlieren könnte. *Basa-basi,* der obligatorische Austausch von höflichen Nettigkeiten und die Schaffung einer angenehmen, heiteren und humorvollen Atmosphäre ist fester Bestandteil der indonesischen Gesprächskultur.

Am Sprechen zeigt sich, ob jemand das kulturelle Ideal erfüllt, d. h. höflich und damit *halus* („sanft, feingeistig, sublimiert") ist, oder ob er sich als *kasar* („grob, direkt, unhöflich") erweist. Wer *halus* ist, der redet erst einmal **mit vielen höflichen Worten um das eigentliche Thema herum,** vermeidet Kritik und alle eindeutigen Festlegungen. Gegenüber sehr hohen javanischen Respektspersonen kann es am höflichsten sein, nur lächelnd zu nicken und ein *nggih nggih* („ja, ja") von sich zu geben. Kichern oder lächelndes Schweigen, auch auf eine Frage oder einen Vorwurf hin, kann also – für uns ungewohnt – ein Ausdruck von Respekt sein. Andererseits kann ein deutlich Statushöherer durchaus einen langen Monolog von sich geben, in dem er sich dezidiert kritisch gegenüber bestimmten Themen äußert. Ein Statusniedrigerer wird ihn dabei jedoch ausdrücklich in seiner Meinung bestätigen – egal, was er wirklich darüber denken mag.

Aber auch in Indonesien ändern sich inzwischen die Gepflogenheiten, die junge Generation **lernt zunehmend das kritische Diskutieren** und wagt es immer öfter, auch in direkten Begegnungen die Meinungen von „Autoritäten" zu hinterfragen – wenn auch meist in eine höfliche Frage gepackt, auf die hin die Autoritätsperson wiederum in einen belehrenden Monolog verfällt, dem alle andächtig lauschen.

Die lokalen Kulturen Indonesiens weisen zum Teil **hoch differenzierte sprachliche Höflichkeitsstandards** auf. Die javanische, aber auch die sundanesische und balinesische Sprache kennen unterschiedliche Sprachebenen, die verschiedene Worte vorsehen, je nachdem, wer mit wem redet und wie man zueinander in der Hierarchie steht. Je höflicher, desto blumiger und indirekter geht es zu. Javaner sind besonders berüchtigt für ihre indirekten, für den Uneingeweihten kaum erkennbaren Anspielungen und oft nur vage angedeuteten Aussagen. Aber auch andere Ethnien in Indonesien haben das höfliche Sprechen in rituellen Kontexten zu einer wahren Kunstform gebracht. So gehört bei den Minangkabau blumig-bildhaftes Reden, bei der die männlichen Sprecher gekonnt traditionelle Metaphern und Sprichwörter zu einem langen Redefluss verbinden, zur zeremoniellen Ernennung eines *penghulu* (traditionelles Oberhaupt) dazu. Auch die ostindonesischen Völker haben **kunstvolle Rituale zeremoniel-**

len Sprechens kultiviert. Wenn bei indonesischen offiziellen Ansprachen meist mit vielen Worten nur wenig Konkretes gesagt und eine bürokratische Floskel an die nächste gehängt wird, so ist das in der Tat von javanischen Gewohnheiten geprägt, wie oft kritisiert wird, doch es ist ein Sprechen, dass auch den anderen indonesischen Ethnien nicht fremd ist. Der zeremonielle Aspekt, der bei uns oft zu kurz kommt oder für unnötig gehalten wird, ist für Indonesier wichtig, zeigt er doch eindrücklich, wie bedeutsam die Veranstaltung ist. Zugleich bietet er den Teilnehmern durch die Ritualisierung des Ablaufes und der Betonung der symbolischen Äußerlichkeiten das tief befriedigende Gefühl, dass alles seinen korrekten, vorgeschriebenen Lauf nimmt und man durch seine Präsenz teilhat an dieser Inszenierung der idealen Ordnung.

Ritualisiertes Sprechen zeigt sich auch oft bei *musyawarah,* der gemeinsamen Beratung, die zu *mufakat,* dem gemeinsamen Konsens führt. *Musyawarah* und *mufakat* sind weitverbreitet in den lokalen Traditionen des Inselreiches und wurden unter *Sukarno* als genuin **indonesische Form der demokratischen Entscheidungsfindung** propagiert. Es geht bei ihnen nicht um die Betonung und Herausarbeitung von unterschiedlichen, sich gegenüberstehenden Positionen und dann eine Abstimmung, bei der die Mehrheit die Minderheit überstimmt, sondern um ein Aushandeln, bei dem die Gemeinsamkeiten hervorgehoben werden und es schließlich zu einem Konsens kommen soll, dem alle Beteiligten zustimmen. Lokale Höf-

076in Foto: jg

lichkeitsformen, die Neigung zu ritualisiertem Sprechen, die Vermeidung von offenen Konflikten und das Herunterspielen allzu deutlicher Meinungsunterschiede führen im Verbund mit rhetorischer Manipulation allerdings mitunter dazu, dass man unter Gruppendruck am Ende für etwas stimmt, das man so eigentlich gar nicht wollte. Aber das weiß man dann oft auch gar nicht mehr so genau, da der gemeinsam getragene Entschluss das kulturelle Ideal der kollektiven Eintracht bekräftigt und damit bei allen Beteiligten meist große Befriedigung hervorruft.

Es ist die äußere Form, die letztlich zählt: die Übernahme von festen Rollenmustern (z. B. bei älteren Frauen die „besorgte Anteilnahme gegenüber Jüngeren") und das Sprechen, bei dem sich beide Gesprächspartner mit offensichtlicher Freude immer wieder aufs Neue gegenseitig Dinge bestätigen, die sie schon lange wissen und die oft kaum mehr sind als kulturelle Klischees. Das Bekannte langweilt nicht, sondern gibt Sicherheit und dient als **gemeinsam geteilte Basis der Begegnung.** Als Westler braucht man sich also nicht zu scheuen, mit großer Überzeugung Gemeinplätze und Trivialitäten von sich zu geben. Allemal besser als zu schweigen ist es, zum x-ten Mal ganz erstaunt zu erklären, dass Indonesier ja dreimal täglich Reis essen und dass indonesisches Essen wirklich sehr scharf ist.

Stolze Bescheidenheit und die Freude am Spielen

Die mit dem höflichen Sprechen verbundenen Selbsterniedrigungen, die wir Westler als so fremd - wenn nicht gar unangenehm und empörend - empfinden, werden interessanterweise von den Sprechern oft eher als lustvoll und alles andere als herabwürdigend erlebt. Anders als wir uns das vorstellen, kann also ein Javaner, der sich seinem Gesprächspartner gegenüber als besonders bescheiden und nichtig darstellt, sich dabei paradoxerweise überlegen fühlen. Denn mit seiner demonstrativen Demut und Unterwürfigkeit verdeutlicht er, wie *halus* und kultiviert sein Benehmen ist. Damit verkörpert er das **kulturelle Ideal der höflichen Bescheidenheit.** Gern verweisen Javaner auf die *ilmu padi,* die Lehre der Reisähre: *makin berisi, makin merunduk,* „je voller die Ähre, desto tiefer neigt sie sich". Und ebenso denkwürdig ist: *tong kosong bunyinya nyaring,* „eine leere Tonne macht den lautesten Krach". Demütige Bescheidenheit und höfliches Schweigen zeugen also von wahrer innerer Größe. Die zu ver-

Bei zeremoniellen Anlässen trägt man oft ethnische Tracht, wie hier diese Männer aus Solo

feinern ist allerdings meist eine Sache älterer Männer, die sich dem höflichen Sprechen mit ganz besonderer Hingabe widmen und stolz ihre Bescheidenheit zur Schau stellen.

Generell gilt, dass von jüngeren Menschen – und ganz besonders von jungen, unverheirateten Frauen – mehr höfliche Bescheidenheit erwartet wird als von älteren Menschen. Gerade alte Menschen und Menschen, die älter als der Gesprächspartner sind, zeigen oft **eine erstaunliche Selbstbezogenheit,** wenn sie ganz von sich selbst eingenommen von ihren beeindruckenden Erfolgen und ihrem allumfassenden Wissen sprechen und dem Zuhörer unmissverständlich die Haltung der anerkennenden Bewunderung zuweisen. Immer wieder eingestreute Hinweise, dass man ja eigentlich „gar nichts wisse", sind meist nicht viel mehr als höfliche Koketterie.

Während Bescheidenheit als kulturelles Ideal das alltägliche Verhalten deutlich prägt, ist doch andererseits unübersehbar, dass Indonesier es lieben, öffentlich aufzutreten und es genießen, gesehen und bewundert zu werden – kurz, sie **setzen sich durchaus gern in Szene.** Die Übernahme von bestimmten Rollen innerhalb von Gruppen und Veranstaltungen bietet eine Gelegenheit zu öffentlichen Auftritten, bei denen man sich aus der Masse hervorhebt und gleichzeitig doch Teil dieser Gruppe bleibt, sich von ihr bestätigt fühlt und dadurch Sicherheit und Selbstbewusstsein erlangt. Interessanterweise sind Indonesier, deren Angst vor Gesichtsverlust und *malu* („sich schämen") sonst so ausgeprägt sind, ausgerechnet in solchen sozialen Situationen ganz und gar nicht *malu,* in denen wir „schamlosen" Westler eher Hemmungen zeigen, beispielsweise beim Karaokesingen.

Halus zu sein, das ist natürlich das Ideal, aber auch auf Java erlebt man im Alltag vor allem eines: Die Menschen, besonders auch die Frauen, sprechen unter ihresgleichen laut, angeregt und oft mit einer gewissen theatralischen Emotionalität. **Ngoko, die niedrige, respektlose Sprachebene,** ist *kasar* und im Vergleich zur höflichen Krama-Sprachebene, aber auch zu westlichen Sprachen von einer erstaunlichen emotionalen Direktheit. Dass zu javanischem Sprechen nicht nur die idealisierte höfliche Form gehört, sondern als Pendant dazu auch das derb-direkte *ngoko,* das wird oft übersehen. Und im Gegensatz zu einem zunehmend „kramaisierten" offiziellen Indonesisch erlaubt der lebendige Slang der Jugendlichen, der zunehmend die Alltagssprache beeinflusst, eine neue Betonung der Individualität: *elu elu, gue gue,* „du bist du, ich bin ich", heißt es selbstbewusst-provozierend.

Die Wahl der richtigen Anredeformen, das Bemühen um Wahrung des Gesichts und der Harmonie, all das wird **von Westlern oft als sehr belastend** und restriktiv erlebt: Man muss respektvoll bleiben, darf nicht allzu direkt Kritik äußern und dazu immer dieses Denken in hierarchischen Kategorien, wer ist der Statushöhere, wer der Statusniedrigere ... Das entspricht so gar nicht unserem Bedürfnis nach offenem, ehrlichem und gleichberechtigtem Austausch. Und auch für viele Indonesier gestalten sich bestimmte soziale Situationen als schwierig und unangenehm, weil sie befürchten, gegen eine der vielen Höflichkeitsetiketten zu verstoßen.

Andererseits ist die Atmosphäre bei Begegnungen in Indonesien meist betont locker und gelöst, man scherzt, macht Späße, lacht gemeinsam. Männer sitzen gerne betont entspannt, die Beine weit auseinandergespreizt versinken sie schier im Sessel – von Frauen wird allerdings deutlich mehr Zurückhaltung erwartet. Eine allzu steife, ernste Stimmung wird als unangenehm empfunden und die emotionale Verbundenheit zwischen den Menschen scheint durch die hierarchischen Strukturen, wo zwischen älteren und jüngeren Geschwistern, Eltern und Kindern unterschieden wird, nicht beeinträchtigt zu sein.

Das, was wir als Zwang erleben („du musst Ältere immer mit *Mas* oder *Mbak* anreden!"), ist für Indonesier nicht primär etwas von außen Befohle-

077in Foto: jg

078in Foto: jg

nes, sondern wird als ein vielfältiges Beziehungsgeflecht erlebt, in das man hineingewachsen ist und innerhalb dessen man sich ganz selbstverständlich bewegt. Oft haftet den Begegnungen und Gesprächen gar **etwas Spielerisches** an, denn es ist ja auch ein Spiel, wenn man bewusst und durchaus lustvoll eine Beziehung herstellt, die der eines Geschwisterpaares oder der von Eltern und Kindern ähnelt. Zudem ist der Status relativ und richtet sich nach dem jeweiligen Gesprächspartner und den situativen Rahmenbedingungen, d. h., man kommt immer mal in die Position des Statushöheren, um dann wieder der Statusniedrigere zu sein. Das erlaubt das Ausleben von unterschiedlichen emotionalen Bedürfnissen: Mal kann man sich voller Vertrauen jemandem zuwenden, der einem Wohlwollen und Hilfe bietet, dann wieder ist man selbst in der Rolle des Ratgebers und genießt den Respekt. Javaner sprechen von *saling asah, asih, asuh*, „gegenseitigem Lehren, Lieben und Versorgen", als Ideal zwischenmenschlicher Beziehungen.

Gerade in Beziehungen mit Gleichaltrigen und Freunden ist es üblich, sich gegenseitig zu necken. Individuelle Schwächen werden ganz direkt und provozierend aufs Korn genommen, aber alle wissen: Es ist ein Spiel,

Auch im Alltag sind Indonesier immer für einen spontanen Spaß zu haben von daher droht kein Gesichtsverlust. Man kennt sich und seine Eigenarten, es ist also ein Beweis von Vertrauen und Freundschaft, dass man **sich gegenseitig sticheln** und auch bloßstellen darf. Allzu höfliches und zurückhaltendes Verhalten wirkt gerade in engen Freundschaften für Indonesier als unpassend und unangenehm. Der oft ungewöhnlich direkte, neckende und vor allem laut-emotionale Umgangston in diesen Beziehungen steht in auffälligem Kontrast zu dem offiziellen Auftreten. Er erlaubt den spielerischen Ausdruck von aggressiven Gefühlen und betont gleichzeitig die gegenseitige Vertrautheit.

Wenn die Fassade bröckelt: Umgang mit Aggressionen und Konflikten

Das Ideal von harmonischer Ordnung, Höflichkeit, Konfliktvermeidung und heiterer Herzlichkeit ist natürlich nur eine Seite der indonesischen Gesellschaft. Nur schwer verhohlene **Neid- und Rivalitätsgefühle** sind entgegen diesem äußeren Bild recht häufig anzutreffen. Sie führen immer wieder zum gefürchteten bösen Tratsch und zu übler Nachrede hinter dem Rücken des Betroffenen. Ob Indonesier wirklich so viel mehr lästern als unsereins, sei dahingestellt, unleugbar ist allerdings, dass sie ihre Mitmenschen für außerordentlich lästerfreudig halten. Die Angst vor magischen Angriffen durch Menschen aus dem engeren Umfeld, die einem hinter der freundlichen äußeren Fassade eigentlich böse gesinnt sind, zeugt von der Wahrnehmung intensiver negativer Gefühle, die man von sich selbst kennt und daher auch in anderen vermutet. (Siehe dazu auch das Kap. „Magie und Geisterglaube im modernen Alltag".) Indonesier sind sich sehr bewusst, dass hinter der **Fassade von Anmut, Freundlichkeit und Humor** noch ganz andere Emotionen am Werk sind. Auch wundert es niemanden, dass neben der vorgeblich altruistischen Ausrichtung oft auch zutiefst egoistische Ziele verfolgt werden – die man allerdings gut verborgen hält. Einen Weg zwischen heftigen inneren Gefühlen und öffentlicher Anpassung an *basa-basi* zu finden, fällt auch Indonesiern nicht immer leicht. Während im sozialen Umgang Wert darauf gelegt wird, dass der Ausdruck von negativen Emotionen unterbleibt und Ärger, Wut und Ungeduld nicht gerne gesehen werden, so ist doch auffällig, dass auch Indonesier sich im Schutz eines Gesprächs unter vier Augen gehörig aufregen und empören können.

So großherzig, locker und wohlwollend sich Indonesier gerne geben, so schnell sind sie oft auch beleidigt, wenn doch mal wunde Punkte getroffen werden. Das kann recht überraschend kommen, denn es passiert häufig, dass etwas, das gestern gesagt werden durfte und als Teil des üblichen gegenseitigen Neckens aufgefasst wurde, heute plötzlich als zutiefst empörende Beleidigung empfunden wird. Zudem werden aus sachlichen Konflikten schnell persönliche Konflikte, da zwischen beidem nur selten unterschieden wird. **„Ngambek", „eingeschnappt sein"** ist berüchtigt, da die schmollende Person deutlich macht, dass sie sauer und beleidigt ist, sich aber weigert, darüber zu sprechen. Ebenso gibt es Paare, die sich „streiten", indem sie nicht mehr miteinander sprechen und sich ignorieren. Das sieht nach „Höflichkeit" und „Konfliktvermeidung" aus, ist aber in Wirklichkeit alles andere als das, denn dass ein Konflikt besteht, wird ja unmissverständlich deutlich. Zugleich verweigert man eine klärende Aussprache – eine durchaus als sadistisch zu bezeichnende Haltung, die dem anderen keine Gelegenheit gibt, seine Position darzustellen, und auch die Versöhnung wird verweigert. Von Harmoniewahrung, mit der dieses Verhalten oft von Westlern erklärt wird, kann also keine Rede sein, eher ist es ein **Kompromiss zwischen Selbstbeherrschung und Aggression.** Es ist ein bewusstes Boykottieren des sozialen Umgangs, der ja vornehmlich über das Sprechen ausgetragen wird.

Ngambek kann mitunter lange dauern, Indonesier können sehr nachtragend sein, auch wenn man äußerlich nichts mehr davon zu sehen vermeint. Oft weiß die Umgebung genau, **wer mit wem eine alte Feindschaft austrägt** und sich konsequent ignoriert und anschweigt, aber man nimmt das pragmatisch als Fakt, an dem nichts zu ändern ist und was man eben akzeptieren muss. Als Westler hingegen erfährt man oft erst nach

079in Foto: jg

längerer Zeit, wer mit wem nicht spricht, wer mit wem „verfeindet" ist und welche Leute sich aus dem Weg gehen. Da tun sich dann ganz neue Dimensionen der zwischenmenschlichen Beziehungen auf, von denen man dank der gekonnten Inszenierung einer harmonischen Oberfläche vorher nichts ahnte.

Sich entschuldigen

Da man gerade aufgrund der von Freundlichkeit geprägten Basa-basi-Fassade nie weiß, was die anderen wirklich denken und fühlen, kann man sich nicht sicher sein, ob man nicht doch jemanden beleidigt oder verärgert hat. Neben dem Harmoniebedürfnis ist diese Unsicherheit wohl ein Grund dafür, dass sich insbesondere Javaner, aber auch andere Indonesier, immer wieder schon mal **vorbeugend entschuldigen** – für Fehler, die man vielleicht machen könnte, und für Fehler, die man gemacht hat, ohne es gemerkt zu haben und ohne darauf aufmerksam gemacht worden zu sein. Bei Ansprachen aller Art ist es üblich, schon im Vorhinein um Verzeihung für etwaige falsch gewählte Worte zu bitten, die vielleicht nicht auf die Zustimmung aller Anwesenden stoßen. Gleiches gilt für abschließende Äußerungen bei Veranstaltungen. Und auch wenn man sich nach einem Treffen für längere Zeit voneinander verabschiedet, bittet man sich gegenseitig um Verzeihung für Fehler, die einem womöglich unterlaufen sein könnten – einerlei ob es wirklich etwas gibt, für das man sich entschuldigen möchte, oder ob man sich selbst zwar keiner Fehler bewusst ist, aber den Mitmenschen vielleicht doch unbemerkt beleidigt oder verstimmt hat – sicher ist sicher. Jemanden versehentlich und unbemerkt verärgert zu haben, ist auch deswegen so gefährlich, weil Rache durch magische Angriffe gefürchtet wird.

Das **rituelle Um-Verzeihung-Bitten am Ende des Fastenmonats zu „Lebaran"** ist der Höhepunkt dieses kulturell so betonten und für Westler in diesem Ausmaß oft befremdlichen Bedürfnisses nach gegenseitiger Vergebung. Da das ständige Sich-Entschuldigen allerdings längst zu einer Höflichkeitsfloskel und damit Teil des üblichen Basa-basi-Standards geworden ist, kann man sich natürlich besonders bei den Fehlern, die man wirklich gemacht hat und die man zutiefst bereut, nicht sicher sein, ob sie tatsächlich verziehen werden – andererseits fällt es Indonesiern gerade bei ganz realen Verfehlungen meist sehr schwer, diese offen einzugestehen.

Manche Dinge sind Männersache: hier Verkäufer von traditionellen Waffen auf Flores

Aggressivität

Die Aggressivität hat im öffentlichen Leben in den letzten Jahren spürbar zugenommen. Besonders die Einwohner der großen Städte verlieren schneller die Ruhe und sind **gereizter und hektischer als früher.** Da ein normaler Umgang mit Kritik und der angemessene Ausdruck von negativen Gefühlen nie gelernt wurde, kommt es schnell zu Überreaktionen und extremen Entgleisungen. Zunehmend macht sich auch eine Haltung breit, die man mit einem *tebal muka,* „dicken Gesicht", nach außen zeigt, d. h., man ist immun gegen möglichen Gesichtsverlust, und man gibt sich *cuek* („sich nicht drum scheren"), d. h., dass einem die Reaktionen der anderen Leute egal sind und man ganz egoistisch sein eigenes Ding durchzieht.

Dass auch Indonesier sehr grob und ungehalten sein können, wird an dem zum Teil erschreckend **aggressiven Verhalten im Straßenverkehr** deutlich. Hier gilt das Recht des Stärkeren, bei Unfällen kommt *hit and run* (Fahrerflucht) sehr häufig vor. Auch entzünden sich schon an Kleinigkeiten hitzige Auseinandersetzungen, die schnell in Handgreiflichkeiten ausarten können. Diese Ausbrüche von Aggressivität, die so gar keinen Rest von dem sonst so wichtigen Schamgefühl *malu* und der üblichen Konfliktvermeidung zeigen, lassen erahnen, wie viel negative Emotionen im Alltag unterdrückt werden müssen.

Auch das Phänomen der *tawuran,* der **gewaltsamen Auseinandersetzungen zwischen Schülern verschiedener Schulen** oder Studenten unterschiedlicher Hochschulen oder Fakultäten, zeigt das aggressive Potenzial hinter der lächelnd-defensiven Haltung so vieler junger Männer. Grausam geht es auch oft bei *ospek* zu, den Initiationsprogrammen für neue Schüler oder Studenten, bei denen die Älteren die „Neuen" mit allerlei Prüfungen empfangen. Die Grenze zwischen spielerischer Unterwerfung und bewusstem Quälen ist dabei oft fließend. Und es gibt immer wieder **brutale Zwischenfälle,** auch Todesfälle zählen zu den tragischen Folgen von *ospek.*

Für Westler irritierend ist auch der voyeuristische Umgang mit Bildern von Opfern von Gewalttaten und Unfällen, die in den indonesischen Medien oft in Großaufnahme auf der ersten Seite oder in einer ausführlichen Videosequenz gezeigt werden. Während Darstellungen von körperlicher Liebe sofort Anstoß erregen, als nicht vereinbar mit der „indonesischen

Aggressivität wird in traditionellen Zeremonien zum Ausdruck gebracht, so hier mit einem Kriegertanz bei einer Trauerfeier der Toraja

080in Foto: ak

Kultur" gelten und daher zensiert werden, scheint man mit **Bildern von extremer Gewalt** offensichtlich weitaus weniger Probleme zu haben. Auch in indonesischen Seifenopern *(sinetron)* geht es zum Teil hochaggressiv zu.

Urbanisierung und rapider sozialer Wandel haben zweifellos ihren Anteil an Kriminalität und Aggression, aber ein Blick in die indonesische Geschichte zeigt: Brutalität und Gewalt sind nichts Neues im Archipel - die Massenmorde von 1965-1966 bildeten einen traurigen Höhepunkt. (Siehe dazu auch das Kap. „Der moderne Nationalstaat Indonesien.") **Amok (blind tötendes „Ausrasten")** ist bekanntlich ein malaiisches Wort ...

Neben den blutigen ethnischen und religiösen Auseinandersetzungen der letzten Jahre kommt es auch in „friedlichen" Regionen immer wieder zu spontanen Fällen von grausamer Selbstjustiz durch aufgebrachte Dorf- oder Kampung-Bewohner, die einen Hühnerdieb oder den Verursacher eines Verkehrsunfalls, bei dem ein Dorfbewohner verletzt oder getötet wurde, lynchen. Das ist **die gefürchtete „massa",** die „Menschenmasse", in der das Gruppengeschehen innerhalb von Sekunden eskalieren kann. *Massa* neigen zu anarchistischer Gewalt, die auch die Polizei das Fürchten lehrt. Die Ordnungshüter kommen meist zu spät oder schreiten nicht ein - die Tumulte der *massa* werden wohl als notwendiges Ventil gesehen, dem man lieber seinen Lauf lässt.

Und schon immer gab es Männer, die als eine Mischung aus Kriminellen, Halbstarken und Robin-Hood-Rebellen am Rande der üblichen gesellschaftlichen Normen lebten und doch aus dem ländlichen und städtischen Leben nicht wegzudenken sind. Auf Java waren das die *jago*, lokale „starke Männer" (wörtlich: „Hähne"), die sich Gesetz und Ordnung widersetzten, fremde Dörfer überfielen, die eigenen Dörfer aber vor der Willkür der Steuereintreiber und lokalen Herrscher schützten. Ähnliches gilt für die *parewa* bei den Minangkabau. Im urbanen Indonesien von heute sind die **„preman" und ihre Bandenmitglieder** gefürchtet. Sie kämpfen oft in bestimmten Vierteln um die Vorherrschaft, kaum einer der Anwohner würde es wagen, sich ihnen zu widersetzen. Häufig gibt es auch Abkommen zwischen der örtlichen Polizei und den lokalen *preman*. *Preman* ist allerdings eine ziemlich lose Kategorie: Das können Kriminelle sein, mitunter sind aber auch die relativ harmlosen, auf respektlosen Macker machenden Halbstarken von nebenan gemeint.

Andererseits **ist die Polizei für ihre Übergriffe berüchtigt:** Bei Verhaftungen und Verhören kommen regelmäßig Misshandlungen vor, auch Folterungen sind inoffiziell durchaus üblich. Indonesische und internationale Menschenrechtsorganisationen prangern seit Langem die brutalen Übergriffe, Vergewaltigungen und Morde in Krisengebieten wie Ost-Timor, Aceh und Papua an, die auf das Konto der Armee und ihrer gefürchteten Spezialeinheit *Kopassus* gehen.

Volkssport Essen

Indonesier lieben das Essen über alles, *makan-makan*, „gemeinsam essen", ist sozusagen der nationale Volkssport. Ebenso genießen sie es, ausgiebig darüber zu reden. Die **Vielfalt an lokalen Spezialitäten** ist schier unüberschaubar und stellt ein ungemein beliebtes, unerschöpfliches Gesprächsthema dar. Über kaum ein anderes Thema können Fremde ebenso wie langjährige Freunde mit der gleichen begeisterten Anteilnahme reden. Es bietet die Ausgangsbasis für eine unverfängliche Unterhaltung, die doch meist weit mehr ist als nur oberflächlicher Smalltalk, denn gutes Essen interessiert schließlich jeden! Hier können zudem alle Indonesier ungeachtet ihrer jeweiligen sozialen oder ethnischen Herkunft mitreden. Auch **der Westler wird schnell mit einbezogen:** Die Standardfragen, mit denen man immer wieder konfrontiert wird, lauten bezeichnenderweise: „Und wie schmeckt Ihnen indonesisches Essen?" sowie „Vertragen Sie scharfes Essen?" Dass so mancher westliche Magen mit feurig-scharfen Gerichten mitunter seine Probleme hat, ist allgemein bekannt und es gibt durchaus auch Indonesier, die es lieber etwas dezenter mögen. Die zentraljavanische Küche z. B. ist für ihre delikate Süße bekannt, während Padang-Gerichte aus Westsumatra und Spezialitäten aus Manado (Nordsulawesi) mit zu dem höllisch Heißesten gehören, was indonesische Kochkünste zu bieten haben.

Indonesier sind ausgesprochen stolz auf die kulinarischen Spezialitäten ihrer jeweiligen Heimatregionen und enthusiastische Werber dafür. Ethnische Herkunft geht, wie überall, zumeist erst einmal durch den Magen: Man ist, was man isst und schon immer gegessen hat – und da man das als so lecker und beglückend erlebt, möchte man es gerne mit vielen Mitmenschen teilen. Jede Gegend in Indonesien hat ihre eigene Küche, aber viele lokale Gerichte haben Eingang in **die „nationale" Küche Indonesiens** gefunden. Dabei haben sie ihren ethnischen Ursprung nicht aufgegeben, sondern bereichern selbstbewusst und auf wahrhaft multikulturelle Weise das alltägliche Leben der urbanen modernen Indonesier – die eben gleichzeitig auch immer noch Batak, Buginesen oder Balinesen sind. Einheit in der Vielfalt – das nationale Motto hat sich wohl nirgends im indonesischen Leben von heute so erfolgreich verwirklichen können wie in der gastronomischen Realität.

081in Foto: jh

Essen als Ritual

Essen gehört untrennbar zum gemeinsamen Miteinander der Menschen dazu: Kein Besuch, kein Treffen, **keine Veranstaltung ohne Essen,** zumindest ein Snack *(jajanan)* wird angeboten. Bei traditionellen Ritualen und Bräuchen symbolisiert das Essen die Beziehungen zwischen den Menschen und den Göttern und Ahnen: Rituelle Schlachtungen von Büffeln (in animistisch, christlich und hinduistisch geprägten Gebieten auch von Schweinen) stellen bei traditionellen Feiern und Ritualen, aber auch bei Einweihungen und Segnungen neuer Gebäude den Höhepunkt dar. Zu den meisten balinesischen Opfergaben, aber auch Opfergaben in der javanisch-synkretistischen Kejawen-Tradition gehören Reis, Früchte, kleine Leckereien und Küchlein wie *kue apem* sowie Betel und Zigaretten unbedingt dazu. Ebenso wichtig wie die Opferung von Büffeln und Schweinen ist die darauf folgende, oft nach Status und hierarchischem Rang ausgerichtete zeremonielle Verteilung des Fleisches an alle Anwesenden, so bei Ritualen der Batak und den Trauerfeierlichkeiten der Toraja. Auch im Rahmen des islamischen Opferfestes *Idul Adha* wird das Fleisch an Mitmenschen verteilt, die sich selbst kein Opfertier leisten konnten.

Beim javanischen rituellen Mahl *slametan* steht **die zeremonielle Verteilung der Speisen** mit einem Gebet und einer Ansprache im Mittelpunkt, mit der die sozialen Beziehungen zwischen den Menschen bestätigt und bestärkt werden. Gleiches gilt für Syukuran-Feiern, mit denen man Gott

082in Foto: bd

Betel

Betelpfefferblätter („daun sirih"), Betelnüsse (Arekanüsse, „pinang") und das Anbieten von Betelpriem gehören zu vielen lokalen Ritualen wie Brautwerbung und Hochzeit und sind neben Tabak ein traditionelles ***Symbol der Gastfreundschaft.*** *Das Kauen von Betelpriem, dessen anregende Wirkung deutlich stärker ist als die von Kaffee, ist in ländlichen Gegenden weitverbreitet, führt aber zur typischen dunkelroten Verfärbung des Mundraumes und der Zähne - wer das zum ersten Mal sieht, kann ganz schön erschrecken. Diese optische Nebenwirkung ist allerdings für die urbane Mittel- und Oberschicht nicht mehr akzeptabel und gilt in diesen Kreisen als „kampungan", das heißt peinlich dörflich-rückständig.*

für etwas dankt: für die glückliche Geburt eines Kindes, einen beruflichen Erfolg, die Heilung von schwerer Krankheit, das Bestehen einer Prüfung, die erfolgreiche Durchführung einer Hochzeit, den Einzug in ein neues Haus usw. Bei **„slametan" und „syukuran"** darf der Glück bringende *nasi tumpeng* nicht fehlen: eine Pyramide aus gelbem, mit Kurkuma gefärbtem Reis. Je nach lokaler Tradition und Überzeugung der Gastgeber wird gemeinsam gebetet und eine offizielle Rede erläutert den Anlass des *slametan* oder *syukuran* und dankt den Gästen für ihr Kommen und ihre Unterstützung. Oft erfolgt gleich danach die zeremonielle Verteilung der Speisen, womit dann die ganze Veranstaltung ihr für unser Erwarten vorzeitiges Ende findet, bevor sie eigentlich richtig begonnen hat - die Gäste nehmen die Speisen mit nach Hause und essen sie dort. Oftmals ist das rituelle Verteilen als symbolische Bekräftigung der zwischenmenschlichen Beziehungen wichtiger als das tatsächliche gemeinsame Verzehren der Speisen.

Die nationale Küche ist international

Die heute bekannte indonesische Küche verweist auf die vielfältigen Einflüsse, die die Region *Nusantara* - „die Inseln dazwischen" - bis heute prägen. Indonesien, über dessen Gewässer die großen Handelswege zwi-

„Tumpeng", die Segen und Glück bringende Pyramide aus gelbem Reis

schen Europa, Arabien, Indien und China verliefen, lag über Jahrhunderte im Zentrum eines Austausches von Gewürzen und Nahrungsmitteln. Arabische, indische, chinesische und europäische Händler brachten jeweils eigene Gerichte und Zubereitungsweisen mit und die Indonesier verstanden es, ihre lokale Küche um die unterschiedlichsten Geschmacksrichtungen zu bereichern und dem eigenen Geschmack entsprechend weiterzuentwickeln. Von den **Chinesen** wurden u. a. Nudeln, Sojabohnenprodukte und Tee übernommen, auch die Wokpfanne fehlt in keinem indonesischen Haushalt. Die **Inder** brachten Gewürze wie Ingwer, Koriander und Kardamom und natürlich ihre Currys mit, die in indonesischer Hand zu *kare* und *gulai* (oder *gule*) wurden und geschmacklich einen anderen Akzent setzen als ihre indischen Verwandten. Von den **arabischen Muslimen** stammen die Ziegenfleischgerichte, wobei die Joghurtsoße durch Kokosnussmilch ersetzt wurde. Die **Portugiesen** wiederum führten den Anbau

„Halal" oder „haram"? Muslimische Speisevorschriften im Alltag

Die islamischen Speisevorschriften sind auf den ersten Blick ganz einfach: „Halal", also religiös erlaubt, ist alles, was nicht „haram", religiös verboten, ist. „Haram" ist der Verzehr von ***Aas, Schweinefleisch, Blut und Alkohol.*** *Doch wer genauer hinschaut, wie es inzwischen viele fromme Muslime tun, wird schnell unsicher. Schweinefleisch lässt sich ja vermeiden, aber kann man sich sicher sein, dass das gekaufte Hühnchenfleisch auch wirklich den islamischen Regeln folgend geschächtet und dabei auch das vorgeschriebene „Bismillah" („Im Namen Gottes") gesprochen wurde? Was ist mit der Schweinegelatine in Süßigkeiten? Oder ist Gelatine generell verboten, da tote Knochen verarbeitet werden? Und darf man die beliebte Leckerei „tape ketan" (aus fermentiertem Klebreis) verzehren, die durch den Fermentierungsprozess einen minimalen Alkoholgehalt aufweist? Bestimmte Lebensmittelzusatzstoffe wie Emulgatoren, Enzyme oder Stabilisatoren, als E-Nummern bekannt, sind tierischer Herkunft und stehen somit auch auf der Liste. Und war da nicht noch was mit Reptilien, die angeblich auch „haram" sein sollen? Darf man also Krebse essen? Tintenfische sollen nach bestimmten Auslegungen auch „haram" sein. Und was ist mit der äußerlichen Anwendung von Alkohol, zum Beispiel als Desinfektionsmittel oder als Parfüm?*

Die Unsicherheit ist dementsprechend groß und wird durch regelmäßig in den Medien hochgepushte ***Skandale*** *noch weiter angeheizt. Es genügt das Gerücht, ein bestimmtes, nicht dahingegehend gekennzeichnetes Pro-*

von Kassave (Maniok) und Süßkartoffeln ein. Und die aus der indonesischen Küche nicht mehr wegzudenkenden Erdnüsse und scharfen Chilis sind den **Spaniern** zu verdanken. Viele Kuchen stammen ursprünglich aus **Holland,** so der beliebte *kue lapis* (Schichtkuchen). Die Niederländer brachten auch Kaffee, Kartoffeln, Karotten, verschiedene Kohlarten und grüne Bohnen nach Indonesien.

Reis

Essen bedeutet für Indonesier zuerst einmal eines: Reis. Reis als **Symbol der Fruchtbarkeit** spielt in den Mythen vieler indonesischer Völker eine zentrale Rolle, der Reisgöttin *Dewi Sri* werden Opfergaben gebracht, um die Ernte zu sichern. Reis ist das tägliche **Grundnahrungsmittel Nummer eins.** Maniok bzw. Kassave, Süßkartoffeln und Sagomehl, in Teilen Ostindonesiens Bestandteil des traditionellen Speiseplans und weitaus nähr-

dukt weise Bestandteile auf, die aus Schweinefleisch stammen, oder eine beim Namen genannte Garküche verarbeite heimlich in ihrem Rinderhack auch Schweinefleischreste - das Unternehmen bekommt sofort ein gewaltiges Imageproblem und der Betreiber der Garküche kann schließen und steht mit seiner Familie erstmal ohne Einkommen da.

Inzwischen vergibt MUI („Majlis Ulama Indonesia", der Rat der indonesischen Religionsgelehrten) ein ***offizielles Halal-Zertifikat,*** *um den zunehmend islamisch-korrekt orientierten muslimischen Verbrauchern die geforderte Sicherheit beim täglichen Einkauf zu vermitteln. Angesichts der Auswüchse dieser Halal-haram-Haarspalterei, bei der nun - man greift sich an den Kopf - auch Mineralwasser als „halal" etikettiert wird, verdient MUI wohl recht gut an den Lizenzgebühren für die gedruckten Halal-Nachweise. Auch Importwaren müssen sich, um auf dem Markt des Landes mit der größten muslimischen Bevölkerung konkurrenzfähig zu bleiben, den MUI-Überprüfungen stellen - außer sie verzichten auf das Zertifikat und somit auf ein schnell wachsendes Käufersegment, das für sein Seelenheil bevorzugt auf islamisch korrekte Produkte zurückgreift. Auch chinesische Restaurants oder solche mit Spezialitäten aus nicht-muslimischen Regionen wie Bali oder Manado verzichten mitunter lieber auf Schwein und Hund (gilt auch als unrein) in ihrem Menü als auf die frommer werdende muslimische Kundschaft.*

stoffreicher als der polierte weiße Reis, gelten hingegen als Armeleuteesssen. Für viele Menschen ist ein Essen ohne Reis keine „richtige" Mahlzeit und nicht wirklich satt machend. Gerichte und Snacks ohne Reis werden vom indonesischen Gaumen lediglich als „Zwischenmahlzeit" oder „Imbiss" registriert.

Die indonesische Sprache kennt nicht „den Reis" an sich, sondern unterscheidet zwischen *gabah,* dem geernteten, noch ungeschälten Reis, dem geschälten *beras,* der auf den Märkten und in Läden sackweise verkauft wird, und dem gekochten Reis, *nasi,* der auf den Teller kommt. Für Süßspeisen wiederum wird **„ketan", Klebreis,** verwendet. Generell bevorzugen Indonesier Reis, der in seiner gekochten Form eine eher klebrige Konsistenz aufweist – also das Gegenteil vom locker-körnigen „Uncle-Ben's-Reis". Denn traditionellerweise isst man Reisgerichte in Indonesien mit den Fingern, was bei klebrigen Reiskörnern natürlich deutlich leichter fällt. Unser Ideal vom „locker-körnigen" Reis wirkt auf Indonesier eher wie Vogelfutter.

Reis gilt als der „Hauptfüller" und „Sattmacher", alle Beilagengerichte hingegen als Geschmacksgeber. Indonesier bevorzugen eine Auswahl von **zwei bis drei Beilagen zum Reis.** Diese Gerichte werden hauptsächlich unter der Verwendung von Kokosnussmilch *(santan),* Sojasoße *(kecap),* Shrimpspaste *(terasi)* und Palmzucker (*gula merah* oder *gula Jawa*) gekocht. Hinzu kommt die typische, mal eher scharfe, mal eher süße Erdnusssoße und natürlich *Sambal* (Würzpaste auf Chilibasis) in unzähligen Variationen. Die Zubereitung mit frischen Gewürzen ist selbstverständlich. Hierbei wird ein kleiner Steinmörser verwendet, in dem man die **Gewürze** zusammen mit Zwiebeln, Knoblauch u. a. und den obligatorischen Chilischoten *(cabe)* zu einer Paste zerstampft, die in der Pfanne kurz angebraten wird.

Fleisch, Gemüse und Obst

Wie überall in Asien, so gibt es auch in Indonesien eine **Auswahl an Fleischsorten,** die so manchem Westler erstmal den Appetit verschlägt. Alles mögliche Getier und sämtliche Innereien werden verarbeitet und haben einen festen Platz im lokalen Spezialitätenangebot. In muslimischen Gebieten wird man allerdings, von chinesischen Restaurants abgesehen, aus religiösen Gründen so gut wie kein Schweinefleisch finden – Schweine sind im Islam *haram,* unrein, und damit absolut tabu. Ähnliches gilt für **Hundefleisch,** das aber in christlichen Gebieten wie Manado in Nordsulawesi und bei den Batak in Nordsumatra eine beliebte Delikatesse ist. Dort isst man auch gerne Schwein, ebenso wie im hinduistischen Bali und christlich geprägten Ostindonesien und Papua. In animistisch geprägten

Regionen ist auch die Zubereitung von Fleisch in einem Blutsud üblich. Da das Christentum – im Gegensatz zum Islam – keine speziellen Speisetabus kennt, konnten diese kulinarischen Traditionen auch in zum Christentum bekehrten Gebieten beibehalten werden. Muslimen hingegen ist der Genuss von Blut ebenso kategorisch wie der von **Schweinefleisch verboten.**

Im ganzen Land sind gegrillte Fleischspieße mit scharfer Erdnusssoße *(sate)* beliebt. Westsumatranisches *rendang* (in Kokosnussmilch und Gewürzen so lange gekochtes Fleisch, bis das Fleisch die Milch ganz aufgesogen hat) wird ebenfalls sehr gerne gegessen. Ungewohnt für uns ist *abon-abon:* getrocknete **Fleisch- oder Fischfasern,** die auf den Reis gestreut werden. *Abon-abon* ist billig, auch im tropischen Klima lange haltbar und kann gut auch mal andere Beilagen ersetzen, wenn es besonders schnell oder günstig sein soll.

Indonesier lieben **Hühnchenfleisch in allen Variationen:** Hühnersuppe *(soto ayam),* Fleischspieße *(sate ayam),* Reis-Hühnchen-Brei *(bubur ayam),* Hühnchencurry *(gulai ayam).* Es verwundert daher kaum, dass Kentucky Fried Chicken hier beliebter ist als McDonald's. Beide mussten sich jedoch den indonesischen Verhältnissen anpassen und bieten statt Pommes auch Reis an.

Im Inselstaat Indonesien kommen natürlich gerade auch die Liebhaber von **Fischgerichten und Meeresfrüchten** auf ihre Kosten. Die regionale Vielfalt lässt kaum Wünsche offen. Beliebt ist z. B. *empek-empek* (auch *pepek* genannt) aus Palembang (Südsumatra): gehackter, mit Sagomehl zu Bällchen geformter Fisch zusammen mit Glasnudeln und süßsaurer Soße.

Vegetarisch?

Vegetarier haben es nicht ganz leicht in Indonesien, da die meisten Gerichte auch Fleisch oder Fisch enthalten. Zudem wird auch in vielen auf den ersten Blick rein vegetarischen Gerichten die würzige Shrimpspaste *terasi* verwendet. Arme Leute sind aufgrund der doch recht hohen Preise für Fleisch zwar gezwungenermaßen meist „Teilzeit-Vegetarier", aber auch in ihrer Vorstellung gehört zu einem richtigen, vorzeigbaren Essen natürlich Fleisch als Teil der Beilage zum Reis. Doch zum Glück gibt es da noch die preiswerten und sehr nährstoffreichen Sojabohnen-Produkte **Tofu („tahu") und „tempe",** die eine wichtige Proteinquelle darstellen. Ein in ganz Indonesien verbreitetes, rein vegetarisches Gericht ist *gado-gado,* das ursprünglich aus Jakarta stammt: eine Auswahl an gegartem **Gemüse mit Erdnusssoße.** Beliebt ist auch *sayur lodeh* (in Kokosmilch gegartes Gemüse) und das westjavanische *urab* (gegartes Gemüse mit Kokosnussraspeln).

083in Foto: jg

Indonesier weisen Westler, die sich als Vegetarier outen, übrigens gerne auf eine typisch westjavanische Essgewohnheit hin: Dem Volksmund nach genüge es, einem Sundanesen ein paar Chilischoten in die Hand zu drücken und ihn dann in die freie Natur oder den Garten zu entlassen – all das Grünzeug da draußen mit der geliebten Chilischärfe versehen stellt den sundanesischen Magen angeblich restlos zufrieden. Ohne Ausflug ins Grüne ist das Ganze auch käuflich unter dem Namen *lalapan* zu erstehen: Sambal mit einer Auswahl an rohem grünen Gemüse.

In einem tropischen Land wie Indonesien ist die Auswahl an frischen, exotischen **Früchten** natürlich ausgesprochen reichhaltig, das farbenprächtige Angebot auf den lokalen Märkten ist schier unüberschaubar. Lecker und sehr erfrischend sind auch die frisch zubereiteten Fruchtsäfte. Für uns etwas ungewohnt ist die **Verwendung von noch unreifen Früchten** in der indonesischen Küche: So wird unter anderem unreife Papaya in einigen Gerichten als Gemüse verwendet und unreife Mango ist Bestandteil des erfrischend-scharfen Obst- und/oder Gemüsesalats *rujak,* von dem es ganz unterschiedliche regionale Variationen gibt.

Eine schläfrige Gemüseverkäuferin legt eine Mittagspause ein

Essen und Trinken im Alltag

In den meisten Haushalten werden früh morgens eine große Portion Reis und dazu einige Beilagen gekocht: in der Regel Gemüsezubereitungen, etwas Fleisch oder Fisch und eine oder mehrere Sambalpasten zur Auswahl. Das steht dann unter einem Fliegenschutz den ganzen Tag sozusagen als Selbstbedienungsbüffet zur Verfügung. Auch gekochte Speisen werden in der Regel lauwarm gegessen, nur den Reis wärmt man im Reiskocher gegebenenfalls nochmal auf. Eine strenge **Unterscheidung zwischen typischen Frühstücks-, Mittags- und Abendgerichten gibt es nicht,** oft wird einfach das gegessen, was von der vorherigen Mahlzeit übrig geblieben ist, je nach Bedarf ergänzt mit etwas neu Gekochtem. Die einzelnen Familienmitglieder essen, wann immer sie Hunger haben oder nach Hause gekommen sind. Feste Zeiten und Mahlzeiten, die gemeinsam von der Familie am Tisch sitzend eingenommen werden, sind eine Ausnahme und am ehesten noch bei westlich beeinflussten Familien zu finden. Im Allgemeinen wird **nicht viel Aufhebens um das tägliche Essen** zu Hause gemacht, es geschieht recht beiläufig und unauffällig. Auch bei Zusammenkünften oder im Restaurant und *warung* (Imbissstand) isst man eher schnell und ohne groß miteinander zu sprechen. Erst wenn alle Mägen zufrieden gefüllt sind, wird das meist recht laute, angeregte Gespräch weitergeführt.

Gegessen wird üblicherweise **mit Gabel und Löffel:** Mit der Gabel in der linken Hand schiebt man das Essen auf den Löffel. Die Vorstellung, auf dem Teller mit einem Messer herumzuhantieren, wirkt auf Indonesier geradezu barbarisch. Allerdings braucht man bei indonesischen Gerichten auch kein Messer mehr, da Gemüse und Fleisch bereits bei der Zubereitung in kleine Häppchen geschnitten werden. Bis heute ist es auch sehr beliebt, **mit den Fingern** zu essen. Hierbei wird nur die „saubere" rechte Hand benutzt – die linke hat auf dem Teller nichts zu suchen, wird sie doch auf der Toilette verwendet! Meist stehen Wasserschälchen bereit, in denen man seine Hand vor und nach der Mahlzeit säubern kann. Die Kunst besteht darin, den Reis mit Beilage so zu einem Klumpen zu drücken, dass man ihn mit dem Daumen, Zeige-, Mittel- und Ringfinger in den Mund führen kann, ohne zu tropfen, kleckern oder zu schmieren. Diese Art des Essens kann auf Westler zuerst einmal „eklig" wirken, da wir früh gelernt haben, mit den Speisen nicht „rumzuspielen" und Gekochtes nicht mit den Fingern, sondern nur mit dem Besteck „anzufassen". Wer es jedoch einmal auf die indonesische Art versucht hat, der wird das Essen als spielerischen, sinnlichen Genuss mit ganz neuer und unmittelbarer Intensität erleben.

Als **Frühstück** gibt es z.B. *nasi goreng,* gebratenen Reis, als praktische Resteverwertung von übrig gebliebenem Reis und Beilagen des Vortages, gerne mit Omelett. Auch *bubur ayam,* ein dicker Reisbrei mit Hühnchenfleisch, ist ein beliebtes Frühstücksgericht. In den urbanen Zentren finden sich inzwischen auch westliche Frühstücksgewohnheiten wie Toastbrot mit Butter oder Marmelade. Manch einer trinkt auch nur schnell eine Tasse starken, sehr süßen Kaffee, bevor er sich auf den Weg zur täglichen Arbeit macht. Nach wie vor erfreut sich die einheimische Zubereitungsweise großer Beliebtheit: Der Kaffee wird als *kopi tubruk* einfach direkt im Glas überbrüht, viel Zucker dazu, umrühren, warten, bis sich der Kaffeesatz setzt und dann steht einem **Kaffeegenuss à la Indonesia** nichts mehr im Wege.

Zu Mittag und Abend isst man dann Reis mit einer oder mehreren Beilagen und Sambalsoßen. Und zwar je nach dem entweder zu Hause – selbst zubereitet oder von der *pembantu* (Hausmädchen) gekocht – oder außerhalb an einem *warung,* in einem Restaurant oder in Pappkartons ins Büro geliefert. Generell bevorzugen Indonesier die große Auswahl eines **Büffets,** von dem sich jeder nehmen kann, was er will. Unsere strenge Menüreihenfolge hat sich, von einigen teuren Restaurants abgesehen, nicht durchsetzen können. Das Gegenmodell zum westlichen Restaurant sind die *Rumah Makan Padang,* **in ganz Indonesien beliebte Restaurants,** die Spezialitäten aus Westsumatra auf ganz besondere Weise anbieten: Alle vorgekochten und bereitstehenden Gerichte werden dem Gast vorgesetzt, der dann die freie Wahl hat und am Ende nur das bezahlt, was er tatsächlich gegessen hat. Frauen sollten bei der Wahl ihrer Garderobe daran denken, dass Indonesier gerne **auf dem Boden sitzend** *(lesehan)* essen. Darauf haben sich auch viele regionale Spezialitätenrestaurants eingestellt und bieten ihre Gerichte auf niedrigen Tischen an, die Gäste sitzen auf dem Boden. Ein Minirock kann da etwas unbequem werden.

084in Foto: jg

Junggesellen, Studenten und auch viele Familien kochen oft erst gar nicht, sondern holen sich ihre Mahlzeiten einfach von einem der allgegenwärtigen *kaki lima* („Fünffüßler", mobile Garküchen), einem **warung** (Straßenimbiss) oder **als Take-away von einem Restaurant** – wenn sie ihre Mahlzeiten nicht gleich ganz außer Haus einnehmen. Ein *warung* mag äußerlich schäbig und ärmlich aussehen, woraus aber keine Rückschlüsse über die kulinarische Qualität des angebotenen Essens geschlossen werden sollten! Manch ein Warung-Besitzer gilt als wahrer Experte für die Zubereitung eines bestimmten Gerichtes und zu den Kunden zählen nicht nur arme *Kampung*-Bewohner aus der Nachbarschaft, sondern auch Leute, die im schicken Auto vorfahren.

Zu den unvergesslichen Annehmlichkeiten eines Lebens in Indonesien gehört, **dass einem das Essen regelmäßig direkt vor die Tür gebracht wird:** Kaki-lima-Händler ziehen zu bestimmten Tageszeiten durch die Straßen und machen mit typischen, jedem Indonesier von klein auf bekannten Rufen und Geschirr-Klopf-Geräuschen auf sich und ihre Leckereien aufmerksam. Wenn abends der Sate-Mann seine Runden zieht, darf man sich auf leckere Fleischspießchen freuen, die vor der Haustür zubereitet werden, während man einen kurzen Plausch mit dem Verkäufer und Nachbarn hält. Da die *kaki lima* meist nur über einen Eimer Wasser verfügen, in den sie benutztes Geschirr kurz eintauchen, bringen die meisten Kunden einfach ihr eigenes Geschirr mit nach draußen.

Zum Einbruch der Dunkelheit werden zudem die **Nachtmärkte** *(pasar malam)* wie aus dem Nichts zum Leben erweckt. So manch ein tagsüber verlassen wirkender Straßenzug wandelt sich zum Schauplatz regen Treibens und vielfältiger Angebote inmitten der warmen atmosphärischen Dichte, wie sie nur einer Tropennacht zu eigen ist.

Und dann gibt es da ja noch die praktischen **Instant-Nudelsuppen** wie die der Marke *Indomie,* die jederzeit über den kleinen und großen Hunger hinweghelfen und in kaum einem Haushalt fehlen. Sie können problemlos auch längere Zeit gelagert werden und zu ihrer Zubereitung ist nur kochendes Wasser notwendig – daher gehören Pakete mit Instantsuppen regelmäßig zu den ersten Hilfslieferungen bei Katastrophenfällen. Und als Asienläden mit dem entsprechenden Angebot bei uns noch Raritäten waren, halfen oft ganze Koffer voll mit Indomie-Päckchen Indonesiern auf Reisen in den Westen über die kulinarische Notlage hinweg.

Snacks *(jajanan)* sind sehr beliebt, jede Region Indonesiens hat auch bei den kleinen Zwischendurch-Leckereien unzählige eigene Köstlichkei-

Ein Bananenblatt dient als Teller, gegessen wird mit den Händen – hier auf einem Markt in Solo

ten hervorgebracht, die ein gern gesehenes Mitbringsel sind. Überall werden sie angeboten, von Geschäften und Restaurants in Shoppingmalls bis hin zu Straßenhändlern. Gerade im Umfeld von Bahnhöfen, Busterminals und in Zügen hat sich ein eigenes Kleingewerbe etabliert: Hier werden dem Reisenden praktisch vorgepackte kleine Geschenkkartons mit den typischen lokalen Spezialitäten angeboten.

Getränke

Abgesehen von Mineralwasser, frischen Fruchtsäften und frischer Kokosnussmilch sind Getränke in Indonesien meist vor allem eines: **sehr, sehr süß.** Tee und Kaffee werden einem immer mit einer geballten Ladung Zucker versetzt angeboten – alles andere (auch die Frage, ob der Gast überhaupt Zucker haben möchte) würde als ein Zeichen von Geiz empfunden. Man gibt dem Gast großzügig, das gilt – leider – vor allem eben auch für den Zucker in Getränken. Als inoffizielles indonesisches Nationalgetränk kann *teh botol* („Flaschentee") der Marke *Sosro* gelten. *Teh botol* ist in Flaschen abgefüllter, **kalt getrunkener Jasmintee,** der sich, wie sollte es anders sein, vor allem durch seinen zuckersüßen Geschmack auszeichnet. Vom *warung* an der Straßenecke bis zum Restaurant in der Shoppingmall gehört *teh botol* für Indonesier aller Gesellschaftsschichten und Altersgruppen zu einem Essen oder einer Imbisspause dazu.

Überall findet man auch die bunten, kalt-süßen Erfrischungsgetränke wie *es cendol, es campur* und *es teler:* Kokosnussmilch, Palmzucker und je nachdem winzig kleine grüne Teigbällchen aus Reismehl, bunte Stückchen aus Agar-Agar, Kondensmilch und Eisstückchen.

Getränke werden im *warung* oder *kaki lima* oft in eine kleine durchsichtige Plastiktüte abgefüllt, in die ein Strohhalm gesteckt wird, bevor oben zugebunden wird. Auch eine Möglichkeit für To-go-Bedienung, allerdings nicht sehr umweltfreundlich.

Freizeitvergnügungen

Indonesier lieben das Essen über alles und so erstaunt es wenig, dass dem gemeinsamen Essen auch in ihrer Freizeit eine große Rolle zukommt. Ein Ausflug, ein Treffen, eine Verabredung, eine Veranstaltung gleich welcher Art – ohne *makan-makan,* „gemeinsam genussvoll essen", wäre das unbefriedigend und würde weitaus weniger Spaß machen. In der Freizeit trifft man sich mit seinen Freunden bevorzugt an Orten, wo es was zu essen gibt: am Stamm-warung, auf den Nachtmärkten *pasar malam,* im Lieb-

085in Foto: jg

lingsrestaurant gleich welcher Preisklasse oder bei Kentucky Fried Chicken. Am Wochenende und zu Feiertagen sind Familienausflüge in **Vergnügungsparks** wie *Ancol* in Jakarta beliebt. Dort gibt es immer viele Attraktionen für jung und alt und natürlich auch eine große Auswahl an Speisen und Snacks.

Besondes beliebt sind die **Shoppingmalls,** in denen Jugendliche und Familien gern ihre Freizeit verbringen – das kann schon mal ein Tagesausflug werden. Hier kann man bei angenehmen Temperaturen ausgiebig bummeln, es geht um das Sehen und Gesehenwerden. Die Mittel- und Oberschicht zelebriert hier status- und vergnügungsbewusst ihren modernen Lifestyle. Für die Kinder gibt es eigene Betreuungsangebote und Indoorspielplätze – aber all das wäre nichts, wenn es nicht die beeindruckende Auswahl an Restaurants, Cafés und Imbissen gäbe. Auch für Westler, die eher das „ursprüngliche" Indonesien suchen und von der glitzernden Luxusfassade der oft gigantisch anmutenden Mega-Malls abgeschreckt werden, lohnt sich ein Besuch, denn nirgendwo sonst im Inselreich kann man **an einem Ort so viele unterschiedliche kulinarische Spezialitäten** aus den verschiedenen indonesischen Regionen probieren. Und auch wer mal wieder Appetit auf vertrautere Geschmacksrichtungen verspürt, kommt hier auf seine Kosten.

Inzwischen boomt auch der **innerindonesische Tourismus,** wobei nach der Besichtigung der angesagten Sehenswürdigkeiten inklusive obligato-

Im „warung" wird alles frisch zubereitet

rischem Gruppenfoto dann recht bald zielstrebig die eigentlichen Sehens- oder besser „Essenswürdigkeiten" aufgesucht werden: Man betreibt mit Vorliebe *wisata kuliner,* **„kulinarischen Tourismus".** Jede Region hat ihre Spezialitäten, jede Stadt ihre gastronomischen Geheimtipps, die sich kein Indonesier entgehen lassen würde und deren Besuch den emotionalen Höhepunkt einer Reise oder eines Ausfluges darstellt.

Für alle Freizeitaktivitäten gilt: Indonesier lieben die **Geselligkeit** – je mehr Menschen da sind, umso besser, je lebendiger die Atmosphäre, umso erholsamer das Erlebnis. **Ramai** heißt das Zauberwort: Es ist voll und enorm viel los, die Stimmung ist lebendig, angeregt und mitreißend. Überall gibt es etwas zu sehen und zu hören, eine sprudelnde, unübersichtliche Betriebsamkeit bestimmt die Atmosphäre. *Ramai* kennt keine Berührungsängste, im Gegenteil, die Grenzen scheinen auf eine lustvolle Art aufgehoben zu sein, man gibt sich vertrauensvoll der Eigendynamik des Geschehens hin. Es gibt kein konkretes Zentrum mehr, die Aufmerksamkeit verteilt sich auf unzählige Details und kurze spontane Momente. Der Einzelne geht in der Gruppe auf, ist Teil ihrer egalitären Dynamik und bringt sich doch immer wieder ein, indem er eigene Akzente setzt – ganz ähnlich wie in der Gamelan-Musik. In einer solchen Atmosphäre können sich Indonesier meist am besten entspannen. Ein gutes Abbild dieser Stimmung zeigt sich in den typischen balinesischen Gemälden, die von einer Überfülle an Details nur so strotzen – ein bildliches *ramai,* wie man es besser nicht darstellen könnte.

086in Foto: ps

Eine extreme Form von Ramai-Trubel wird in vielen traditionellen Bräuchen geboten, die in einem äußerst deutlichen Kontrast zu Zeremonien stehen, in denen eine rigide, an Statushierarchien ausgerichtete Etikette den Ablauf bestimmt. Manchmal geradezu beängstigend ungestüm bewegt sich die Menschenmasse bei balinesischen Verbrennungszeremonien, bei den Bestattungsfeiern der Toraja (besonders bei der Überführung des Sarges in das Grab und dem Schlachten der Büffel) und beim javanischen wilden Gerangel um gesegnete Opfergaben bei traditionellen höfischen Prozessionen. Auch die bis heute sehr beliebten traditionellen männlichen Zeitvertreibe wie der **balinesische Hahnenkampf** oder die **Schweinejagd mit Hunden** bei den Minang sind von einer egalitären, ausgelassenen Stimmung gekennzeichnet, bei der alle sonst so wichtigen Statusbedenken keine Rolle mehr spielen. **Büffelrennen** sind in vielen Gegenden Indonesiens beliebte Veranstaltungen mit Volksfestcharakter. Auch **Sport** wird ausgiebig betrieben: Fußball, Volleyball, Basketball, Tischtennis und Badminton werden mit viel Begeisterung gespielt. Auch die traditionelle Selbstverteidigungskunst *Pencak Silat* hat viele Anhänger.

Frauen und Freizeit

Traditionell war Freizeit eher eine Angelegenheit für Männer. Besonders auf dem Land ist der **Handlungsspielraum für Frauen** in ihrer Freizeit deutlich eingeschränkt. Männer vergnügen sich ganz selbstverständlich außer Haus bis spät in die Nacht hinein mit Rauchen, Kartenspiel und endlosen Gesprächen. Frauen brauchen auf dem Land einen konkreten Anlass, um sich außer Haus zu begeben. Dass eine Frau nach Einbruch der Dunkelheit allein unterwegs ist, kommt zwar durchaus vor, ist aber doch relativ ungewöhnlich und führt schnell zu allerlei unangenehmem Tratsch und übler Nachrede. Die ländlichen Frauen gestalten ihre Freizeit daher meist mit „nützlichen", gemeinschaftlich ausgeführten Tätigkeiten: Besprechungen und Treffen von lokalen Frauen- und Nachbarschaftsorganisationen, Vorbereitungen von Familien- und Dorffesten, auf Bali natürlich die Anfertigung von Opfergaben für Tempelfeste, gemeinsames Kochen für private und offizielle Veranstaltungen, ehrenamtliche Tätigkeiten in der Moschee- oder Kirchengemeinde, Besuch von Koranlesezirkeln *(pengajian)* oder Bibelkreisen, gemeinsame Fortbildungskurse und Seminare,

Durchführung von regelmäßigen routierenden Sparlotterien *(arisan)* usw. Bei all dem verstehen es die Frauen, neben dem offiziellen Programm oder dem eigentlichen Zweck des Zusammenkommens stets viel Spaß zu haben, angeregt den neuesten Klatsch auszutauschen und die Gemeinschaft mit den anderen Frauen zu genießen.

Der ländliche Alltag ist eintönig, worunter besonders die Jugendlichen leiden. Wer einmal in der Stadt war und dort die Freiheiten und Attraktionen des urbanen Lebens kennengelernt hat, freundet sich nur selten wieder mit dem kargen Dorfleben an. Besonders **die jungen Frauen,** die ja auch ihren „guten Ruf" wahren müssen, haben es schwer angesichts all der strengen Verhaltensvorschriften des traditionellen *adat,* der Vielzahl an rituellen Verpflichtungen und der ständigen, gnadenlosen sozialen Kontrolle des Dorfes. Sich außerhalb des familiären Rahmens und genau definierter Arbeitsbereiche einfach mal ausgelassen und nach Lust und Laune zu amüsieren, wie wir es für selbstverständlich halten, ist da kaum möglich.

Musik, Tanz, Theater und Alkohol

Eine erfreuliche Abwechslung bieten die religiösen und nationalen Feiertage sowie **traditionelle Feste.** Hier ist bis tief in die Nacht das ganze Dorf auf den Beinen, alle haben Teil an den Feierlichkeiten und dem allgemeinen Trubel. (Siehe auch das Kap. „‚Hari Raya' – Feste und Feiertage".)

Hochzeiten werden bei den meisten Ethnien groß mit Essen und Unterhaltungsprogramm für alle Gäste – d.h. im Grunde das ganze Dorf – gefeiert. Je nach Vorliebe und Finanzkraft der Gastgeber gibt es eine offene Bühne, auf der knapp bekleidete Sängerinnen zu **orientalisch klingender Dangdut-Musik** die Hüften kreisen lassen. Während die Frauen das Treiben eher aus sicherer Entfernung beobachten, tanzen die meist jüngeren Männer zu fortgeschrittener Stunde selig-traumversunken zu den Melodien der bekannten Hits. (Siehe auch den Exkurs „König und Königin für einen Tag: die Hochzeitszeremonie".)

Auf Java ist in den letzten Jahren **Campursari-Musik** beliebt geworden: Javanische Pop- und Volkslieder werden mit einer Mischung aus Gamelan-Musik und westlichen elektronischen Instrumenten wie dem Keyboard begleitet. Und natürlich gibt es all die traditionellen Kunstformen, die für Unterhaltung sorgen: klassische Tänze, Volkstänze, Theatervorführungen wie das javanische oder balinesische Schattenspiel *wayang kulit,* das sundanesische Puppenspiel *wayang golek,* das javanische Volkstheater *kethoprak* und *ludruk* oder das Randai-Theater der Minangkabau, um nur einige wenige zu nennen. Die **traditionellen Theaterformen** Indonesiens gehören zu den mündlich überlieferten Künsten. Sie fordern von den Künstlern sowohl ein umfangreiches Wissen über die jeweilige Tradition als auch spontanes Improvisationstalent: Lebendig wird eine Aufführung erst, wenn die alten, allseits bekannten Geschichten auf kritische, überraschende und humorvolle Weise mit aktuellen Themen und Geschehnissen verbunden werden.

In vielen Regionen Indonesiens gibt es auch die Tradition von singenden Tänzerinnen, die sich einzelne Männer aus dem Publikum wählen und dann mit ihnen einen **flirtenden Tanz** ausführen, bei dem der Mann sein ganzes Können zeigen muss. Diese mal kunstvollen, mal eher derben Tänze, die auf Java u. a. als *tayuban* und auf Bali als *joged bumbung* bekannt sind, sorgen stets für viel Heiterkeit im Publikum. Allerdings sind sie nicht unumstritten, da sie oft mit Alkohol, Prostitution und anderen **Exzessen** in Verbindung gebracht werden – einige Tänzerinnen sollen durchaus käuflich sein. Auch lokale Dangdut-Aufführungen, meist im Rahmen von Hochzeiten, Beschneidungen, Einweihungen und Danksagungen organisiert, sind oft nicht ohne, wie man sich leicht vor Ort überzeugen kann. Viele der fast ausnahmslos männlichen Zuschauer sind angetrunken, auch Drogen sind oft im Spiel.

In christlichen und hinduistischen Gebieten gehört Alkohol in Form von Bier und **traditionellen alkoholischen Getränken** wie *tuak* (Palmwein) oder auf Bali auch *brem* (Reiswein) und *arak* (aus *tuak* oder *brem* destillierter starker Branntwein) für die Männer zum geselligen Beisammensein dazu. (Frauen trinken übrigens grundsätzlich keinen Alkohol in der Öffentlichkeit.) Diese Getränke werden auch in muslimischen Gebieten gern konsumiert, die Durchsetzung rigiderer Koranauslegungen führt aber zu einer deutlich zunehmenden Tabuisierung. Bei den männlichen Batak sind die *lapo tuak* (*lapo* ist die Batak-Bezeichnung für *warung* „Imbissstand") beliebt, um **nach Feierabend den Tag ausklingen zu lassen.** Man raucht gemeinsam, trinkt *tuak*, spielt Karten oder Schach, sieht fern, diskutiert über Gott und die Welt und singt hingebungsvoll zur Gitarrenbegleitung – je später der Abend, je mehr *tuak* man intus hat, umso ausgelassener und lauter wird die Stimmung. Ähnliches ist unter balinesischen Männern üblich: *Metuakan* nennen sie den beliebten Brauch, bei dem sie mit ihren Freunden zusammen den Abend mit viel *tuak*, Männergesprächen und spontan improvisiertem Singen (*genjek*) verbringen. Bei *genjek*, einer der **unzähligen mündlichen Kunstformen** Indonesiens, werden einfache Volksmelodien zu einem vielstimmigen, rhythmischen Ausrufen von Silben wie *sir, pak, sak, jas, jes, jos, cis* usw. gesungen. Die Silben stehen für die Laute einzelner Gamelan-Instrumente und bilden einen faszinierend pulsierenden Klangteppich.

Singen und Musizieren

Eine beliebte Freizeitbeschäftigung, die Arm und Reich, Stadt und Land, Mann und Frau gleichermaßen verbindet, ist das **Singen** und **Gitarrespielen.** Ob beim Picknick mit der Großfamilie, auf der Veranda der Mittelschichtswohnung, in Studentenzimmern *(kos)* oder vor der dörflichen Hütte: Immer ist irgendwo eine Gitarre zu finden, stets spielt jemand darauf, summt alte Melodien oder singt den neuesten Dangdut-Hit. Besonders in den Abendstunden, wenn man gemütlich zusammensitzt, plaudert, scherzt und den Tag entspannt ausklingen lässt, gehören die sanften Akkorde der Gitarre vielerorts ebenso zu einer typischen indonesischen Tropennacht wie der schwere, süße Duft der Nelkenzigaretten.

Indonesier singen mit Begeisterung und Hingabe. Ob zu den Klängen einer Gitarre, im Kirchenchor, in einer Nasyid-Gruppe, die islamische Lieder *(nasyid)* singt, in einer Band oder vor einem Bildschirm mit Karaokemikrofon – so gut wie jeder Indonesier scheint singen zu können. Auch wenn einzelne Ethnien wie die Batak oder Ambonesen besonders bekannt für ihre inbrünstigen Sangeskünste sind, so ist das **aktive Singen** überall in Indonesien eine der alltäglichen Freuden, der man sich mit mal betont humorvoll, mal mit tiefer Leidenschaft und dann wieder ganz traumverloren-abwesend hingibt. Das Singen der oft sentimentalen Liebeslieder erlaubt zudem einen sozial akzeptierten Ausdruck von Sehnsucht und Traurigkeit, von Emotionen, für die in der sonst geforderten Gute-Laune-Stimmung nur selten Platz ist.

Karaoke ist außerordentlich beliebt. Es gibt eigene Karaokebars, in denen man sich mit Freunden ein Zimmer mieten kann, um dann den Abend zusammen singend zu verbringen. Von westlichen und indonesischen Evergreens, Rocksongs bis zu aktuellen Hits der globalen Musikszene und indonesischen Liedern jeglichen Genres wird alles gesungen – ohne irgendwelche Hemmungen und meist erstaunlich gut. Indonesier fühlen sich hier wie andere Asiaten auch in nüchternem Zustand weitaus weniger befangen als unsereins, die wir öffentlich meist nur dann singen würden, wenn wir uns unserer Sangeskünste auch wirklich sicher sind – oder in schon leicht angeheiterter Stimmung.

Freizeitkurse, Vereine und Organisationen

An den Schulen und Universitäten werden für Kinder und Jugendliche **Kurse und Gruppen** *(ekskul)* außerhalb des Lehrplans angeboten, die für jedes Freizeitinteresse etwas bereitstellen und dafür sorgen, dass keine Langeweile aufkommt: Da gibt es Sportangebote aller Art, Musikgruppen,

Pfadfindertreffen, Fotografierkurse, Chöre, Theatergruppen, Fahnenzeremonie-Einheiten *(paskibra)*, Bibelkreise und islamische Gruppen *(rohis)*, Debattierklubs sowie schülerische und studentische Selbstverwaltungskomitees. Die Teilnehmer identifizieren sich oft stark mit ihren Gruppen und deren Aktivitäten, die einen großen Teil ihrer Freizeit ausmachen. Gemeinsame Veranstaltungen und ihre Planung, die Arbeit der Organisationskomitees, das Wählen der Vorsitzenden etc., all das nimmt viel Zeit in Anspruch, fördert die gemeinsame Gruppenidentität und wird als sinnvolle und lehrreiche Freizeitaktivität empfunden.

Gleiches gilt für die **unzähligen Vereine, Organisationen und Gruppen** der Erwachsenen. Auch hier gibt es von religiösen Angeboten bis zur Nachbarschaftshilfe und Wohltätigkeitsvereinen alles. Kaum ein Indonesier, der nicht irgendeinem Komitee *(panitia)* angehört und sich auch außerhalb des Berufs und der Familie aktiv in eine Gruppe einbringt. Es zählt die Gemeinschaft, das gesellige Zusammensein bei gleichzeitigem gemeinnützigem Zweck, die Übernahme von Aufgaben und Verantwortungsbereichen, die dem gemeinsamen Ganzen dienen. Auch die traditionelle gemeinschaftliche Nachbarschaftshilfe *gotong royong* hat hier ihre Wurzeln. Es gibt immer etwas zu tun – und gemeinsam macht es mehr Spaß. (Siehe auch das Kap. „Das tägliche Miteinander I: Kollektivismus, Hierarchien und Prestigewahrung".)

Medien und Kino

Die Freizeit und ihre Gestaltung wird maßgeblich durch die **Massenmedien** Fernsehen, Radio und Printmedien beeinflusst. Die **Fernsehprogramme** erreichen inzwischen – von einigen wenigen Ausnahmen abgesehen – auch abgelegene Gebiete und bringen die verführerischen Bilder von westlich-globalem Lifestyle, Glück versprechendem Konsum und aktuellen Trends aus der Hauptstadt Jakarta bis in entfernte Dörfer. Besonders bei Frauen und Hausangestellten *(pembantu)* sind indonesische Seifenopern, *sinetron* genannt, sehr beliebt. Sie zeichnen sich durch übertriebenes Schauspiel, extrem stereotype Charakterisierungen der Figuren, hochemotionale Szenen und geradezu haarsträubende Plots aus. Die **Trash-Qualität der „sinetron"** wird zwar oft beklagt, aber die Einschaltquoten lassen keinen Zweifel daran, dass sie doch den Geschmack vieler Zuschauer treffen. Realityshows und Sitcoms sind groß in Mode und natürlich hat Indonesien auch sein *Indonesian Idol* bzw. „Indonesien sucht den Superstar". Talkshows mit Comedy-Elementen wie *Extravaganza* und *Empat Mata* sind Quotenhits. Neben den unvermeidlichen und in Indonesien ganz besonders ausgiebig zelebrierten Promi-Klatsch-Sendungen dürfen natürlich auch Sendungen mit religiösem Inhalt nicht fehlen. Talkshows mit **populären Fernsehpredigern** werden nicht nur währernd des Ramadan gerne gesehen. Die Macher religiöser Sendungen scheuen übrigens auch vor banaler Sinetron-Trivialität nicht zurück.

Das **indonesische Kino,** das in den 1990er-Jahren mehr tot als lebendig war, ist inzwischen wieder sehr produktiv. Filme wie *Ada Apa Dengan Cinta* („Was hat es mit der Liebe auf sich?", 2002), *Ayat-Ayat Cinta* („Liebesverse", 2008) und *Laskar Pelangi* („Regenbogenkrieger", 2008) waren Blockbuster, *Laskar Pelangi* hat es gar ins Rahmenprogramm der Berlinale 2009 geschafft. Ins Kino zu gehen, um einen indonesischen Film zu schauen, wird längst nicht mehr nur mit der ungebildeten Unterschicht in Verbindung gebracht, wie es lange Zeit der Fall war. Neben westlichen, indischen und asiatischen Filmen haben es inzwischen auch die einheimischen Produktionen geschafft, mit flotten Geschichten aus dem Leben meist wohlhabender Jugendlicher den urbanen, global orientierten Publikumsgeschmack der Mittelschicht zu treffen. Indonesische Filme haben nun auch den Weg aus den eher billigen Kinos in die glitzernden Multiplex-Kinotempel gefunden.

In Indonesien wird einem bewusst, wie **provinziell unsere westliche Unterhaltungskultur** geworden ist: beschränkt auf die nationalen und die anglo-amerikanischen Produkte. Indonesien und die südostasiatischen Nachbarländer befinden sich hingegen wie schon vor Jahrhunderten an der **Zweigstelle der unterschiedlichsten kulturellen Einflüsse:** Neben den nationalen und den auch bei uns bekannten „globalen", anglo-amerikanischen Trends kennt und liebt man auch Filme, Modestile und Popgruppen, die im arabischen Raum, in Indien und in China, Taiwan, Japan und Korea angesagt sind – Welten und Trends, von denen wir hier in Europa kaum etwas mitbekommen.

Jugendszene

Von diesen vielfältigen kulturellen Bezugspunkten zeugt die **höchst kreative und lebendige Jugendszene** in den urbanen Metropolen Indonesiens. Von Punk bis Hip-Hop ist jeder Musikstil zu finden und neben den üblichen Einflüssen der angloamerikanischen Jugendkultur orientieren sich indonesische Jugendliche auch an nahöstlichem Kulturgut und ganz besonders an ostasiatischen Trends. Sogenannter *J-* und *K-Pop* (japanische und koreanische Popmusik), japanische, koreanische und taiwanesische Fernsehserien sind sehr populär und wirken sich spürbar auf Mode- und Musikgeschmack der indonesischen Jugend aus. Die **ostasiatischen Seifenopern** werden auch wegen ihrer ganz eigenen melodramatischen Aus-

087in Foto: jg

richtung geliebt. In der romantisierenden Darstellung von „reiner Liebe“ (sprich: kein Sex) bei gleichzeitigem trendbewusst-amerikanisiertem Lebensstil finden viele indonesische Jugendliche ihre eigenen Sehnsüchte zum Ausdruck gebracht.

In den Universitätsstädten Bandung und Yogyakarta hat sich eine vibrierende Independent-Kunst- und Musikszene entwickelt. Beide Städte sind auch bekannt für ihre **Distro-Mode der Independent-Szene:** kleine Labels, die sich bewusst von der kommerziellen Massenware absetzen. Hier finden indonesische Jugendliche einzigartige Modeartikel, T-Shirts und Accessoires für ihr ganz individuelles Outfit. Und auch das Kopftuch ist schon längst kein Grund mehr, auf Mode und Individualität verzichten zu müssen: Fromme Mädels können sich mit entsprechenden Kopftuch-Modellen als Hip-Hop-Fan präsentieren, sich betont sportlich geben, auf kokett-verspielte Lolita machen und ich habe auch schon Gothic Girls mit Kopftüchern gesehen.

Musik ist aus dem indonesischen Alltag nicht wegzudenken – ob aus Lautsprechern oder live am Straßenrand

Gesundheit und Hygiene

Auch wenn es vor allem in Jakarta bereits Ärzte und Krankenhäuser gibt, die allemal westlichen Standards entsprechen, so ist doch die Gesundheitsversorgung in weiten Teilen Indonesiens noch mangelhaft. Besonders die **Säuglings- und Müttersterblichkeit** ist deutlich höher als in den Nachbarländern – dabei könnten schon simple Hygienemaßnahmen wie Händewaschen nach dem Toilettengang oder vor dem Füttern der Kinder die meisten der so fatalen Durchfallerkrankungen verhindern. Die staatlichen Krankenhäuser sind zum Teil erschreckend vernachlässigt, die lokalen Gesundheitszentren *Puskesmas (Pusat Kesehatan Masyarakat)* verfügen nur über eine dürftige Grundausstattung. Das Gesundheitssystem ist wie alle Bereiche der indonesischen Gesellschaft **durch und durch korrupt.** Es kann durchaus vorkommen, dass selbst im Westen ausgebildete Fachärzte ihren Patienten therapeutisch nutzlose, aber umso teurere Medikamente verschreiben, um sich lohnende Aufträge der Pharmaindustrie zu sichern.

Wer Geld hat, lässt sich in **teuren Privatkliniken** oder in schwierigen Fällen besser gleich in Singapur oder Australien behandeln. Für die Mehrheit der Bevölkerung, die weder eine Krankenversicherung kennt noch über die für Arztbesuche, Medikamente, Krankenhausaufenthalte und Operationen notwendigen finanziellen Rücklagen verfügt, sieht es im Falle der Fälle sehr schlecht aus. Ins Krankenhaus geht man dann meist erst, wenn es viel zu spät ist – was leider die Vorstellung vom Krankenhaus als einem Ort bestätigt, an dem man stirbt und den man nur im Sarg wieder verlässt.

Die *Puskesmas* und *Posyandu (Pos Pelayanan Terpadu,* „integrierte Gesundheitszentren") bieten eine **medizinische Grundversorgung** an, die für die Armen im Rahmen des SSN-Programms *(Social Safety Net)* kostenlos ist. Zudem werden Schwangere betreut, Geburten begleitet, Gesundheitsdienste für Mütter und Kinder angeboten sowie Immunisierungen und Schutzimpfungen durchgeführt. Eine Injektion zu bekommen, ist für viele Menschen der Inbegriff westlicher Medizin, die Spritze *(suntik)* ist so etwas wie die magische Waffe des Arztes, der die Menschen vertrauen und die sie bei einem Arztbesuch erwarten.

„Dukun": traditionelle Heiler

Traditionelle Heiler, die **dukun,** werden auch heute von der Bevölkerung in Anspruch genommen – in vielen Fällen aus Kostengründen, denn ein *dukun* verlangt oft nur eine Bezahlung in Naturalien, die den Verhältnissen der Patienten angemessen ist. Zudem sind die *dukun* eingebunden in die lokale Dorfgemeinschaft, sie stehen für die Verbindung zur Welt der Ahnen und Geister und für bewährtes, überliefertes Heilwissen. *Dukun* haben sich meist auf ein bestimmtes Gebiet spezialisiert, so gibt es z. B. *dukun* für traditionelle Schwangerschafts- und Geburtsbegleitung und *dukun* für sexuelle Potenz und Anziehungskraft. Aber auch viele chronisch Kranke aller Gesellschaftsschichten, die die Grenzen der westlichen Schulmedizin am eigenen Leib erfahren haben, suchen Heil und Linderung in der traditionellen, ganzheitlich ausgerichteten Behandlung eines *dukun*. Er arbeitet mit magischen Praktiken wie Mantras, Gebeten und Beschwörungen, aber auch mit Kräutern und Massage – jeder *dukun* hat seine eigenen Methoden. Da in weiten Teilen der Bevölkerung die Vorstellung verbreitet ist, Krankheit gehe auf magische Angriffe seitens feindlich gesinnter Mitmenschen oder böser Geister zurück, kann in solchen Fällen natürlich nur ein *dukun* helfen. Das Weltbild der modernen westlichen Medizin greift hier nicht, ihre Methoden bleiben machtlos. (Siehe auch das Kap. „Magie und Geisterglaube im modernen Alltag".)

Das gilt ganz besonders für Phänomene von **Besessenheitsanfällen** *(kesurupan),* die meist junge Frauen treffen, so das auf Bali häufige *bebainan*. Das Krankheitsbild stellt aus westlicher Sicht eine Form von Hysterie dar: Die Opfer bzw. Patientinnen fallen in Ohnmacht oder schreien und gebärden sich wild, obszön und aggressiv, andere wiederum sind nicht ansprechbar und murmeln wirr vor sich hin. Ein solches Verhalten, das gerade bei jungen Frauen sonst sozial in keinster Weise toleriert werden würde, wird im Rahmen von Besessenheitsanfällen problemlos entschuldigt – sie können nichts dafür, da sie Opfer eines magischen Angriffs geworden sind. Ein *dukun* oder *balian,* wie er auf Bali genannt wird, ist nötig, um zu erkennen, ob und durch welche rituellen Fehler die Krankheit womöglich ausgelöst wurde. Da auf Bali die Frauen für die täglichen Opfergaben zuständig sind, wird der Fehler hier auch schnell bei ihnen gesucht: Eine unkorrekte Ausführung kann den lokalen Dämon verärgert haben. Opfer seiner Rache können die Frauen selbst, aber auch andere Familienangehörige werden – die Verantwortung, die auf den Frauen lastet, ist also enorm.

Für die frommen Muslime gibt es seit einiger Zeit florierende Geschäfte mit *ruqyah,* einer Art Teufelsaustreibung mit dem Koran. Diese **„islamisch korrekte" Form der Geisteraustreibung** wird von islamischen Gelehrten, den *kyai,* vorgenommen. Im Gegensatz zu den dubiosen Praktiken eines *dukun* kann sich hier der Patient sicher sein, dass alles schariagemäß abläuft. Der böse Geist, der einen mit Krankheitssymptomen quält, gegen die die westliche Schulmedizin machtlos ist, wird mit Koransuren vertrieben. Die bewusste Ablehnung vieler nun als „unislamisch" verteufelter Traditionen hat ein gewisses spirituelles Vakuum hinterlassen. Denn die alten Praktiken sind zwar als „Sünde" erkannt, aber die Geister sind ja noch da und treiben ihr Unwesen unter den Sterblichen. Hier ersetzt nun der *kyai,* der religiöse Gelehrte, den traditionellen *dukun.* Statt der überlieferten magischen Praktiken mit ihren Mantras kommen beschwörend rezitierte Koransuren zum Einsatz, immer wieder vor allem auch das islamische Glaubensbekenntnis: *„la ilaha ilallah wa Muhammad rasulullah* – Es gibt keinen Gott außer Gott und *Mohammed* ist sein Prophet". So soll dem bösen Geist im Körper des Kranken seine Macht genommen werden. Es scheint zu funktionieren, denn das Geschäft mit Ruqyah-Exorzismen läuft prächtig.

Volksmedizin und traditionelle Hausmittel

Über Java hinaus verbreitet ist die traditionelle **javanische Kräutermedizin „jamu":** Meist äußerst bittere Pülverchen in kleinen Tütchen, die zu einem Trunk zusammengemischt werden. Heute bekommt man *jamu* auch ganz „modern" in Kapseln und als Pillen im einfachen *warung* um die Ecke oder in der glitzernden Shoppingmall. Die großen Jamu-Marken *Nyonya Meneer, Mustika Ratu, Air Mancur* und *Djamu Djago* vermarkten ihre Produkte längst zeitgemäß und sprechen auch die gehobenen Schichten an. Selbst gemachte Jamu-Getränke werden aber weiterhin wie in den guten alten Zeiten von mobilen Händlerinnen auf den Straßen Javas angeboten, ihr Anblick gehört zum typischen Straßenbild des *kampung.* Meist traditionell javanisch in *kain* und *kebaya* gekleidet, tragen sie einen Korb mit Flaschen, in die die diversen Jamu-Drinks abgefüllt sind. Die Kunden können so direkt vor Ort ihre Ration *jamu* zu sich nehmen. Den Kräutertrank gibt es zur allgemeinen Stärkung, gegen allerlei diffuse Krankheitsbilder und schulmedizinisch nur schwer einzuordnende Wehwehchen. Speziell für Männer werden Potenz versprechende Mischungen *(obat kuat)* angeboten, für Frauen gibt es Mittel gegen Menstruationsbeschwerden und zur Schwangerschafts- und Geburtsbegleitung, welche gegen Ausfluss, für eine gesunde Vagina und Gebärmutter, zum Erhalt jungfräulich-schlanker Körperformen auch nach einer Geburt, zur Gewichtsreduzierung, für pralle Brüste und strahlend reine Haut, zur Bewahrung jugendlicher Schönheit und noch vieles mehr. Viele Frauen schwören auf bestimmte Jamu-Produkte. Allerdings wurden in den letzten Jahren öfter Warnungen ausgesprochen, nachdem undeklarierte Beimischungen von rezeptpflichtigen

Masseure bieten in einem Park erschöpften Freizeitsportlern Massage und „kerokan" an

Arzneiwirkstoffen wie **Antibiotika und Cortison** in No-Name-Produkten und bei lokalen Billiganbietern gefunden wurden.

Beliebt ist auch *minyak kayu putih* (Cajeputöl bzw. *cajeputi oleum*, ist auch ein Bestandteil des bei uns bekannten Olbasöls), das meist eingerieben wird und auch bei der Massage Anwendung findet. Es soll gegen Schwäche, Ohnmachten, Kopfweh, Schwindel, Blähungen, Muskelschmerzen und allerlei andere Unpässlichkeiten helfen. Gerne wird *minyak kayu putih* auch zusammen mit *kerokan* angewandt. **Kerokan** ist ein traditionelles Heilmittel der asiatischen Volksmedizin, das in der chinesischen Medizin als *gua sha* bekannt ist. Wohl nur einige wenige mutige Westler möchten es freiwillig am eigenen Leib ausprobieren: Auf dem mit Öl eingeriebenen Nacken und Rücken wird mit einer Münze mehrmals in langen Streifen mit festem Druck über die Haut geschabt, bis sich rötliche Verfärbungen einstellen. Die Patienten sehen ein paar Tage lang aus, als seien sie brutalst misshandelt worden, aber alle schwören auf dieses Hausmittel, nach dem man sich sofort besser fühle.

Jamu, minyak kayu putih und *kerokan* sind angeblich besonders hilfreich bei einer typisch indonesischen Krankheit: **„masuk angin" – „eingetretener Wind".** *Masuk angin* zeigt vielerlei Symptome: Das reicht von Husten, Schnupfen, Halsweh und Kopfweh zu Bauchweh, Blähungen, Durchfall, Verstopfung, Rückenschmerzen, Muskelschmerzen bis zu allgemeinem, diffusem Unwohlsein. Es bezeichnet also einen Zustand, in dem man deutliche Beschwerden verspürt, die aber noch nicht genau einordbar sind – es ist eben ein Wind in den Körper eingedrungen, der dort für allerlei Ungemach sorgt. Eine ordentliche **Erkältung** hingegen ist *flu,* wobei

088 Foto: ps

umgangssprachlich und behandlungsmäßig meist kein Unterschied zwischen einer Erkältung und einer richtigen Grippe *(influenza)* gemacht wird: Beides therapiert man gerne sofort mit Antibiotika, von indonesischen Ärzten mit Vorliebe als Allheilmittel verschrieben.

Allgemeines Kränkeln, wozu auch *masuk angin* zählt, wird als *tidak enak badan*, „körperliches Unwohlsein", bezeichnet. Ausländer übersetzen *saya lagi tidak enak badan* („ich fühle mich gerade etwas krank") gerne spaßeshalber wörtlich als „my body is not delicious" ins Englische.

Interessanterweise gilt vielen indonesischen Frauen **Sprite als Geheimtipp bei Menstruationsbeschwerden:** Sprite und auch andere Softdrinks, so ist man überzeugt, würden den Blutungsfluss erleichtern. Nicht nur bei diesen Beschwerden, auch bei anderem Unwohlsein helfen **traditionelle Getränke zur Stärkung des Immunsystems,** die auch von Gesunden gerne am späten Nachmittag oder bei Regen, wenn *masuk angin* droht, getrunken werden: javanischer *wedang jahe* (heißes Ingwergetränk), *kopi jahe* (Ingwerkaffee) oder die westjavanischen Spezialitäten *bajigur* (Kaffee, Palmzucker, Kokossnussmilch, Vanille und Gewürze) und *bandrek* (ähnlich, ohne Kaffee, aber mit Ingwer), um nur einige wenige zu nennen. Und bestens verkaufen sich auch moderne Energydrinks wie das thailändische *Kratengdaeng* (bei uns als „Red Bull" bekannt, allerdings mit einer leicht abgeänderten Rezeptur) und das indonesische *Extra Joss:* Das moderne Leben in Indonesien ist hektisch, anstrengend und stressig geworden, immer mehr Menschen scheinen zusätzliche Kraft und Energie zu benötigen – oder lassen es sich von den allgegenwärtigen Werbekampagnen einreden.

Die Volksheilkunde kennt wie die chinesische Medizin „heiße" und „kalte" Speisen, auf deren Gleichgewicht man achten sollte. Besonders bei Krankheit und während der Schwangerschaft gelten bestimmte Nahrungsmittel daher als gefährlich. So ist dem Volksglauben nach das beliebte **Ziegenfleisch** („daging kambing") sehr „heiß" und nicht angeraten, wenn man unter Bluthochdruck leidet. Es soll sogar immer wieder zu plötzlichen Todesfällen nach Ziegenfleischverzehr kommen. Besonders bekannt ist es auch als **Aphrodisiakum** für Männer: Junggesellen und Strohwitwer könnte der Genuss von Ziegenfleisch also in dringliche Verlegenheit bringen, während Ehefrauen angeblich viel zu tun haben, wenn ihre Gatten zuvor ausgiebig davon gegessen haben.

Verbreitete Gesundheitsrisiken

Typische Tropenkrankheiten wie Malaria, Typhus, Tuberkulose und das Dengue-Fieber sind weitverbreitet. Fälle von Dengue, in Indonesien auch als *BDB,* d.h. *demam berdarah dengue* („Dengue-Blutungsfieber"), bekannt, sind in den letzten Jahren stark angestiegen. Unter Kindern ist **Mangelernährung** weitverbreitet, in einigen Gebieten in Ostindonesien kommt es immer wieder zu Hungersnöten. Wie sehr die Erinnerung an Zeiten der Nahrungsmittelknappheit noch im kollektiven Gedächtnis auch der Mittel- und Oberschicht verhaftet ist, zeigt die spontane Freude über dicke Babys und übergewichtige Kinder, die für besonders süß und knuddelig gehalten werden. Aber auch bei Erwachsenen gilt eine **Gewichtszunahme** zuerst einmal als gutes Zeichen: Es geht einem sichtbar gut, da man ausgiebig und reichhaltig isst. Als Zeichen von Wohlstand und hoher beruflicher Position wird ein etwas höheres Körpergewicht bei Männern angesehen: Sie sitzen viel, müssen nicht wie die dürren Tagelöhner körperlich schuften und haben daher an Umfang zugenommen. Verbreitet ist auch die Vorstellung, dass allzu viel Grübeln über Probleme und psychischer Stress mit Abmagerung verbunden seien. Indonesier haben eine feine Wahrnehmung selbst für geringe Gewichtsveränderungen und sprechen einen bei einer Begegnung auch sofort direkt darauf an.

Bei Frauen der urbanen Mittelschicht ist eine zwiespältige Haltung zu beobachten: Einerseits gilt noch die alte Gleichsetzung Gewichtszunahme gleich Gutgehen, Wohlstand und Fruchtbarkeit und Gewichtsabnahme gleich Probleme, Schwierigkeiten und Krankheit – andererseits sind natürlich auch die westlichen Maßstäbe, die einen perfekten weiblichen Körper ohne ein überflüssiges Gramm Fett propagieren, schon längst in Indonesien angekommen. Auch **westliche Zivilisationskrankheiten** wie Bluthochdruck und Diabetes haben die urbane indonesische Mittel- und Oberschicht erreicht. Deren bewegungsarmer Lebensstil, in dem körperliche Arbeit an Hausangestellte delegiert wird und man auch für kürzeste Entfernungen das Auto

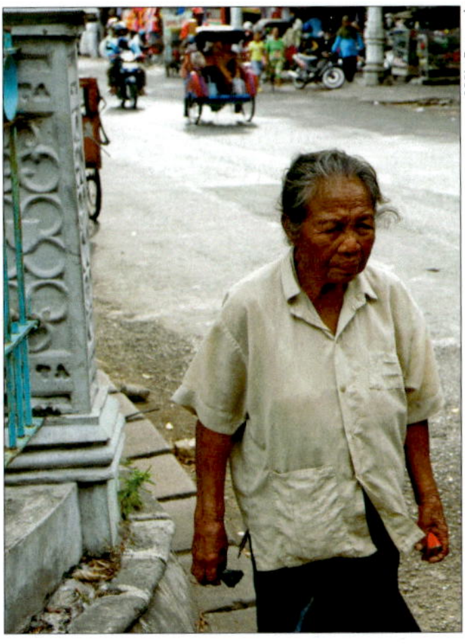

090in Foto: bd

nutzt, steht in denkbar großem Gegensatz zu den Lebensbedingungen der Unterschicht und Bauern, die hart anpacken müssen und oft auch Strecken von vielen Kilometern mit schwerer Last bepackt zu Fuß zurücklegen.

Indonesien gehört (noch) zu den wenigen verbliebenen „Raucherparadiesen", die *kretek* genannten **Nelkenzigaretten** und ihr schwerer, süßer Duft sind aus dem indonesischen Alltag nicht wegzudenken. Ungefähr 60 Prozent der indonesischen Männer rauchen, viele von ihnen beinah ununterbrochen und an jedem denkbaren Ort – ohne Rücksicht auf nicht rauchende Anwesende wie Frauen und Kinder. Erste halbherzige **Rauchverbote** an bestimmten öffentlichen Orten waren bisher so gut wie wirkungslos, aber die Stimmung beginnt sich auch in Indonesien langsam zu ändern. Die Frauen, die weitaus seltener rauchen als Männer, da das Rauchen für sie vielerorts als unschicklich und moralisch fragwürdig gilt, bekommen mit, dass Raucher in anderen Ländern zunehmend Rücksicht auf Nichtraucher nehmen müssen. Und auch bei jungen muslimischen Aktivisten und Intellektuellen stößt das Rauchen als eine den gottgegebenen Körper angreifende und ihn möglicherweise zerstörende Tätigkeit immer öfter auf offene Ablehnung. Anfang 2009 sorgte der orthodoxe Rat der Islamgelehrten, *MUI,* für Aufsehen, als er ankündigte, das Rauchen in einer Fatwa als *haram,* religiös verboten, zu erklären. Schließlich wurde die Fatwa modifiziert: Rauchen gilt nun laut *MUI* nur für schwangere Frauen, Kinder und an öffentlichen Orten als *haram*. Doch da Fatwas (Rechtsgutachten islamischer Gelehrter) nur Empfehlungen sind und rechtlich nicht bindend, geht die Qualmerei fröhlich weiter.

HIV/AIDS ist ein großes Problem, das von der Regierung allzu lange ignoriert und hartnäckig heruntergespielt wurde. Die Mehrzahl der indonesischen HIV-Infizierten stammt aus dem Milieu der Drogenabhängigen und der Schwulenszenen. Eine Ausnahme bildet die Provinz **Papua,** die die höchste Rate an HIV-Infizierten in Indonesien aufweist: etwas über 1 % der Provinzbevölkerung. Laut WHO sind es in ganz Indonesien weniger als 0,1 %.

Außerdem verbreitet sich die Krankheit in Papua etwa 15 mal so schnell wie im übrigen Indonesien. Das dünn besiedelte, geografisch isolierte Papua weist damit eine HIV-Infizierungsrate auf, die mit der von Kambodscha vergleichbar ist, das in Südostasien in der HIV-/AIDS-Statistik an erster Stelle steht. Der Hintergrund: Viele Papua arbeiten fern ihres Heimatdorfes für die Holzmafia oder die weltweit größte Gold- und Kupfermine Freeport. Die Sexindustrie folgte den großen internationalen Konzernen. Sexarbeiterinnen aus Java und anderen Teilen des Inselreiches bieten hier den Werktätigen ihre Dienste an – ungeschützt, versteht sich, obwohl eine erschreckend hohe Zahl dieser Prostituierten bereits HIV-infiziert ist.

Drogen (*narkoba – narkotika dan obat berbahaya:* „Narkotika und gefährliche Medikamente") sind verboten, auf ihren Konsum und Besitz – selbst in kleinsten Mengen! – stehen hohe Strafen bis zur Todesstrafe, und das gilt auch für Ausländer! Der Konsum von Alkohol ist inzwischen in einigen lokalen Scharia-Verordnungen ebenfalls verboten, doch **Drogen- und Alkoholmissbrauch** stellen durchaus ein Problem in Indonesien dar. Straßenkinder betäuben sich durch das Inhalieren von Klebstoffen, Bauern und Männer aus ärmeren Schichten betrinken sich mit gepanschtem, billigen Alkohol und minderwertiges Heroin in Straßenqualität *(putau)* ist relativ leicht erhältlich. Die urbane Mittel- und Oberschichtsjugend bringt sich mit Ecstasy in gute Laune für die nächtelangen Partys in den angesagten Klubs, Prostituierte betäuben sich mit Drogen und Medikamenten, um ihre schlimmen Lebensbedingungen für Stunden zu vergessen und für die Freier gut gelaunt zu sein. Weitverbreitet ist neben Marihuana die Partydroge ICE *(crystal methamphetamine),* in Indonesien bekannt als *shabu-shabu* oder *SS.* Auch vermeintliche Paradiese wie Bali sind von Alkohol- und Drogenmissbrauch betroffen. Alkoholbedingte, mitunter tödlich endende gewaltsame Auseinandersetzungen haben deutlich zugenommen. Häusliche Gewalt gegen Frauen und Kinder sowie zerstörte Familien gehören zu den fatalen Folgen.

Hygiene

Die hygienischen Bedingungen in Indonesien, einem tropischen Entwicklungsland, lassen sich natürlich nicht mit den deutschen Standards vergleichen. So verdreckt und verwahrlost die Umgebung oft aussehen mag, so leichtfertig und bedenkenlos die Menschen kleinen und großen Abfall ein-

Die meisten indonesischen Raucher bevorzugen die einheimischen Nelkenzigaretten „Kretek"

fach auf die Straße werfen, so reinlich sind sie doch meist in Dingen, die die **persönliche Sauberkeit** angehen. Körperhygiene ist Indonesiern sehr wichtig: Geduscht wird in der Regel zweimal täglich, eine häufig gestellte Frage lautet morgens und am späten Nachmittag *sudah mandi?* („Hast du schon geduscht?"). Auch die Kleidung ist meist makellos sauber und frisch gebügelt. Für den eigenen Körper fühlt man sich verantwortlich, sein Erscheinen bestimmt, wie man von anderen gesehen und aufgenommen wird – und damit, wer man ist. Die Landschaft, die direkt vor der Haustür beginnt, ist hingegen anonymes Niemandsland, dem man sich nicht weiter verpflichtet fühlt.

Mit typischen indonesischen Toiletten haben Westler zumindest anfangs so ihre Probleme. Meist ist es ein **Plumpsklo,** d. h. ein Loch im Boden mit zwei Abtritten daneben, auf die man seine Füße positioniert – dann nur noch in die Hocke gehen und rauslassen, was raus muss. Toilettenpapier ist in Indonesien kaum gebräuchlich, gesäubert wird mit Wasser. Das ist hygienischer als das Wischen mit Papier, was Indonesiern eklig vorkommt, da man damit den Dreck ja nur verschmiere. Das nötige Wasser holt man mit der rechten Hand mit einer Schöpfkelle *(gayung)* aus dem großen steinernen Wasserbecken *(bak mandi),* gießt es von hinten den Unterkörper herunter, während man mit der linken Hand säubernd nachhilft. Diese erfrischend nasse Prozedur heißt *cebok* und macht verständlich, warum es äußerst unhöflich ist, mit der linken, „dreckigen" Hand jemandem etwas anzubieten. Modernere Toiletten haben neben dem Wasserbecken (oder stattdessen) einen Wasserschlauch, den man zur Säuberung benutzen kann.

Generell haben Indonesier kaum Scheu, ganz offen und direkt von der Arbeit ihres Verdauungsapparates und möglichen Störungen zu sprechen. Die natürlichen körperlichen Vorgänge sind **weniger mit Peinlichkeit verbunden** als bei uns. Man tauscht sich darüber in informellen Situationen recht selbstverständlich aus.

Immer wieder kommt es zu **Lebensmittelskandalen.** Gammelfleisch ist auch in Indonesien kein Fremdwort: Als billiges oder gar kostenloses Hackfleisch kommt es schon mal in die Bakso-Fleischklößchen zur gleichnamigen Suppe. Auch Rattenfleisch soll angeblich immer wieder in Bakso-Bällchen landen. Und dass bei tropischen Temperaturen so viele frisch zubereitete, leicht verderbliche Speisen so erstaunlich lange frisch bleiben, erstaunt nicht unbedingt, wenn man weiß, dass selbst im abgelegensten Fischerdorf üblicherweise **Formalin** (auch als Formaldehyd bekannt – ja, das Leichenpräpariergift) zur Konservierung frischer Lebensmittel benutzt wird. Vor einigen Jahren wurden bei der Überprüfung traditioneller Märkte deutlich erhöhte Formalinwerte in frischem Tofu aus zumeist häuslichen

Betrieben festgestellt. Auch in Fisch- und Fleischprodukten konnte man zum Teil sehr hohe Formalinwerte nachweisen. Padang-Restaurants und Verkäufer von Gemüsegerichten verwenden häufig **Borax,** damit das Blattgemüse auch nach der Zubereitung Farbe und Form behält.

Trotz der Medienberichte scheint sich kaum etwas geändert zu haben, denn die Kunden verlangen Ware, die auch nach stundenlanger Lagerung auf dem Markt oder im Straßenhandel bei tropischer Hitze „frisch“ ist und lecker aussieht – und das lässt sich leider nur mithilfe von Formalin, Borax & Co. anbieten. Auch die überall am Straßenrand angebotenen Süßigkeiten, Küchlein und Getränke, die in grellen Farben wie pink und hellblau gezielt die Vorliebe der Kinder für alles Bunte ansprechen, verdanken ihre Farbenpracht nur selten natürlichen und auch langfristig unbedenklichen Farbstoffen.

Foto: pr 007in

„HARI RAYA“ – FESTE UND FEIERTAGE

„Alle zeremoniellen Arbeiten, für die Götter gedacht, und Arbeiten für die Dorfgemeinschaft - das Vorbereiten von Opfergaben oder Mahlzeiten für Feste, oder das Dachdecken eines Hauses - werden auf Bali in Gruppen verrichtet. Und es gibt zwei Prinzipien, die für alle organisierten Arbeiten gelten: Erstens sollte es mehr Leute als nötig für jede Aufgabe geben, und zweitens sollte die Aufgabe vereinfacht werden, indem sie in kleine Einheiten aufgeteilt wird (...). Wenn die Aufgaben in genügend einfache Arbeitseinheiten aufgeteilt werden, dann können auch die Kleinsten und Ungeübtesten einen Beitrag leisten.“

Margaret Mead (Quelle s.: „Quellenangaben“ 4)

Der Priester besprengt die Anwesenden während eines Tempelfestes mit heiligem Wasser („Tirta“)

„Lebaran" – das Fastenbrechen

Mit *Lebaran* oder arabisch *Idul Fitri* findet der muslimische Fastenmonat Ramadan seinen feierlichen Abschluss. Neben dem Opferfest *Idul Adha* ist *Idul Fitri* der **Höhepunkt des islamischen Jahres.** Nach einem Monat des Fastens, der inneren Besinnung und der frommen Taten wird das Fasten gebrochen. Man bittet sich gegenseitig um Vergebung, vergibt (idealerweise) seinen Schuldigern und hofft so, in den Zustand der ursprünglichen Reinheit und Frömmigkeit (*fitrah,* daher der Name *Idul Fitri*) zurückgekehrt zu sein.

Idul Fitri fällt auf den ersten Tag des neuen Monats *Syawal,* dessen genaue Datierung ähnliche Probleme bereitet wie die Bestimmung des Ramadan-Beginns, sodass man oft bis kurz vorher nicht weiß, ob am nächsten Tag nun schon *Lebaran* ist oder doch erst am übernächsten Tag. Denn der muslimische Kalender der sogenannten **Hijriyah-Zeitrechnung richtet sich nach dem Mond.** Ein Hijriyah-Jahr besteht aus 12 Monaten, die entweder 29 oder 30 Tage zählen und jeweils nach Neumond mit dem Sichtbarwerden der Mondsichel beginnen. Zur Bestimmung des genauen Zeitpunktes gibt es zwei Methoden: *rukyat* („sehen", kurz für *rukyatul hilal,* „den Mond sehen"), wobei Mondsichelsichtungskomitees offiziell bekannt geben, wenn sie selbige am Himmel entdecken konnten – und *hisab* („Berechnung"), wobei das Datum rechnerisch bestimmt wird. Die traditionalistische Massenorganisation *Nahdlatul Ulama* verwendet die Rukyat-Methode, die modernistische *Muhammadiyah* hingegen *hisab.* Die beiden Verfahren kommen häufig zu unterschiedlichen Ergebnissen, sodass sich indonesische Muslime fast jedes Jahr fragen müssen, welcher Methode sie den Vorzug geben wollen. Die Spaltungen gehen oft quer durch die Familien: Die einen Familienmitglieder beginnen schon mit den Idul-Fitri-Feierlichkeiten, während andere noch einen Tag weiterfasten. Manche richten sich auch nach den Datumsbestimmungen der Regierung oder den Festlegungen aus Mekka. Theologisch ist es durchaus nicht „egal", ob man einen Tag zu viel oder zu wenig fastet, denn es gilt sowohl als Sünde, noch im Ramadan das Fasten zu brechen und *Lebaran* zu beginnen, als auch am ersten *Syawal* noch zu fasten. Da aber beide Methoden traditionell üblich und Teil der allgemein anerkannten islamischen Praxis sind, hoffen die Gläubigen, dass Gott die Ergebnisse beider Bestimmungsverfahren akzeptiert. (Siehe auch den Exkurs „‚Puasa': Fasten im Ramadan".)

Frauen beim Sholat-Ied-Gebet zu „Lebaran"

Die Grußformel lautet üblicherweise:

Selamat Hari Raya Idul Fitri oder *Selamat Lebaran.*
Mohon Maaf Lahir (dan) Batin.
„Einen gesegneten Feiertag Idul Fitri/Einen gesegneten *Lebaran.*
Ich bitte um Verzeihung für meine äußeren und inneren Verfehlungen."

Immer häufiger werden auch **arabischsprachige Wendungen** gebraucht, vor allem *minal aidin wal faidzin* hört und liest man oft. Meist wird es (fälschlicherweise!) als arabische Entsprechung für das indonesische *mohon maaf lahir batin* verwendet. Doch diese typisch indonesische Bitte um Vergebung bei *Lebaran* ist im arabischen Raum unbekannt. *Minal aidin wal faidzin* heißt wörtlich „Teil derer, die zurückgekehrt sind (nach dem Fasten zum reinen, naturgegebenen Fitrah-Zustand) und die zur Gruppe der Siegreichen gehören". Bei arabischen Muslimen ist allerdings auch dieser Spruch nicht gebräuchlich.

Lebaran dauert drei Tage, meist ist aber mit Brückentagen rund eine Woche arbeitsfrei. Man kann damit rechnen, dass für einen Zeitraum von einer Woche vor und einer Woche nach *Lebaran* das Berufsleben und die Dienste auf öffentlichen Ämtern stark eingeschränkt sind, alles läuft eher auf Sparflamme. Angestellte erhalten in diesem Zeitraum ein dreizehntes Monatsgehalt, ähnlich unserem Weihnachtsgeld. Spätestens eine Woche vor *Lebaran* beginnt das große Chaos auf den Straßen: Alle Welt macht sich für das große Fest auf den Weg **zurück in die Heimat,** zu den Eltern

091in Foto: bd

und Verwandten in der Provinz: *Pulang kampung* („ins Dorf zurückkehren“) oder *mudik* nennt man diese jährliche Völkerwanderung. Bus- und Zugtickets sind meist schon lange vorher ausverkauft, Städte wie Jakarta, deren Bevölkerung zu einem großen Teil aus „Zugewanderten“ besteht, leeren sich beträchtlich. Viele Familien der Mittel- und Oberschicht, die sich bei der haushaltspraktischen Bewältigung ihres Alltags sonst ganz auf ihre Hausangestellten verlassen können, stehen nun ausgerechnet an den hektischen Feiertagen ohne Küchenhilfe da. Nicht wenige reiche Familien ziehen daher über die Lebaran-Ferien in ein ihren Versorgungs- und Serviceansprüchen genügendes Luxushotel und überbrücken so den ungewohnten Notstand an der häuslichen Front. Die Hotels lassen sich das große Geschäft natürlich nicht entgehen und werben mit Extraangeboten für die zahlungskräftige Großfamilie.

Die Idul-Fitri-Feierlichkeiten beginnen am letzten Ramadan-Abend. Die ganze Nacht hindurch werden die Bedug-Trommeln geschlagen, Gruppen von Jugendlichen laufen durch die Straßen der Wohnviertel und verkünden lautstark trommelnd und mit rhythmischen Allahu-akbar-Rufen („Gott ist groß“) vom bevorstehenden Fest und preisen Gottes Allmacht. Es ist **„malam takbiran“, die Takbiran-Nacht,** mit der das Ende des Ramadan eingeläutet (oder besser eingetrommelt) wird. *Takbir* heißt *„Allahu akbar* sagen“. Alle zieht es hinaus auf die Straße, es herrscht eine **freudige, religiöse Volksfeststimmung.** In den Nachbarschaftsvierteln und auf zentralen Plätzen und Straßen in den Städten gibt es öffentliche, mit Lautsprechern verstärkte Dankgebete, Predigten, Straßenumzüge und Paraden sowie Musik- und Tanzveranstaltungen zu Ehren Gottes.

Zu Sonnenaufgang am nächsten Morgen wird *Idul Fitri* mit dem gemeinschaftlichen **„sholat Ied“** („rituelles Feiertagsgebet“) eingeleitet. Überall in den Moscheen, in Parks, auf freien Plätzen und breiten Straßen oder auch an Stränden (so in Parangtritis bei Yogyakarta) finden sich die Gläubigen nach Geschlechtern getrennt für das Gebet ein. Es ist ein faszinierender Anblick, all die in ihre weißen *mukena* gehüllten Frauen, in endlosen Reihen stehend und kniend, bei der Ausführung der synchronen rituellen Sholat-Bewegungen zu sehen – dazwischen stehen immer wieder kleine Kinder in bunter Festtagskleidung. Die Szene ist so beeindruckend, dass westliche Medien in ihrer Berichterstattung über *Idul Fitri* auffällig oft dieses Bild aus Indonesien verwenden, meist aus der riesigen Istiqlal-Moschee in Jakarta.

Die Teilnahme am gemeinsamen Sholat-Ied-Gebet ist für die Menschen von **großer emotionaler Bedeutung.** Hier danken sie Gott für den Ramadan, sie bitten um Vergebung für ihre Verfehlungen und preisen Gottes Barmherzigkeit. Es ist ein Moment von starken Gefühlen, gemeinschaftlich geteilt und doch zutiefst individuell. Viele Frauen hoffen jedes Jahr inständigst, dass bis zu *Idul Fitri* ihre Menstruation beendet ist oder sie noch nicht begonnen hat, denn menstruierende Frauen dürfen die täglich vorgeschriebenen, fünf rituellen Sholat-Gebete nicht ausführen, sie müssen daher auch dem so ersehnten *sholat led* fernbleiben.

Nach *sholat led* schaut man auf dem Nachhauseweg kurz bei den Nachbarn vorbei und bittet sich gegenseitig um Vergebung – *mohon maaf lahir batin.* Dann beginnen die **Familienbesuche:** Die Jüngeren suchen die Älteren auf, Kinder ihre Eltern, Enkel die Großeltern, Nichten und Neffen die Tanten und Onkel. Unter Javanern und Sundanesen ist dabei **„sungkeman"** ein zentrales Ritual: Kinder knien vor den sitzenden Eltern und Großeltern auf dem Boden, beugen den Kopf zu den Knien der älteren Person und bitten um Vergebung für ihre Verfehlungen. Die Eltern vergeben und segnen die Kinder, oft bitten auch sie in einfacherer und weniger formell-respektvoller Sprache um die Verzeihung etwaiger eigener Fehler.

Bei den Verwandten- und Freundesbesuchen geht es nach dem Bitten um Vergebung vor allem um eines: **Essen, Essen, Essen.** Überall muss man zugreifen, alles muss probiert werden, auch wenn man von vorherigen Besuchen schon schier am Platzen ist. Die Frauen des Hauses wetteifern darin, ihren Gästen die köstlichsten kulinarischen Genüsse anbieten zu können. Eine Leckerei darf allerdings nirgends fehlen: *ketupat,* in kunstvoll geflochtenen Palmblättern gegarter Reis, den man mit anderen Beilagen mischt. **Ketupat-Päckchen** sind ein typisches Motiv für *Lebaran,* ähnlich unserem Weihnachtsbaum an Weihnachten, sie schmücken oft entsprechende Grußkarten.

Für **Kinder** bedeutet *Lebaran* vor allem dreierlei: *ketupat, baju baru* (ein neues hübsches Kleidungsstück) und *angpao* (Umschlag mit Geld). Kinder erhalten extra für den großen Tag ein etwas **Schönes zum Anziehen,** das sie auch gleich bei den anstehenden Verwandtenbesuchen tragen. Auch die Erwachsenen kleiden sich zur Feier des Tages neu ein. Edle Stoffe und Schnitte, die mehr oder weniger „islamisch-orientalisch" beeinflusst sind, werden bevorzugt. Auch Frauen, die sich sonst westlich kleiden, lassen sich für ihr Lebaran-Outfit von aktuellen Trends in der islamischen Mode inspirieren – es ist schließlich ein islamischer Feiertag. Männer bevorzugen Baju-koko-Hemden und die muslimische Kopfbedeckung *kopiah.* Gern lässt man sich auch anlässlich des Festes in einer Art „Familienuniform", also in aufeinander abgestimmter Feiertagstracht, in einem professionellen Fotostudio ablichten.

Statt Geschenken erhalten die Kinder **Umschläge mit Geld** *(angpao)* von Familienmitgliedern, die schon „erwachsen" sind und eigenes Geld verdienen. Bei all den anstehenden Besuchen und den vielen Tanten und

„Hari Raya Nasiona“ – nationale Feiertage

- *1. Januar:* ***Tahun Baru*** *- Neujahr*
- *17. August:* ***Hari Proklamasi Kemerdekaan*** *- Unabhängigkeitstag, im Volksmund auch „tujuhbelasan“, „der Siebzehnte“*
- *25. Dezember:* ***Hari Natal*** *- Weihnachten*

Bewegliche Feiertage nach islamischem Kalender („hijriyah“), chinesischem Kalender, christlichem Kirchenkalender und balinesischem Saka-Kalender:

- ***Idul Fitri/Lebaran*** *- Fest am Ende des muslimischen Fastenmonats Ramadan*
- ***Idul Adha*** *- islamisches Opferfest*
- ***Tahun Baru Hijriyah*** *- islamisches Neujahr*
- ***Maulid Nabi*** *- Geburtstag des Propheten Mohammed*
- ***Isra Mi'raj*** *- Himmelfahrt des Propheten Mohammed*

- ***Wafat Isa Al-Masih/Jumat Agung*** *- Karfreitag*
- ***Kenaikan Isa Al-Masih/Hari Kebangkitan*** *- Christi Himmelfahrt Ostern* ***(Paskah)*** *und Pfingsten* ***(Pantekosta)*** *fallen auf Sonntage und zählen daher nicht explizit als Feiertage. (Die jeweiligen Montage sind ohnehin keine Feiertage.)*

Onkeln kommt da schon so einiges zusammen. Für viele junge Erwachsene ist der Moment, in dem sie zum ersten Mal sozusagen die Seiten wechseln und von ihrem eigenen Gehalt nun den Nichten und Neffen auch ein *angpao* übergeben können, sehr bedeutsam und erfüllt sie mit Stolz, gehören sie doch nun auch zu den Erwachsenen.

Auch ärmere Kinder aus der Nachbarschaft freuen sich über ihnen zugestecktes Geld, das sie mitunter recht selbstbewusst einfordern. Überall werden zudem Spenden an die Bewohner sozial schwacher Kampung-Stadtviertel verteilt.

Im Anschluss an die familiären Besuche stehen dann nach *Lebaran* die Einladungen zu **Halal-bihalal-Veranstaltungen** ins Haus. *Halal bihalal* hört sich sehr arabisch an, ist aber ebenso wie das Ritual des gegenseitigen Verzeihens im nahöstlichen Islam unbekannt. Es handelt sich hier um einen einheimischen Brauch, der die Gebote des Islam, nämlich groß-

- ***Imlek*** *- chinesisches Neujahrsfest (meist Ende Januar/Anfang Februar)*
- ***Hari Raya Nyepi*** *- balinesisches Neujahr*
- ***Hari Raya Waisak*** *- buddhistisches Fest zum Gedenken an Geburt, Erleuchtung und Tod Buddhas (meist im April oder Mai)*

Das öffentliche Leben bestimmen zudem u. a. folgende Gedenktage, die zwar keine eigenen Feiertage sind, aber doch regelmäßig „gefeiert" werden, beispielsweise durch verschiedene öffentliche Veranstaltungen wie Paraden und Gedenkfeiern:

- *Der* ***21. April ist Hari Ibu Kartini,*** *der Gedenktag an die nationale Heldin Raden Ajeng Kartini, die als Wegbereiterin der indonesischen Frauenemanzipation gefeiert wird.*
- *Am* ***1. Oktober ist Hari Kesaktian Pancasila,*** *der Tag der nationalen Staatsphilosophie „Pancasila". Der Tag wird zudem genutzt, um an die Niederschlagung des Putsches von 1965 zu erinnern.*
- *Der* ***5. Oktober ist Hari TNI,*** *der Tag der indonesischen Armee (TNI steht für „Tentara Nasional Indonesia": „Indonesische Nationale Armee").*
- *Am* ***10. November*** *wird im Rahmen des* ***Hari Pahlawan*** *der nationalen Helden gedacht. An diesem Tag zeichnet der Staat auch gerne Bürger für besondere Verdienste aus.*
- *Und am* ***22. Dezember*** *ist der* ***Hari Ibu,*** *der indonesische Muttertag.*

herzig Fehler zu vergeben und mit seinen Mitmenschen gute Beziehungen zu pflegen, mit diesem religiösen Feiertag und dem tief verwurzelten indonesischen Bedürfnis nach gegenseitiger Vergebung verbindet. Üblicherweise wird *halal bihalal* von Regierungsämtern, Firmen, Büros, Nachbarschaftsvereinen, Parteien, Schulen und anderen institutionellen und privaten Gruppierungen veranstaltet, in denen Menschen über längere Zeit miteinander verbunden sind. Meist ist auf den Einladungen die Rede von der *keluarga besar,* der „großen Familie" einer Firma oder eines Büros zum Beispiel, die zum *halal bihalal* einlädt. Das *halal bihalal* ist zugleich eine gute Gelegenheit zum **„silaturahmi",** dem **Pflegen von freundschaftlichen Beziehungen** zwischen den Menschen. Die Veranstaltungen dauern etwa zwei bis drei Stunden, es gibt offizielle Ansprachen, natürlich ein Büffet, je nachdem auch eine musikalische Untermalung mit religiösen Liedern und vor allem die zeitsparende Gelegenheit, zu einer festen Zeit an einem Ort sämtliche Kollegen, Vorgesetzten und Untergebenen auf einmal zu treffen, um sich gegenseitig um Verzeihung zu bitten und zu vergeben. Und natürlich bietet all das gleichzeitig eine vorzügliche Möglichkeit für die so wichtige Kontakt- und Beziehungspflege in privater und beruflicher Hinsicht.

„Galungan" und „Kuningan"

Was den Muslimen ihr *Lebaran* und den Christen ihr Weihnachten, das ist den Balinesen ihr *Galungan* und *Kuningan*. Es ist der feierlich zelebrierte Höhepunkt des religiösen Jahres. **Auf Bali kennt man drei verschiedene Kalendersysteme:** die indigene javanisch-balinesische Rechnung *pawukon*, die aus 30 Wochen *(wuku)* in einem Zyklus von 210 Tagen besteht, dann den hindu-balinesischen Saka-Kalender und natürlich unser westliches Kalendersystem. Die Berechnung von religiösen Terminen und Glück verheißenden Tagen für wichtige persönliche Rituale, Zeremonien und Vorhaben ist eine Wissenschaft für sich, bei der sich auch die Balinesen auf das Wissen ihrer Priester verlassen müssen. Nur diese verstehen die einzelnen Kalendersysteme und ihre hochkomplexen Details und nur sie wissen, wie die jeweiligen Konstellationen der verschiedenen Kalender in ihrem Zusammenwirken für jeden Tag zu deuten sind. Als groben Überblick gibt es den überall auf Bali erhältlichen **Bali-Kalender,** der auf dem westlichen Kalender basiert und neben den verschiedenen balinesischen auch die islamischen und chinesischen Kalendersysteme berücksichtigt.

Galungan findet immer am Ende eines 210-Tages-Zyklus statt und eröffnet eine Periode von Feierlichkeiten, die dann am 10. Tag, an *Kuningan*, abgeschlossen werden. Dem balinesischen Glauben nach kommen an *Galungan* die **Götter** aus ihrem Reich über dem heiligen Berg Gunung Agung herab auf die Insel Bali und sind **bei den Menschen zu Gast.** Zu diesem Anlass wird auch des mythischen Sieges über den Dämonenkönig *Sang Mayadenawa* gedacht, der der Legende nach die Balinesen vom rechten Weg und der Ausübung ihres Glaubens abbringen wollte. Erst nach einem Kampf von gewaltigen kosmischen Ausmaßen konnte der Dämon mithilfe des Gottes *Indra* besiegt werden und die Balinesen und ihr Glaube waren gerettet. *Galungan* symbolisiert somit den Sieg des Guten und Rechten *(dharma)* über das Böse *(adharma)*.

Alle Straßen werden mit „penjors" geschmückt, wenn das Dorf „Galungan" feiert

113in Foto: pr

Die Vorbereitungen für *Galungan* beginnen schon lange vorher, Haus und Hof werden verschönert und sauber gemacht. Die unzähligen Opfergaben und typischen Galungan-Dekorationen, mit denen jedes Haus, jede Straße und jeder Tempel geschmückt werden, müssen rechtzeitig fertiggestellt werden. Am auffallendsten sind wohl die hohen **Penjor-Bambusstangen,** die überall das Straßenbild bestimmen und ganz Bali in eine festliche, traumhaft anmutende Atmosphäre tauchen. Die *penjor,* an Hauseingängen, Straßenrändern und in Tempeln aufgestellt, ragen stolz in die Luft und biegen sich sanft über die Straßen und Wege. An ihren Enden sind als Symbole der Fruchtbarkeit Früchte, Süßigkeiten, Blumen und kunstvolle, aus Palmblättern geflochtene, symbolische Figuren aufgehängt. In den Städten schmücken sich viele Geschäfte mit elektrischen Lichtdekorationen, die den Westler nicht von ungefähr an Weihnachtsbeleuchtungen erinnern.

Der eigentliche Galungan-Tag fällt immer auf einen Mittwoch. Anders als der Neujahrstag *Hari Raya Nyepi* sind *Galungan* und *Kuningan* aber keine nationalen Feiertage in Indonesien. Auf Bali selbst sind der eigentliche Galungan-Tag und *Kuningan* lokale Feiertage. Die meisten Balinesen haben mindestens zwei oder drei Tage frei, manche nehmen sich auch ihren Jahresurlaub, um alle Feierlichkeiten während der Festtagsperiode in ihren Heimatdörfern zusammen mit ihren Familien begehen zu können. Wie die Muslime zu *Lebaran,* so zieht es die Balinesen zu *Galungan* zurück in ihr

093in Foto: bd

Heimatdorf, um dort an den Familienschreinen und in den Abstammungstempeln die vergöttlichten Ahnen willkommen zu heißen, sie mit Opfergaben zu ehren und damit den Segen bringenden Bund mit ihnen wieder zu erneuern. Denn **mit den Göttern kommen auch die Ahnen** während *Galungan* auf die Erde zurück, sind bei ihren Nachkommen zu Gast und wollen geehrt, verpflegt und unterhalten werden. Am zweiten und dem folgenden Galungan-Tag stehen dann ausgiebige Besuche bei Verwandten und Freunden an, denn auch die menschlichen Beziehungen wollen gepflegt werden. Und ähnlich wie bei uns zu Weihnachten erhalten Geschäftspartner und Mitarbeiter oft eigens zusammengestellte Galungan-Geschenkkörbchen als kleine Aufmerksamkeit mit den besten Wünschen für die Feiertage.

Die Grußformel lautet üblicherweise:

Selamat Hari Raya Galungan dan Kuningan. (Indonesisch)
Rahajeng Nyanggra Rahina Galungan lan Kuningan. (Balinesisch)
„Gesegnete Feiertage *Galungan* und *Kuningan.*"

Aufführung traditioneller Volkstänze zum Unabhängigkeitstag in einem Wohnviertel in Yogyakarta

An diesen zehn Tagen herrscht selbst für balinesische Verhältnisse zeremonieller Hochbetrieb in den Tempeln. Trommeln verkünden lautstark die Ankunft der Götter und Ahnen. Wie bei den Tempelfesten *Odalan* strömen die Familien in ihrer schönsten Festtagskleidung in die Tempel. Dort übergeben sie die kunstvoll und mit viel Sorgfalt von den Frauen zu Hause fertiggestellten **Opfergaben** dem Priester, der sie den anlässlich des Feiertages anwesenden Göttern und Ahnen anbietet. Die spirituelle Essenz der dargebrachten Opfergaben bildet zusammen mit dem ihnen zugefächelten Weihrauch die Nahrung für die Götter. Die Gläubigen werden dann vom Priester mit heiligem Wasser *(tirta)* und geweihten Reiskörnern gesegnet und dürfen ihre Opfergaben wieder mit nach Hause nehmen, wo sie die von den Göttern übrig gelassene „weltliche Hülle" im Kreise der Familie verzehren. In den Tempeln werden die menschlichen und göttlichen Gäste bis tief in die Nacht mit **Musik, Tanz, Schattenspiel und Theater** unterhalten. Auch fliegende Händler nutzen die günstige Gelegenheit und bieten auf eigens errichteten Jahrmärkten und Nachtmärkten *(pasar malam)* ihre Waren und Leckereien an.

Am zehnten Tag, dem *Kuningan,* wird dann Abschied von den göttlichen Gästen genommen. Man gedenkt der toten Ahnen, die im Kampf gegen den Dämonen *Mayadenawa* gefallen sind, und dankt den Göttern, dass sie die Insel für ein neues rituelles Jahr vom Bösen gereinigt haben und man sich ihres wohlwollenden Schutzes sicher sein kann.

„Agustusan" – der Unabhängigkeitstag

Der 17. August ist **der Unabhängigkeitstag Indonesiens** *(Hari Kemerdekaan),* die mit ihm verbundenen Feierlichkeiten werden meist als *Agustusan* oder *Tujuhbelasan* bezeichnet. Ganz Indonesien feiert ein riesiges Volksfest. Schon Wochen vorher wird alles in gemeinsamer ehrenamtlicher Arbeit *(kerja bakti)* vorbereitet: Straßen, Plätze und Häuser werden gesäubert, Mauern und Zäune erhalten einen neuen Anstrich, das ganze Land erstrahlt in den Farben Rot und Weiß. *Sang Saka Merah Putih,* die „Ehrwürdige Rot-Weiße", wie die **Nationalflagge Indonesiens** respektvoll genannt wird, schmückt Straßenzüge, Fassaden und Wohnhäuser. Die lokalen schülerischen *paskibra* („Fahnenzeremonie-Einheiten") üben für den großen Auftritt und es werden Wettbewerbe *(lomba)* für Kinder, Jugendliche und Erwachsene vorbereitet. Schon ab Anfang August gibt es eigene **Agustusan-Sportwettkämpfe,** besonders beliebt sind Fußball, Tischtennis und Volleyball. Auch Schulen, Wohnviertel und Bürogemeinschaften veranstalten schon im Vorfeld des großen Tages Wettbewerbe aller Art.

Am Abend vor dem 17. August beginnen dann die offiziellen Feierlichkeiten, denn nach traditionellem indonesischen Verständnis beginnt der neue Tag mit Sonnenuntergang und nicht erst um Mitternacht oder gar erst nach Sonnenaufgang. Auf Java als *malam tirakatan* bekannt, finden in vielen Nachbarschaftsvierteln und auf großen zentralen Plätzen **die verschiedensten Veranstaltungen** statt. Vom gemeinsamen Gebet und Gedenken an die im Unabhängigkeitskampf Gefallenen sowie der Bitte um göttlichen Segen für die Zukunft Indonesiens über Ansprachen zur historischen Bedeutung des Feiertages und die Zukunft des indonesischen Staates bis hin zu musikalischer und theatralischer Unterhaltung, Karaokeaufführungen und allerlei Wettkämpfen für die Kleinen gibt es ein reiches Programm.

Am 17. August selbst ist es dann soweit: Gefeiert wird *HUT RI,* wie es meist abgekürzt wird: *Hari Ulang Tahun Republik Indonesia,* der Geburtstag der Republik Indonesien. Große Plakate und Tafeln künden schon Tage und Wochen vorher vom großen Tag mit Sprüchen wie *Selamat HUT RI:* „Der Republik Indonesien einen gesegneten Geburtstag" oder auch *Dirgahayu RI:* „Hoch lebe die Republik Indonesien". Oft hört man auch den Ruf *Merdeka!* – „Freiheit!".

Der Morgen beginnt überall mit *upacara bendera,* der offiziellen **Fahnenzeremonie**. Die nationalen und lokalen Würdenträger und ihre Frauen tragen zu diesem Anlass die Nationaltracht, bei Frauen ist das meist *kain* und *kebaya,* bei den Männern Anzug oder Batikhemden und die seit dem Freiheitskampf beliebte schwarze Kopiah-Kopfbedeckung. Die Säulen der Staatsideologie *Pancasila* und der Text der Unabhängigkeitsdeklaration werden vorgetragen. Diesen hatten *Sukarno* und *Mohammad Hatta* nach der japanischen Kapitulation in der Nacht zum 17. August 1945 unter dem Druck der *pemuda* (nationalistischen Jugendgruppen) hastig verfasst und ihn am nächsten Morgen um 10 Uhr im Namen des indonesischen Volkes offiziell verkündet.

Danach folgt die eigentliche Fahnenzeremonie *(upacara bendera).* Die Nationalflagge *Sang Saka Merah Putih,* der im indonesischen Nationalismus und der Staatsideologie geradezu magische Bedeutung zukommt, wird in einer majestätisch-militärisch anmutenden Zeremonie übergeben und gehisst.

Volksfest mit unzähligen Wettbewerben

Danach beginnt dann das Volksfest. Stadtverwaltungen und Nachbarschaftsviertel veranstalten Straßenumzüge *(pawai karnaval),* es gibt überall Bühnen und viel von allen gemeinsam gestaltetes Programm – von der

Nachbarschaft für die Nachbarschaft. Als Westler fühlt man sich mitunter in eine **riesige, landesweite Kindergeburtstagsfeier** versetzt. Besonders der geliebte Nachwuchs kommt hier natürlich ganz auf seine Kosten. „Krupuk essen" (*Krupuk* wird an einer Leine aufgehängt, die Kinder müssen versuchen, die über ihrem Kopf baumelnden *Krupuk* ohne Hilfe ihrer Hände zu verspeisen, wer am schnellsten fertig ist, hat gewonnen), „Murmelrennen" (mit einer Murmel auf dem Löffel, den man im Mund hält, wird um die Wette gerannt, die Murmel darf natürlich nicht herunterfallen), die auch bei uns bekannten Spiele „Tauziehen" und „Sackhüpfen" sind im Erleben der Kinder - und nicht nur der - untrennbar mit *Agustusan* verbunden.

112in Foto: bd

Jungen und ältere Jugendliche versuchen sich in einem anderen, sehr populären Wettbewerb: *panjat pinang*, **„die Betelnusspalme hochklettern".** An einem eingeölten Betelnusspfahl sind ganz oben verlockende Preise angebracht. Um an die zu gelangen, muss man allerdings den glitschigen Stamm überwinden, und das geht am besten gemeinsam: Auf den Schultern eines Kameraden stehend, hält man sich mit den Händen am Pfahl fest, während der nächste schon auf einen draufklettert und auf den Schultern seinen Halt zu finden sucht. *Panjat pinang* ist ein spektakulärer Höhepunkt der Agustusan-Wettkämpfe und stellt eine wahre Herausforderung an die recht bald mit schwarzem Öl verschmiertenTeilnehmer dar. Dafür locken mitunter doch recht wertvolle Preise wie beispielsweise nagelneue Fahrräder.

Anbringen der Preise für den Panjat-pinang-Wettbewerb

006in Foto: ak

DAS WEITERLEBEN DER AHNEN: TOD UND TRAUER

„Es wird der Tag kommen, an dem der Mund verschlossen ist
und es keine Worte mehr gibt
Es wird die Zeit kommen, an dem aus unserem Mund
keine Stimme mehr ertönt
Dann verkünden unsere Hände, was sie getan haben
Dann verkünden unsere Füße, wohin sie gegangen sind
Wir wissen nicht, wann der Tag der Verantwortung kommt

Herr, unsere Hände, unsere Füße, unseren Mund, unser Gewissen
Leite sie auf dem rechten Weg, stärke sie auf
dem Weg des vollkommenen Lichts
Gnade erbitten wir, deine erbarmungswürdigen Diener"

(religiöser Popsong *Akan Datang Hari Mulut Dikunci* –
„Es wird der Tag kommen, an dem der Mund verschlossen ist",
Text: *Taufiq Ismail,* gesungen von *Chrisye*)

Schädel in einem Höhlengrab der Toraja

Umgang mit Tod und Trauer

So wie Hochzeiten sind auch Todesfälle Momente, die nicht nur den Einzelnen oder die Kernfamilie, sondern die ganze Gemeinschaft betreffen. Der Tod wird zu einem einschneidenden Moment, in dem der Gemeinschaft zwar ein Mensch genommen wird, die gemeinsam geteilten Begräbnis- und Trauerrituale aber die **tiefe Solidarität unter den Lebenden** wieder erneuern und die Eingebundenheit des Einzelnen in das tragende Netz der Gemeinschaft für alle aufs Neue erlebbar machen. Den Menschen wird zudem immer wieder vor Augen geführt, dass der Einzelne auf die Hilfe der Gemeinschaft bis über den Tod hinaus angewiesen bleibt, denn welcher Tote kann sich selbst noch waschen, ins Leichentuch wickeln oder in den Sarg legen und dann eigenhändig begraben? So wie am Lebensanfang der Säugling, so ist auch am Lebensende der alte, gebrechliche und dann tote Mensch auf die Hilfe von anderen angewiesen. Von ihnen hängt es ab, welche prägenden ersten Erfahrungen man macht und ebenso, ob man schließlich seinen Frieden in einer angemessenen letzten Ruhestätte finden kann. Indonesier sind sich dieser existenziellen menschlichen **Abhängigkeit von anderen Menschen** tief bewusst. Gleiches gilt für die Abhängigkeit vom Schicksal und von Gottes Willen: Die Stunde des Todes liegt in Gottes Hand, man sollte sie annehmen als etwas, das man nicht ändern kann. Einer weitverbreiteten Vorstellung nach ist jedem Menschen schon mit der Geburt auch die Stunde seines Todes vorherbestimmt.

Der Tod und die Verstorbenen gehören zum Leben dazu. Zwischen den Toten, den Ahnen, und den Lebenden besteht in den indonesischen Völkern eine enge Beziehung. Die **unterschiedlichsten Rituale, Volksbräuche und Ahnenkulte** bringen das zum Ausdruck. Sie helfen nicht nur, die Trauer zu verarbeiten und die Gemeinschaft der Überlebenden zu stärken, sondern zeigen auch Wege, wie mit den Ahnen kommuniziert werden kann – die weiterhin eine wichtige Rolle im Dasein der Lebenden erfüllen. Zudem ist den meisten indonesischen Begräbnis- und Trauerritualen gemeinsam, dass mit ihnen der Übergang des Verstorbenen von der diesseitigen in die jenseitige Welt sichergestellt werden soll. Aus dem Dahingegangenen muss sozusagen ein „guter Toter" werden, einer, dem der schwierige Abschied und die **Loslösung von seiner irdischen Identität** gelungen ist und der auf seine Hinterbliebenen mit Wohlwollen hinabschaut. Durch die Einhaltung der überlieferten Rituale können die Angehörigen diesen Übergang erleichtern. Wenn alles gut gegangen ist, wenn sich die Seele von ihren irdischen Bindungen hat lösen können, dann wird der Verstorbene zu einem Ahnen und damit zu einer Quelle hilfreichen Segens für die Nachfahren.

Der schwierige und oft als langwierige Reise gedachte Übergang vom Diesseits ins Jenseits, vom Leben in die Ewigkeit kann allerdings auch scheitern. Gefürchtet sind besonders Fälle von „vorzeitigem" Tod, wenn also ein Leben vor der ihm eigentlich vorbestimmten Todesstunde sein Ende fand, beispielsweise durch Unfall, Mord, Suizid oder schwarze Magie. Dann **findet die Seele des Verstorbenen keine Ruhe,** sie wird zur **Spukgestalt** und terrorisiert die Lebenden – bis ein *dukun*, Priester oder Religionsgelehrter ihr mit besonderen Ritualen hilft, endlich Frieden im Jenseits zu finden. Die Angst vor solchen Geistern ist unter Indonesiern aller Gesellschaftsschichten groß und zeigt, wie wichtig ihnen der „richtige" Umgang mit dem Tod ist.

Von einem Todesfall müssen in Indonesien alle Betroffenen – Familie, Nachbarn, Freunde, Kollegen – sofort in Kenntnis gesetzt werden. Im modernen Handy-Zeitalter erfahren auch weit entfernt lebende Angehörige und Bekannte oft innerhalb von Minuten per SMS von einem Todesfall. Eine solche Nachricht *(berita duka)* lapidar per SMS-Rundmail zu erhalten, mag uns etwas pietätlos erscheinen, Indonesier hingegen empfinden einen Todesfall als äußerst dringende Angelegenheit, die schnellstmöglich einem größtmöglichen Empfängerkreis mitgeteilt werden muss – und das geht nun mal per SMS am besten.

Muslime kündigen eine Todesnachricht mit folgendem Koranzitat an, mit dem man auch auf eine solche Nachricht reagiert:

Innalillahi wa innallaihi rojiun.
„Wahrlich, wir gehören Gott und zu Ihm kehren wir zurück."

Es wird erwartet, dass man auf eine solche SMS sofort antwortet und sein Beileid ausdrückt und, sofern es nur irgendwie machbar ist, auch **so bald wie möglich das Trauerhaus aufsucht** und noch einmal persönlich seine Anteilnahme ausspricht. Hierzu muss man sich weder vorher anmelden noch gar auf eine gesonderte Einladung warten, denn das mit einer gelben oder weißen Fahne gekennzeichnete Haus des Hinterbliebenen wird sowieso bis zur Beerdigung rund um die Uhr voller Gäste sein. Der Leichnam (auch von im Krankenhaus Verstorbenen) wird von engsten Familienangehörigen gewaschen und zu Hause aufgebahrt, während zur gleichen Zeit Nachbarn, Familienmitglieder, Freunde und Kollegen zu Gast sind. Die Großfamilie und Nachbarn helfen beim Bewirten der Gäste und dem Organisieren der Trauerfeierlichkeiten, **die Atmosphäre ist durchaus locker** und entspannt, es darf auch gelacht werden. Man zeigt seine Anteilnahme nicht durch eine versteinerte Trauermiene, sondern vielmehr dadurch, dass man gekommen ist und den Hinterbliebenen so seine Wertschätzung des Verstorbenen ausdrückt. Die westliche, vorsichtig-unsichere Zurückhaltung und Befürchtung, die Trauernden womöglich in ihrem Kummer zu stören, ist Indonesiern vollkommen unverständlich. Auch das bei uns oft übliche „Abschiednehmen im engsten Familienkreis" löst Ratlosigkeit aus. Ein in Deutschland lebender Indonesier äußerte einmal, er hätte Angst davor, in Deutschland zu sterben und hier beerdigt zu werden – der Gedanke, dass er dann womöglich nur von 20 bis 30 Leuten zu seiner letzten Ruhestätte begleitet werden könnte, erschien ihm schrecklich: So ein armseliges, einsames Ende für sein Leben, als hätte er kaum jemandem hier auf Erden etwas bedeutet!

Sein Beileid kann man auf Indonesisch mit den Worten ausdrücken:

Turut berduka cita.
„Ich nehme teil an Ihrer Trauer."

Je mehr Gäste das Trauerhaus aufsuchen und an der Beerdigung teilnehmen, desto tröstender also für die Hinterbliebenen. Die Vorstellung, allein mit seiner Trauer umzugehen, hat für Indonesier eher etwas Beängstigendes, birgt sie doch die Gefahr, dass man sich völlig in seinem Kummer verliert. Es wird von Hinterbliebenen erwartet, dass sie sich nach dem ersten Schock recht bald wieder fangen. Der Tod ist unabänderlich, er sollte da-

094in Foto: ak

her realistischerweise **mit Fassung und ergebener Demut** *(ihklas)* angenommen werden. Zudem ist man überzeugt, allzu starke Trauerreaktionen machten es dem Verstorbenen schwer, sich von der Welt zu lösen und im Jenseits Ruhe zu finden. Die notwendige psychische Verarbeitung der Trauer findet in der Ausführung der überlieferten und religiös vorgeschriebenen Rituale ihren Platz.

Wie wenig hilfreich unsere Vorstellungen von Pietät und privater Intimität in der Begegnung mit indonesischen Trauerritualen sind, zeigt sich auch im zunehmenden **Einsatz von Fotoapparaten und Videogeräten** bei den Zeremonien. Ein letztes Bild der Angehörigen und Freunde vor der aufgebahrten Leiche, ein Video der Beerdigung – all das erscheint der Einzigartigkeit und Wichtigkeit dieses Momentes nur allzu angemessen. Liegt ein Todesfall noch nicht lange zurück, kann dem westlichen Gast durchaus mal ein Fotoalbum von den Trauerfeierlichkeiten vorgelegt werden, wenn nicht gleich stolz die Videodokumentation vorgespielt wird. Dabei wird der übliche entspannte Plauderton beibehalten und es wird auch nicht erwartet, dass man tief betroffen in Schweigen versinkt. Eine **Beerdigung ist ein wichtiges Ereignis,** so wie eine Geburt und eine Hochzeit. Bewundert der Gast Fotos und Videos, bemerkt er die große Anzahl der Kondolierenden und bestaunt er (wenn es sich um Batak, Balinesen, Toraja oder Dayak handelt) auch die aufwendige, kostspielige Feier, dann tröstet das die Angehörigen mehr als ein plötzliches, unangenehmes Umschlagen der Stimmung.

Javanisch-islamische Trauerrituale

Da die Mehrheit der Javaner muslimischen Glaubens ist, richten sich ihre Bestattungspraktiken hauptsächlich nach den rituellen Vorgaben des Islam. Viele Sitten und Gebräuche im Umgang mit dem Tod gehen jedoch auf **vorislamische, hinduistisch-buddhistische und animistische Einflüsse** zurück. Bei anderen muslimischen Ethnien wie den Minangkabau, den Malaiien, Bugis oder Maduresen findet sich eine ähnliche Integration von lokalen, zum Teil aus vorislamischen Traditionen stammenden Einflüssen mit den vom Islam vorgeschriebenen Riten.

Junge Frauen bei einer Trauerfeier der Toraja

So wie dem Neugeborenen als Erstes **das islamische Glaubensbekenntnis** ins Ohr geflüstert wird, so sollte auch das Letzte, was ein Sterbender sagt oder hört, dieses Bekenntnis sein. Das Leben kehrt so zu seinem Ursprung zurück, ein Kreis schließt sich im Glauben an den Einen Gott. Am Sterbebett wird mit ihm oder für den Sterbenden gebetet und aus dem Koran rezitiert. Es besteht eine letzte Gelegenheit, die Angehörigen und vor allem Gott um Vergebung für Sünden und Verfehlungen zu bitten.

Islamischen Vorstellungen nach muss sich die Seele des Toten *(arwah)* vor den Todesengeln *Munkar* und *Nakir* für ihre guten Taten *(amal ibadah)* und auch für ihre Sünden *(dosa)* verantworten und bleibt danach bis zum Letzten Gericht in ihrem Grab. Sündige Muslime werden ebenso wie Ungläubige schon während dieser Zeit **im Grab für ihre Verfehlungen bestraft,** ähnlich dem im Mittelalter entstandenen römisch-katholischen Konzept vom Fegefeuer. Nach diesen Grabesqualen (*siksaan kubur* oder *azab kubur*), die in den volkstümlichen und inzwischen durch moderne Massenmedien verbreiteten Vorstellungen ziemliche Horrorqualitäten annehmen, wird dann beim Letzten Gericht entschieden, wer endgültig in die Hölle und wer ins Paradies kommt. Indonesische Muslime nehmen diese Vorstellungen von Grabesqualen, Himmel und Hölle oft sehr wörtlich, viele haben eine **tiefsitzende Angst,** nach ihrem Tod womöglich in der Hölle zu landen. Unsere ironische Distanz in diesen Dingen ist vielen Indonesiern unverständlich und erscheint ihnen als erschreckende Überheblichkeit.

Den islamischen Vorschriften entsprechend sollte ein Verstorbener **innerhalb von 24 Stunden** beerdigt werden. In der Praxis wird daher jemand, der am frühen Morgen gestorben ist, oft schon am Nachmittag des gleichen Tages beerdigt. Wichtig ist das gemeinsame Sholat-Gebet der Angehörigen und Trauernden vor dem aufgebahrten Leichnam. Auf dem Totenbett, bei der Waschung und Aufbahrung sollten keine Tränen auf den Verstorbenen fallen – überhaupt sollte heftiges Weinen vermieden werden, um der Seele die Loslösung von allem Irdischen nicht allzu schwer zu machen. Ohnmachten, hysterisches Weinen und Klagen und Ähnliches werden nicht gerne gesehen, lassen sich aber manchmal nicht vermeiden, schließlich sind auch Javaner nur Menschen und werden mit-

Chinesisches Grab auf Lombok

095in Foto: jh

unter von ihrem Schmerz überwältigt. Auffallend ist, dass solche **Gefühlsausbrüche** kaum Empfindungen von Peinlichkeit oder Gesichtsverlust auszulösen scheinen. Die Situation wird pragmatisch gehandhabt: Sowas kann vorkommen, wenn jemand innerlich nicht stark genug ist und daher ungewollt von Kräften überwältigt wird, über die man in dem Moment keine Kontrolle hat.

Oft werden auch kurze Reden von „wichtigen" Personen wie dem Vorsitzenden des Nachbarschaftsverbandes oder dem Chef des Verstorbenen gehalten. Eingewickelt in das vom Islam vorgeschriebene Leichentuch *(kafan)* wird der Tote in einen Sarg gelegt und unter tatkräftiger Hilfe der männlichen Familienangehörigen und Trauergäste aus dem Haus getragen. Auf dem Friedhof wird der Tote aus dem Sarg gehoben und im Leichentuch in das Grab hinabgesenkt. Nach Mekka ausgerichtet findet der Verstorbene hier seine letzte Ruhe.

Am dritten, siebten, vierzigsten, hundertsten und zum letzten Mal am tausendsten Todestag gibt es **Gedenkrituale** und Slametan-Feiern, bei denen für die Seele des Verstorbenen gebetet wird und man Opfergaben am Grab niederlegt. Schon am Sterbetag wird im Zimmer des Toten eine kleine Opfergabe als Nahrung für dessen Seele dargeboten, die sich dem Volksglauben nach zu diesem Zeitpunkt noch im Haus aufhalten soll. Die

Opfergaben werden später von den Angehörigen verspeist, sie gelten als Segen spendend.

Das Beten für die Seele des Verstorbenen *(tahlilan)* und die Opfergaben-Gebräuche sind allerdings in einigen Teilen der javanischen Gesellschaft heftig umstritten, werden sie doch **mit abergläubischen Praktiken in Verbindung gebracht,** die im Islam streng genommen als Sünde gelten. Generell ist die Anbetung von Toten im Islam streng untersagt, Gebete dürfen nur an Gott gerichtet werden – das Aufsuchen der Gräber ist Strenggläubigen somit suspekt. Verfechter des in den ländlichen Gebieten Javas stark verwurzelten traditionalistischen Islam, der von der Massenorganisation *Nahdlatul Ulama (NU)* vertreten wird, pflegen weiterhin *tahlilan* und andere Bräuche. Die sind allerdings den Anhängern des rationaleren, puritanischeren Islam der *Muhammadiyah* und anderen Richtungen, die eine Rückkehr zum „wahren", von heidnischen Elementen gereinigten Islam predigen, höchst zuwider. Sowohl das Beten als auch Askesepraktiken an Gräbern javanischer Heiliger sind diesen Gruppen ein Dorn im Auge. *Ziarah,* das Aufsuchen der Gräber von Angehörigen und legendären Persönlichkeiten, um für sie zu beten und im Gegenzug ihre Hilfe, ihren Ratschlag und vor allem ihren Segen zu erhalten, ist jedoch ein so tief im Volk verwurzeltes Bedürfnis, dass puritanische Reinigungsbewegungen hier bisher wenig ausrichten konnten. Im Gegenteil, die inländische Tourismusindustrie hat inzwischen die **lokalen Wallfahrts- und Pilgerfahrtsaktivitäten** als ergiebige Einnahmequelle für sich entdeckt.

„Ngaben" – balinesische Verbrennungszeremonien

Die **pompösen rituellen Leichenverbrennungen („ngaben")** zählen zu den touristischen Hauptattraktionen Balis. Während heute die ausgelassene Feststimmung, die bei diesen Verbrennungen herrscht, oft als Beweis für eine vermeintlich exotische Andersartigkeit Balis dient („für die Balinesen ist der Tod nichts Trauriges, sondern etwas Fröhliches"), waren die ersten Besucher Balis zutiefst entsetzt über den ihnen barbarisch erscheinenden Brauch der **Witwenverbrennung,** den sie damals auf der Insel vorfanden. Hier war diese Gepflogenheit zumeist auf die Königshäuser beschränkt, wobei der verstorbene Herrscher dann mitunter auch von seinen Nebenfrauen und Dienerinnen auf den Scheiterhaufen begleitet wurde. Westliche Augenzeugen berichteten von Frauen, die mit einem Lächeln auf den Lippen, ohne irgendein Anzeichen von Angst oder Schmerzen, in den Tod gingen.

Die vorläufige Beerdigung

Hinduistischen Vorstellungen nach erlaubt erst die Einäscherung die vollkommene Loslösung der Seele von ihrer körperlichen Hülle und damit die Wiedergeburt in einem neuen Körper. Anders als bei den indischen Hindus ist auf Bali eine **vorläufige Beerdigung** (*mekingsan ring pertiwi,* „aufbewahren in der Erde") des Leichnams üblich: Erst wenn genug Geld für die aufwendigen Verbrennungsriten vorhanden und ein astrologisch günstiger Termin dafür gefunden ist, werden die sterblichen Überreste von der Familie wieder ausgegraben. Die Verbrennung ist also eher eine **rituelle Zweitbestattung,** ein Brauch, der den balinesischen Hinduismus mit ähnlichen Bestattungsritualen anderer indonesischer Kulturen verbindet. Lediglich Angehörige der Brahmanen-Kaste werden nicht beerdigt, sondern einbalsamiert in einem speziellen Pavillon aufgebahrt, bis sie an einem astrologisch genau bestimmten Tag verbrannt werden.

Ist jemand gestorben, wird der Leichnam erstmal zu Hause gewaschen und aufgebahrt. Familienangehörige und Trauergäste treffen baldmöglichst ein, um ihre Anteilnahme zum Ausdruck zu bringen. Sie helfen auch bei den vielfältigen Vorbereitungen für die vorläufige Beerdigung *mekingsan ring pertiwi* oder die seit einigen Jahrzehnten neu aufgekommene **vorläufige Kremation** (*mekingsan ring geni,* „aufbewahren im Feuer") auf dem Friedhof des Totentempels *pura dalem.* Heute wird *mekingsan ring geni* zunehmend beliebter, da man damit die nachträgliche Exhumierung der sterblichen Überreste vermeiden kann. Ein späteres Ngaben-Ritual ist jedoch auch hier noch nötig, denn bei der vorläufigen Verbrennung werden nicht alle **für die endgültige Loslösung der Seele** nötigen Riten durchgeführt. Die Totentempel *pura dalem* sind besonders nachts für Balinesen ein höchst furchterregendes Terrain, da die noch nicht von ihren irdischen Bindungen erlösten Seelen der provisorisch begrabenen Toten hier hausen und mit der ebenfalls an diesem Ort herrschenden Dämonenkönigin *Rangda* für allerlei Grauen und Spuk sorgen können.

Die rituelle Leichenverbrennung

Ist genug Geld zusammengekommen und ein astrologisch günstiger Termin für die Ngaben-Zeremonie bestimmt, beginnen die aufwendigen Vorbereitungen, bei der die Hinterbliebenen auf die tatkräftige Hilfe aller Familienmitglieder und der Banjar-Dorfgemeinschaft angewiesen sind. Eine Vielzahl unterschiedlicher Opfergaben muss von den Frauen hergestellt werden, die Männer sind für die **Errichtung des Verbrennungsturms** (*bade)* zuständig. Dieser pagodenförmige Turm wird aus Bambus und Papier

092in Foto: pr

gebaut, seine Höhe richtet sich nach der Kaste des Verstorbenen: Jaba-Angehörige erhalten einen eher schlichten, einstöckigen Schrein auf einem Tragegestell, königliche *Cokorda* oder Brahmanen hingegen werden in einem bis zu elfstöckigen imposanten Turm verbrannt. Zudem muss der Verbrennungssarg angefertigt werden. Bei ärmeren Jaba-Angehörigen ist das ein schlichter Holzsarg, Triwangsa-Balinesen demonstrieren ihren hohen Status hingegen mit beeindruckenden **Tiersarkophagen.** Brahmanenpriester bekommen beispielsweise einen schwarz-weißen Stier, fürstliche *Satria* einen schwarzen Stier.

Nachdem die sterblichen Überreste exhumiert und in einem weißen Tuch zu Hause aufgebahrt worden waren, werden sie im Verbrennungsturm unter großer und lautstarker Anteilnahme der Dorfbewohner und Gäste zum Verbrennungsplatz getragen. Ein Gamelan-Orchester begleitet den Zug und unterstreicht mit seiner für Prozessionen typischen, hypnotischen Baleganjur-Musik die **ekstatische Stimmung,** die alle erfasst. Um die bösen Geister zu verwirren und es der Seele unmöglich zu machen, vor der Verbrennung nach Hause zurückzukehren und dort für uner-

In dieser Stierfigur befindet sich der Leichnam, der hier verbrannt wird

wünschten Spuk zu sorgen, wird der Turm immer wieder gedreht. Das sorgt in der wilden Atmosphäre mitunter für kritische Momente, wenn der Turm umzukippen droht. Der Sarkophag wird hinterhergetragen, erst am meerwärts gelegenen Verbrennungsplatz wird der Leichnam vom Verbrennungsturm dorthinein umgebettet. Turm und Sarkophag werden gleichzeitig verbrannt und die übrig gebliebene Asche dann in einem weiteren Ritual dem Meer übergeben. Die Seele ist während des Verbrennungsvorgangs in die Lüfte **zu den Göttern aufgestiegen,** die körperlichen Überreste vereinen sich im Meer mit der dämonischen Unterwelt.

Es ist ein faszinierendes, ergreifendes Spektakel, das nicht nur die westlichen Touristen immer wieder in ihren Bann zieht. Auch für die Balinesen ist, wie man beim Besuch eines *ngaben* auf beeindruckende Weise immer wieder erlebt, die Verbrennung nicht nur ein spiritueller, sondern vor allem auch ein **emotionaler Höhepunkt ihres kulturellen Lebens.** Selten sieht man sie so ausgelassen, leidenschaftlich, mitgerissen von einer Gruppendynamik, die mitunter außer Rand und Band zu geraten scheint. Reiseführer erklären die so ganz und gar nicht traurig anmutende Stimmung bei *ngaben* meist damit, dass für die Balinesen der Tod generell etwas Positives sei, da die Seele sich von ihrer irdischen Hülle löse. Aber natürlich ist der Tod eines nahen Angehörigen auch für die Balinesen traurig und nicht immer leicht zu akzeptieren – davon zeugen die häufigen Mutmaßungen, es sei möglicherweise schwarze Magie seitens bösgesinnter Mitmenschen im Spiel gewesen. Aber man **weint im Privaten,** nicht unbedingt vor den Augen der Öffentlichkeit. Auch bei der Waschung des Leichnams fließen durchaus Tränen. Das Verbrennungsritual als soziales, gemeinschaftlich geteiltes Ereignis hingegen ist bestimmt von Organisierungshektik und allgemeinem Rummel.

Obwohl die Kremation zentraler Bestandteil der hinduistischen Lehre und Voraussetzung für die Wiedergeburt ist, stellt ihre höchst kostspielige Durchführung, die unter Umständen weit mehr kosten kann als der Jahresverdienst aller Familienmitglieder zusammen, für viele Balinesen ein großes **finanzielles Problem** dar. Vermutlich wurde in einigen Regionen Balis bis vor gar nicht so langer Zeit nur eine Minderheit der Verstorbenen wirklich verbrannt, während bei den anderen nach der vorläufigen Beerdigung die Kremation so lange aufgeschoben wurde, bis die Toten von ihren Nachfahren irgendwann einfach „vergessen" waren. Eine oft in Anspruch genommene, weitaus billigere und praktischere Lösung als die Durchführung einer eigenen Verbrennungszeremonie ist es, bei der Kremation eines Adligen **die eigenen Verstorbenen mit „dazuzugeben".** Häufig werden auch *ngaben bersama* („Gemeinschafts-ngaben") oder *ngaben massal* („Massen-ngaben") veranstaltet, bei denen eine Familie oder ganze Dorfgemeinschaften ihre in den letzten Jahren „angesammelten" Toten alle zusammen in einer einzigen Zeremonie einäschern. Heute können so gut wie alle Einheimischen damit rechnen, nach ihrem Tod auch wirklich verbrannt zu werden. In einigen Dörfern übernehmen auch die Banjar-Gemeinschaften die Kosten für Bestattungsrituale.

Generell ist eine Tendenz zu einfacheren und innerhalb kürzerer Zeitspannen durchgeführten Verbrennungen festzustellen, die den terminlichen und ökonomischen Anforderungen des modernen Lebens eher entgegenkommen. Auf der anderen Seite gibt es die Familien, die sich aufwendige Verbrennungszeremonien leisten können und denen es um ihr Prestige und Ansehen geht. Sie werden weiterhin mit anderen darin wetteifern, immer noch pompösere, noch bombastischere *ngaben* auszurichten. Es sind diese Zeremonien, die wohl auch in Zukunft das touristische Bild von der „typischen" balinesischen Bestattung bestimmen werden.

Tod und Trauer bei den Toraja

Die Toraja im Hochland Südsulawesis sind weithin für ihre differenzierten Trauer- und Bestattungsrituale bekannt. Während mit Geburt, Erwachsenwerden und Heirat recht wenig Rituale verbunden sind, zumindest im Vergleich mit anderen indonesischen Kulturen, so stellen die Trauerfeierlichkeiten zweifellos den rituellen Höhepunkt im Leben dar – wenn nicht des Verstorbenen, so doch der Hinterbliebenen. Die Menschen verspüren ein tiefes Bedürfnis, **für ihre Eltern eine imponierende Trauerfeier auszurichten,** bei der möglichst viele Wasserbüffel und Schweine geschlachtet werden. Hier geht es um die Wahrung und Darstellung von sozialem Status und Prestige, aber auch um ganz intime Gefühle von Liebe und Schuld. Wie in so vielen indonesischen Kulturen empfinden auch die Toraja eine tiefe Schuld gegenüber ihren Eltern (besonders gegenüber der Mutter), die für ihre Kinder Leiden und Mühsal auf sich genommen haben. Durch die Ausrichtung einer beeindruckenden Trauerfeier, die Schlachtung vieler Büffel und die Verteilung des Fleisches möchten die Toraja ihren Eltern etwas zurückgeben, als eine Art letzter Liebesdienst: Mit **großzügigen Tieropfern** erweisen sie ihnen die gebührende Ehre – unter Anteilnahme und „Augenzeugenschaft" des ganzen Dorfes. Gleichzeitig

Die traditionelle Totenklage wird in Gruppen
zu einfachen Tanzbewegungen gesungen

werden der soziale Status und das Prestige der Familie durch die Opulenz der Trauerfeierlichkeiten aufs Neue festgeschrieben.

Für die Toraja, inzwischen Bürger des Nationalstaates Indonesien, **sind die Bestattungsfeierlichkeiten auch ein Symbol** für ihre historisch gesehen relativ neue ethnische Identität als „Toraja". Die Feiern stellen etwas dar, auf das sie stolz sind, für das sie bekannt sind und das sie von anderen Ethnien Indonesiens, besonders von ihren muslimischen Nachbarn, unterscheidet. Im Zuge von Identitätspolitik, lokalem Konkurrenzdruck und internationalem Tourismus haben die Trauerrituale sogar an Bedeutung zugenommen, sie erlebten in den letzten Jahrzehnten einen regelrechten Aufschwung. Die Rituale werden pompöser ausgeführt und auch Nicht adlige fühlen sich immer mehr gezwungen, zur Ehre ihrer Familie eine große Feier zu organisieren.

Am elaboriertesten und aufwendigsten sind traditionellerweise die Trauerfeierlichkeiten für Adlige, sie dauern fünf bis sieben Tage lang. Für nicht adlige Toraja wurden traditionellerweise deutlich einfachere Feiern abgehalten, doch auch hier lassen sich Veränderungen feststellen: Unter den demokratischen Bedingungen der modernen Welt haben auch nicht adlige Toraja die Möglichkeit, durch Bildung und Karriere zu Reichtum und damit beträchtlichem gesellschaftlichen Einfluss zu kommen, der sich wiederum auf ihren sozialen Status auswirkt und so auch auf die von ihren

096in Foto: ak

Hinterbliebenen für sie ausgerichteten Trauerfeierlichkeiten. Inzwischen hört man häufig Klagen, **dass die Bestattungsfeiern zu einer Protzshow verkommen,** bei der es zunehmend nur noch darum gehe, im Konkurrenzkampf um Ehre *(siri')* und Ansehen den eigenen Reichtum vorzuführen und damit sein Prestige in der Gesellschaft zu sichern.

Der soziale Druck, opulente Feierlichkeiten auszurichten, ist enorm, **manche Familien riskieren den finanziellen Ruin.** Auch bei den Toraja ist das umstritten. Die tagelangen Vorbereitungen mit unzählig vielen Helfern, Verpflegung für all diese Menschen, das Essen für Hunderte oder gar Tausende von Gästen über mehrere Tage hinweg, die vielen teuren Büffel, die geschlachtet werden, der Aufbau von provisorischen Unterkünften für die Gäste, die Errichtung des Festplatzes, Stühle, Musik- und Tanzgruppen, die Musikanlage usw. ... das alles kostet enorme Summen. Immer wieder kritisieren eher westlich orientierte Toraja die aus rein rationaler Sicht unverständliche Verschwendung von Ressourcen, die doch besser in langfristige Entwicklungsprojekte angelegt werden könnten.

Der Zustand, in dem sich die erst kürzlich Verstorbenen, d. h. die nicht mehr Lebendigen, aber nach der Überlieferung auch noch nicht „richtig Toten" befinden, ist bei den Toraja besonders augenfällig: Da die Totenrituale sehr viel Geld kosten und langer Vorbereitungen bedürfen, bleiben die Verstorbenen meist erst einmal für längere Zeit – oft sind das mehrere Wochen oder Monate – zu Hause aufgebahrt. Mit Formalin wird versucht, **die Geruchsbildung und den einsetzenden Verwesungsprozess** hinauszuzögern. Dem traditionellen Glauben nach gelten die Verstorbenen bis zu Beginn der rituellen Trauerzeremonien als lediglich „schlafend" oder „krank": Es wird ihnen jeden Tag Nahrung bereitgestellt und man spricht auch mit ihnen.

Die Zeremonie

Die eigentlichen Bestattungszeremonien *aluk to mate* („Weg der Toten"), die zum Ritualkomplex des „niedersteigenden Rauches" *(rambu solo')* gehören, **beginnen mit der rituellen Überführung des Leichnams** aus dem Haus zum rituellen Festplatz *rante.* Dort wurden inzwischen einfache Bambusunterkünfte für die Gäste errichtet – je nach Status des Verstorbe-

Ein Opfertier vor der Schlachtung

nen können das durchaus mehrere Tausend Menschen sein. Die Trauerfamilie empfängt die Gäste traditionellerweise nach genau vorgegebener Reihenfolge, ihre Gastgeschenke wie Wasserbüffel, Schweine und Balok-Palmwein werden registriert, für Opfertiere muss zudem eine Steuer an die Distriktsverwaltung entrichtet werden.

097in Foto: ak

Am zweiten Tag findet die rituelle Schlachtung der Schweine und Wasserbüffel statt – der vorläufige Höhepunkt der Feier. Besonders die **Opferung der Wasserbüffel,** eine ziemlich archaisch-blutige Angelegenheit, verfolgen alle mit großer emotionaler Beteiligung. Es ist vor allem die Anzahl der geopferten Tiere, die den sozialen Status des Verstorbenen und das Ansehen seiner Familie bestimmen. Für einen Adligen werden meist über 20 Wasserbüffel geschlachtet. Die Hörner der geschlachteten Wasserbüffel bringt man als Schmuck an der Vorderseite des Tongkonan-Hauses an, während das Fleisch nach rituellen Vorgaben, die sich streng nach dem jeweiligen Status der Gäste richten, verteilt wird. Die Gabe von Gastgeschenken und die Verteilung des Fleisches der Opfertiere ist Teil eines **komplexen Systems von wechselseitigen Verpflichtungen.** Hier werden durch zeremonielles Geben und Nehmen die grundlegenden sozialen Beziehungen, in denen die Menschen miteinander verbunden sind, immer wieder aufs Neue bestätigt. Jedes Nehmen verpflichtet zu einem späteren Geben und jedes Geben ermöglicht ein späteres Nehmen.

Allgemein herrscht eher eine Volksfeststimmung vor, es ist voll und laut – *ramai,* die von den Indonesiern so geliebte Atmosphäre. Vor der Opferung der Tiere werden Wasserbüffel- und **Hahnenkämpfe zur Unterhaltung der Gäste** veranstaltet, die häufig von weit her angereisten Großfamilienangehörigen sehen sich nach langer Zeit wieder und haben ausgiebig Gelegenheit zum Austausch von Neuigkeiten und Tratsch. Für junge Leute ist dies natürlich eine hervorragende Gelegenheit, neue Bekanntschaften zu knüpfen oder gar einen möglichen Ehepartner zu finden.

Aber auch die Trauer der Hinterbliebenen findet ihren Ausdruck: In langen Gruppengesängen, begleitet von einfachen Tanzgesten, ertönt die ganze Nacht hindurch **die rituelle Totenklage „ma'badong“,** ein wichtiger Bestandteil der vorgeschriebenen Bestattungszeremonien. Auch andere zeremonielle Gruppentänze und Flötenmusik dürfen auf keiner Totenfeier fehlen, sie werden zu Ehren des Verstorbenen und zur Unterhaltung seiner Seele vorgeführt. **Christliche Priester** sind für den Trauergottesdienst und die Segnung des Toten zuständig. Die traditionellen Rituale werden von den *to minaa'* geleitet, den in den komplexen Traditionen und Überlieferungen der Toraja kundigen Weisen und Heilern.

Schließlich wird der in Tücher gewickelte Leichnam zu seiner letzten Ruhestätte gebracht. Traditionellerweise handelt es sich hierbei um die malerisch-gruseligen **Höhlen- und Felsengräber,** für die die Toraja bei Ethnologen und Touristen gleichermaßen bekannt sind. Von „Balkonen“ in den Felswänden blicken zudem die *tau-tau,* hölzerne Puppen, hinab ins Torajaland. Früher wachten die Seelen der Verstorbenen in den *tau-tau* über die Gräber, eine Vorstellung, mit der die Missionare verständlicherweise einige Schwierigkeiten hatten. „Christlich korrekt“ heißt es daher nun: Die *tau-tau* stellen Figuren dar, mit denen lediglich an die Verstorbenen erinnert wird. Diese Uminterpretation und nicht zuletzt auch die zu-

098in Foto: ak

nehmende Bedeutung individueller Lebensläufe führte dazu, dass heute die *tau-tau* oft realistischere Gesichtszüge aufweisen und auch gerne mal eine offizielle Uniform tragen, die der beruflichen Position des Verstorbenen entspricht.

Weitaus weniger bekannt als die aufwendigen und spektakulären Totenfeste sind die *ma'nene'* genannten Riten: Je nach Region einmal jährlich (oder alle paar Jahre) sucht man gemeinsam die Grabstellen auf, um sie zu säubern. Hier wird noch einmal laut und eindrücklich der Tod der geliebten Menschen beklagt – die Männer schreien laut, die Frauen weinen und wehklagen –, während man den Leichnam aus den Tüchern nimmt, die sterblichen Überreste betrachtet und in den Händen hält und sie dann wieder neu einwickelt. *Ma'nene'* gilt als ein **Liebesdienst an den Verstorbenen,** denn man glaubt, dass die Seelen der Toten noch immer am Leben hängen, solange ihr Körper nicht vollständig verwest ist. Die Angehörigen bringen ihnen neue Tücher, Tabak, Betel und Süßigkeiten, sie halten den Leichnam liebevoll fest, säubern das Grab von Dreck und Unkraut und hoffen, dass die Seele des Verstorbenen diese Gaben dankbar annimmt und nicht allzu viel neidische Sehnsucht nach den Lebenden hat. Diese Grabriten werden so lange ausgeführt, **bis nur noch Knochen übrig geblieben sind,** die von den Knochen der anderen, schon länger im Grab liegenden Toten nicht mehr zu unterscheiden sind. Erst dann sind die Trauer und die mit ihr verbundenen rituellen Verpflichtungen zu ihrem Ende gekommen, die Seele des Verstorbenen hat dem Volksglauben nach endgültig Eingang in das Jenseits gefunden und ist eins geworden mit den anderen Ahnen.

Anders als bei den Javanern und anderen Muslimen spielt bei den Toraja die öffentliche **rituelle Totenklage** eine wichtige Rolle. Außerhalb dieser Rituale zeigen die Toraja allerdings eine ähnliche Haltung wie andere indonesische Gesellschaften auch: Es wird erwartet, dass man sich nicht zu sehr in seiner Trauer verliert. Alleinsein, seinen Gedanken nachhängen, all das wird als ungünstig und möglicherweise gefährlich für das psychische Gleichgewicht angesehen.

Der Verstorbene ist in einer Tau-tau-Figur dargestellt

007in Foto: jg

„HELLO MISTER!" –
ALS WESTLER IN INDONESIEN

„Bevor ich die balinesische Vorliebe für theatralische Emotionen zu verstehen lernte, war es mir während unserer ersten Monate auf Bali unerklärlich, warum ich in der Kontaktaufnahme mit den Menschen von Bajoeng Gede nur so langsam vorankam. (…) die Mütter zeigten ein falsches, ängstliches Lächeln, die Babys schrien, die Hunde kläfften. Dann hatte ich die Gelegenheit, das Verhalten von anderen Europäern zu beobachten (…) und sah, wie leichter die Balinesen auf ihr übertriebenes Interesse reagierten (…) Ich gab die Kommunikation von realen Gefühlen auf und lernte, meine freundliche Haltung zu übertreiben und zu karikieren, sodass die Balinesen sie gefahrlos für theatralisch und nicht real halten konnten. Mütter, die keinen einzigen angespannten Muskel gelockert hatten, als ich meine wirklichen Gefühle für ihre Babys zum Ausdruck brachte, entspannten sich erleichtert, als ich anfing, in Tönen zu glucksen und zu gurgeln, die in keinem Verhältnis mehr zu meiner wirklichen Haltung standen."

Margaret Mead (Quelle s.: „Quellenangaben" 3)

Als Westler bleibt man in Indonesien nicht lange allein

„Bule" – indonesische Klischees vom Westler

Als Westler kann man in Indonesien nicht unerkannt bleiben, ob man will oder nicht, man fällt sofort auf – und die Präsenz des Fremden wird überall sogleich mit den unvermeidlichen „Hello Mister!"-Rufen zur Kenntnis genommen. Damit sind die Englischkenntnisse zwar meist auch schon erschöpft, nicht aber das Interesse an dem Besucher.

Der Westler ist ein **bule, wörtlich ein „Albino".** Das war früher mal abwertend gemeint, ist inzwischen aber ein relativ neutraler Ausdruck für die hellhäutigen Fremden. Weniger schmeichelhaft ist es allerdings, *bugil* genannt zu werden – das heißt wörtlich übersetzt „nackt", wird aber auch als Abkürzung für **„bule gila", „verrückter Westler"** gebraucht. Die Westler laufen für indonesische Verhältnisse in der Tat meist ziemlich „nackt" herum und gebärden sich überhaupt oft recht „verrückt". Auf Java kennt man die Vorstellung vom *wong sabrang,* dem „Menschen aus Übersee", was sowohl Menschen von anderen indonesischen Inseln als auch Westler meint. Beide vereint, dass ihnen die typisch javanische Sensibilität im zwischenmenschlichen Umgang fehlt, sie verhalten sich nicht wie „richtige", d.h. javanische Menschen, sondern eher wie die *buta,* die riesigen, rüpelhaften, arroganten und ungehobelten Dämonenfiguren aus dem Schattentheater, denen jegliches Feingefühl, Respektverhalten und eine angemessene Impulskontrolle abgeht. So mancher Westler führt sich tatsächlich **wie ein polternder Riese im Porzellanladen javanischer Empfindlichkeiten** auf. Und da die Javaner früher vornehmlich holländische Westler kennengelernt hatten, ist der allgemeine Ausdruck für Westler gleich welcher Nationalität immer noch *londo,* „der Holländer", mit dem man gerne kleinen Kindern droht – „Wenn du nicht artig bist, kommt dich der *londo* holen!"

Die **körperliche Andersartigkeit** des *bule* ruft oft großes Interesse hervor: Es kann durchaus vorkommen, dass Indonesier die faszinierend exotischen blonden Locken eines Kindes mal anfassen möchten, ebenso die so ungewöhnlich lange Nase eines Westlers. Auch der andere Körpergeruch, die stärkere Behaarung und bei einigen Westlern die sich bei Hitze, Angeregtheit oder Alkohol ins Rote verändernde Gesichtsfarbe irritieren mitunter – diese Westler sind schon merkwürdige Wesen.

Besonders an den Touristenstränden entkommt man ihm und seinen Kollegen nicht

099in Foto: jg

Aber Westler sind nicht nur fremd, sie sind vor allem auch eines: reich, für viele Indonesier **unermesslich reich.** Jeder, der einmal in einem dörflichen *warung* saß, sich mit den lokalen Bauern und Arbeitern unterhalten hat und dann gefragt wurde, was denn das Flugticket Deutschland–Indonesien gekostet hat und wie viel das in *Rupiah* umgerechnet sind, der weiß, wie beschämend „reich" man selbst als jobbender Student im Vergleich zu durchschnittlich verdienenden Indonesiern ist.

Da scheint es nur naheliegend, dass die lokale Bevölkerung versucht, **dem Westler etwas zu verkaufen** und dadurch einen winzigen Bruchteil seines Reichtums in ihre mageren Kassen fließen zu lassen. Besonders in den Touristenzentren auf Bali wird man zum Teil sehr aggressiv von Händlern aller Art bedrängt. Kinder sind sehr geschickt darin, den Westler unnachgiebig zu verfolgen und an sein schlechtes Gewissen zu appellieren.

Dass Reichtum die Menschen moralisch verdirbt, sehen die Indonesier an ihrer eigenen Elite. Bei den Westlern allerdings geht es nach weitverbreiteter Auffassung ganz besonders schlimm zu. Wie man weiß, haben Westler keinerlei moralische Probleme damit, auch ohne Trauschein miteinander zu schlafen. Wenn beide Partner damit einverstanden sind, dann scheint also **im Westen prinzipiell „alles" erlaubt** zu sein. Unter dem

Stichwort *free sex* sind **die absurdesten indonesischen Fantasien** von vollkommen entfesseltem Triebleben auf den Punkt gebracht: Westler gehen sofort mit jedem ins Bett, was zählt ist nur der eigene Wille bzw. das triebhafte Bedürfnis, das nicht mehr durch soziale Regeln wie „Sex ist nur innerhalb der Ehe erlaubt" unter Kontrolle gehalten wird. Dass es auch in unehelichen Partnerschaften einen Anspruch auf gegenseitige Treue gibt und man nicht einfach machen kann, was man will, – das scheint vielen unvorstellbar. Viele reagieren erstaunt, wenn sie von langwierigen Scheidungsprozessen hören, da sie dachten, im Westen sei es doch „normal", dass man sich, wenn man keine Lust mehr hat, einfach schnell scheiden lässt und fertig.

Dass eine Trennung oder Scheidung auch emotional stark belasten kann, man das oft nicht so leicht wegsteckt und sich nicht jeder sofort mit dem oder der Nächstbesten ins Bett stürzt, das passt nicht in das Bild, das sich viele Indonesier vom Liebesleben im Westen machen.

Gottloser und unmoralischer Westen

Neben moralischer Dekadenz wird „der Westen" mit Individualismus, Egoismus und Materialismus gleichgesetzt. *Free sex* ist ein Symptom dieses individualistischen Egoismus, der angeblich nur die eigene rücksichtslose Selbstverwirklichung und *fun* als oberstes Verhaltensprinzip anerkennt. (Siehe dazu auch das Kap. „Ehe, Liebe und Sexualität".) Dass Westler Gott nicht fürchten, anscheinend ganz im Diesseits leben und keine Angst davor haben, sich nach dem Tod vor Gott für ihre Sünden verantworten zu müssen, das finden viele Indonesier sehr befremdlich. Wenn man **Gott nicht fürchtet,** auf ihn gar verzichten kann, dann sei ja „alles" erlaubt – eine Vorstellung, die nicht wenige Indonesier in Furcht versetzt. Wir Westler zucken bei dem Wort „Scharia" sofort zusammen, weil es bei uns für all das steht, was wir als unmenschlich und grausam im Islam empfinden – Frauenunterdrückung, Handabschlagen, Steinigung. Indonesier reagieren oft ähnlich panisch ablehnend auf das Wort **„liberal",** weil das in einigen Kreisen inzwischen als gleichbedeutend mit all den verteufelten Übeln des Westens gilt.

Für manche fundamentalistische Muslime passt hier alles zusammen: Die Westler vertreten eine Ideologie der Gottlosigkeit, sie kennen keine Moral. Als *kafir,* „Ungläubige", versuchen sie, die Muslime vom wahren Glauben

Keine Berührungsängste: westlich-islamische Begegnung am buddhistischen Borobudur-Tempel

abzubringen, indem sie ihren hedonistischen Lebensstil mithilfe der Globalisierung in den muslimischen Ländern verbreiten und so an der **Zersetzung des Islam von innen** arbeiten. Dazu gibt es auch eine oft zitierte Koransure (Sure 2:120), die besagt, dass die Christen und Juden erst dann nachgeben würden, wenn sie die Muslime von ihrem Glauben abgebracht hätten. **Verschwörungstheorien** haben besonders seit dem 11. September 2001 Konjunktur und prägen das simple Weltbild vieler Menschen. Der Westen hat ganz offen den „Krieg gegen den Terror" eröffnet, was unter Muslimen oft als „Krieg gegen den Islam" verstanden wird. Andererseits üben Amerika und der Westen eine unübersehbare, mächtige Faszination aus. Westliche Popmusik, amerikanische Fernsehserien und die neuesten Filme aus Hollywood gehören auch zum Alltagsleben der frommen Mittelschichten. So wie uns die Tropen, so gilt Indonesiern der Westen als Traumreiseziel.

Gerade auch strenggläubige muslimische Indonesier zeigen sich Westlern gegenüber meist sehr interessiert und sind in der Regel hilfsbereit und freundlich. Verschwörungstheorien hin oder her, wenn man mal einen echten Westler kennenlernt, ist das schon ein Erlebnis. Die tief verwurzelte indonesische **Höflichkeit und Gastfreundschaft** tun ihr Übriges und wenn man mit seinem Gastgeber nicht gerade eine provozierende Grundsatzdiskussion über Atheismus, islamischen Fundamentalismus und Terrorismus beginnt, dann steht einer angenehmen Begegnung meist nichts im

100in Foto: jg

Wege. Die indonesische Devise, in konkreten zwischenmenschlichen Begegnungen lieber erstmal die Gemeinsamkeiten als die Unterschiede zu betonen, kann man in solchen Situationen auch als Westler übernehmen, ohne damit gleich die eigenen Ansichten verleugnen zu müssen.

Interessanterweise hört man des Öfteren von Indonesiern, die schon einmal im westlichen Ausland waren, dass die Westler zwar nicht dem muslimischen Glauben anhängen, aber zum Teil „islamischer" lebten als die Muslime: **Die Westler achten muslimische Tugenden** wie Pünktlichkeit und Verbindlichkeit, ihr Sozialsystem ist gerecht und sorgt auch für die ärmeren Bevölkerungsschichten, das individuelle Verantwortungsbewusstsein ist stark ausgeprägt, so wirft z. B. niemand einfach seinen Abfall auf die Straße und im Straßenverkehr halten sich alle genau an die Regeln. Auch die alltägliche Höflichkeit beeindruckt Indonesier immer wieder. Wir reihen uns diszipliniert in eine Warteschlange ein und drängeln nicht wie Indonesier aggressiv nach vorne, wir halten nachkommenden Leuten die Türe auf und lassen andere Fahrgäste oder Liftbenutzer erst aussteigen, bevor wir hineindrängen. Und auch dass wir im Bus älteren Fahrgästen unaufgefordert Platz machen, dass wir uns für kleine hilfreiche Gesten ausdrücklich sofort mit einem „Danke" bedanken und ebenso uns sofort

101in Foto: jg

entschuldigen, wenn wir jemanden aus Versehen angerempelt haben, das wird von vielen Indonesiern als „wahrhaft islamisches" Verhalten empfunden. Die Widersprüche, die sich da zwischen dem Bild vom einerseits unmoralischen Westen und dem andererseits vorbildlichen Westen auftun, werden indes meistens stillschweigend übergangen.

Auch unsere direkte Offenheit und entschiedenes Auftreten imponiert Indonesiern immer wieder, die sich selbst im Vergleich oftmals sehr kritisch als „unehrlich" bezeichnen. Positiven Eindruck macht ihnen zudem, dass **Westler anscheinend nicht so marken- und konsumorientiert sind** wie Indonesier und man im Westen die Menschen nicht gleich je nach Status und Aussehen in bestimmte Kategorien steckt und sie dann ganz unterschiedlich behandelt.

Als Westler ist man ein Fremder in Indonesien, doch man ist nicht irgendein Fremder: Man ist ein *bule,* ein Weißer, der nicht zuletzt aufgrund der kolonialen Vergangenheit weiterhin als „Herr" angesehen wird, dem man mit Respekt und Ehrfurcht begegnet. Einen *bule* als Freund oder Gast zu haben, macht natürlich auch bei den Nachbarn großen Eindruck.

Ob man will oder nicht, immer wieder wird man auf stereotype Klischees stoßen – und zwar sowohl auf der westlichen Seite als auch auf der indonesischen. *George B. Whitfield* von „Executive Orientation Services of Jakarta" hat einmal **indonesische und westliche Manager befragt,** welche Vorurteile die Gegenseite wohl jeweils über sie hege. Die indonesischen Manager meinten, ihre westlichen Kollegen würden sie folgendermaßen wahrnehmen: als faul, langsam, unterlegen, höflich, unpünktlich, ohne Disziplin, nach Gefühl handelnd und nicht nach Logik, Regeln nicht einhaltend, korrupt, heuchlerisch, religiös, Änderungen verweigernd, zu tolerant, unauffällig, Konfrontationen aus dem Weg gehend und keine „schlechten" Nachrichten überbringend, schweigend in Meetings und inkompetent. Die Westler hingegen fühlten sich von Indonesiern wahrgenommen als: egoistisch, aggressiv, rechthaberisch, respektlos, grob, pünktlich, opportunistisch, diskriminierend, herablassend, ethnozentrisch, man muss sich an ihre Art anpassen, demokratisch, heuchlerisch, gleichgültig und ohne Sorge für andere, beeindruckendes Auftreten, stolz, offen, übermäßig selbstbewusst, schlau, arrogant, Regeln einhaltend (Quelle: www.expat.or.id). Diesen Klischees entkommt man letztlich nicht, man kann nur versuchen, die kulturellen Unterschiede nicht wertend zu verallgemeinern und stets für die individuellen Menschen offen zu bleiben.

Interesse am hochgewachsenen Westler zeigen auch diese Schülerinnen einer islamischen Schule

Der Westler, „basa-basi“ und die Frage nach der „Wahrheit“

Der westliche Besucher Indonesiens ist erst einmal von der tropischen, exotischen Umgebung überwältigt. Und dann sind da die Menschen mit ihrer für uns ungewohnten, herzlichen Gastfreundschaft, die einem das Gefühl vermitteln, überall willkommen zu sein – was kann es Schöneres geben als dieses freundlich zugewandte Interesse an der eigenen Person, wenn man sich einem so fremden Land befindet? Die ihm entgegengebrachte Großzügigkeit, die **spontane Hilfsbereitschaft und Gastfreundschaft** auch sehr armer Menschen beeindrucken den Westler, der von zu Hause eher Distanz und Wahrung der Privatsphäre gewohnt ist. Hier hingegen wird man überall von fremden Menschen angesprochen und auf Hochzeiten oder zu religiösen Zeremonien oder einfach nur zu ihnen nach Hause eingeladen. Die Menschen strahlen eine beeindruckende Freundlichkeit und Heiterkeit aus, das allgegenwärtige Lachen kündet von anscheinend glücklichen, in sich ruhenden Menschen. Auch die ärmeren Dorf- und Kampung-Bewohner bemühen sich um ein fröhliches und sauberes Auftreten, das über das wahre Ausmaß ihrer Armut und materiellen Not leicht hinwegtäuscht. Der stark ausgeprägte Sinn für Schönheit, Anmut und Eleganz fasziniert immer wieder von Neuem.

Doch indonesisches **„basa-basi“, der Austausch von netten Höflichkeiten,** sendet für uns oft widersprüchliche Signale aus. Denn das, was wir unter unverbindlichem Small Talk verstehen, ist etwas anderes als das, was Indonesier unter *basa-basi* verstehen. Beim Small Talk bleibt man distanziert und eher unpersönlich, während indonesisches *basa-basi* für unser Empfinden sehr schnell persönlich wird und ein aufrichtiges Interesse an der eigenen Person zu vermitteln scheint. Man fühlt sich direkt angesprochen und sieht die herzliche Anteilnahme als Ausdruck einer persönlichen Zuneigung und Sympathie an. Kurz, man vergisst schnell, dass es sich meist „nur“ um unverbindliches *basa-basi* bzw. Small Talk handelt, also einen Gesprächsmodus, der von früh auf eingeübt wird und den Indonesier sozusagen auf Knopfdruck jeder beliebigen Person gegenüber einnehmen können. Die gezeigte Begeisterung und Herzlichkeit beim Treffen auch von Leuten, die sich eigentlich kaum kennen, täuscht den Westler

102in Foto: bd

leicht über die eigentlichen Beziehungen, die zwischen den Menschen bestehen, hinweg.

Auch dass ein **Lachen nicht nur Freude,** Ausgelassenheit und Sympathie ausdrückt, sondern ebenso als Spannungsabfuhr bei Ärger, Unsicherheit und gerade auch in peinlichen und unangenehmen Situationen die automatische Reaktion ist, muss erst einmal verstanden werden. Indonesische Gesprächspartner **kichern selbst bei ernsten Gesprächen** und wenn Kritik geäußert wird, was Westler leicht als „sich lustig machen" und „nicht ernst nehmen" missverstehen und sie nur noch wütender und ungehaltener werden lässt – „Lacht der mich etwa auch noch aus?!" Doch der indonesische Gesprächspartner versucht, durch defensives Lächeln oder Kichern noch einen letzten Rest an harmonischer Fassade zu wahren und die höchst unangenehme Situation so zu überstehen.

Bei uns geht es bei einem Gespräch meist vornehmlich um den Austausch von Fakten, es werden präzise Aussagen, „Ehrlichkeit" und Verbindlichkeit erwartet. In Indonesien hingegen ist ein Gespräch vor allem erst einmal die Herstellung und Bestätigung einer gemeinsamen Beziehung, es geht um die Betonung des Verbindenden. Da sagt man schon mal Dinge, mit denen man etwas über seinen guten Willen für ein angenehmes Gespräch zum Ausdruck bringen will, was aber nicht unbedingt eine Aussage über die Realität jenseits der konkreten Begegnungssituation darstellt. Dieser eher **spielerisch-unverbindliche Umgang mit der**

„Wahrheit" ist für Westler oft irritierend, da es uns um klare, kontextunabhängige Aussagen und Positionen geht, alles andere wird als unehrlich, so-tun-als-ob, unzuverlässig oder gar als glatte Lüge empfunden: Ist die so unerwartet schnell ausgesprochene Einladung wirklich ernst gemeint? Wenn nicht, warum wurde sie dann ausgesprochen? Es kommt übrigens durchaus vor, dass auch Indonesier auf Zusagen und Versprechen sozusagen „hereinfallen", die vom Sprecher nur als nettes *basa-basi* gemeint waren. Unzählige Volks- und Dangdut-Lieder künden von der schmerzlichen Erfahrung, dass man sich selbst in intimen Beziehungen letztlich auf nichts verlassen kann und auch vertraute Menschen sich unerwartet als jemand entpuppen, den man so gar nicht kannte.

Indonesier lassen vieles in der Schwebe, man legt sich nicht gerne fest, viele Aussagen sind nicht dafür gedacht, wortwörtlich genommen zu werden. Sie **bevorzugen ein „Sowohl-als-auch",** das mehr Raum lässt für Flexibilität und spätere spontane Anpassung an neue Gegebenheiten, während wir einen klaren Positionsbezug und Verbindlichkeit erwarten – man muss sich deutlich entscheiden, klare „Entweder-oder-Haltungen" werden schon vom kleinen Kind gefordert.

Während wir gern schnell zur Sache kommen und „ernsthafte", „ehrliche" Gespräche bevorzugen, genießen viele Indonesier ihr *basa-basi* ausgiebig. Man gibt sich betont herzlich, betont besorgt, betont erfreut, den anderen zu sehen – und genießt das gemeinsame Spiel der **Inszenierung einer schönen Oberfläche.** Gleichzeitig sind sich Indonesier sehr bewusst, dass jeder Mensch hinter der höflichen Fassade und dem freundlichen Lächeln immer auch ganz eigene Ziele verfolgt. Dennoch wird das nicht unbedingt als negativ wahrgenommen. Schließlich ist die Fassade, die harmonische Oberfläche die **Basis der gemeinsamen sozialen Realität,** die zudem garantiert, dass Begegnungen meist problemlos verlaufen und man weiß, wie man sich zu verhalten hat und wie die anderen sich normalerweise verhalten werden. Was uns Westler verwirrt, weil wir nicht wissen, woran wir „wirklich" sind, schafft Indonesiern ein Gefühl der Sicherheit. Unser Bedürfnis nach eindeutigen Aussagen, klarem Positionsbezug und Gesprächen, die das Problem auf den Punkt bringen, empfinden sie hingegen als aggressiv.

Basa-basi ist ein Spiel, das mit den Westlern leider nicht richtig zu funktionieren scheint, weil die immer alles so ernst nehmen und oft sonderbar steif und unflexibel reagieren. Die Fähigkeit zum **Mitschwingen auf der**

gemeinsam hergestellten Wellenlänge ist eine wichtige kulturelle und soziale Kompetenz in indonesischen Begegnungen. Widersprüche zwischen den einzelnen „Personen", die man einnimmt, werden dabei nicht als negativ empfunden: Das Bestreben, in allen Situationen immer die gleiche Person zu sein, also das, was wir für **„authentisch" und „aufrichtig"** halten, ist relativ gering ausgeprägt. Je nach Situation ist man extrovertiert oder introvertiert, prustet lauthals lachend los oder lächelt verschämt rumdrucksend, verteidigt aggressiv seine Meinung und verfolgt ganz egoistisch seine Ziele oder nimmt demütig schweigend Befehle entgegen.

103in Foto: jg

Diesen vielfältigen Identitätsaspekten und Beziehungsdimensionen wird ein einziges Wort für „ich“ kaum gerecht. Die indonesischen Sprachen mit ihrer Vielfalt an Möglichkeiten, „ich“ und „du“ oder „Sie“ zu sagen, erlauben es, expliziter als die westlichen Sprachen diese unterschiedlichen **Dimensionen der Selbst- und Fremdwahrnehmung** zum Ausdruck zu bringen: So kann man für „ich“ das höflich-neutrale *saya* oder das vertraut-intime *aku* verwenden oder von sich selbst je nach Beziehung zum Gesprächspartner nicht als „ich“, sondern in der dritten Person als *tante* oder *mbak* („ältere Schwester“) sprechen. Wie rigide Westler in ihrem Selbstgefühl hingegen oft sind, zeigte eine deutsche Frau in Indonesien, die sich darüber empörte, dass junge Einheimische nicht davon abzuhalten waren, sie, eine Frau von Ende 40, mit *Ibu* („Mutter“) plus ihrem Vornamen anzureden. Besagte Deutsche wies diese Anrede entrüstet von sich, sie sei nicht deren „Mutter“ und sie wünsche eine „egalitäre“ freundschaftliche Beziehung, wolle also nur mit ihrem Vornamen angeredet werden. Diese Weigerung, den offensichtlichen Altersunterschied und damit auch unterschiedlich große Lebenserfahrung anzuerkennen, ist Indonesiern unverständlich. Das ist **unsere Art von „Fundamentalismus“:** Die Sprache wortwörtlich nehmen („Ich bin nicht deine Mutter!“), statt das Spielerische in ihr zu sehen und die verschiedenartigen Möglichkeiten des gegenseitigen Sich-in-Beziehungsetzens lustvoll auszuschöpfen.

Indonesier wundern sich häufig, **warum Westler so ernst und distanziert wirken,** während sie selbst zu jeder Tageszeit eine Atmosphäre schaffen können, in der die ganze Gruppe vom Loslachen und Rumalbern erfasst wird. Da müssten viele Westler erstmal einen kleinen Schwips haben, um so viel psychischen Distanzverlust und das Aufgehen in der Gruppe angstfrei zulassen zu können. Indonesische Identität ist fließender und offener, hier suchen die Menschen stattdessen (mehr als wir) **Halt und Orientierung in äußeren Strukturen** und im Gruppenverband. Vor allem das Einhalten von Basa-basi-Erwartungen und das Akzeptieren der sozialen Hierarchien und religiösen Vorschriften vermitteln diese Sicherheit, die wir wiederum als einengend empfinden würden.

Freundschaften und Geschäftsbeziehungen

Indonesische Vorstellungen von „Freundschaft“ sind nicht genau das, was wir darunter verstehen. Man sieht sich schon nach einem einmaligen Kennenlernen als „befreundet“ an, d. h., man kennt Gesicht und Namen und ist durch *basa-basi* auf eine freundliche Weise miteinander verbunden. Indonesier unterscheiden im Übrigen sehr genau, wer wirklich ein enger

Freund und wer nur einer von Hunderten von Bekannten ist, auch wenn das aus dem sichtbaren Verhalten nicht gleich zu erkennen ist. Auch in der Begegnung mit nur lose Bekannten möchte man eine herzliche, von Wohlwollen und Sympathie geprägte Atmosphäre herstellen, alles andere würde als unangenehm oder gar feindselig empfunden werden. Indonesier lieben Witz, Humor und Schlagfertigkeit über alles und sie lachen auch gerne über sich selbst. So kann man in Indonesien nicht nur mit guten Freunden, sondern auch mit Leuten, die man gerade eben erst kennengelernt hat, wunderbar entspannte, **vergnügte und gesellige Stunden** verbringen, die einen schnell die Zeit vergessen lassen. Steht man allerdings unter Termindruck und muss dringend etwas erledigen, kann das schwierig werden.

Kein Land zum Alleinsein

Auch wer Ruhe und das Alleinsein schätzt, wird es in Indonesien schwer haben. Indonesier fühlen sich im quirligen Trubel am wohlsten – *ramai,* „voll, gut besucht, voller Leben", ist die bevorzugte Atmosphäre. Dafür sorgt auch die ständige Lärmkulisse: Aus sämtlichen Lautsprechern und Läden tönen ununterbrochen die Bässe der neuesten Pophits und ein Fernseher hat natürlich rund um die Uhr eingeschaltet zu sein – auch wenn gerade niemand zuschaut und das Radio nebenan lautstark Konkurrenz macht. Dass jemand allein sein will oder ohne Begleitung unterwegs ist, ist ungewöhnlich und wird entweder mit Mitleid oder mit Misstrauen betrachtet. **Alleinsein und seinen Gedanken nachhängen,** das gilt in der Vorstellung vieler indonesischer Völker als gefährlich – zu leicht könnten böse Geister diesen mentalen Zustand nutzen. Auch das Brüten über persönlichen Problemen wird nicht gern gesehen, das mache alles nur noch schlimmer. Die Warnung vor allzu intensiver Tagträumerei und gedankenverlorenem Sinnieren ist bezeichnenderweise ein häufiges Motiv in indonesischen Volksliedern. Besser ist es, die Gemeinschaft und ansteckende gute Laune der anderen zu suchen. Innere Zwiesprache hält man im Gebet und wer wirklich mal allein sein will, zieht sich zum Schlafen zurück – oder schläft in der Öffentlichkeit.

Als Westler wird man immer angesprochen, ganz besonders gilt das aber für westliche Frauen, die sich in der indonesischen Öffentlichkeit allein bewegen. Ihr Alleinsein gilt einigen Männern als **Hinweis, dass sie einen Begleiter suchen.** Ein Indonesier aus eher kleinstädtischem sumatranisch-islamischem Milieu war zu Beginn seines Deutschlandaufenthaltes sehr irritiert über all die deutschen Frauen, die in den Parks allein auf einer Bank sitzen, in die Luft schauen oder ein Buch lesen. Er fragte, ob die auf

104in Foto: jg

„Kunden" warten oder ob sie vielleicht irgendwie „verrückt" seien? Dass eine Frau psychisch gesund und ohne Bedürfnis, unbedingt sofort einen männlichen Begleiter anzulocken, ganz zufrieden in einem Park ein Buch lesen kann, schien ihm unvorstellbar. Denn wer will schon öffentlich allein sein? Das war zugegebenermaßen eine extreme Reaktion, aber Indonesierinnen zeigen sich in ihrer Freizeit in der Tat lieber zusammen mit Freundinnen oder in einer gemischten Gruppe in der Öffentlichkeit. Auch zu Verabredungen oder bei Besuchen ist es durchaus üblich, noch eine oder zwei Bekannte „unangemeldet" mitzubringen. Wird eine Indonesierin zum ersten Mal zu einer oder einem *bule* nach Hause eingeladen, kann ihr das leicht etwas unheimlich sein. Hier hilft der Hinweis, dass sie natürlich auch noch jemanden mitbringen darf.

Indonesisches Beziehungsverhalten

Da Indonesier lieber gleich „enge Freundschaft" spielen, statt sich auf ein langsames Sich-Kennenlernen einzulassen, kommt es, sobald erste Schwierigkeiten auftauchen, oft zu Situationen, die für uns in einem merkwürdigen Kontrast zu der anfänglichen, scheinbar großen Sympathie stehen. Oft fehlt die gewachsene Vertrautheit mit den Eigenarten des anderen, sodass bei Problemen erstmals die gegenseitige Fremdheit zutage tritt, die man vorher durch die ritualisierte Herzlichkeit des *basa-basi* übersehen konnte. Nicht selten kommt es dann zu unerwartetem Beleidigtsein oder gar Beziehungsabbruch, was uns verwundert, sollte doch die vorher so demonstrativ gezeigte liebevolle Zugewandtheit in der Lage sein, die Probleme aufzufangen.

Das unter Freunden so **beliebte gegenseitige Necken** ist auch etwas, das mit den Westlern oft nicht so richtig in Gang kommt. Frauen kokettieren durchaus damit, ach so *malu* (schüchtern, sich schämen) zu sein und hat man jemanden länger nicht getroffen, hört man oft ein *sombong ah!*, „ach, was bist du arrogant“, (weil man so lange nichts hat von sich hören lassen), was man auf Deutsch so nicht unbedingt sagen kann, ohne dass man beim Gesprächspartner Irritationen auslöst. Gespielte Empörung und Provokation gehören zum üblichen Gesprächsverhalten in guten und auch eher losen Freundschaften zwischen Gleichaltrigen. Der Westler sieht sich hier vor **paradoxe Verhaltenserwartungen** gestellt – einerseits bemüht er sich, das Gesicht zu wahren, höflich und eher unbestimmt zu sein, andererseits gibt es diese doch sehr direkten Sticheleien und spielerischen Provokationen. Interessanterweise kommt es durchaus öfter vor, dass Indonesier an eher ruhigen oder introvertierten westlichen Bekannten bemängeln, diese seien schon wieder zu *halus* („höflich“), mit ihnen könne man eben nicht so derb herumwitzeln wie mit den indonesischen Freunden, es komme kein wirklich gemeinsamer emotionaler Kontakt zustande.

Eine schon länger **in Deutschland lebende Indonesierin** sagte einmal, mit ihren deutschen Freunden empfinde sie nie ein so enges Zusammengehörigkeitsgefühl wie mit ihren indonesischen Freunden, selbst mit den nur lose bekannten. Bei ihren deutschen Freunden spüre sie immer eine Distanz, die anscheinend unüberbrückbar ist – Westler sähen sich als getrennte, autonome Individuen und gingen in ihren Beziehungen entsprechend miteinander um. Andererseits könne sie mit deutschen Freunden offener von sich sprechen, sie fühle sich in ihrer Individualität respektiert, während sie bei indonesischen Freunden immer aufpassen müsse, was sie von sich preisgibt, zu schnell gäbe es ungewolltes Einmischen, Tratsch und Gerede. Das Bewusstsein für die Achtung dessen, was wir „Privatsphäre“ nennen, ist in Indonesien nicht sehr ausgeprägt.

Wer von Schwierigkeiten erzählt, muss in der Tat damit rechnen, dass der indonesische Gesprächspartner sich aufgefordert fühlt, ganz konkret zu helfen und eigenmächtig etwas zu unternehmen, besonders wenn er sich mit einer geäußerten Klage oder Empörung stark identifiziert. Er sieht sich dann in der Position des vermittelnden Dritten, den man üblicherwei-

Für einen Mittagsschlaf ist nicht unbedingt ein Bett nötig

se gerne bei Konflikten gerade auch im Geschäftsleben in Anspruch nimmt. Häufiger als direkte Einmischung ist allerdings eine beschwichtigende Reaktion: Indonesier erinnern sich bei jeder Gelegenheit gegenseitig daran, **sich in Geduld („sabar") zu üben** – Geduld ist im Islam eine hohe Tugend – und dass alles im Nachhinein sein Gutes habe, auch wenn man es aktuell noch nicht erkenne. Im Umgang der Menschen untereinander werden Geduld, Nachsichtigkeit und verständnisvolle Sensibilität für die Gefühle der anderen hoch geschätzt.

Indonesier sind immer dankbar, wenn man einen eher spielerischen Tonfall anschlägt – gerade auch wenn es um Kritik und ernste Probleme geht. Damit zeigt man, dass man seine **Gefühle unter Kontrolle** hat, dass man zwar ärgerlich ist, aber doch eine Distanz zwischen seinem Ärger einerseits und dem öffentlichen Auftreten andererseits herstellen kann. Ein todernster Tonfall oder ein emotional direkter Ausdruck des Ärgers würden als unerträgliche Konfrontation empfunden werden, die die schöne Fassade des sozialen Zusammenhalts zerstört – man kommt konkret zur Sache, es geht ans Eingemachte. Eine gelassene Grundstimmung, ruhiges Sprechen und ein offensichtlich eher gespielter Ärger hingegen greifen das gemeinsame Fundament nicht an, es bleibt etwas in der Schwebe, der Unmut ist nicht das dominierende Element der Begegnung. Sowohl der Kritiker als auch der, an den die Kritik gerichtet ist, können sich innerlich distanzieren und sie äußerlich **zur Kenntnis nehmen, ohne das Gesicht zu verlieren.** Und mit einer Prise Humor dazu gibt man zu erkennen, dass man sich ja ansonsten eigentlich ganz gut versteht und gemeinsam lachen kann – das Problem ist also gar nicht so schlimm. Westler hingegen reden für Indonesier oft zu ernst, es fehlt diese beruhigende Distanz zwischen Sprecher und Gesprächsthema. Bei Vorträgen oder längeren Erklärungen z. B. lehnen sich Indonesier oft nach einem wichtigen Satz mit einem betonten *nah ...!* höchst zufrieden zurück und legen eine rhetorische Pause ein. Es scheint, als warte der Sprecher darauf, dass der gesagte Satz sich nun im Raum ausbreitet und sozusagen ein Eigenleben beginnt, deutlich getrennt vom Sprecher, als hätte der nur den Mund bereitgestellt, trüge aber sonst nicht unbedingt die Verantwortung für das Gesagte.

Früher oder später werden Westler mit der indonesischen Vermeidung offener Aussprachen konfrontiert: Probleme ausgiebig zu erörtern, damit schafft man nach indonesischer Vorstellung meist nur lauter neue Schwierigkeiten oder lässt ein Problem entstehen, wo vorher gar keines war. Lieber tut man so, als ob es kein Problem gibt und hofft, dass sich die Situation mit der Zeit von selbst klären wird. Wenn man es gar nicht mehr aushält, spricht man lieber mit einem sehr engen Freund über das Problem als mit der Person, die es direkt betrifft. Oft werden auch **Mittelsmänner** eingesetzt, die zwischen den Konfliktparteien vermitteln, ohne dass beide miteinander konfrontiert werden und dabei womöglich das Gesicht verlieren würden. Allgemein wird Kritik, wenn sie sich denn gar nicht vermeiden lässt, in ruhigen, freundlichen Gesprächen unter vier Augen geäußert, wobei unbedingt darauf geachtet werden sollte, dass der Betroffene nicht persönlich bloßgestellt wird und sich nicht beschämt fühlt.

Die Vermeidung von offener Konfrontation wird auch durch das **Prinzip des „tahu sama tahu" („gegenseitig Bescheid wissen")** begünstigt: Es handelt sich bei einem Problem sozusagen um ein offenes Geheimnis, alle wissen Bescheid – und gerade deswegen muss man nicht noch extra darüber reden, was nur zu weiteren Unannehmlichkeiten führen würde. Javaner kennen den Spruch *ngono ya ngono, ning aja ngono* – „das mag ja so sein, du magst ja durchaus recht haben, aber tu's trotzdem nicht".

Kommt es doch mal zu einem nicht mehr zu übersehenden Problem oder ein Konflikt eskaliert, dann wählen Indonesier oft den **Beziehungsabbruch als Lösung.** Langjährige Freundschaften ebenso wie ansonsten vielversprechende Geschäftsbeziehungen finden so ihr Ende. Es gibt keine Streitkultur, Konflikte werden in der Regel so lange verleugnet und heruntergespielt, bis sie – dann oft wegen einer Lappalie – endgültig eskalieren. Dann kann es auch zu extrem emotionalen Ausbrüchen kommen.

Geschäftsbeziehungen und der „bapak"

Auch Geschäftsbeziehungen sind vor allem persönliche Beziehungen. Ohne den Aufbau und die sorgfältige Pflege eines persönlichen Verhältnisses zu den Geschäftspartnern läuft im indonesischen Business nichts. Man trennt nicht wie bei uns zwischen Arbeits- und Privatleben, ausdrückliches Interesse an persönlichen Lebensbereichen wird erwartet, so spricht man z. B. gerne über den eigenen Nachwuchs und dessen Erfolge. Mitarbeiter fühlen sich durch ihre familiäre Beziehung zum Vorgesetzten motiviert, ein positives, **von Vertrauen geprägtes Verhältnis** ist ausschlaggebend für die Arbeitsleistung. Der *bapak,* der Vorgesetzte oder Chef, sollte sich mit paternalistisch-väterlichem Wohlwollen um seine Angestellten kümmern. Dafür wiederum respektieren sie ihn und arbeiten für ihn. Arbeitsanweisungen sollten allerdings ganz konkret gegeben werden, Eigeninitiative ist nicht sehr weitverbreitet. Auch ein häufiges **Kontrollieren und Überprüfen** ist angeraten, will der Vorgesetzte sichergehen, dass auch alles so läuft, wie er sich das vorstellt. Denn von Problemen wird er meist erst hören, wenn es schon zu spät ist und sich nichts mehr vertuschen lässt.

Die indonesische Ausrichtung allen Handelns am Ideal der Harmonie- und Gesichtswahrung und die Vorliebe für unkonkrete Aussagen dominieren im deutlich männlich-javanisch geprägten Geschäftsleben. Bescheidene Zurückhaltung, für unser Empfinden emotionslos-abgeklärtes Auftreten und die Anerkennung hierarchischer Unterschiede sind hier von großer Bedeutung. Für den Westler ist dabei verwirrend, dass gerade Delegationsleiter und Vorgesetzte meist im Hintergrund bleiben und das konkrete Aushandeln erst einmal ihren Untergebenen überlassen. Die letztliche Entscheidungsmacht jedoch liegt allein beim Vorgesetzten, der aufgrund seiner „Unsichtbarkeit" von westlichen Geschäftspartnern oft nicht sofort als solcher erkannt wird, was immer wieder zu peinlichen Situationen führt. Die Vermeidung von offenen Polarisierungen und das Herunterspielen von Meinungs- und Interessensunterschieden im Prozess der **Konsensfindung erfordert in der Regel deutlich mehr Zeit** und ausgiebigere Lobbyarbeit über Mittelsmänner als bei uns üblich.

Zeit benötigen auch die persönlichen Begegnungen, die für Kontaktaufnahmen, Anfragen und Absprachen unabdingbar sind. Nur durch persönlichen Kontakt kann das notwendige Vertrauen aufgebaut werden. Westler müssen sich immer wieder klar machen, dass sich Indonesier nicht so sehr abstrakten Regeln gegenüber verpflichtet fühlen, vielmehr gilt ihre Loyalität von ihnen geschätzten Personen. Indonesier bevorzugen zudem für den Ideenaustausch **eine informelle Atmosphäre,** in der man auch offener um Rat und Meinung bitten kann als in den eigentlichen Meetings und Verhandlungsterminen. Bei diesen wird dann im Grunde das dargelegt und „erörtert", was zuvor bereits im informellen Rahmen beschlossen worden ist. Für Diskussionen und Meinungspolarisierungen ist bei formellen Begegnungen kein Platz, das spielt sich – wenn überhaupt – hinter den Kulissen ab.

Es wird erwartet, dass Vorgesetzte und Kollegen gerade auch in schwierigen Situationen stets die Kontrolle über ihre Gefühle behalten. Ein betont entspanntes, **ruhiges Auftreten gilt als angemessen** – und immer wieder wird man selbst in eigentlich aussichtslosen Fällen von gelassen lächelnden, bewusst das Problem herunterspielenden Kollegen oder Vorgesetzten hören: *gampang, gampang, nanti bisa diatur* („kein Problem, kein Problem, das wird sich alles regeln lassen"). Egal was passiert, nur keine Panik,

105in Foto: jg

irgendwie wird es schon klappen, Hauptsache die harmonische Fassade bleibt gewahrt, alles andere ist im Zweifelsfall eher von sekundärer Bedeutung.

Das andere Zeitverständnis mit nur gering ausgeprägter Betonung der bei uns so wichtigen genauen Zukunftsplanung sowie die **geringe Verbindlichkeit,** was Absprachen und Termine angeht, erfordert von Westlern einiges an kulturellem Einfühlungsvermögen. Auch Indonesier, die länger im Westen gearbeitet haben, müssen sich oft umstellen. So klagte ein indonesischer Bekannter, zurück in Bandung müsse er erst wieder lernen, dass man sich auf nichts verlassen könne, da Absprachen und Termine ganz nach Belieben abgesagt, verschoben oder einfach nicht eingehalten würden.

Vom *bapak,* aber auch von Freunden und Bekannten erwartet man viel konkreter als bei uns **tatkräftige Hilfe im Notfall.** Man hat weniger Scheu, den Chef oder auch einen Freund um Unterstützung zu bitten, selbst wenn man zu dem Freund seit Jahren keinen Kontakt mehr hatte. Das in den indonesischen Kulturen tief verwurzelte Prinzip des gegenseitigen Gebens und Nehmens macht es leichter, eigene Bedürftigkeit zum Ausdruck zu bringen, denn damit erkennt man auch den höheren Status der um Hilfe gebetenen Person an. Auch an den Westler können mitunter allerlei kleine oder auch vollkommen unrealistische Bitten und Wünsche herangetragen werden, schließlich ist er reich, verfügt als Weißer über „Macht" und „Status" und kommt zudem aus einem Land, wo nach indonesischer Vorstellung faktisch alles möglich ist.

Sich hilfsbereit und vor allem betont großzügig zu geben, sind kulturelle Gebote, die das gegenseitige Miteinander nicht nur im familiären Privatleben, sondern auch im beruflichen Alltag bestimmen. Hierzu gehört der so wichtige **Austausch von Geschenken.** Mitbringsel *(oleh-oleh)* von Reisen oder Ausflügen werden nicht nur von engen Familienmitgliedern ganz ungeniert eingefordert, sondern auch von Freunden und Angestellten. Hier darf man sich ganz gierig zeigen: Oft ist die erste Reaktion der Zurückgebliebenen bei einer Rückkehr nicht „wie war es?", sondern „wo ist das *oleh-oleh?*". Auch bei Seminaren, Hochzeiten und ähnlichen Anlässen erhält jeder Teilnehmer oder Gast ein „Souvenir". Als Westler kann es nichts schaden, stets einen kleinen Vorrat an deutschen „Souvenirs" dabeizuhaben. Mit Schlüsselanhängern, Stickern oder Ansteckern mit Motiven von deutschen Städten und Ähnlichem macht man seinen neuen Bekanntschaften immer eine kleine Freude.

Gebefreudigkeit wird leider auch in Sachen **Korruption** erwartet, der man langfristig nicht aus dem Weg gehen kann. Der Polizist, der einen im Straßenverkehr stoppt und einen Strafzettel ausstellen möchte, verzichtet gegen eine geringe „Gebühr" gerne darauf. Auf Ämtern und in Behörden kommt man ohne die Dienste eines Mittelmannes *(calo)* und entsprechendes Schmieren kaum zu den nötigen Stempeln und Bescheinigungen. Bei Ausschreibungen erhält derjenige den Zuschlag, der an bestimmte Stellen Geld zurückfließen lässt. Die Korruption im Geschäftsleben weist starke Züge von einem Geben und Nehmen auf familiär anmutender Vertrauensbasis auf, es werden gezielt Beziehungen von gegenseitiger Abhängigkeit und Loyalität aufgebaut. Persönliche Beziehungen müssen durch entsprechende „Geschenke", die natürlich „von Herzen" kommen und bevorzugt

106in Foto: jg

für die Kinder bestimmt sind, bekräftigt werden. Das reicht bis hin zu Reisen ins Ausland, Unterstützung beim Studium der Kinder und großzügigen Geldzahlungen in US-Dollar an wichtige Persönlichkeiten.

Die Zusatzeinnahmen werden gerade von unteren und mittleren Staatsbediensteten dringend benötigt, da ihr Gehalt kaum für den Lebensunterhalt einer Familie reicht. Die zusätzlichen Einnahmen fließen zudem nicht nur in die Tasche eines gierigen Einzeltäters, sondern alle Mitarbeiter in der Behörde oder Abteilung bekommen davon ihren Anteil – das stärkt natürlich das System und macht die Bekämpfung der Korruption so schwierig.

Verhaltensknigge

Kleidung

- Bei Besuchen, Treffen und Veranstaltungen im Zweifelsfall etwas feiner anziehen, als man es von zu Hause gewohnt ist. Mit korrekter Kleidung erweist man seinem Gastgeber Respekt und kann eine ebenso respektvolle Behandlung erwarten. Allgemein gilt, dass Indonesier nicht nur bei offiziellen Anlässen großen Wert auf ein **gepflegtes Erscheinungsbild** legen.
- Betont lockere und freizügige Freizeitkleidung ist für den Strand und das innerhäusliche Privatleben geeignet, aber nicht unbedingt für das Erscheinen in der Öffentlichkeit.
- Die Kleidung bestimmt, wie man wahrgenommen wird. „Anständig" gekleidet ist ein Mann mit langer Hose und kurzärmligem T-Shirt oder Hemd. Bei Frauen sollten Hosen und Röcke bis zu den Knien reichen. Einige mutige junge Indonesierinnen tragen zwar auch Miniröcke und Spaghettiträger-Tops, aber als Westlerin kann es nicht schaden, T-Shirts und Blusen mit kurzen Ärmeln zu bevorzugen. Auch ein BH sollte dazugehören, schon indonesische Kinder haben einen sehr genauen Blick für das Fehlen desselben. Man sollte wissen, dass Indonesier sehr genau hinschauen und bezeichnenderweise von der **„You-can-see-Kleidung" der Westlerinnen** sprechen.

  Ob frau will oder nicht, durch die meist größere Statur und die helle Haut sowie das Klischee von *free sex* löst sie bei vielen indonesischen

Eine Polizeikontrolle vor Yogyakarta

Männern ein kaum vermeidbares körperliches Interesse aus. Ob man das durch freizügige Kleidung noch betonen möchte oder nicht, bleibt jeder Frau selbst überlassen und ist natürlich auch von der jeweiligen Situation abhängig.

- Bei formellen Situationen gelten verschiedene Arten von indonesischem Dresscode. Am sichersten ist es, wenn man vorher Indonesier danach fragt, wie man sich zu bestimmten Anlässen am besten kleidet.

Besuche und Einladungen

- Über **Geschenke und Mitbringsel** *(oleh-oleh)* freut man sich. *Oleh-oleh* von Reisen und Ausflügen werden auch ganz direkt eingefordert, das gilt nicht als unhöflich, im Gegenteil. Blumen als Mitbringsel für die Gastgeber sind nicht üblich, man überreicht typische Souvenirs und vor allem Leckereien aller Art. Aus Deutschland sind z. B. Schokoladensorten oder Gummibärchen sehr beliebt. Aber Achtung: Das Schweinefleisch- und Alkoholverbot für Muslime wird zunehmend strenger ausgelegt! Pralinen mit Alkoholfüllung oder Gummibärchen mit Gelatine (aus Schweineknochen!) sind daher eher etwas für Christen und diejenigen Muslime, bei denen man sich ihrer toleranten Auslegung der islamischen Vorschriften sicher ist.
- Geschenke werden meist nur kurz entgegengenommen und dann zur Seite gelegt. Das ist keine Geringschätzung des Geschenks: Es ist üblich, Geschenke erst dann auszupacken, wenn man allein ist.
- Bei informellen Verabredungen kommt man meist etwas später, es gilt die berühmte dehnbare *jam karet*, **„Gummizeit“.** Bei wichtigen Terminen und wenn hohe Gäste erwartet werden sollten aber alle pünktlich erscheinen, um gemeinsam den später eintreffenden hohen Gast empfangen zu können.
- Da Verabredungen und Treffen aus welchen Gründen auch immer schnell mal verschoben oder abgesagt werden, ist es angeraten, den Termin am Vortag sicherheitshalber noch einmal zu bestätigen.
- Ältere Personen werden zuerst begrüßt und man verabschiedet sich auch zuerst von ihnen.
- **Hausangestellte** nimmt man zur Kenntnis, allzu höfliches Verhalten ist ihnen gegenüber aber unangebracht – das heißt aber natürlich auch nicht, dass man gleich unfreundlich oder arrogant sein muss.
- Schuhe werden in der Regel vor der Haustür ausgezogen.
- Da Indonesier **sich auch ohne vorherige Anmeldung besuchen,** besonders wenn es etwas Wichtiges zu besprechen gibt, kann es sein, dass man als Besucher ein wenig warten muss. Man sitzt dann auf der Terras-

se oder im Gästeraum im Vorderteil des Hauses und bekommt meist schon mal etwas zu trinken angeboten. Das Warten ist kein Zeichen dafür, dass man zu einer ungünstigen Zeit gekommen ist und es ist auch nicht unhöflich, den Gast warten zu lassen.

- Allerdings sollte man bei unangemeldeten Besuchen ein feines Gespür dafür haben, ob man nicht vielleicht doch zu einer ungelegenen Zeit gekommen ist. Auch sollte man merken, wann es Zeit ist, sich wieder zu verabschieden – der Gastgeber wird in der Regel protestieren, aber das verlangt die Höflichkeit. Er kann seinen Gast ja nicht einfach vor die Tür setzen.
- Allgemein kann man sich ruhig an westlichen Höflichkeitsstandards orientieren – auch bei uns greift man erst zu, wenn man vom Gastgeber dazu aufgefordert wurde, auch bei uns fasst man fremden erwachsenen Menschen nicht unbedingt an den Kopf und auch bei uns sind Wutausbrüche, penetrantes Beharren auf der eigenen, augenscheinlich provozierend wirkenden Meinung und wildes Herumgestikulieren nicht gerade etwas, das man von einem höflichen, angenehmen Gast erwartet.

Essen

- Derjenige, der vorschlägt, in einem *warung* oder Restaurant etwas zu trinken oder zu essen, zahlt üblicherweise auch für alle. Es wird nicht erwartet, dass jeder einzeln seine **Rechnung** begleicht.
- Teller müssen nicht unbedingt leer gegessen werden – das würde bedeuten, dass man noch Hunger hat. Einen kleinen Höflichkeitsrest darf man ruhig übrig lassen.
- Ist man mit dem Essen fertig und satt, legt man Gabel (links) und Löffel (rechts) mit der Oberseite nach unten gekreuzt auf den Teller.

Allgemeines Gesprächsverhalten

- Ob man will oder nicht, als Westler fällt man auf und erregt neugierige Aufmerksamkeit. Überall schallt es einem sofort entgegen: „Hello Mister!" (egal ob Mann oder Frau), „I want to practice my English!", „Where you from?", „I love you!" und Ähnliches. Auch die ständigen stereotypen Fragen nach dem Wohin *(mau kemana?)* und dem Woher *(darimana?)*, ob man schon verheiratet ist, wie viele Kinder man hat (oder warum noch keine) und so weiter werden von uns mitunter als aufdringlich und nervend empfunden, sind aber in fast allen Fällen **freundlich gemeinte Kontaktaufnahmen.** Es wird nicht erwartet, dass man alle Fragen präzise beantwortet – es geht um den Kontaktversuch, auf den man je nach

Lust und Laune nur mit einem nettten Lächeln oder mit dem Einstieg in eine längere Unterhaltung mit ebenso persönlichen Fragen an den Gesprächspartner reagieren kann.

- Eine falsche Information ist für Indonesier besser als gar keine oder als eine abweisende Antwort („weiß ich nicht"), man möchte hilfsbereit sein und den Gesprächspartner nicht einfach ratlos im Regen stehen lassen. Wegbeschreibungen u. Ä. sollte man daher besser überprüfen.
- Lächelndes Nicken ist im Zweifelsfall stets die beste Lösung.
- Lachen wird immer gern gesehen, es lockert die Atmosphäre und schafft gute Laune. **Indonesier lieben humorvolle Menschen** über alles. Auch bei Kritik und für unserer Meinung nach sehr „ernsten" Themen darf gelacht werden, das gilt in Indonesien durchaus als angemes-

107in Foto: jh

sene Reaktion und nicht etwa als „nicht ernst nehmen" oder „sich lustig machen".

- Man lächelt und lacht aus Freundlichkeit und Fröhlichkeit, aber auch, wenn man in eine unangenehme Situation geraten ist, wenn man kritisiert wird, wenn man unsicher ist, wenn man sich schämt. Lächeln und Lachen haben also oft auch etwas Defensives, man versucht, die unangenehme Situation zumindest auf der Oberfläche unter Kontrolle zu behalten und das Negative zu überspielen.
- Ein *ya* („ja") kann alles Mögliche bedeuten: ein eindeutiges Ja, ein „ich habe gehört, was du gesagt hast, bin aber nicht unbedingt deiner Meinung" bis zu einem Nein. Es bedarf der sensiblen, kontextbewussten Einfühlung in den Gesprächspartner, um herauszufinden, woran man wirklich ist.
- In höflichen Situationen ist es oft besser, *belum* („noch nicht") statt *tidak* („nein") zu sagen – was nicht ist, kann ja noch werden. Man ist also „noch nicht" verheiratet, man hat „noch keine" Kinder.
- Man redet über Positives, Schönes und verbindende Gemeinsamkeiten, die das Zusammengehörigkeitsgefühl stärken. **Austausch über negative Dinge** und Kritik sowie das Erörtern von Problemen sind engen Freundschaften und Gesprächen unter vier Augen vorbehalten.
- Indonesier sehen vieles in ihrem Land, an ihrer Mentalität und den aktuellen Problemen sehr kritisch. Von einem Fremden oder Gast hört man aber trotzdem lieber Gutes über seine Erlebnisse in Indonesien und seinen Eindruck von Land und Leuten. Allzu besserwisserisch sollte man sich nicht aufführen, auch die oftmals anzutreffende deutsche Haltung, an allem etwas auszusetzen zu haben, kommt nicht gut an.
- Wutausbrüche und herrisches Auftreten beschämen nur und helfen meist nicht weiter. Generell gilt, dass man mit **Geduld, Höflichkeit und Freundlichkeit** eher ans Ziel kommt. Allerdings gibt es auch in Indonesien durchaus mal Situationen, in denen ein gezielter Wutausbruch Wunder wirkt – oder eben auch nicht. Als letzte Möglichkeit in ansonsten aussichtslosen Fällen ist es aber mitunter einen Versuch wert. Auch Indonesiern reißt übrigens mal der Geduldsfaden.
- Auf Märkten und in vielen Läden wird erwartet, dass man handelt. Wie in so vielen indonesischen Gesprächssituationen handelt es sich auch

Immer gut gelaunt und zu Scherzen aufgelegt – junge Indonesier beim Karaokesingen

beim **Feilschen** um eine Art Spiel, das man gekonnt aufführt und bei dem viel Improvisation, emotionale Dramatik und auch Spaß dazugehören: Gespieltes Entsetzen über den hohen bzw. niedrigen Preis, Verweis auf all die Kinder, die man zu ernähren hat (Verkäufer), oder kritisches Begutachten der Qualität des Produkts (Käufer), dazwischen allerlei persönliche Fragen – bis man sich schließlich auf einen mittleren Preis geeinigt hat, der für beide Seiten akzeptabel ist.

Körpersprache

- Immer mit der rechten Hand geben und nehmen, die linke Hand wird auf der Toilette benutzt und gilt daher als unrein!
- Der **Begrüßungshandschlag** wird meist nur angedeutet, ein zu festes Zugreifen wird als unangenehm und aufdringlich empfunden.
- Nach dem Handschlag führt man oft die rechte Hand in Richtung des Herzens.
- Miteinander bekannte Frauen der Mittel- und Oberschicht begrüßen sich vielerorts mit Wangenküsschen.
- Strenggläubige Muslime sehen es als verboten an, Menschen des anderen Geschlechts zu berühren, das gilt auch für den Handschlag zur Begrüßung. Daher im Zweifelsfall abwarten, wie der Gesprächspartner von sich aus handelt. Oft **vermeiden Muslime die Berührung** durch ein Aneinanderlegen der Handinnenflächen vor der Brust, ähnlich dem indischen und thailändischen Gruß, oder sie führen die Hände an die Brust.
- Gleichgeschlechtlicher Körperkontakt, z. B. beim engen Nebeneinandersitzen ist auch unter nur lose miteinander Bekannten üblich. Männer, die händchenhaltend durch die Straßen gehen oder den Arm um die Schultern des Freundes legen, sind in der Regel nicht schwul!
- **Körperkontakt zwischen Mann und Frau,** besonders aber Küsse, Umarmungen und andere Gesten der zärtlichen Zuneigung sind in der Öffentlichkeit verpönt und vielerorts auch streng tabu.
- Mit den Fingern auf Menschen zu weisen, ist sehr unhöflich. Lässt es sich aber doch mal nicht vermeiden oder will man in eine bestimmte Richtung zeigen, nimmt man nicht den Zeigefinger, sondern den rechten Daumen, wobei die Handinnenfläche nach oben zeigt und die Finger außer dem Daumen nach innen gebeugt sind.
- Taxis, Busse, *Bemos* (Kleinbusse, die als Sammeltaxi fungieren), *Ojeks* (Motorradtaxis) und Menschen winkt man mit nach unten gerichteter Handinnenfläche zu sich hin, was auf uns paradoxerweise eher wie ein Wegscheuchen wirkt.

- Die Sitte, auf Stühlen zu sitzen, stammt aus Europa. Indonesier nehmen traditionell lieber auf dem Boden Platz. Bei traditionellen Versammlungen, in islamischen Koranlesezirkeln und vielen anderen eher traditionell ausgerichteten und informellen Treffen **sitzt man auf dem Boden.** Meist wurden vorher alle Möbel aus dem Raum entfernt und die Gäste sitzen nebeneinander mit dem Rücken zu den Zimmerwänden, sodass alle einen Kreis um einen Freiraum in der Mitte bilden - eine sehr egalitäre Sitzordnung. Ein kurzer Rock kann da übrigens ungemütlich werden.
- Allgemein kann es nicht schaden, sich am Verhalten und der Sitzhaltung der anwesenden Indonesier gleichen Geschlechts zu orientieren. Als Frau sollte man gegebenenfalls den Schneidersitz o. Ä. vermeiden.
- Sitzt man mit gerade nach vorne ausgestreckten Beinen, so legt man oft eine Decke oder ein Tuch über die Unterschenkel und Füße - nicht weil einem kalt ist, sondern aus Höflichkeit, da es sich nicht schickt, anderen Leuten die eigenen Fußsohlen entgegenzustrecken. Die Füße sind der unterste Körperteil und gelten damit als unrein.
- Wenn man an sitzenden erwachsenen Personen vorbeigeht, neigt man den Oberkörper leicht nach vorne und winkelt den rechten Arm an, mit dem Unterarm zeigt man in die Richtung, in die man geht. Besonders höflich ist es, dabei *permisi,* „erlauben Sie bitte", zu sagen.
- Vor sitzenden Personen stehen zu bleiben, ist unhöflich, man erhebt sich damit über sie und weist ihnen einen deutlich niederen Status zu.
- Die Arme in die Hüften stemmen oder sie vor der Brust verschränken wirkt arrogant und aggressiv.

Anmache und sexuelle Belästigung

- Anmache und unerwünschte verbale Annäherungsversuche ignoriert man am besten durch konsequente **Vermeidung von Blickkontakt.** Entschiedenes Auftreten tut ein Übriges und schreckt ab.
- Frauen sollten bei sexueller Belästigung oder unliebsamem Anfassen sofort und umissverständlich barsch, gegebenenfalls auch **aggressiv und laut reagieren.** Alles andere würde als *malu malu kucing* (miss)verstanden: wie eine Katze scheu und widerspenstig sein, es aber eigentlich doch wollen. Notfalls hilft auch ein wütendes Anschreien mit *sialan lu!* („du Mistkerl!").
- Nimmt eine westliche Frau von einem Indonesier eine Einladung zu einem Treffen oder einer Unternehmung zu zweit an (oder lädt ihn dazu ein), muss je nach Kontext und Umfeld damit gerechnet werden, dass der Mann sich eindeutige Hoffnungen auf mehr macht. Wenn sich später herausstellt, dass der Kontakt für die Frau nur eine freundschaftliche Beziehung war, wird er sich betrogen und abgewiesen vorkommen.

- Indonesien gehört immer noch zu den relativ sicheren Reisezielen, gerade auch für Frauen. Doch auch hier ist die Kriminalitätsrate in den letzten Jahren gestiegen. Das gilt besonders für **Taschendiebstahl,** Kreditkartenmissbrauch (Achtung vor heimlichem Scannen der Karte! Beim Eingeben der PIN-Nummer die andere Hand als Sichtschutz über die Tastatur halten, allgemein wenn möglich mit Bargeld bezahlen, denn die Lesegeräte können manipuliert sein!) und Überfälle auf Taxis, bei denen meist der Taxifahrer mit den Räubern zusammenarbeitet. Kriminelle Banden und Gelegenheitstäter nutzen häufig die Naivität und Leutseligkeit vieler *bule* aus – ein gewisses Maß an gesundem Misstrauen kann daher auch im freundlichen Indonesien nicht schaden.
- Spätnachts allein durch die Straßen zu laufen, ist nicht unbedingt eine gute Idee, auch Indonesier sind lieber in kleinen Gruppen unterwegs. Doch noch immer ist es z. B. auf Jakartas mitternächtlichen Straßen auch für einzelne Passanten sicherer als in so manchen Bezirken westlicher Städte nach Anbruch der Dunkelheit.

Westlich-indonesische Partnerschaften

Indonesien ist nicht Thailand, aber auch im Inselstaat trifft ein männlicher Einzelgänger schnell auf Frauen, die ihn mit allen Mitteln ihrer Kunst zu verführen suchen. Nicht nur auf Bali werden dem westlichen Touristen, der ohne weibliche Begleitung unterwegs ist, immer wieder z. B. von Taxifahrern **einschlägige „Angebote“** gemacht – Frau, Mann, alles steht je nach Bedarf zur Verfügung. Für Westler ist es oft schwer zu unterscheiden, ob es sich bei den schönen exotischen Damen in Jakartas westlich geprägter Barszene um professionelle Callgirls handelt oder um Frauen, die sich einfach aus Lust und Laune in einer Bar oder Hotellobby mal an einen Westler ranmachen und einfach schauen, was dabei rauskommt: ein netter Abend, eine neue Bekanntschaft, eine Affäre, direkte Bezahlung oder gemeinsames Ausgehen und Shoppen in den Luxusmalls mit großzügigen Geschenken oder vielleicht sogar eine ernsthaftere Beziehung und Einladungen nach Europa, Amerika oder Australien.

Für den Westler ist diese **Unklarheit in der Beziehung** oft nur schwer zu ertragen, die Ungewissheit nagt zäh an ihm. Liebt sie mich wirklich? Will sie nur mein Geld? Ist sie eine Professionelle? Was will sie wirklich? Ist das alles nur ein gekonnt aufgeführtes Schauspiel? In vielen Fällen ist es wohl eine Kombination von alledem.

108in Foto: bd

Die meisten **Beziehungen zwischen einer Indonesierin und einem Westler sind recht stabil** (besonders, wenn sie ihren Anfang nicht im Nachtleben fanden), da typische gegenseitige Rollenerwartungen erfüllt werden. Von den Männern hört man oft, die indonesischen Frauen seien „weiblicher" und „kinderlieber" als westliche Frauen, für die Karriere und Selbstverwirklichung vor Familie und Partnerschaft kämen. Gleichzeitig respektieren die indonesischen Frauen meist den eigenen männlichen Be-

Sundanesisch-deutsches Brautpaar

reich des Partners, seinen Beruf und seine Freiräume in der Freizeit, während sie zu Hause das Kommando führen und die Verantwortung tragen, was der Mann wiederum dankbar zur Kenntnis nimmt – die klassische Rollenteilung. Die Frauen schätzen das Gefühl, dass der Mann ihnen treu ist und sein vergleichsweise eindeutiges, konsequentes Verhalten, die westliche Vorliebe für Regeln und Korrektheit werden durchaus als angenehm empfunden, solange sie nicht in extreme Pedanterie und Kontrollwahn ausarten.

In Indonesien selbst haben es westlich-indonesische Partnerschaften oft nicht leicht, immer wieder muss sich vor allem die indonesische Frau böse Bemerkungen anhören. Eine mit einem Deutschen verheiratete Freundin wurde in einem Hotel in Yogya mehrfach vom Zimmermädchen gefragt, **wie viel sie denn pro Tag für ihre Begleitdienste nehme** – ein Hinweis auf den Ehering und mehrfache Erklärungen, dass es sich bei dem vermeintlichen „Kunden" um ihren Ehemann handelt, schienen dem Mädchen nicht glaubhaft. Es war fest davon überzeugt, dass es sich um eine der üblichen Studentinnen handelte, die sich ihren luxuriösen Lebensstil mit Escort-Service verdienen. Auch wundern sich Indonesier der Oberschicht oft darüber, welche „Art" von einheimischer Frau die Westler anscheinend attraktiv und exotisch finden: Frauen mit oft dunklerer Haut und Gesichtern, die für den Geschmack der Oberschicht eher nach „Hausmädchen" aussehen. Doch die Geschmäcker sind verschieden, und das ist auch gut so.

Deutlich seltener sind langjährig stabile **Ehen zwischen westlichen Frauen und indonesischen Männern,** auch wenn entsprechende Urlaubsaffären gerade auf Bali weitverbreitet sind. Westliche Frauen sind ebenfalls fasziniert von der „Exotik" ihres Partners, der zudem oft als deutlich romantischer und liebevoller erlebt wird als der „typische" spröde deutsche Mann. Auch hier ist es für die Frauen nur schwer erkennbar, ob es sich um einen der üblichen Gigolos, einen sogenannten **Kuta Cowboy** handelt, die sich als Charmeure von einer Urlaubsaffäre zur nächsten hangeln, oder ob wirklich mehr dahintersteckt. Zudem bleibt häufig über lange Zeit unklar, manchmal sogar über Jahre und mehrere Bali-Besuche hinweg, ob der Mann, den man oft als Touristenführer *(gaid)* kennenlernte, nicht doch schon mit einer Balinesin verheiratet ist und Kinder hat.

Manche Westlerin sieht sich nach der Heirat mit einem Mann konfrontiert, der nicht mehr der romantische Liebhaber und sensible Verwöhner von vorher ist, sondern nun ganz selbstverständlich erwartet, von der Frau umsorgt zu werden – immerhin ist sie nun seine Ehefrau. Vor der Hochzeit warb der Mann um die Frau, nachher ist es dann traditionellerweise **die Rolle der Gattin,** den Mann zu verwöhnen und sich um seine Bedürfnisse zu kümmern. Nicht wenige westliche Frauen sind mit dieser neuen Rollenerwartung überfordert. Die meisten dieser Beziehungen zerbrechen früher oder später an den sich als unüberwindlich herausstellenden kulturellen Unterschieden, doch es gibt durchaus auch gelingende Ehen zwischen westlichen Frauen und Indonesiern. Leichter ist es, wenn der indonesische Partner schon einmal im Westen gelebt hat und die bei uns übliche Lebensweise aus eigener Erfahrung kennt, er also weiß, auf was er sich bei einem Leben im Westen bzw. mit einer Westlerin einzustellen hat.

Generell gilt für westlich-indonesische Partnerschaften, egal ob zwischen einem Westler und einer Indonesierin oder zwischen einem Indonesier und einer Westlerin, dass **die Familie des indonesischen Partners** deutlich mehr Gewicht hat als es bei uns üblich ist. Einmischungen aller Art kommen häufiger vor, finanzielle Unterstützung der Familienangehörigen in Indonesien wird vielfach für selbstverständlich gehalten. Die Erwartungen seiner Familie setzen den indonesischen Partner oft unter Druck, da er zwischen dem Wunsch seines westlichen Partners nach Privatsphäre und den familiären Forderungen vermitteln muss. Welche dominierende Rolle die indonesische Familienseite einnimmt, wird auch in der häufig geäußerten Bedingung deutlich, ein Westler müsse zum Islam übertreten, wenn er eine muslimische Indonesierin heiraten möchte.

Die westlich-indonesische Partnerschaft verlangt von beiden Partnern **viel Flexibilität, Kompromissbereitschaft und Respekt** für die jeweilige kulturelle Andersartigkeit. Sie belohnt dafür aber mit der Möglichkeit der gegenseitigen kulturellen Bereicherung und einem faszinierenden Leben nicht *zwischen* zwei Welten, sondern idealerweise *in* zwei Welten, die in der eigenen Familie zu einer gemeinsamen Welt werden.

109in Foto: ak

ANHANG

Mädchen in einem Fischerdorf bei Jakarta

Glossar

- **abangan** – Bezeichnung für Javaner, die dem synkretistischen Volksislam anhängen
- **adat** – das traditionelle Rechtssystem der einzelnen Ethnien, im weiteren Sinne meist verstanden als „Tradition", „traditionelle Rituale" und „lokale Bräuche", z. B. traditionelle Architektur, Hochzeitszeremonien und ethnische Tracht
- **adiluhung** – javan. Idealvorstellung von erhabener und verfeinerter Kultur, als Beispiel gelten die höfischen Künste: traditionelle Literatur, Tänze, Schattenspiel, Gamelan-Musik und Batik
- **Agama Tirta** – „Religion des heiligen Wassers", Bez. für den balinesischen Hinduismus, bei dem *tirta,* das rituell gesegnete Wasser, eine wichtige Rolle spielt
- **akhwat** – arab. „Schwestern", Bez. für tiefgläubige junge Musliminnen
- **Arjuna** – Held aus dem Mahabharata-Epos, Frauenheld, geliebt für seine Schönheit und edle ritterliche Haltung. Von *Arjuna* sprechen Frauen, wenn sie das meinen, was westliche Frauen unter ihrem Traumprinzen verstehen.
- **banten** – balinesische Opfergaben für Götter, Ahnen und Dämonen
- **basa-basi** – der Austausch von netten Höflichkeiten und herzlicher Anteilnahme; bestimmt das indon. Gesprächsverhalten
- **Bhinneka Tunggal Ika** – „Einheit in der Vielfalt", das Staatsmotto Indonesiens
- **bule** – wörtl. „Albino", umgangsprachlicher Ausdruck für Westler
- **cerai gugat** – „Scheidung durch Einforderung"; Scheidung nach islamischem Recht, von der Frau eingereicht
- **cerai talak** – „Scheidung durch Verstoßung"; Scheidung nach islamischem Recht, vom Mann bewirkt
- **dakwah** – das Werben für den Islam, wörtlich „Einladung"; richtet sich an Nichtmuslime und vor allem auch an Muslime, deren Glaubenspraxis in den Augen der Frommen noch zu wünschen übrig lässt
- **dalang** – der Schattenspieler, der im Schattenspiel *wayang kulit* die Figuren zum Leben erweckt
- **dangdut** – indonesischer Popmusikstil, der indisch-orientalische, malaiische und westliche musikalische Elemente verbindet, ist besonders bei der Unterschicht sehr populär
- **dukun** – ein traditioneller Heiler, Magier oder Schamane
- **Fatwa** – ein islamisches „Rechtsgutachten", in dem religiöse Gelehrte ihre Meinung darüber darlegen, wie eine bestimmte Handlung oder Haltung nach islamischer Auffassung zu bewerten ist. Fatwas sind recht-

lich nicht bindend, die Gläubigen können also selbst entscheiden, ob sie sich daran halten wollen oder nicht.

- **Galungan** – balin. Fest am Ende eines 210-Tage-Zyklus. Dem balinesischen Glauben nach kommen die Götter und Ahnen für zehn Tage zu Besuch auf die Insel.
- **gaul** – beliebt sein, „in" sein; Ideal indonesischer urbaner Teenager
- **gebogan** – balin. Opfergabentürme; die Opfergaben werden in einer Art Pyramide aufeinander aufgebaut
- **gotong royong** – gegenseitige Nachbarschaftshilfe, wenn größere Arbeiten oder Veranstaltungen anstehen
- **guna-guna** – magische Hexerei, die dem Opfer Schaden zufügt
- **halal bihalal** – gesellige Zusammenkünfte zu *Lebaran,* an denen man sich gegenseitig um Verzeihung für etwaige Verfehlungen bittet
- **halus** – „fein, sanft, sublim", vor allem auf Java ein kulturelles Ideal – Charakter und Verhalten eines Erwachsenen sollten *halus* sein
- **Höflichkeitsregister** – unterschiedliche Sprachebenen im Javanischen, Sundanesischen und Balinesischen; ist ähnlich unserer Unterscheidung zwischen „Du" und „Sie", aber auf einen Großteil des Wortschatzes ausgedehnt. Im Javanischen kennt man u. a. das niedrige, respektlose Sprachregister *ngoko* und das höfliche, respektvolle Register *krama.*
- **Idul Adha** – das islamische Opferfest zum Gedenken an *Ibrahim (Abraham),* der bereit war, Gott seinen Sohn *Ismael* zu opfern. Findet im Monat *Dzulhijjah* während der alljährlichen Pilgerfahrt nach Mekka statt.
- **Idul Fitri** – das Fest am Ende des islamischen Fastenmonats Ramadan
- **ikhlas** – eine islamische Tugend: Haltung der Schicksalsergebenheit gegenüber Dingen und Umständen, die nun mal nicht zu ändern sind
- **Imlek** – das chinesische Neujahrsfest
- **jaba** – Hindu-Balinesen, die nicht einer der drei adligen Triwangsa-Kasten angehören
- **jam karet** – „Gummizeit", bezeichnet das sehr flexible indon. Zeitverständnis, bei dem Pünktlichkeit ein dehnbarer Begriff ist
- **jamu** – traditionelle javanische Kräutermedizin
- **Jawanisasi/Jawasentrisme** – „Javanisierung" bzw. „Javazentrismus"; prägte Indonesien unter der Herrschaft *Suhartos,* der eine Politik der Javanisierung der indonesischen Gesellschaft betrieb, indem er einflussreiche Posten mit Javanern besetzte, javanische Werte propagierte und Javaner im Rahmen der *transmigrasi* auch in den entfernten Außeninseln ansiedeln ließ
- **Jemaah Islamiyah** – oft abgekürzt zu *JI,* vermutliche islamistische Terrororganisation in Südostasien, die für die Bombenanschläge in Bali und Jakarta verantwortlich gemacht wird

- **jilbab** – indon. Bezeichnung für das eng anliegende Kopftuch, im Gegensatz zum locker fallenden Schal *kerudung*
- **jodoh** – der einem vom Schicksal vorherbestimmte Lebenspartner
- **kafir** – islam. Bezeichnung für Ungläubige, je nach Auslegung fallen auch Christen und Juden darunter
- **kain** – wörtl. „Stoff, Tuch", bez. auch den traditionellerweise von Frauen getragenen, langen Wickelrock, der bei uns als Sarong bekannt ist
- **kampung/kampungan** – Dorf oder ärmliches Stadtviertel – Synonym für rückständig, ungebildet, geschmacklos, hinterwäldlerisch
- **kasar** – „grob, direkt", das peinliche Gegenteil zum vor allem auf Java sehr betonten Ideal von *halus*
- **kawin mu'tah** – eine islamische „Ehe auf Zeit", sehr umstritten
- **kebaya** – eng anliegende, langärmlige Bluse, wird traditionellerweise von Frauen auf Java und Bali getragen
- **Kejawen** – der javan. Mystizismus, der animistische, hindu-buddhistische und islamische Elemente aufweist; wird auch *kebatinan* genannt. Oft bezeichnet *Kejawen* auch im orthodoxen Islam unbekannte javanische Traditionen und Rituale.
- **KKN** – *Korupsi, Kolusi dan Nepotisme,* „Korruption, unlautere Absprachen und Vetternwirtschaft"
- **kodrat wanita** – „die natürliche Bestimmung der Frau"; unter *Suharto* propagiertes und bis heute nachwirkendes Frauenbild, das die Rolle der Frau vor allem als Ehefrau und Mutter definiert
- **krama** – das höfliche, Respekt ausdrückende Sprachregister in der javanischen Sprache
- **kraton** – Bez. für die javanischen Paläste
- **Kretek** – indon. Nelkenzigaretten
- **kumpul kebo** – „wie die Büffel zusammenleben", verächtliche Bezeichnung für Paare, die ohne Trauschein zusammenleben
- **Kuningan** – balinesisches Fest nach *Galungan,* bei dem die Götter und Ahnen, die während *Galungan* zu Gast auf der Insel waren, wieder verabschiedet werden
- **kyai** – der Leiter eines *pesantren* auf Java. Oft charismatische, von ihren Schülern hoch verehrte Persönlichkeiten. *Kyai* vertreten den traditionalistischen, in lokalen Traditionen verhafteten Islam und stehen meist der *NU* nahe.
- **Lebaran** – auch *Idul Fitri* genannt, das Fest am Ende des Ramadan
- **londo** – javan. für „Holländer" bzw. weiße Ausländer
- **ma'badong** – rituelle Totenklage bei den Toraja
- **Mahabharata** – ursprünglich aus Indien stammendes, hinduistisches Heldenepos, in dem die „guten" Pandawa-Brüder gegen die mit ihnen

verwandten „bösen“ *Kaurawa* kämpfen. Episoden aus dem *Mahabharata* werden im javanischen und balinesischen Schattenspiel und in Tanzdramen aufgeführt.

- **Majapahit** – vorkoloniales hindu-buddhistisches Großreich mit Zentrum in Ostjava (1293 bis ca. 1500). Gilt in der nationalen indonesischen Geschichtsschreibung als „Beweis“ für eine vorkoloniale Einheit Indonesiens unter der Vorherrschaft Javas.
- **makhluk halus** – „feinstoffliche Wesen“, Oberbegriff für allerlei Geister und Spukgestalten
- **Malaien** – leben auf Sumatra, an den Küsten von Borneo und einigen ostindonesischen Inseln, die dortigen vorkolonialen Reiche waren malaiische Sultanate. Die einheimischen Völker Malaysias und Indonesiens werden manchmal unter dem Begriff „malaiische Völker“ oder „die malaiische Rasse“ zusammengefasst. Malaysier sind in Malaysia lebende Menschen, die Malaien, aber auch Inder oder Chinesen sein können. Ethnische Malaien wiederum leben im heutigen Indonesien, Malaysia und Brunei.
- **malu** – „sich schämen“; gilt als ein positiver Wert, da aus indonesischer Sicht erst ein Feingefühl für *malu* dazu führt, dass man sich an die gesellschaftlichen Regeln hält
- **Mataram** – 1. Hauptstadt der Provinz *Nusa Tenggara Barat* auf Lombok; 2. das hindu-buddhistische Reich von *Mataram* in Zentraljava (6.–10. Jh.); 3. das muslimische Sultanat von *Mataram,* ebenfalls in Zentraljava (ca. 1570–1755)
- **merantau** – Brauch des In-die-Ferne-Ziehens junger, noch unverheirateter Männer; besonders unter den Minangkabau verbreitet, heute auch Bezeichnung für das Verlassen der Heimat auf der Suche nach besseren Ausbildungsmöglichkeiten und Arbeit
- **mufakat** – Entschlussfindung, auf einem gemeinsamen Konsens beruhend
- **Muhammadiyah** – im Jahr 1912 in Yogyakarta gegründete, zweitgrößte islamische Massenorganisation Indonesiens; vertritt einen modernistischen Islam, der ein Zurück zu den Wurzeln predigt und dem synkretistischen Volksislam kritisch gegenübersteht
- **musyawarah** – gemeinsame Beratung, idealerweise zu *mufakat* führend
- **Nahdlatul Ulama (NU)** – „Erwachen der Religionsgelehrten“; 1926 gegründete, größte muslimische Massenorganisation; vertritt einen traditionalistischen Islam und ist eng verwurzelt im ländlichen Milieu der javanischen *pesantren*
- **ngoko** – das niedrige, „respektlose“ Sprachregister im Javanischen
- **nikah siri** – heimliche Heirat nach islamischem Recht ohne standesamtliche Registrierung, sehr umstritten

- **Nyepi** – der balinesische Neujahrstag, an dem auf Bali vollkommene Stille herrscht, damit die Dämonen die vermeintlich unbewohnte Insel wieder verlassen
- **Odalan** – balinesisches Tempelfest anlässlich des Tempelgeburtstages
- **ogoh-ogoh** – riesige Monsterfiguren aus Pappmaché, die auf Bali am Vorabend von *Nyepi* die Dämonen vertreiben sollen
- **pacaran** – „miteinander gehen", voreheliche Partnerschaft. Der Freund bzw. die Freundin ist der oder die *pacar.*
- **panakawan** – im javan. Schattenspiel die Diener, die sich durch ihre unförmigen, bizarren Körperformen auszeichnen, in der derben Sprache des einfachen Volkes sprechen und immer für viel Heiterkeit sorgen. Beliebtester *panakawan* ist der kugelrunde *Semar.*
- **Pancasila** – die indon. Staatsphilosophie
- **Pandawa** – die fünf „guten" Brüder aus dem Mahabharata-Epos: *Yudhistira, Bima, Arjuna, Nakula* und *Sadewa*
- **pawukon** – javanisch-balinesisches Kalendersystem, 30 Wochen *(wuku)* mit insgesamt 210 Tagen
- **pembantu** – Hausangestellte, Hausmädchen
- **pengajian** – Koranlesezirkel, ähnlich unseren Bibelkreisen
- **penjor** – hohe Bambusstangen, schmücken auf Bali die Straßen und Hauseingänge zu den Feiertagen *Galungan* und *Kuningan*
- **perda** – kurz für *peraturan daerah,* „regionale Verordnung". *Perda* sind in Verruf gekommen, da sie häufig für mehr Moral sorgen sollen und z. B. Kopftuchpflicht verordnen.
- **pesantren** – dörfliche Islamschule auf Java, meist ein Internat, geleitet von einem *kyai.* Gelehrt wird zumeist der traditionalistische, in der lokalen Kultur verwurzelte Islam der *Nahdlatul Ulama (NU).*
- **preman** – lokale Kriminelle oder Halbstarke, Mitglieder von Gangs
- **pribumi** – „eingeborene Indonesier", im Gegensatz zu den ethn. Chinesen
- **priyayi** – die javanische Aristokratie und Beamtenschicht
- **puasa Senin-Kemis** – „Montags- und Donnerstagsfasten", auf den Propheten *Mohammed* zurückgehende, nicht obligatorische Fastenpraxis. Wird auf Java oft auch von Nichtmuslimen ausgeübt, da diese Art des Fastens Eingang in die javanische Mystik gefunden hat.
- **puasa Sunnah** – Fasten außerhalb des muslimischen Fastenmonats Ramadan an Tagen, an denen es der prophetischen Tradition *(sunnah)* nach empfehlenswert ist.
- **puputan** – die rituellen Massenselbstmorde der balinesischen Königshäuser von Badung und Klungkung Anfang des 20. Jh.
- **Puskesmas** – Abk. für *Pusat Kesehatan Masyarakat,* lokale Gesundheitszentren für die medizinische Grundversorgung

- **ramai** – „voll, belebt, quirlig, voller Trubel", von Indonesiern besonders geliebte Atmosphäre
- **Ramayana** – urspr. aus Indien stammendes, hinduistisches Heldenepos um den Prinzen *Rama* und seine Prinzessin *Sinta,* die vom Dämonenkönig *Rahwana* entführt wird; wird auf Java und Bali gern als Tanzdrama aufgeführt
- **reformasi** – Demokratisierungsprozess, der 1998 mit dem Sturz *Suhartos* einsetzte und weiterhin andauert
- **resepsi** – (öffentliche) Hochzeitsfeier
- **rezeki** – „(materielles) Glück, Glückssträhne, glücklicher Zufall". Kinder gelten als *rezeki,* aber ebenso auch eine gut bezahlte Arbeit oder Beförderung.
- **rukun** – harmonisches Zusammenleben
- **sabar** – „Geduld, geduldig sein", eine islamische Tugend. Angesichts von Problemen erinnern sich Indonesier immer wieder daran, sich in *sabar* zu üben.
- **Sang Saka Merah Putih** – „die ehrwürdige Rot-Weiße", Nationalflagge Indonesiens
- **santri** – bezeichnet auf Java orthodoxe Muslime, im Gegensatz zu den eher nominellen Abangan-Muslimen. Wörtlich sind *santri* Schüler der *pesantren.*
- **sarung** – eine Art Rock, der meist von Männern getragen wird, z. B. beim Beten in der Moschee. Nicht mit dem Wickelrock für Frauen zu verwechseln, der im Deutschen Sarong heißt.
- **Scharia** – das islamische Gesetz, Gesamtheit der religiösen, moralischen, sozialen und rechtlichen Normen des Koran und der prophetischen Tradition *(sunnah)*
- **Semar** – beliebtester der Panakawan-Dienerfiguren im javanischen Schattenspiel, kugelrund und furzt gerne, ist zugleich eine Inkarnation des höchsten Gottes
- **silaturahmi** – das Pflegen von freundschaftlichen Beziehungen
- **sinetron** – die indonesische Version von Seifenopern und Telenovelas
- **slametan** – rituelles javanisches Mahl zu verschiedenen Anlässen. *Slamet* heißt „wohlbehalten, gesund, gesegnet", wird auch *kenduri* oder *syukuran* genannt.
- **Srikandi** – weibliche Heldin aus dem Mahabharata-Epos, eine der Frauen *Arjunas* und Inbegriff einer selbstbewussten, kühnen Kämpferin
- **Sriwijaya** – vorkoloniales malaiisches Seereich (7.–13. Jh.) mit Zentrum im Raum des heutigen Palembang in Südsumatra
- **Sumbadra** – weibliche Heldin aus dem Mahabharata-Epos, eine der Frauen *Arjunas* und Inbegriff einer demütigen, sanften und ergebenen Frau

- **Sumpah Pemuda** – „Schwur der Jugend" von 1928, bei dem sich junge nationalistische Aktivisten für das Indonesische als Nationalsprache des zukünftigen Staates aussprachen
- **sungkem(an)** – rituelles Niederknien vor den Eltern mit Bitte um Vergebung und Segen
- **syirik** – „Vielgötterei", eine der Hauptsünden im Islam. Je nach Auslegung fallen z. B. die Anbetung und Manipulation von Geistwesen, traditionelle Opfergaben und das Besuchen von Gräbern unter *syirik*.
- **syukuran** – Dankesfeier mit einem rituellen Mahl, wird auch *slametan, tasyakuran* oder *kenduri* genannt
- **tasawwuf** – Bez. für die islamische Mystik, bei uns als Sufismus bekannt
- **tawuran** – gewaltsame Auseinandersetzungen zwischen Schülern und Studenten unterschiedlicher Klassen, Schulen, Fachrichtungen oder Universitäten
- **transmigrasi** – groß angelegtes Umsiedlungsprogramm, mit dem unter *Suharto* Bauern von den überbevölkerten Inseln Java, Bali und Madura in weniger besiedelte Gebiete auf Sumatra und die noch relativ unerschlossenen Außeninseln (Kalimantan, Papua) umgesiedelt wurden
- **triwangsa** – Angehörige der drei balinesischen Adelskasten: *Brahmana, Ksatria* und *Wesia*
- **tumpeng** – Pyramide aus gelbem, mit Kurkuma gefärbtem Reis, gilt als Glück bringend
- **VOC** – *Vereenigde Oostindische Compagnie,* 1602 gegründete und 1800 bankrott gegangene niederländische Handelsgesellschaft, die vom niederländischen Staat Hoheitsrechte und Handelsmonopole erhielt. 1619 errichtete sie in Batavia (heute Jakarta) ihren Hauptstützpunkt im malaiischen Archipel.
- **warung** – Imbissstand, an dem Essen, Leckereien oder allerlei nützliche Utensilien für den Alltag verkauft werden
- **wayang kulit** – das javanische oder balinesische Schattenspiel, das zur Unterhaltung oder zu rituellen Anlässen aufgeführt wird. Die Geschichten stammen meist aus den hinduistischen Epen *Ramayana* und *Mahabharata*.
- **wong cilik** – auf Java die „kleinen Leute", im Gegensatz zu den gebildeten und distinguierten *priyayi*
- **wong sabrang** – javan. für „Mensch aus Übersee" und damit alle Nicht-Javaner
- **zinah** – im Islam: Ehebruch bzw. außerehelicher Sex

Quellenangaben

1) CD: **Tembang Sunda. Sundanese Classical Songs, performed by Imas Permas and Asep Kosasih,** Nimbus Records 5378 (1993)

2) *Henk Maier:* **We are playing relatives; Riau, the cradle of reality and hybridity,** in: Bijdragen tot de Taal-, Land- en Volkenkunde, Riau in transition 153 (1997), no.: 4, Leiden, S. 675

3) *Bateson, Gregory; Mead, Margaret:* **Balinese Character. A Photographic Analysis.** Special Publications of the New York Academy of Sciences, Vol. II, 1942 (second printing, 1962), S. 31–32

4) *Bateson, Gregory; Mead, Margaret:* **Balinese Character,** S. 4

Literaturempfehlungen

- *Barley, Nigel:* **Hallo Mister Puttymann,** dtv 1999. Amüsanter Bericht eines Ethnologen über seinen Aufenthalt bei den Toraja.
- *Beatty, Andrew:* **A Shadow Falls in the Heart of Java,** Faber and Faber 2009. Der Anthropologe erzählt in Form eines Reiseberichtes von seinem Aufenthalt in einem ostjavanischen Dorf in den 1990er-Jahren und dem Aufkommen eines zunehmend intoleranten Islam im vormals eher mystisch geprägten Dorfleben.
- *Berninghausen, Jutta; Kerstan, Birgit; Soeprapto-Jansen, Nena:* **Schleier Sarong Minirock. Frauen im kulturellen Wandel Indonesiens,** Kellner 2009. Einblicke in das Leben indonesischer Frauen aus ganz unterschiedlichen Gesellschaftsschichten und Landesteilen.
- *Blechmann-Antweiler, Maria:* **Ohne uns geht es nicht. Ein Jahr bei Frauen in Indonesien,** Lit-Verlag 2001. Die Autorin lebte ein Jahr lang in Makassar in Südsulawesi und schreibt anschaulich über ihre Begegnungen mit indonesischen Frauen.
- *Brandt, Thomas:* **Geschäfte in Indonesien. Kunci Budaya – Der kulturelle Schlüssel zum Erfolg,** goasia Verlag 1996. Ratgeber für Deutsche, die in Indonesien geschäftlich tätig sind.
- *Damshäuser, Berthold (Hg.):* **Nelkenduft in Wolkenkratzern. Deutsche Experten über Indonesien,** Katalis 1996. Persönliche Berichte von Deutschen aus verschiedenen Berufszweigen, die lange Zeit in Indonesien gelebt haben.
- *David, Bettina:* **Indonesisch Slang: Bahasa Gaul,** Kauderwelsch Band 208, Reise Know-How Verlag 2007. Sprachführer für alle, die das im Alltag und von Jugendlichen gesprochene Indonesisch kennenlernen möchten.

- *David, Bettina:* **Javanisch Wort für Wort,** Kauderwelsch Band 132, REISE KNOW-HOW Verlag 2000. Kurze Einführung in die javanische Sprache.
- *DGB Bildungswerk:* **Länderprofil Indonesien: Demokratischer Aufbruch, gesellschaftlicher Wandel und Folgen der Globalisierung,** Düsseldorf 2007. Aktuelle Bestandsaufnahme des heutigen Indonesiens aus der Feder renommierter Kenner des Landes. Bestellung unter www.nord-sued-netz.de.
- **KITA – Magazin der Deutsch-Indonesischen Gesellschaft,** Erscheint dreimal jährlich mit unterschiedlichen Schwerpunktthemen. Informationen und Bestellung: www.dig-koeln.de.
- *Leitess, Lucien:* **Reise nach Bali: Kulturkompass fürs Handgepäck,** Unionsverlag 2007. Für Bali-Interessierte, die mehr wissen wollen: Vielfältige Sammlung von Artikeln zu Bali aus der Feder von führenden Bali-Kennern, Ethnologen und nicht zuletzt von Balinesen selbst.
- *Magnis-Suseno, Franz von:* **Javanische Weisheit und Ethik. Studien zu einer östlichen Moral,** Oldenbourg 1981. Das deutschsprachige Standardwerk zu Mentalität und Weltsicht der Javaner.
- *Martin, Marlis; Thomas, Alexander:* **Beruflich in Indonesien. Trainingsprogramm für Manager, Fach- und Führungskräfte,** Vandenhoeck und Ruprecht 2002. Darstellung von konkreten problematischen Situationen mit Analysen und möglichen Lösungsstrategien.
- *Roseno, Bambang:* **ReiseWortSchatz Indonesisch,** REISE KNOW-HOW Verlag 2001. Die wichtigsten indonesischen Worte und Wendungen für Indonesien-Reisende.
- *Rusmini, Oka:* **Erdentanz: Roman aus Bali,** Horlemann Verlag 2007. Ein Blick auf die harten Lebensbedingungen balinesischer Frauen jenseits der üblichen klischeehaften Idealisierungen.
- *Siebert, Rüdiger:* **Indonesien. Inselreich in Turbulenzen,** Horlemann Verlag 1998. Informiert kenntnisreich über die gesellschaftlichen Umbrüche im Indonesien der 1990er-Jahre.
- *Siebert, Rüdiger:* **Deutsche Spuren in Indonesien. Zehn Lebensläufe in bewegten Zeiten,** Horlemann Verlag 2002. Seit dem 16. Jh. haben Deutsche Einfluss auf die deutsch-indonesischen Beziehungen genommen – das Buch stellt die wichtigsten Persönlichkeiten vor.
- *Spitzing, Günter:* **Basa Bali (Balinesisch) Wort für Wort.** Kauderwelsch Band 147, REISE KNOW-HOW Verlag 2004. Kurze Einführung in die balinesische Sprache.
- *Urban, Gunda:* **Indonesisch – Wort für Wort,** Kauderwelsch Band 1, REISE KNOW-HOW Verlag 2009. Praktischer Einstieg in die indonesische Sprache für Reisende.

- *Utami, Ayu:* **Saman,** Horlemann Verlag 2007. Der kontroverse Roman sorgte in Indonesien für Aufsehen durch seine offene Schilderung staatlicher Gewalt und die tabulose Darstellung weiblicher Sexualität.
- *Vickers, Adrian:* **A History of Modern Indonesia,** Cambridge University Press 2005. Einführung in die jüngere Geschichte Indonesiens.
- *Wertz, Armin:* **Sie sind viele, sie sind eins. Eine Einführung in die Geschichte Indonesiens,** Glaré-Verlag 2009. Gut lesbare, sehr anschauliche Geschichte Indonesiens.

Informatives aus dem Internet

- **www.indonesian-embassy.de** – indonesische Botschaft in Berlin
- **www.jakarta.diplo.de** – deutsche Botschaft in Jakarta
- **www.watchindonesia.org** – in Berlin ansässige Arbeitsgruppe für Demokratie, Menschenrechte und Umweltschutz in Indonesien und Osttimor. Über einen E-Mail-Verteiler werden aktuelle Hintergrundberichte und Zeitungsartikel zu Indonesien und Osttimor verschickt.
- **www.indonesia-forum.de, www.indonesienforum.de** – deutsche Onlineforen mit nützlichen Informationen und Berichten aus Indonesien. Austausch zwischen „Indonesien-Kennern" und „Neulingen", bei konkreten Fragen zu einem Indonesien-Besuch wird einem fachkundig geholfen.
- **www.horlemann.info** – der Horlemann-Verlag bietet eine Auswahl an indonesischer Literatur in deutscher Übersetzung an.
- **www.thejakartapost.com** – Onlineauftritt der einflussreichsten englischsprachigen Tageszeitung Indonesiens
- **www.thejakartaglobe.com** – neue englischsprachige Tageszeitung, seit 2008 auf dem Markt
- **www.insideindonesia.org** – englischsprachiges Onlinemagazin zu Indonesien
- **www.baliblog.com** – englischsprachiger Blog mit Informationen für Bali-Touristen

Reise Know-How

das komplette Programm fürs Reisen und Entdecken

Weit über 1000 Reiseführer, Landkarten, Sprachführer und Audio-CDs liefern unverzichtbare Reiseinformationen und faszinierende Urlaubsideen für die ganze Welt – *professionell, aktuell und unabhängig*

Reiseführer: komplette praktische Reisehandbücher für fast alle touristisch interessanten Länder und Gebiete **CityGuides:** umfassende, informative Führer durch die schönsten Metropolen **CityTrip:** kompakte Stadtführer für den individuellen Kurztrip **world mapping project:** moderne, aktuelle Landkarten für die ganze Welt **Edition Reise Know-How:** außergewöhnliche Geschichten, Reportagen und Abenteuerberichte **Kauderwelsch:** die umfangreichste Sprachführerreihe der Welt zum stressfreien Lernen selbst exotischster Sprachen **Kauderwelsch digital:** die Sprachführer als eBook mit Sprachausgabe **KulturSchock:** fundierte Kulturführer geben Orientierungshilfen im fremden Alltag **PANORAMA:** erstklassige Bildbände über spannende Regionen und fremde Kulturen **PRAXIS:** kompakte Ratgeber zu Sachfragen rund ums Thema Reisen **Rad & Bike:** praktische Infos für Radurlauber und packende Berichte außergewöhnlicher Touren **sound)))trip:** Musik-CDs mit aktueller Musik eines Landes oder einer Region **Wanderführer:** umfassende Begleiter durch die schönsten europäischen Wanderregionen **Wohnmobil-TourGuides:** die speziellen Bordbücher für Wohnmobilisten mit allen wichtigen Infos für unterwegs

Erhältlich in jeder Buchhandlung und unter www.reise-know-how.de

www.reise-know-how.de

REISE KNOW-HOW

Unser Kundenservice auf einen Blick:

- Vielfältige Suchoptionen, einfache Bedienung
- Alle Neuerscheinungen auf einen Blick
- Schnelle Info über Erscheinungstermine
- Zusatzinfos und Latest News nach Redaktionsschluss
- Buch-Voransichten, Blättern, Probehören
- Shop: immer die aktuellste Auflage direkt ins Haus
- Versandkostenfrei ab 10 Euro (in D), schneller Versand
- Downloads von Büchern, Landkarten und Sprach-CDs
- Newsletter abonnieren, News-Archiv

Die Informations-Plattform für aktive Reisende

REISE KNOW-HOW online

sound)))trip®
Neu im
REISE KNOW-HOW Verlag
REISE
KNOW-HOW
Northern Africa
The Andes
Argentina
Australia
The Balkans
Barbados
Oriental Belly Dance
Northeast Brazil
Canada
Chile
China
Cuba
Finland
Iceland
India
Ireland
Japan
Mexico
New Zealand
Norway
Russia,
St. Petersburg
Scotland
South Africa
Switzerland
Turkey
Uruguay
Die Compilations der CD-Reihe sound)))trip stellen
aktuelle, typische Musik eines Landes oder einer Region vor.
Jede CD 50–60 Min.,
22- oder 46-seitiges Booklet.
Im Buchhandel erhältlich.
Unverbindl. Preisempf.:
EURO 15,90 [D]
Kostenlose Hörprobe im Internet.
in cooperation with
(((piranha)))
www.reise-know-how.de

Foto aus: PraxisRatgeber „Respektvoll reisen“ von Harald Friedl.

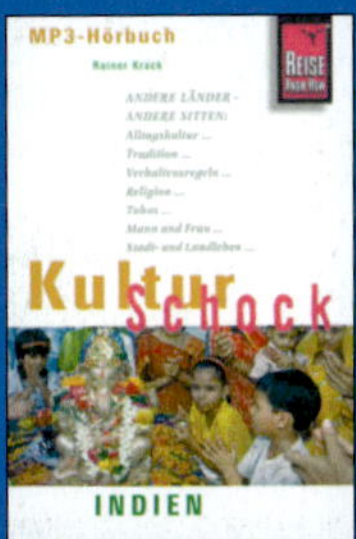

Lieferbare KulturSchock Hörbücher

- Brasilien
- VR China/Taiwan
- Indien
- Japan
- Kleine Golfstaaten/Oman
- Thailand
- USA

Weitere Titel in Vorbereitung

KulturSchock-Bände auf MP3-CD.
Praktisch, facettenreich.
Die ideale Vorbereitung für
respektvolles Reisen.

Jede CD 6–9 Std. Spieldauer
unverb. Preisempf.: Euro 14,90 [D]

Register

R

S

THAILAND
BURMA
LAOS
VIETNAM
KAMBODSCHA
Andamanen-
see
Golf von
Thailand
Südchinesisches Meer
Banda Aceh
Malakkastraße
MALAYSIA
Brunei
MALAYSIA
Medan
BORNEO
Singapur
NIAS
Pekanbaru
Karimatastraße
Pontianak
KALIMANTAN
Samarinda
Padang
MENTAWAI-INSELN
Jambi
SUMATRA
Palembang
Pangkalpinang
Palangkaraya
Banjarmasin
Makassarstraße
Bengkulu
Javasee
INDON
Telukbetung
Jakarta
Sundastraße
Serang
Semarang
MADURA
Bandung
Solo
Surabaya
JAVA
SUMBAW
BALI
Yogyakarta
Mataram
Denpasar
LOMBOK
INDISCHER
OZEAN
0
200 km
400 km
600 km

INDONESIEN
Philippinensee
PHILIPPINEN
PAZIFISCHER OZEAN
Sulusee
Celebessee
HALBINSEL MINAHASA
Manado
HALMAHERA
Sofifi
Gorontalo
Molukkensee
WEST-PAPUA
Palu
SULAWESI
SERAM
PAPUA
Jayapura
Kendari
Ambon
BURU
NEUGUINEA
Makassar
Bandasee
PAPUA NEU-GUINEA
ARU-INSELN
ESIEN
FLORES
TANIMBAR-INSELN
Arafurasee
TIMOR-LESTE
SUMBA
WEST-TIMOR
Timorsee
AUSTRALIEN

110in Foto: bd

Die Autorin

Seit rund 20 Jahren interessiert sich Bettina David für Indonesien, seine Menschen und Kulturen. Neben dem Lernen aus persönlichen Begegnungen und Erfahrungen war bald auch das Interesse an einer wissenschaftlichen Beschäftigung mit dem Land geweckt. Sie studierte Südostasienkunde, Indonesistik, Thaiistik und Soziologie in Passau, Leiden (Niederlande) und Hamburg, in ihrer Magisterarbeit beschäftigte sie sich mit Dangdut-Musik. Sie arbeitet als Indonesienwissenschaftlerin, freie Autorin und freiberufliche Übersetzerin für Indonesisch und Malaiisch. Im Reise Know-How Verlag sind von ihr auch die beiden Kauderwelsch-Bände „Javanisch - Wort für Wort" und „Indonesisch Slang - Bahasa Gaul" erschienen.

Danksagung

An dieser Stelle möchte die Autorin folgenden Freunden danken, von denen sie am meisten über indonesisches Leben und Denken lernen durfte: Mala FDM, Emma Sitohang-Nababan, Larasati Gading, Fam. Dr. H. Widharto Prawirohardjono, Rika Rosli, Maharani Putri, Lydia Neander, Dr. Ichwan Azhari und Netty Herawati, Dr. Kwartarini Wahyu Yuniarti mit Ninok, Dr. Mutiara Rahmat Putri und Familie, Wayan Lessy, Dr. Jajat Burhanudin, Dr. Retno Andayani, Arum, Tini, Sami, Santi - herzlichen Dank für eure Freundschaft, Hilfsbereitschaft und euer Vertrauen!

Ein großes Dankeschön auch an Amanda Kovacs, Jakob Goik, Jens Hoffmann, Prio Adhi Setiawan und Peter Rump für die freundliche Überlassung ihrer Fotos.

Und ganz indonesisch möchte ich um Verzeihung für etwaige Fehler bitten: *Saya mohon maaf apabila ada kesalahan dan kekhilafan serta kata-kata saya yang kurang berkenan di hati.*